Revista de Direito Tributário

114

CB134326

MALHEIROS EDITORES

Revista de Direito Tributário

Publicada sob os auspícios do
Instituto Geraldo Ataliba — IDEPE — Instituto Internacional de Direito Público e Empresarial
Presidente: Prof. Aires Barreto

ISS 0102-7956

REVISTA DE DIREITO TRIBUTÁRIO
publicação trimestral de
MALHEIROS EDITORES LTDA.
Rua Paes de Araújo, 29, 17º andar - conj. 171
CEP: 04531-940 - São Paulo, SP
Tel. (11) 3078-7205
Fax. (11) 3168-5495
Diretor Responsável: Álvaro Malheiros
Diretora: Suzana Fleury Malheiros

Assinaturas e comercialização:
CATAVENTO DISTRIBUIDORA DE LIVROS S.A.
Rua Conselheiro Ramalho, 928
CEP 01325-000 - São Paulo - SP
Tel. (11) 3289-0811 – Fax. (11) 3251-3756
Supervisão Gráfica: Vânia Lúcia Amato
Composição: *Scripta*
Impressão: Paym Gráfica e Editora Ltda.

SUMÁRIO

CADERNOS DE DIREITO TRIBUTÁRIO

ENTRE A FORMA E O CONTEÚDO NA DESCONSTITUIÇÃO DOS NEGÓCIOS JURÍDICOS SIMULADOS 7
– Paulo de Barros Carvalho

ENFOQUE SOBRE EL MUNDO JURÍDICO: CONSTITUCIÓN Y DERECHOS FUNDAMENTALES 25
– Raúl Gustavo Ferreyra

INCENTIVOS FISCAIS CONCEDIDOS POR LEI E REVOGADOS POR RESOLUÇÃO – ILEGALIDADE E INCONSTITUCIONALIDADE – INTELIGÊNCIA DA RESOLUÇÃO NORMATIVA DA ANEEL 234/2006, DA LEI 5.655/1971 E DA MP 2.199-14/2001 – INCENTIVOS PARA DESENVOLVIMENTO REGIONAL OU SETORIAL OBJETIVAM BENEFICIAR O INVESTIDOR DIRETAMENTE E SÓ INDIRETAMENTE O CONSUMIDOR PELA CRIAÇÃO DE SERVIÇO ANTES INEXISTENTE – PARECER 38
– Ives Gandra da Silva Martins

A INTERPRETAÇÃO "A LA DIABLE" 55
– Sacha Calmon Navarro Coêlho e Débora Couto Cançado Santos

A TRIBUTAÇÃO DOS SERVIÇOS NO BRASIL: PROBLEMAS RELATIVOS AO COMÉRCIO ELETRÔNICO 64
– Júlio M. de Oliveira e Carolina Romanini Miguel

ESTUDOS E COMENTÁRIOS

ANÁLISE CRÍTICA DO RECURSO ESPECIAL N. 1.120.295: INTERRUPÇÃO DO PRAZO DE PRESCRIÇÃO – CTN *vs*. CPC 83
– Camila Campos Vergueiro Catunda

NOTA FISCAL PAULISTA E TRIBUTAÇÃO DO IMPOSTO SOBRE A RENDA: PRESUNÇÃO "EMPRESTADA" NO DIREITO TRIBUTÁRIO BRASILEIRO E SUAS LIMITAÇÕES CONSTITUCIONAIS 96
– Florence Haret

REVOGAÇÃO DE ISENÇÃO, ANTERIORIDADE E DIREITO ADQUIRIDO 104
– Lucas Galvão de Britto

O ALCANCE DA NORMA JURÍDICA CONSTITUCIONAL TRIBUTÁRIA QUE IMUNIZA O LIVRO 117
– Luiz Gustavo Santana de Carvalho

LIMITES CONSTITUCIONAIS PARA A ALTERAÇÃO DAS COMPETÊNCIAS TRIBUTÁRIAS 140
– Bruno Maciel dos Santos

POLÍTICAS PÚBLICAS, CONTROLE SOCIAL E ORÇAMENTO PARTICIPATIVO .. 154
– Emerson Affonso da Costa Moura

PRINCÍPIO DA NÃO CUMULATIVIDADE DO PIS E DA COFINS E O CONCEITO SEMÂNTICO DE INSUMO 182
– André Felix Ricotta de Oliveira

A LEI INTERPRETATIVA À LUZ DA TEORIA COMUNICACIONAL DO DIREITO: UMA ANÁLISE DO ART. 3º DA LC N. 118/2005 195
– Rodrigo Leal Griz

CONFLITOS APARENTES ENTRE ENUNCIADOS NORMATIVOS TRIBUTÁRIOS DE DIFERENTE HIERARQUIA VERTICAL SOB A PERSPECTIVA DA ESTRUTURA CIRCULAR DO SISTEMA DE FONTES DO DIREITO 211
– Tiago José Agostini

A META-INTERDISCIPLINARIDADE 227
– Luciano de Almeida Pereira

Revista de Direito Tributário

CADERNOS DE DIREITO TRIBUTÁRIO

Fundador: Rubens Gomes de Sousa (†)

CADERNOS DE DIREITO TRIBUTÁRIO

ENTRE A FORMA E O CONTEÚDO NA DESCONSTITUIÇÃO DOS NEGÓCIOS JURÍDICOS SIMULADOS

PAULO DE BARROS CARVALHO
Professor Emérito e Titular da Pontifícia Universidade Católica de São Paulo – PUC/SP e da Universidade de São Paulo – USP. Membro da Academia Brasileira de Filosofia.

1. Introdução. 2. Conhecimento e linguagem: 2.1 A constituição da "realidade jurídica" por meio da linguagem. 3. Interpretação dos fatos: definição de "fato puro", "fato contábil" e "fato jurídico". 4. Forma e conteúdo. 5. O subsistema constitucional tributário e os princípios que orientam a atividade interpretativa: estrita legalidade e tipicidade tributária: 5.1 Comentários adicionais acerca da tipicidade e do caráter vinculado da tributação. 6. O princípio da autonomia da vontade. 7. A figura da "simulação" no direito brasileiro: 7.1 Interpretação dos atos praticados pelo contribuinte – A ilicitude como requisito para desconsideração do negócio jurídico; 7.2 Imprescindibilidade do elemento subjetivo "dolo" para configurar simulação. 8. Requisitos para a realização do lançamento e para a aplicação das sanções em face de operações simuladas: existência de provas. 9. Considerações finais.

1. Introdução

Antes de ingressar, propriamente, no assunto posto aos meus cuidados, entendo serem oportunas algumas palavras sobre o modo e por quais caminhos pretendo aproximar-me do objeto, para que seja possível articular suas complexidades, refletir sobre elas e poder, ao fim, construir conclusões consistentes capazes de acalmar o espírito instigado pela dúvida.

De fato, todo trabalho com aspirações mais sérias há de expor previamente seu método, assim entendido o conjunto de técnicas utilizadas pelo analista para demarcar o objeto, colocando-o como foco temático e, de seguida, penetrar no seu conteúdo. Parece apropriado efetuar breves considerações sobre o itinerário do pensamento, no sentido de abrir caminho para que o leitor possa percorrê-lo com desenvoltura, consciente do plano traçado pelo autor. Tal informação, que é de grande utilidade para ensejar a iterativa conferência do rigor expositivo, volta-se, fundamentalmente, para esclarecer o trajeto que vai ser trilhado, facilitando sobremaneira a fundamentação das proposições apresentadas.

Tomarei o direito positivo como objeto cultural que se apresenta como camada de linguagem em função prescritiva, projetando-se sobre o domínio das condutas intersubjetivas, para regulá-las com seus operadores deônticos (permitido, obrigatório e proibido). Tais reflexões pedem atenção para o modo pelo qual se opera a construção do sentido, interpretação do direito posto.

Para apropriada compreensão do tema, releva tecer alguns comentários sobre a função da linguagem na constituição da realidade jurídica. É importante também dedicar algumas linhas à dicotomia forma e conteúdo, que tem ocupado importante espaço nas discussões sobre a desconsideração de negócios jurídicos "simulados". Além disso, essa ordem de considerações nos levará à conclusão de que somente o fato *juridicamente* qualificado pode ser tomado para fins de determinar a formação do liame tributário, sendo descabidas análises de ordem meramente econômica.

Com suporte em tais premissas, e tendo em vista o princípio da autonomia da vontade e da livre iniciativa, aliados àqueles da estrita legalidade e da tipicidade tributária, passo à análise da possibilidade jurídica de o contribuinte praticar fatos que lhe acarretem menor ônus tributário. Somente nos casos de simulação, com a prática de atos fraudulentos e dolosos, ter-se-á a possibilidade de o Fisco desconsiderar os negócios praticados, fazendo recair a tributação sobre a forma negocial oculta (negócio dissimulado). Examinarei, desse modo, a figura da simulação, demarcando-lhe os traços característicos e discorrendo sobre seu uso na seara tributária.

2. Conhecimento e linguagem

Decompondo-se o fenômeno do conhecimento, encontramos o dado da linguagem, sem o qual ele não se fixa nem se transmite. Já existe um *quantum* de conhecimento na percepção, mas ele se realiza mesmo, na plenitude, no plano proposicional e, portanto, com a intervenção da linguagem. "Conhecer", ainda que experimente mais de uma acepção, significa "saber proposições sobre". Conheço determinado objeto se posso expedir enunciados sobre ele, de tal arte que o conhecimento, nesse caso, se manifesta pela linguagem, mediante proposições descritivas ou indicativas.

Por outro lado, a cada momento confirma-se a natureza da linguagem como constitutiva de nossa realidade. Já afirmava Wittgenstein, na proposição 5.6 do *Tractatus Logico-Philosophicus*, que "*os limites da minha linguagem são os limites do meu mundo*", significando: meu mundo vai até aonde for minha linguagem. A experiência o comprova: olhando para uma folha de laranjeira, um botânico seria capaz de escrever laudas, relatando a "realidade" que vê, ao passo que o leigo ficaria limitado a poucas linhas. Dirigindo o olhar para uma radiografia de pulmão, o médico poderia sacar múltiplas e importantes informações, enquanto o advogado, tanto no primeiro caso, como neste último, ver-se-ia compelido a oferecer registros ligeiros e superficiais. Por seu turno, examinando um fragmento do Texto Constitucional brasileiro, um engenheiro não lograria mais do que construir mensagem adstrita à fórmula literal utilizada pelo legislador, enquanto o bacharel em Direito estaria em condições para desenvolver análise ampla, contextual, trazendo à tona o conteúdo das normas jurídicas, identificando valores e apontando princípios. Por que alguns têm acesso a esses campos e outros não? Por que alguns ingressam em certos setores do mundo, ao mesmo tempo em que outros se acham absolutamente impedidos de fazê-lo? A resposta é uma só: a realidade do botânico, com relação à Botânica, é bem mais abrangente do que a de outros profissionais, o mesmo ocorrendo com a realidade do médico, do engenheiro e do bacharel em Direito. O fator determinante para que essas realidades se expandissem, dilatando o domínio dos respectivos conhecimentos, é a *linguagem* ou a *morada do ser*, como proclamou Heidegger.

O laço que prende um termo a seu significado costuma apresentar-se aos nossos olhos como algo dado a nós, um vínculo natural conhecido como elemento da realidade. Todavia, essa relação entre a palavra e a coisa é artificial. Quando aprendemos o nome de um objeto, não aprendemos algo acerca da coisa, senão sobre os costumes linguísticos de certo grupo ou povo que fala o idioma no qual esse nome corresponde a um específico objeto. Não obstante seja corriqueiro afirmar-se que uma coisa tem nome, seria mais rigoroso dizer que nós é que temos um nome para essa coisa. Disso decorre uma conclusão necessária: não existem nomes verdadeiros ou falsos. Há, tão somente, nomes aceitos ou não aceitos. A possibilidade mesma de inventar nomes, por sua vez, também leva um nome: liberdade de estipulação. Nesse sentido, asseveram Guibourg, Ghigliani e Guarinoni,[1] cheios de convicção:

"Estas consideraciones nos llevan a una nueva conclusión, más profunda que la anterior: al inventar nombres (o al aceptar los ya inventados) trazamos límites en la realidad, como se la cortáramos idealmente en trozos; y al asignar cada nombre constituimos (es decir, identificamos, individualizamos, delimitamos) el trozo que, según hemos decidido, corresponderá a ese nombre. (...) Por esto la realidad se nos presenta ya cortada en trozos, como una pizza dividida en porciones, y no se nos ocurre que nosotros podríamos haber cortado las porciones de otro tamaño o con otra forma".

Decididamente, é também a linguagem que nos dá os fatos do mundo físico e do social. Feita a observação, verifica-se que o homem vai criando novos nomes e novos fatos, na conformidade de seus interesses e de suas necessidades. Para nós, basta uma só palavra para designar "neve". Para os esquimós, entretanto, envolvidos por circunstâncias bem diversas, impõe-se a distinção entre as várias modalidades de "neve" e a cada uma corresponderá um termo. Não se pode precisar o motivo exato, mas os povos de cultura portuguesa houveram por bem, em determinado momento de sua evolução histórica, especificar a palavra "saudade", diferentemente de outras culturas que a mantêm incluída em conceitos mais gerais, como "nostalgia", "tristeza" etc. Em português, como em castelhano, temos "relógio" ("*reloj*"); já em inglês discriminou-se "*clock*" para o relógio de parede e "*watch*" para o de bolso ou de pulso. E, em francês, existem três vocábulos distintos: "*horloge*" (de torre ou de parede), "*pendule*" (de mesa ou de pé) e "*montre*" (de bolso ou de pulso).

O esclarecimento das razões determinantes dessas especificações é, muitas vezes, encontrado na Gramática Histórica, disciplina incumbida de estudar as dinâmicas que presidem a evolução do idioma. A observação revela que tanto as palavras recém-criadas como as novas acepções atribuídas àqueles termos já conhecidos, incorporam-se ao patrimônio linguístico por força de necessidades sociais. A Física tinha no átomo a unidade irredutível da matéria. Com o progresso do interesse científico e o avanço da pesquisa que culminou com a possibilidade de decomposição daquela partícula, tornou-se imperiosa a expansão da linguagem para constituir a nova realidade: eis o "próton", o "nêutron", o "elétron".

Breve comparação entre dicionários de um mesmo idioma, editados em momentos históricos diferentes, aponta para significativo crescimento do número de palavras, assim na chamada "linguagem natural", como nos discursos das várias ciências. É a linguagem constituindo realidades novas e alargando as fronteiras do nosso conhecimento.

1. *Introducción al Conocimiento Científico*, Buenos Aires, EUDEBA, 1985, p. 37.

2.1 A constituição da "realidade jurídica" por meio da linguagem

A linguagem natural está para a realidade em que vivemos assim como a linguagem do direito está para a nossa realidade jurídica. Dito de outra maneira, da mesma forma que a linguagem natural constitui o mundo circundante, por nós chamada de realidade, a linguagem do direito cria o domínio do jurídico, isto é, o campo material das condutas intersubjetivas, dentro do qual nascem, vivem e morrem as relações disciplinadas pelo direito. Se não há fato sem articulação de linguagem, também inexistirá fato jurídico sem a linguagem específica que o relate como tal. Se, por exemplo, S' empresta quantia em dinheiro para S", mas não consegue expressar sua reivindicação mediante as provas prescritas pelo direito como ajustadas à espécie, vale dizer, faltando a linguagem jurídica competente para narrar o acontecimento, não se poderá falar em fato jurídico. A circunstância conserva sua natureza factual porque descrita em linguagem ordinária, porém não alcança a dignidade de fato jurídico por ausência da expressão verbal adequada.

O direito positivo é vertido em linguagem técnica, assim entendida toda aquela que se assenta no discurso natural, aproveitando, em quantidade considerável, palavras e expressões de cunho determinado, pertinentes ao patrimônio das comunicações científicas. Projeta-se sobre o campo do social, disciplinando os comportamentos interpessoais com seus três operadores deônticos (obrigatório, proibido e permitido), orientando as condutas em direção aos valores que a sociedade quer ver implantados. Sua função é eminentemente prescritiva, incidindo como um conjunto de ordens, de comandos, produzidos com o intuito de alterar comportamentos sociais, motivando seus destinatários.

Em termos de ação direta, é a linguagem do direito posto que constitui as realidades do mundo jurídico. Mesmo quando mal aplicadas, as regras do direito operam em nome do ordenamento em vigor, recortando-se o mundo social na estrita conformidade das determinações contidas nos seus comandos. Eis o fato meramente social adquirindo a dimensão de fato jurídico. Foi juridicizado, na expressão empregada por Pontes de Miranda, e, nesse momento, constituiu-se uma situação nova, ampliando a realidade do direito pela ação de sua linguagem própria.

3. Interpretação dos fatos: definição de "fato puro", "fato contábil" e "fato jurídico"

Feitas as necessárias considerações sobre a relevância da linguagem prescritiva do direito na constituição da realidade jurídica, convém discorrer sobre assunto de grande atualidade: os contornos constitutivos do fato jurídico tributário. O fato que dá causa a uma relação jurídica pode ser objeto de qualificações não jurídicas? Em outras palavras, o fato, antecedente da norma jurídica individual e concreta, pode ser entendido como fato econômico, fato contábil, fato político ou mesmo fato histórico? É o que iremos examinar. Adianto, porém, que no contexto jurídico, só tem cabimento falar-se em elementos juridicizados, sendo inadmissível pretender atribuir efeitos de direito a fatos meramente econômicos, contábeis, políticos ou históricos.

Retornemos da digressão para considerar que, no degrau da hermenêutica jurídica, o grande desafio de quem pretende desvelar o conteúdo, sentido e alcance das regras de direito radica na inafastável dicotomia entre a letra da lei e a natureza do fenômeno jurídico subjacente. O desprestígio da chamada interpretação literal dispensa meditações mais profundas, bastando recordar que, prevalecendo como método de interpretação do direito, seríamos forçados a admitir estarem os meramente alfabetizados, quem sabe com o auxílio de um dicionário de tecnologia jurídica, credenciados a identificar a substância das mensagens legisladas, explicitando as proporções de significado da lei. O reconhecimento de tal possibilidade roubaria à Hermenêutica Jurídica e à Ciência do Direito todo o teor de suas conquistas, relegando o ensino universitário a um esforço sem expressão e sentido prático de existência. Talvez por isso, e sem o perceber, Carlos Maximiliano haja sufragado, com suficiente ênfase, que todos os métodos interpretativos são válidos, conquanto seus resultados coincidam com aqueles colhidos na interpretação sistemática.

Não sobeja repetir: para nós, as normas jurídicas são as significações que a leitura do texto desperta em nosso espírito e, nem sempre, coincidem com os artigos nos quais o legislador distribui a matéria no campo escrito da lei. Dito de outro modo, na realidade social em que vivemos, experimentamos sensações visuais, auditivas, tácteis, capazes de suscitar noções. Estas, agrupadas em nosso intelecto, fazem surgir os juízos ou pensamentos que, por sua vez, se exprimem verbalmente como proposições. A proposição aparece como o enunciado de um juízo, da mesma maneira que o termo expressa uma ideia ou noção. E a norma jurídica é, exatamente, o juízo hipotético provocado pela percepção do texto no plano de nosso consciente, da mesma forma em que tantas outras noções não jurídicas poderiam ter sido originadas daquele mesmo conjunto de percepções físicas. Diz-se, portanto, que a noção é jurídica quando se enquadra a uma determinada hipótese normativa.

Quer isto exprimir, por outros torneios, que a única forma de se entender o fenômeno jurídico, conclusivamente, é analisando-o como um sistema, visualizado no entrelaçamento vertical e horizontal dos inumeráveis preceitos que se congregam e se aglutinam para disciplinar o comportamento do ser humano, no convívio com seus semelhantes. O texto escrito, na singela expressão de seus símbolos, não pode ser mais do que a porta de entrada para o processo de apreensão da vontade da lei, jamais confundida com a intenção do legislador. Sem nos darmos conta, adentramos a análise do sistema normativo sob o enfoque semioticista, recortando, como sugere uma análise mais séria, a realidade jurídica em seus diferentes campos cognoscitivos: sintático, semântico e pragmático.

Bem sabido que não se pode priorizar qualquer das dimensões semióticas, em detrimento das demais. Todavia, o momento semântico, num exame mais apurado sobre o tema ora tratado, chama a atenção pela maneira intensa como qualifica e determina as questões submetidas ao processo dialógico que prepara a decisão ou conclusão. Daí exclamar Alfredo Augusto Becker, cheio de força retórica, ser o jurista *nada mais que o semântico da linguagem do direito*. A ele cabe a árdua tarefa de examinar os textos, quantas vezes obscuros, contraditórios, penetrados de erros e imperfeições terminológicas, para captar a essência dos institutos, surpreendendo, com nitidez, a função da regra, no implexo quadro normativo.

No processo de cognição da linguagem prescritiva de condutas, o hermeneuta esbarra em numerosos entraves que a realidade jurídica mesma lhe impõe. O primeiro obstáculo está cravado na própria matriz do direito. A produção das normas de mais elevada hierarquia no sistema, que são gerais e abstratas, está confiada aos parlamentos, casas legislativas de natural heterogeneidade, porquanto se pretendem. Com isso, a despeito dos esforços na elaboração de uma linguagem técnica, dotada da racionalidade suficiente para atingir padrões satisfatórios de eficácia social, a verdade é que a mensagem legislada quase sempre vem penetrada de imperfeições, com problemas de ordem sintática e semântica, tornando muitas vezes difícil sua compreensão pelos sujeitos destinatários. É neste ponto que a Dogmática (Ciência do Direito em sentido estrito) cumpre papel de extrema relevância, compondo os enunciados frequentemente dispersos em vários corpos legislativos, ajeitando-os na estrutura lógica compatível e apontando as correções semânticas sugeridas pela leitura contextual. Com tais ponderações, a comunicação normativa flui mais facilmente do emissor ao receptor, realizando os propósitos da regulação jurídica com mais clareza e determinação.

Num segundo momento, depara-se o estudioso com uma realidade juridicamente complexa. Analisando no contexto de uma visão sistemática, onde as unidades normativas se entreligam formando uma estrutura sintática; onde há, inequivocamente, um referente semântico consubstanciado pela região material das condutas, ponto de confluência das iniciativas reguladoras do comportamento intersubjetivo; e onde se verificam as inesgotáveis manifestações dos fatores pragmáticos. Tudo isso, repito, traz ao estudo do fenômeno jurídico complexidades imensas. Na qualidade de exegeta, deve partir da literalidade do texto e buscar as significações sistêmicas, aquelas que retratam os específicos parâmetros instituídos pelo sistema. Do mesmo modo, a consistência material das regras há de encontrar fundamento no sistema, sob pena de não prevalecerem, vindo a ser desconstituídas. Daí a tendência para cortar cerce o problema, ofertando soluções simplistas e descomprometidas, como ocorre, por exemplo, com a canhestra "interpretação literal" das formulações normativas, que leva consigo a doce ilusão segundo a qual as regras do direito podem ser isoladas do sistema e analisadas na sua compostura frásica, desde logo "compreendidas". Vê-se o jurista, portanto, na contingência de consultar diversos preceitos de um diploma e, até, a sair dele, fazendo incursões pelo sistema.

Por fim, não nos esqueçamos de que a camada linguística do direito está imersa na complexidade do tecido social, cortada apenas para efeito de aproximação cognoscitiva. O real, com a multiplicidade de suas determinações, só é suscetível de representação intuitiva, porém aberta para receber inúmeros recortes cognoscitivos. Com tais ponderações, torna-se hialina a afirmativa de que a partir de um mesmo evento, poderá o jurista construir o fato jurídico; como também o contabilista, o fato contábil; e o economista o fato econômico. Tudo, portanto, sob a dependência do corte que se deseja promover daquele evento.

E quanto ao âmbito de compreensão desse fenômeno, retornando à linha de raciocínio inicial, citemos que todos os fatos são construções de linguagem, e, como tanto, são representações metafóricas do próprio evento. Seguem a gramaticalidade própria do universo linguístico a que pertencem, o jurídico, quando constituinte do fato jurídico, ou o contábil, por exemplo, quando construtores do fato contábil. As regras da gramática cumprem função linguística reguladora de um idioma historicamente dado. Prescrevem a forma de combinação dos vocábulos e das expressões para produzirmos oração, isto é, construção com sentido daquele universo linguisticamente dado e não de outro. O direito, portanto, é linguagem própria compositiva de uma realidade jurídica. Provém daí o nominar-se Gramática Jurídica ao subconjunto das regras que estabelecem como outras regras devem ser postas, modificadas ou extintas, dentro de certo sistema.

Posto isso, perceberemos que a construção do fato jurídico nada mais é que a constituição de um fraseado normativo capaz de justapor-se como antecedente normativo de uma norma individual e concreta, dentro das regras sintáticas ditadas pela gramática do direito, assim como de acordo com os limites semânticos arquitetados pela hipótese da norma geral e abstrata.

Há que inserir, neste caminho, relevante advertência: as palavras componentes da frase "constitutiva de realidade jurídica" têm denotação: o conjunto dos significados que representam o signo. Seus termos classificam dicotomicamente os fatos em universos, estabelecendo as seguintes categorias: a dos objetos representados e aquel'outra dos objetos por ele não representados.

Tal ocorre com a expressão "fato jurídico". Tem-se como certo, nos dias de hoje, que o conhecimento científico do fenômeno social, seja ele qual for, advém da experiência, aparecendo sempre como uma síntese necessariamente *a posteriori*. Na constituição do fato jurídico, a análise relacional entre a linguagem social e a linguagem jurídica, redutora da primeira, sobrepõe-se a esse conhecimento sinzetético, obtendo como resultado um novo signo, individualizado no tempo e no espaço do direito e recebendo qualificação jurídica: eis o fato jurídico. É, portanto, uma construção de sobrelinguagem. Há duas sínteses: (i) do fenômeno social ao fenômeno abstrato jurídico e (ii) do fenômeno abstrato jurídico ao fenômeno concreto jurídico.

Adotados esses pressupostos, verificaremos que o termo ou expressão ao adquirir o qualificativo "jurídico" não somente será representativo de uma unidade do universo do direito, como também denotará seu contraponto, isto é, todos os outros fatos linguisticamente possíveis de serem construídos a partir daquele mesmo evento, mas que não se enquadram às regras sintáticas e semanticamente dadas pelo sistema de linguagem do direito. A demarcação do objeto implica a delimitação do corte de sua classe e, ao traçar esses limites o exegeta obtém como resultado indireto a formação do conjunto dos fatos que não se qualificam como tal. Trata-se de singela construção resultante da lógica, pois, no universo das proposições normativas, "p" (proposição) é diferente e oposto de "n-p" (não proposição), impedindo a quem se dispõe a conhecer o sistema incluir a classe "n-p" dentro do conjunto "p". São categorias que tomam o mesmo universo, mas não se entrecruzam. Ou seja, de um mesmo evento pode-se construir um fato jurídico ou um fato contábil; mas um e outro são sobremaneira diferentes, isso impede de inscrever o último como antecedente da norma individual e concreta, dado que representa unidade carente de significação jurídica. O fato capaz de implicar o consequente normativo haverá de ser sempre fato jurídico, mesmo que muitas vezes haja situações nas quais num e noutro estejam presentes os mesmos conteúdos denotativos. A partir desses dados é que poderemos demarcar o conjunto dos fatos jurídicos, separando-o do conjunto dos fatos não jurídicos, onde se demoram os fatos econômicos, os fatos contábeis, os fatos históricos e tantos outros quantas sejam as ciências que os constroem. O critério utilizado para a separação desses dois domínios é justamente a homogeneidade sintática do universo jurídico.

Com tais considerações, cabe relembrar que todo conhecimento do objeto requer cortes e mais recortes científicos, cuja função é simplificar a complexa realidade existencial, delimitando o campo da análise. Não nos esqueçamos que a camada linguística do direito está imersa na complexidade do tecido social, cortada apenas para efeito de aproximação cognoscitiva. O direito positivo é objeto do mundo da cultura e, como tal, torna árdua a tarefa do exegeta em construir a plenitude de seus conteúdos de significação, obrigando-o a reduzir a complexidade empírica, ora isolando ora selecionando caracteres do dinâmico mundo do existencial. O objeto passa a ser uma construção em linguagem feita pelo intérprete ao reduzir as características próprias e imanentes daquilo que se toma do universo físico-social.

Eis uma barreira intransponível à concepção do "fato puro", seja ele econômico, histórico, político, jurídico ou de qualquer outra qualidade que se lhe pretenda atribuir. Tais fatos, como acrescenta Lourival Vilanova,[2] são elaborações conceptuais, subprodutos de técnicas de depuração de ideias seletivamente ordenadas.

Pelo exposto, fica a ressalva de que não há fatos jurídicos puros ou fatos eco-

2. *Estruturas Lógicas e o Sistema do Direito Positivo*, São Paulo, Noeses, 2006, p. 104.

nômicos puros. Existem cortes de linguagem. Nós, juristas, montamos a realidade jurídica que representa o corte. Desta maneira, construímos a interpretação jurídica. Nada disso impede que economistas tomem a mesma base objetiva e produzam enunciados econômicos sobre ela. Produzem-se, por sua vez, outros cortes sobre o mesmo acontecimento, compondo novo signo. E a mesma coisa ocorre para o historiador, que constitui o fato histórico; para o sociólogo, que constrói o fato sociológico, entre tantos outros recortes que se possam produzir naquela realidade. À confusão metodológica que se estabelece no instante do corte Becker chamou de "mancebia irregular" do direito tributário com outras Ciências. Aliás, foi precisamente pela pretensão de fixar como objeto a atividade financeira do Estado, passando a examiná-la sob todos os ângulos possíveis e imaginários, sem qualquer prioridade metodológica, que a Ciência das Finanças rotundamente faliu, não mais existindo como disciplina nas grades curriculares das Faculdades de Direito do Brasil.

Discorrendo acerca do modo de pensar algumas vezes irrefletido da doutrina tradicional, também conhecida como "doutrina bem comportada do Direito Tributário", Alfredo Augusto Becker esclarece: "Exemplo de carência de atitude mental jurídica é a divulgadíssima tese (aceita como coisa óbvia) que afirma ser a hipótese de incidência ('fato gerador', 'fato imponível', 'suporte fáctico') sempre um fato *econômico*. Outro exemplo atual é a muito propagada doutrina da interpretação e aplicação do Direito Tributário segundo a 'realidade econômica do fenômeno social'. Como se demonstrará, ambas as teorias têm como resultado a demolição da *juridicidade* do Direito Tributário e a gestação de um ser híbrido e teratológico: o Direito Tributário invertebrado".[3]

No âmbito dessas investigações, chegaremos à conclusão de que os fatos, assim como toda construção de linguagem, podem ser observados como jurídicos, econômicos, antropológicos, históricos, políticos, contábeis, etc.; tudo dependendo do critério adotado pelo corte metodológico empreendido. Existe interpretação econômica do fato? Sim, para os economistas. Existirá interpretação contábil do fato? Certamente, para o contabilista. No entanto, uma vez assumido o critério jurídico, o fato será, única e exclusivamente, fato jurídico; e claro, fato de natureza jurídica, não econômica ou contábil, entre outras matérias. Como já anotado, o direito não pede emprestado conceitos de fatos para outras disciplinas. Ele mesmo constrói sua realidade, seu objeto, suas categorias e unidades de significação.

4. *Forma e conteúdo*

Que é o conteúdo de algo? Aquele que se depare com a pergunta: "*que é a federação brasileira?*", poderia muito bem responder à indagação com a frase "*é a união indissolúvel dos Estados e Municípios e do Distrito Federal*", que consta do art. 1º da Constituição da República. Eis o *conteúdo*, diria ele. Mas mesmo essa frase, terá ela também seu suporte físico, suas marcas de tinta no papel (ou até mesmo pontos luminosos numa tela de computador) que a encerram em uma *forma*. E não pode ser diferente: não há maneira de ser senão pelo meio de uma forma.

Incisivas as palavras de Lourival Vilanova:[4] "(...) Não há vida sem sê-lo em forma. Já o corpo é a forma-limite, que contrapõe o ser vivente ao seu contorno. Pouco importa que seja a mais rudimentar espécie de vida biológica: há sempre um contorno próprio, em face do mundo circundante. Sem isso, não seria de um mi-

3. *Teoria Geral do Direito Tributário*, 4ª ed., São Paulo, Marcial Pons/Noeses, 2007, p. 17 (grifos do autor).

4. "O poder de julgar e a norma", in *Escritos Jurídicos Filosóficos*, vol. 1, São Paulo, IBET/Axis Mundi, 2003, p. 358.

crocosmos imerso dentro do macrocosmos. A vida social não escapa a essa congênita presença da forma. Apenas há um pluralismo de formas modeladoras da existência social. O direito pré-político, ou a sociedade juridicamente sem Estado é, historicamente, a protoforma. Depois, vem o Estado e dá-se a politização do direito, forma mais potente para conter a multiplicação dos fatores sociais".

A prevalência do conteúdo sobre a forma é mais um dentre muitos falsos problemas de que perturbam a compreensão do direito positivo. Isso porque forma e conteúdo não são aspectos separáveis a ponto de tornar-se possível preterir um em favor do outro, são dimensões de um objeto incindível. Com propriedade, o escritor e crítico literário José Veríssimo: "*a forma é o fundo aparecendo*". E não há outro jeito de se conhecer, descer às entranhas do significado atribuindo-lhe significação, senão pelo contato com a forma com que se apresente o signo.

A expressão de São Paulo "*a letra mata, mas o espírito vivifica*",[5] longe de refutar, o argumento reforça a importância da forma. Inexiste outro meio de travar contato com um objeto senão pela forma, porquanto, diante dela, não bastará a aproximação via intuição sensível: é preciso que haja esforço do sujeito cognoscente para apreendê-lo e, assim, *vivificá-lo* em seu espírito. Com outras palavras: é necessário interpretar a forma para outorgar-lhe conteúdo.

O conhecimento somente faz-se presente quando exteriorizado e, para que possa romper as fronteiras do mundo intrasubjetivo, objetivando-se, tornar-se-á imprescindível exprimir o sabido. Vertendo-o numa forma.

Assim também no direito, como já dizia Pontes de Miranda:[6]

"Todos os fatos jurídicos têm conteúdo e forma. Mas só a forma dos atos jurídicos é relevante para o direito. Qualquer que seja a forma com que se morre, o que importa é o fato da morte, como só importa o fato do nascimento ou o ato-fato da tomada de posse ou do pagamento.

"Enquanto a vontade permanece íntima, não exteriorizada, não interessa ao direito."

Ao atribuir conteúdo, dá-se vida à forma e pela ação de interpretar, a forma passa a implicar um conteúdo. Mas forma a que não se atribua conteúdo não pode aspirar ao *status* de signo, com o que o conteúdo, sempre que seja objeto de enunciação, também implica forma. Insta dizer então: num signo qualquer, forma e conteúdo coexistem e, mais que isso, se coimplicam.

A forma é, a um só tempo, a porta que nos dá acesso ao plano do conteúdo e também é a saída para o domínio da intersubjetividade. Um dicionário, por exemplo, ao explicitar o conteúdo de uma palavra qualquer, não tem outro meio de fazê-lo senão pelo emprego de outros termos, indubitavelmente formas para outros conteúdos. Assim também o fez o Poder Constituinte ao grafar já no art. 1º uma definição de Federação. Tanto na definição lexical de um verbete, como naquela estipulativa do direito, vê-se logo que o conteúdo de um signo somente pode fazer-se aparente – intersubjetivo – pelo emprego de outro signo e, com isso, mostram-se forma e conteúdo unidos, inseparavelmente.

E que dizer então daquilo que está *implícito*, como os chamados princípios implícitos? Como dizia Gomes Canotilho,[7] ao citar como exemplo o princípio do procedimento justo (*due process*), arremata: "Este princípio não está enunciado linguisticamente; não tem disposição, mas resulta de várias disposições constitucionais (...)".

5. 2 Coríntios 3:6.

6. Francisco Cavalcanti Pontes de Miranda, *Tratado de Direito Privado*, vol. 3, Rio de Janeiro, Borsoi, 1962, p. 349.

7. J. J. Canotilho, *Direito Constitucional e Teoria da Constituição*, 4ª ed., Coimbra, Almedina, 2000, p. 208.

Ora, se resulta de várias disposições constitucionais, assenta-se não em um enunciado apenas, mas em vários. Sucede que as construções de sentido têm de partir da instância dos enunciados linguísticos, independentemente do número de formulações expressas que venham a servir-lhe de fundamento.

Insta perceber que, mesmo quando se diga estar diante de uma ideia implícita no texto, não se está a contemplar algo *amorfo*, ou *aformal*, como escrevera Pontes de Miranda:[8] "Se a forma, por palavras ou atos, não é explícita, pode explicitar-se por interpretação ainda que se hajam de invocar manifestações anteriores de formas diferentes, ou outras circunstâncias. Aí não se está a complementar o formal com o aformal, mas sim a interpretar o todo formal. O fito é apenas de se descobrir o sentido, como se".

Mesmo o conhecimento daquilo que está "implícito" faz-se pelo contato com formas que o "explicitam" ou intérprete que, em sua enunciação daquilo que construiu, haverá de referir-se ao conjunto de formas das quais se valeu para construir seu enunciado.

Insisto que ao definir um conceito qualquer, não se produz somente conteúdo, estar-se-á diante de uma forma, porque sem elas não é possível travar contato com o objeto. Assim a aporia forma e conteúdo, mostra-se, em verdade, relação entre uma e outra forma. É forma o termo "república federativa", como também o é sua definição no art. 1º da Constituição da República. E da mesma natureza é o cotejo da forma produzida em uma alteração de contrato ou estatuto social de uma sociedade empresarial com aquela outra que diz o Fisco ser a "substância econômica do negócio".

Se há situações em que as formas põem-se em acordo mútuo, como no caso das definições (mesmo aquelas chamadas estipulativas), haverá ocasiões em um domínio linguístico nas quais se verifique o conflito. Nesses casos, é necessário que existam regras do próprio sistema para orientar a decisão do interprete sempre que da divergência resultar a dúvida sobre qual deve prevalecer.

8. Francisco Cavalcanti Pontes de Miranda, *Tratado de Direito Privado*, vol. 3, cit., p. 349.

5. O subsistema constitucional tributário e os princípios que orientam a atividade interpretativa: estrita legalidade e tipicidade tributária

O conceito de sistema incide em todas as regiões ônticas: no mundo dos objetos naturais, ideais, metafísicos e culturais. Falamos em sistema nervoso, sistema solar, sistema social, sistema jurídico e outros mais. Aquele que particularmente nos interessa é o sistema jurídico, locução referente tanto ao direito positivo quanto à Ciência encarregada de sua descrição.

Da concepção global de sistema jurídico-positivo, tomada a expressão como conjunto de normas associadas segundo critérios de organização prescritiva, e todas elas voltadas para o campo material das condutas interpessoais, extraímos o subsistema das normas constitucionais e, dentro dele, outro subsistema, qual seja o subsistema constitucional tributário. Pode-se dizer, ainda que em traços largos e sobremodo abrangentes, serem suas unidades integrantes as normas constitucionais relacionadas, direta ou indiretamente, à matéria tributária.

O subsistema do qual falamos é fortemente marcado por enunciados de cunho axiológico, revelando a orientação do legislador constituinte em impregnar as normas de inferior hierarquia com uma série de conteúdos de preferência por núcleos significativos.

O primeiro é o cânone da ***legalidade***, projetando-se sobre todos os domínios do direito e inserido no art. 5º, II, do Texto Constitucional vigente: "ninguém será obrigado a fazer ou deixar de fazer alguma coisa senão em virtude de lei". No setor do direito tributário, porém, esse imperativo ganha feição de maior severidade, por força do que se conclui da leitura do art. 150, I, do mesmo diploma: "sem prejuízo de outras garantias asseguradas ao contribuinte, é vedado à União, aos Estados, ao Distrito Federal e aos Municípios: I – exigir ou aumentar tributo sem lei que o estabeleça". Em outras palavras, qualquer das pessoas políticas de direito constitucional interno somente poderá instituir tributos, isto é, prescrever a regra-matriz de incidência, ou aumentar os existentes, majorando a base de cálculo ou a alíquota, mediante expedição de lei.

Quadra advertir que a mensagem não é dirigida somente ao legislador das normas gerais e abstratas, mas, igualmente, ao administrador público, ao juiz e a todos aqueles a quem incumba cumprir ou fazer cumprir a lei. No desempenho das respectivas funções, a todos se volta o mandamento constitucional, que há de ser cumprido. Qualquer tipo de imposição tributária a se instituir há de curvar-se aos ditames desse primado, conquista secular dos povos civilizados que permanece como barreira intransponível para os apetites arrecadatórios do Estado-Administração.

O mesmo cabe dizer das demais regras impositivas de comportamentos aos contribuintes. Em linha de princípio, o veículo introdutor da norma tributária no ordenamento há de ser sempre a lei (sentido lato). O princípio da estrita legalidade, todavia, vem acrescer os rigores procedimentais em matéria de tributo, dizendo mais: estabelece que a lei adventícia traga, no seu bojo, os elementos descritores do fato jurídico e os dados prescritores da relação obrigacional. Esse *plus* caracteriza a tipicidade tributária.

A ***tipicidade*** tributária significa a exata adequação do fato à norma, e, por isso mesmo, o surgimento da obrigação se condicionará ao evento da subsunção, que é a plena correspondência entre o fato jurídico tributário e a hipótese de incidência, fazendo surgir a obrigação correspondente, nos exatos termos previstos em lei. Não se verificando o perfeito quadramento do fato à norma, inexistirá obrigação tributária. Nesse percurso, ou ocorre a subsunção do evento relatado à regra, ou não ocorre, afastando-se terceira possibilidade. Perfaz-se aqui a eficácia da lei lógica do terceiro excluído: a proposição "p" é verdadeira ou falsa, inadmitindo-se situação intermediária. Por outro lado, ocorrido o fato, a relação obrigacional que nasce há de ser exatamente aquela estipulada no consequente normativo.

Em síntese: sem lei anterior que descreva o fato imponível, não nasce obrigação tributária (princípio da legalidade); sem subsunção do evento descrito à hipótese normativa, também não surge obrigação tributária (princípio da tipicidade); e havendo previsão legal e a correspondente subsunção do fato à norma, os elementos do liame jurídico irradiado devem equivaler àqueles prescritos na lei (princípio da tipicidade). São condições necessárias para o estabelecimento de vínculo tributário válido. O desrespeito a esses cânones fulminará, decisivamente, qualquer pretensão de cunho tributário.

5.1 Comentários adicionais acerca da tipicidade e do caráter vinculado da tributação

Como já anotei, o exercício do poder impositivo-fiscal, no Brasil, encontra-se orientado por uma série de diretrizes, dirigidas especialmente para organizar as relações que nesse setor se estabelecem. São os chamados "princípios constitucionais tributários", na maioria explícito, e aos quais deve submeter-se a legislação infraconstitucional, quando o tema da elaboração normativa seja a instituição, administração e cobrança de tributos. Pois bem, entre tais comandos, em posição de indiscutível preeminência, situa-se o princípio da tipicidade tributária, definido como a estrita necessidade de que a lei adventícia traga no seu bojo, de maneira expressa e inequívoca, os elementos descritores do fato jurídico e os dados prescritores da relação obrigacional.

A aplicação do princípio exige, como se verifica, que os agentes da Administração, no exercício de suas funções de gestão tributária, indiquem, pormenorizadamente, todos os elementos do tipo normativo existentes na concreção do fato, além dos traços jurídicos característicos da conduta ilícita.

De outra parte, o princípio da vinculabilidade da tributação, recortado do Texto Supremo e inserido no art. 142 do Código Tributário Nacional, traduz uma conquista no campo da segurança dos administrados, em face dos poderes do Estado Moderno, de tal forma que o exercício da administração tributária encontra-se tolhido, em qualquer de seus movimentos, pela necessidade de aderência total aos termos inequívocos da lei, não podendo abrigar qualquer resíduo de subjetividade própria dos atos de competência discricionária.

Por isso é que no procedimento administrativo de gestão tributária não se permite ao funcionário da Fazenda o emprego de recursos imaginativos. Para tanto, a mesma lei reguladora do gravame, juntamente com outros diplomas que regem a atividade administrativa, oferece um quadro expressivo de providências, com expedientes das mais variadas espécies, tudo com o escopo de possibilitar a correta fiscalização do cumprimento das obrigações e deveres estatuídos.

É imprescindível que os agentes da Administração, incumbidos da constituição da obrigação tributária, ao relatarem o fato jurídico tributário, demonstrem-no por meio de linguagem admitida pelo direito. Assim se diz que as provas da ocorrência factual devem ser aptas para certificar a ocorrência do evento narrado: comprovar a legitimidade da norma individual e concreta que documenta a incidência tributária significa promover a verificação de que o acontecimento fáctico narrado e a relação jurídica instaurada mantêm estrita correspondência com as provas montadas e apresentadas mediante formas linguísticas selecionadas pelo direito positivo.

6. O princípio da autonomia da vontade

No exercício da atividade de fiscalização, compete à autoridade administrativa investigar os fatos ocorridos, colhendo, com observância às regras pertinentes ao direito das provas, elementos que possibilitem a formulação de juízo quanto à incidência das normas tributárias. Ao desempenhar tal função, porém, deve ater-se a apurar os fatos praticados, averiguando se estes preenchem as linhas definitórias circunscritas na hipótese normativa: havendo o perfeito enquadramento, nasce a obrigação tributária, mediante seu relato na linguagem prevista pelo direito positivo; existindo algum ponto dissonante, a percussão jurídica fica obstada.

As considerações acima formuladas são de extrema relevância, pois em virtude do princípio da autonomia da vontade, que viceja no âmbito do Direito Privado, pode o particular adotar as mais variadas estruturas negociais. Para atingir o resultado econômico pretendido, está habilitado a escolher livremente o arcabouço negocial que melhor lhe aprouver, de forma que os custos sejam reduzidos e os lucros multiplicados.

A título de exemplo, são inegavelmente lícitas as atitudes dos contribuintes que objetivem à reestruturação e reorganização de seus negócios. A própria Constituição da República, ao garantir o direito de propriedade (art. 5º, XXII) e o pleno direito ao exercício da autonomia da vontade (art. 5º, IV, IX, XIII, XV e XVII; e art. 170 e seus incisos), dentre os quais se encontra a liberdade contratual, confere ao contribuinte a permissão para ordenar-se do modo que entender mais vantajoso, segundo o princípio da livre iniciativa.

Consignadas tais anotações, impõe-se o registro segundo o qual, prevendo a norma tributária, em sua hipótese, "tipo estrutural", somente poderá ser aplicada com a ocorrência do negócio jurídico nela previsto. A prática de negócio jurídico diverso, ainda que permita atingir resultado econômico parecido, não autoriza à autoridade administrativa lavrar o lançamento, constituindo crédito tributário. A supremacia da segurança jurídica nas relações entre Estado e indivíduo determina a tendência conceptual classificatória no Direito Tributário, representada pelo princípio da tipicidade cerrada, impedindo a juridicização de fatos outros que não aqueles estipulados no antecedente da regra-matriz de incidência.

A opção negocial feita pelo contribuinte, para melhor operacionalizar o desempenho de suas atividades, não pode ser desconsiderada pela autoridade administrativa, para fins de tributação. O desprezo pela forma adotada encontra óbice intransponível na legalidade tributária e na tipicidade fechada.

Ademais, como já insistia Alfredo Augusto Becker,[9] "(...) a doutrina da Interpretação do Direito Tributário, segundo a realidade econômica, é filha do maior equívoco que tem impedido o Direito Tributário de evoluir como ciência jurídica. Esta doutrina, inconscientemente, nega a utilidade do direito, porquanto destrói precisamente o que há de jurídico dentro do Direito Tributário".

Em face da taxatividade da tipologia tributária, à autoridade administrativa não resta espaço para valoração econômica acerca dos negócios praticados. O tipo estrutural exige, para que se efetue a subsunção, que a parcela da realidade a qual se pretende tributar corresponda à exata qualificação jurídica prevista na hipótese normativa. Se, em virtude dos princípios da autonomia da vontade e da livre iniciativa, o fato for reputado, pelo Direito Privado, como diverso daquele descrito no antecedente da regra-matriz, não há que se falar em surgimento da obrigação tributária.

9. Ob. cit., p. 130.

Inadmissível a desconsideração das formas adotadas pelo particular para, usando critérios meramente econômicos, sujeitá-lo, à tributação, como se diversa fosse a forma negocial por ele praticada.

7. A figura da "simulação" no direito brasileiro

Uma coisa é eleger forma menos onerosa para o desempenho, pelo particular, de suas atividades. Outra, bem diferente, é agir com malícia, no intuito de prejudicar terceiros. Enquanto na primeira hipótese tem-se ato lícito, cuja desconsideração é inconcebível, a segunda encontra-se no campo da ilicitude, sendo repudiada pelo ordenamento jurídico.

O Código Civil, ao regular o assunto, dispôs no art. 167, § 1º, sobre as hipóteses em que se considera simulado o negócio jurídico:

"§ 1º. Haverá simulação nos negócios jurídicos quando:

"I – aparentarem conferir ou transmitir direitos a pessoas diversas daquelas às quais realmente se conferem, ou transmitem;

"II – contiverem declaração, confissão, condição ou cláusula não verdadeira;

"III – os instrumentos particulares forem antedatados, ou pós-datados."

"Simular" significa disfarçar uma realidade jurídica, encobrindo outra que é efetivamente praticada. Nas palavras de Marcos Bernardes de Mello,[10] "o que caracteriza a simulação é, precisamente, o ser não verdadeira, intencionalmente, a declaração de vontade. Na simulação quer-se o que não aparece, não se querendo o que efetivamente aparece".

Além disso, para que o ocultamento da realidade seja considerado defeito, é imprescindível haver intenção de prejudicar terceiros ou de violar disposição de lei, isto é, dolo.

10. *Teoria do Fato Jurídico: Plano da Validade*, 2ª ed., São Paulo, Saraiva, 1997, p. 153.

A simulação é, em síntese, uma declaração enganosa da vontade, visando a produzir efeito diverso daquele que a declaração real da vontade acarretaria. Nas palavras de Orlando Gomes,[11] ocorre a simulação quando "em um negócio jurídico se verifica intencional divergência entre a vontade real e a vontade declarada, com o fim de enganar terceiros". No negócio simulado, as partes fingem um negócio que na realidade não desejam.

Aplicando esses conceitos ao campo do Direito Tributário, conclui-se que os atos tendentes a ocultar ocorrência de fato jurídico tributário configuram operações simuladas, pois não obstante a intenção consista na prática do fato que acarretará o nascimento da obrigação de pagar tributo, este, ao ser concretizado, é mascarado para que aparente algo diverso do negócio praticado pelas partes.

Por outro lado, a celebração de negócio jurídico válido, cuja escolha decorre da autonomia da vontade e livre iniciativa do particular, implicando a ausência de subsunção do fato à norma tributária ou acarretando o quadramento à norma tributária que prescreva exigências menos onerosas, é perfeitamente lícita e não susceptível de desconsideração pela autoridade administrativa. Isso porque, como tenho reiteradamente afirmado, a realidade jurídica é constituída pelo próprio direito: este prevê a forma e a linguagem a ser adotada para que se tenha determinado fato ou não. Dessa maneira, havendo preferência por certa forma, é inaceitável que esta seja ignorada pela simples razão de seu resultado econômico vir a ser semelhante ao de outra forma, diferençadamente tributada.

Pelo exposto, depreende-se que, tendo a obrigação tributária nascimento apenas se e quando ocorrido o fato previsto na hipótese normativa, quaisquer atos do contribuinte que impliquem a verificação de fato distinto daquele previsto pela legislação tributária impedirão, também, o surgimento da respectiva obrigação. Esse modo de agir é lícito, não podendo ser ignorado pelo Fisco. Tão só na hipótese de, já ocorrido o fato jurídico tributário, vir este a ser ocultado, mediante atos simulados, é que a fiscalização estará diante de autênticas "operações simuladas", susceptíveis de serem desconhecidas para fins de tributação e imposição de penalidades.

Apenas as operações do contribuinte que mascarem determinada transação jurídica, ocultando, por formas artificiosas, a realidade do direito, configuram "operações simuladas". Sucede, por exemplo, quando o comerciante registra a venda da mercadoria por uma quantia inferior àquela realmente cobrada, objetivando reduzir o montante do ICMS a ser pago, ou quando as partes, ao firmarem contrato, fixam remuneração em valor inferior àquele acordado, com vistas a omitir receitas. Em ambos os casos, há duas formas: uma aparente, outra dolosamente oculta.

Para que haja simulação é necessário, portanto: (*i*) conluio entre as partes; (*ii*) divergência entre a forma do negócio praticado pelas partes e a forma do negócio por elas declarado; e (*iii*) intenção de lograr o Fisco. Se não há comprovado qualquer espécie de desvio jurídico na declaração de vontade dos partícipes, ela é real, verdadeira e efetiva, condizente, portanto, com a vontade das partes. Inexiste, consequentemente, o objetivo de burlar o Fisco ou de ocultar a ocorrência de fato jurídico tributário, mas a finalidade de praticar negócios lícitos, para reduzir custos e aumentar a eficiência administrativa dos sujeitos envolvidos.

7.1 Interpretação dos atos praticados pelo contribuinte – A ilicitude como requisito para desconsideração do negócio jurídico

A interpretação dos negócios jurídicos, bem como os efeitos deles decorrentes, há de ser feita segundo as prescrições

11. *Introdução ao Estudo do Direito*, 7ª ed., Rio de Janeiro, Forense, 1983, p. 374.

do direito posto. E a legislação brasileira não admite sobreposição do conteúdo econômico em relação à forma. Mesmo porque o conteúdo econômico é ele uma forma, recortada do contínuo da realidade social segundo critérios próprios da ciência econômica e não de acordo com os traços apontados pelo direito positivo como aptos à produção de efeitos na realidade jurídica. Apenas uma forma jurídica pode se sobrepor a outra e tão somente quando o direito assim o determinar. Se lícito o ato, não pode ele ser desconsiderado pela autoridade administrativa, com o tão só argumento de que implicaria menor carga tributária.

Sem dúvida, é legítima a técnica de organização preventiva dos negócios jurídicos a serem praticados, visando à economia de tributos. Com maior razão, é admissível a realização de atos que, além da redução de carga tributária, venham revestidos de propósito negocial.

A Lei Complementar n. 104/2001 acrescentou o parágrafo único ao art. 116 do Código Tributário Nacional, dispondo que "a autoridade administrativa poderá desconsiderar atos ou negócios jurídicos praticados com a finalidade de dissimular a ocorrência do fato gerador do tributo ou a natureza dos elementos constitutivos da obrigação tributária, observados os procedimentos a serem estabelecidos em lei ordinária". É de ver que referido preceito não introduziu alteração alguma no ordenamento brasileiro, uma vez que este já autorizava a desconsideração de negócios jurídicos dissimulados, a exemplo do disposto no art. 149, VII, do Código Tributário Nacional.

O enunciado acima transcrito veio apenas a ratificar regra existente no direito pátrio. Todavia, necessário se faz enfatizar a recomendação acerca do cuidado que se deve ter para não ampliar demasiadamente a aplicação do comentado parágrafo único, vindo a considerar dissimulado negócio jurídico lícito, pelo simples fato de acarretar vantagens de ordem tributária. Neste último caso, as partes celebram negócio que, não obstante importe redução ou eliminação da carga tributária, é legal e, dessa maneira, válido, diferentemente dos atos dissimulados, consistentes na ilegal ocultação da ocorrência do fato jurídico tributário. O parágrafo único do art. 116 do Código Tributário Nacional não veio para impedir negócios tendentes a redução de carga tributária; nem poderia fazê-lo, pois o contribuinte é livre para escolher o ato que pretende realizar, acarretando, conforme sua escolha, o nascimento ou não de determinada obrigação tributária.

Demais disso, em face do princípio da estrita legalidade e da tipicidade fechada, que já foram objeto de análise em tópico anterior, somente haverá tributação se o fato concretizado guardar quadramento com a hipótese da regra-matriz de incidência. Consequentemente, apenas os atos fraudulentos, praticados com o único intuito de ocultar o verdadeiro negócio efetivado, mascarando o fato jurídico, são suscetíveis de desconsideração pela autoridade fiscal, com a correspondente lavratura do auto de infração. É o que prescreve expressamente a legislação brasileira, a qual, ao delimitar o conceito de simulação, exige a presença do dolo e a prática de ilícitos.

Vejamos o que dispõem os arts. 71, 72 e 73 da Lei n. 4.502/1964, que disciplinam as figuras da sonegação, fraude e conluio:

"Art. 71. Sonegação é toda ação ou omissão dolosa tendente a impedir ou retardar, total ou parcialmente, o conhecimento por parte da autoridade fazendária:

"I – da ocorrência do fato gerador da obrigação tributária principal, sua natureza ou circunstâncias materiais;

"II – das condições pessoais de contribuinte, suscetíveis de afetar a obrigação tributária principal ou o crédito tributário correspondente.

"Art. 72. Fraude é toda ação ou omissão dolosa tendente a impedir ou retardar, total ou parcialmente, a ocorrência do fato gerador da obrigação tributária principal, ou a excluir ou modificar as suas características essenciais, de modo a reduzir o montante do imposto devido, a evitar ou a diferir seu pagamento.

"Art. 73. Conluio é o ajuste doloso entre duas ou mais pessoas naturais ou jurídicas, visando qualquer dos efeitos referidos nos arts. 71 e 72."

Nota-se que as figuras da sonegação e da fraude estão relacionadas com a ocultação da realidade: pratica-se ato ensejador o nascimento da obrigação tributária, mas impede-se o Fisco de tomar conhecimento do pactuado, seja mediante condutas mascaradoras do negócio realizado (simulação), seja por meio de atitudes que, ilicitamente, modifiquem ou excluam os caracteres do fato (fraude). O conluio, por sua vez, caracteriza-se exatamente pelo acordo entre duas ou mais pessoas, com vistas a concretizar atos simulatórios ou fraudulentos.

Para que seja admissível a autuação fiscal, desconsiderando o negócio jurídico praticado, não basta serem os efeitos econômicos de tal prática semelhantes aos de ato diverso, mas passível de tributação. É imprescindível que tenha havido ilicitude em tal realização, nos exatos termos dos arts. 71, 72 e 73, acima transcritos.

7.2 Imprescindibilidade do elemento subjetivo "dolo" para configurar simulação

Tomadas as infrações tributárias na sua extensa generalidade, podemos fixar o critério da participação subjetiva do agente na descrição hipotética da norma e classificá-las em (*i*) infrações subjetivas e (*ii*) infrações objetivas. Para que as primeiras se configurem, faz-se necessário que a lei exija do autor do ilícito o haver operado com dolo ou culpa, esta, em qualquer de suas três modalidades. No que atina às objetivas, a singela ausência do elemento volitivo na composição da hipótese normativa já denuncia sua presença. Nestas últimas, não é preciso apurar o comportamento subjetivo do agente ao realizar o ilícito: tenha ele pretendido o resultado ou assumido o risco de produzi-lo, tenha descurado dos efeitos de sua conduta, procedendo com negligência, imperícia ou imprudência, ou, finalmente, se nada aconteceu, mas o resultado se verificou concretamente, basta para se definir o vulto jurídico da infração objetiva.

Ainda que o princípio geral, no campo das infrações tributárias, seja o da responsabilidade objetiva, o legislador não está tolhido de criar figuras típicas de ilícitos subjetivos. São elas a sonegação, a fraude e o conluio, além daquelas em que se elege a culpa como ingrediente necessário do tipo legal, aplicando-se penalidade mais severa, exatamente em virtude da presença do elemento subjetivo. Para que se configure a fraude, o agente deve atuar de maneira dolosa. Consequentemente, identificado esse ilícito, a multa é agravada, dado o repúdio com que são tratadas as figuras onde o infrator age com intenção de se locupletar indevidamente, em prejuízo do Erário.

A distinção entre infrações objetivas e subjetivas abre espaço à larga aplicação prática. Tratando-se das primeiras, o único recurso de que dispõe o suposto autor do ilícito, para defender-se, é concentrar razões no sentido de demonstrar a inexistência material do fato acoimado de antijurídico, descaracterizando-o em qualquer de seus elementos constituintes. Agora, no setor das infrações subjetivas, em que penetram o dolo ou a culpa na compostura do enunciado descritivo do fato ilícito, a situação inverte-se, competindo à autoridade administrativa, com toda a gama instrumental dos seus expedientes, exibir os fundamentos concretos reveladores da presença do dolo ou da culpa, como nexo entre a participação do agente e o resultado material que dessa forma se produziu. Os embaraços dessa comprovação, nem sempre fácil, incumbem ao acusador, a quem o sistema atribui a tarefa intransferível de evidenciar não só a materialidade do evento, como, também, a presença inafastável do elemento volitivo que propiciou ao infrator atingir seus fins contrários às disposições da ordem jurídica vigente.

É com base em tais argumentos que se predica a inadmissibilidade das presunções no que tange às infrações subjetivas. No direito brasileiro, dolo e a culpa não se presumem: provam-se.

8. Requisitos para a realização do lançamento e para a aplicação das sanções em face de operações simuladas: existência de provas

No hemisfério do direito, o uso competente da linguagem pressupõe a manipulação adequada dos seus signos e, em especial, a simbologia que diz respeito às provas, isto é, à técnica que o direito elegeu para articular os enunciados fáticos com os quais opera. De ver está que o discurso prescritivo do direito posto indica, fato por fato, os instrumentos credenciados para constituí-los, assim os acontecimentos do mundo social que não puderem ser relatados com tais ferramentas de linguagem não ingressam nos domínios do direito, por mais evidentes que sejam.

Com efeito, surge como outro requisito indispensável à perfeita configuração das hipóteses de incidência tributária, assim como da simulação, a existência de provas aptas a atestar a vontade do agente de criar situação ludibriante para evitar que se conheça a ocorrência do evento capaz de ensejar efeitos tributários. Somente com a demonstração da evidente intenção de fraudar é que será possível desencadear as normas previstas pela legislação para coibir as práticas de burla à legislação fiscal. Vale, nesse caso, reiterar a afirmação: não se admitem presunções ou suposições no tocante à configuração de fraude, dolo e simulação, pois são atos que dependem da vontade do agente.

Convém anotar que durante muitos anos foi admitida a tese segundo a qual o ônus da prova, em matéria fiscal, era incumbência do contribuinte. Com a evolução da doutrina, nos dias de hoje, não se apregoa mais a inversão da prova por força da presunção de legitimidade dos atos administrativos e tampouco se pensa que esse atributo exonera a Administração de provar as ocorrências cuja existência é afirmada. Na própria configuração oficial do lançamento, a lei institui a necessidade de que o ato jurídico administrativo seja devidamente fundamentado, é dizer que o Fisco tem de oferecer prova concludente da ocorrência do evento em estrita conformidade da previsão genérica da hipótese normativa. Seguindo adiante, vindo o sujeito passivo contestar a fundamentação do ato aplicativo lavrado pelo Fisco, o ônus de exibir a improcedência dessa iniciativa impugnatória volta a ser, novamente, da Fazenda, a quem competirá provar o descabimento jurídico da impugnação, fazendo remanescer a exigência. Vê-se, no fundo, que é função precípua do Estado-Administração empregar a linguagem jurídica competente na produção dos atos de gestão tributária. O pressuposto de fato da incidência há de ser relatado de maneira transparente e cristalina, com suporte nas provas admissíveis nesse setor do direito, para que possa prevalecer, surtindo os efeitos de estilo, quais sejam os de constituir o vínculo da obrigação, atrelando o particular ao Fisco, em termos da satisfação do objeto prestacional.

Supor que um fato tenha acontecido ou que sua materialidade tenha sido efetivada, porém, não é o mesmo que exibir a concretude de sua existência, mediante prova, conferindo-lhe segurança e certeza. Esse o motivo por que, no Direito Tributário, os recursos à presunção devem ser utilizados com muito e especial cuidado. Nesse subdomínio jurídico, não deve a presunção ser concernente aos aspectos estruturados da norma de incidência tributária.

Se levarmos em consideração os valores máximos abrangidos por nosso Texto Constitucional, principalmente em termos de tributação, que respaldam os cânones da legalidade e da tipicidade, torna-se extremamente problemático captar a figura da presunção, sempre fértil para suscitar imprecisão, dubiedade e incerteza.

O indício não é suficiente para acarretar a presunção da ocorrência de determinado fato, sendo apenas o pretexto jurídico que autoriza a pesquisa, na busca das provas necessárias. Juridicamente verificados os indícios, servirão eles de ponto de partida para a procura daquilo que se chama "verdade dos fatos", o que há de ser efetivado mediante a utilização dos meios de prova em direito admitidos. O caminho seguro que os agentes do Poder Tributante devem seguir, no sentido de manter-se dentro dos parâmetros do sistema constitucional tributário brasileiro, aponta para o afastamento de hipóteses presuntivas, tanto quando diga respeito ao acontecimento do fato jurídico como nas situações de infrações tributárias.

No procedimento administrativo de gestão tributária, é imprescindível a cabal demonstração de causalidade entre o fato observado, considerado como indício, e a efetiva existência do ato infrator. Em outras palavras, não pode haver sombra de dúvida sobre a concreção do fato que dá causa à autuação administrativa, sendo inadmissível adotar a figura da presunção, tendo em vista que esta consiste no processo lógico em que de um fato conhecido infere-se fato desconhecido e, portanto, incerto.

9. Considerações finais

Traçadas algumas ideias que julgo de grande importância para o tema, penso ter demonstrado que a dicotomia entre forma e conteúdo não pode ser resolvida com a prevalência de um sobre o outro.

A cada domínio de linguagem há de corresponder a forma que lhe é própria e capaz de explicitar os conteúdos relevantes segundo as regras de combinação e seleção dos signos para a formação dos enunciados. Também assim no direito, que deve valer-se das regras apropriadas à construção de seus fatos, desprezando tudo aquilo que não houver sido juridicizado. Portanto, mostra-se inadequado o emprego de técnicas como a chamada *interpretação econômica do direito*.

Quero dizer também que todo *tipo* é uma forma, assim também a norma esquematizada na Regra-Matriz de Incidência Tributária. Quadrar aquilo que foi vertido em linguagem sob uma forma, transmutando-o em outra forma é fazer nova operação de subsunção, submetendo-se a todos os requisitos existentes para tanto e outros mais, sem os quais não pode a nova forma substituir a primeira.

Que faz o contribuinte ao estruturar seu negócio? Uma forma. Que pretende o Fisco ao reduzir a termo sua pretensão de "desconstituir" o negócio jurídico produzido pelo contribuinte? Impor-lhe ***outra*** forma. Como decidir o conflito entre essas formas? Há regras no sistema que preveem tais possibilidades: o princípio da autonomia da vontade privada desempenha aí papel fundamental, mas que comporta suas exceções, em especial a figura da simulação. Afora essas situações é vedado à Administração intervir sob a forma escolhida pelo sujeito.

CADERNOS DE DIREITO TRIBUTÁRIO

ENFOQUE SOBRE EL MUNDO JURÍDICO: CONSTITUCIÓN Y DERECHOS FUNDAMENTALES

RAÚL GUSTAVO FERREYRA
Profesor Titular de Cátedra de Derecho Constitucional Profundizado de la Facultad de Derecho y Ciencias Sociales de la Universidad de Buenos Aires.

§ I. Punto de partida. § II. La definición del Derecho. § III. El Derecho, macroconjunto de reglas acerca de la fuerza que se expresa por intermedio de reglas primarias y secundarias. § IV. Estado constitucional. § V. Estado "fin". § VI. Estado "medio". § VII. El positivismo jurídico y la caracterización del Derecho como "la razón de la fuerza". § VIII. La base de los sistemas jurídicos estatales. § IX. Derechos fundamentales: líneas de acción para el ejercicio de la fuerza estatal.

§ I. Punto de partida

El Derecho es una creación del hombre. Las reglas o normas de Derecho siempre regulan o determinan, directa o indirectamente, la conducta del hombre. El Derecho positivo, pues, fruto del arbitrio humano, es un ente o cosa variable, mudable, susceptible de cambio.

Conocer objetivamente cualquier sistema jurídico significa elaborar argumentos en forma de proposiciones. El saber jurídico debe demarcar y distinguir los entes que abarca y los que quedan excluidos; la configuración del concepto Derecho determina decisivamente que ha de comprenderse en su estudio científico. La función de conocimiento del sistema jurídico siempre posibilita tres tipos de comentarios o enfrenta igual cantidad de problemas.

Véase.

Uno: La congruencia o incongruencia de las reglas que lo integran con valores superiores que inspiran determinado ideal de justicia. En estos casos, los planteos giran en torno a los fundamentos axiológicos del sistema jurídico, en virtud que la justicia o injusticia de un sistema normativo equivale a plantear el problema de la correspondencia entre lo que la realidad ofrece y determinada idealidad sugiere.

Dos: Sobre la estructura de las reglas que integran el sistema; en este caso, el problema se relaciona con la existencia y configuración misma de las reglas de Derecho. Desde este enfoque, puede decirse que se emprende el examen de los problemas ontológicos del Derecho.

Tres: En este ámbito la preocupación central consiste en el análisis de los problemas que se derivan de si las reglas que los componen son o no son efectivamente cumplidas y acatadas por las personas y órganos a quienes se dirigen y, en caso de producirse transgresiones a sus prescripciones, cómo ellos son hechos valer (por medio de la coerción) por la autoridad que los impuso. En este caso, la gama de los problemas aparece relacionada con la eficacia de las reglas jurídicas que integran un sistema normativo; remite, pues, al examen de los problemas sociológicos del Derecho.

El enfoque ontológico o estructural predomina en esta contribución y constituye la determinación conceptual del objeto de estudio. Decir, pues, que el Derecho disciplina la arquitectura y el control social, al determinar la conducta de los ciudadanos y los poderes, implica admitir su normatividad como propiedad relevante. El Derecho es un sistema complejo, compuesto básicamente de reglas sobre la planificación, la organización y la aplicación de la fuerza cuya expresión o manifestación se materializa por intermedio del discurso elaborado por los poderes estatales. Es en este contexto en el cual puede verificarse la afirmación cuyo enunciado sostiene que esta programación del ejercicio del poder, racionalmente planificada, que realiza el Derecho, puede ser conceptuada como la razón de la fuerza.

¿Razón de la fuerza? Sí, razón de la fuerza, que quiere significar, sencillamente, que el Derecho muestra o pretende mostrar cómo sus reglas organizan y programan el ejercicio que el poder estatal decide llevar a cabo. Nada más.

¿Ustedes dirán que la verificación de estos contenidos puede dar lugar a injusticias? No hay dudas. ¿Que por intermedio de ello puede aducirse que el Derecho sería sólo la expresión de los más fuertes y no de los más justos?

Tampoco tengo mayores dudas al respecto. Ni de la alarma comunitaria que ello fundadamente provoca.

El planteo teórico que aquí se desarrolla (ver, especialmente, *ut infra* sección IX) consiste en un esquema de análisis de la complejidad que presenta el Derecho que, sin compadecerse por completo con ninguna de las versiones que se reportan desde el positivismo jurídico, se identifica con una interpretación preferente de los derechos fundamentales de rango y jerarquía constitucional.

¿Cómo es esto? Se propugna la posibilidad de que los derechos fundamentales alojados en los textos constitucionales sirvan como efectivas líneas de acción para el empleo de la fuerza estatal, configurando o reforzando, según los casos, los caminos en los cuales cada uno de los ciudadanos que componen la sociedad pueda elegir y decidir libre, individual, grupal y/o colectivamente, y en igualdad de oportunidades, la orientación de los planes de su vida.

El itinerario, y sin que ello signifique anticipar las conclusiones, puede ser descripto en las dos proposiciones que siguen: el derecho es la razón de la fuerza, entendida la palabra "razón" tanto como (*a*) descripción (y legalidad) de la coacción, cuanto como de su (*b*) argumentación racional. En ambos supuestos, el conocimiento objetivo del Derecho es la finalidad buscada, es decir, la definición de su identidad y los rasgos básicos de su alcance.

§ II. La definición del Derecho

Si un humanista del prestigio de Norberto Bobbio ha llegado a sostener que para cultivar un campo tan inmenso como resulta el Derecho se requiere un potente tractor, mientras que el único instrumento que él había llegado a poseer eran las tijeras de un jardinero, mis ambiciones no pueden ser sino más modestas, y descreo que los resultados de la tarea puedan servir de pan para los dientes de quienes concentran sus afanes en el estudio de los problemas de la teoría general del Derecho. No obstante, constituye proposición capital la consideración del Derecho como un artificio, en la misma línea del significado que le atribuyera Juan Jacobo Rousseau. El Derecho es una realización cultural, es decir, resultado de la actividad del hombre. Sin embargo, la historia exhibe que los seres humanos, muchas veces, han probado que la irracionalidad, tanto en la producción como en la realización del Derecho, demuestra que el hombre puede construir la cultura y también destruirla.

La definición del Derecho ha causado, ocasiona y seguramente seguirá provocando escozor, polémica, desconcierto, dificultades, perplejidades. Y la lista de efectos puede continuar.

Preguntarse qué es el Derecho comprende una situación sumamente vaga y ambigua. Si sólo se focaliza la atención en la producción del saber jurídico del siglo XX, las respuestas que se encontrarán son disímiles y contradictorias. Por ejemplo, Herbert Hart sostuvo en el año 1961 que no hay una vasta literatura para contestar las preguntas "¿qué es medicina?" o "¿qué es química?", como sí la hay para contestar la pregunta "¿qué es Derecho?".

Palabras que integran el lenguaje tienen importante pluralidad de significados. La polisemia del término Derecho tiene grado superlativo. Si se renuncia de antemano a la búsqueda de definiciones dirigidas a la estipulación de sus propiedades esenciales y naturales, se encuentra que Derecho, convencionalmente, tiene varios significados, tanto en el lenguaje de los juristas como en el caso del lenguaje de las fuentes jurídicas. En el caso del lenguaje que emplean los juristas, básica y precariamente se pueden distinguir no menos de dos orientaciones, las cuales se encuentran estrechamente ligadas entre sí.

En una primera significación, "Derecho" (objetivo) se emplea para designar a un sistema u ordenamiento jurídico, o conjunto de normas jurídicas vigentes en determinado espacio y tiempo; o combinación de normas primarias, secundarias y otros enunciados no normativos.

Una segunda significación del término alude al Derecho no como sistema u ordenamiento, sino como el nombre que recibe la disciplina científica o saber o ideología cuyo objeto – mediante la utilización de herramientas provenientes de los campos lógicos y/o empíricos y/o valorativos – es la identificación y/o sistematización y/o valoración de la compleja realidad configurada a partir del "Derecho objetivo". Es decir, que tanto el estudio del objeto como el objeto del estudio reciben el mismo apodo. Para toda significación se utiliza el mismo signo o símbolo: Derecho.

Puede agregarse otro significado: derecho entendido como facultad, pretensión o expectativa subjetiva o grupal. Lógicamente, si bien no es un escollo insalvable, se debe lamentar que la polisemia apuntada no favorece precisamente las indagaciones ni las reflexiones del saber jurídico.

De los significados del término Derecho, el que se tiene en foco como cabecera de análisis es el de Derecho como sistema jurídico. Dicho sea de paso, la delimitación de por sí no da por ganada la partida ni asegura su resultado. Sólo ayuda a esparcir las piezas en el tablero, decidiendo ulteriores realizaciones. Nada más. Porque la delineación del perímetro del primero de los significados del término Derecho, aun si lo entendiera de manera muy imprecisa, simplificada y liviana como combinación de normas, no dista de ser altamente problemática.

Con rigor se señala que los sistemas jurídicos designan un macroconjunto de normas jurídicas cuyos componentes son todos reconducibles a un fundamento común de validez: típicamente una constitución. La admisión de que el Derecho es un sistema puede ser entendida en no menos de dos sentidos: (*a*) asumir que el Derecho es un sistema supone admitir que el Derecho manda y pone orden; (*b*) por otra parte, al asumir que el Derecho es un sistema se pretende decir que el Derecho es algo ordenado, coherente y quizá tendencialmente completo. En los desarrollos que siguen, al Derecho se le caracteriza – la mayoría de las veces, de modo implícito – como un sistema que intenta poner orden, o que sus mandas reglamentan el uso de la coerción.

Significa admitir, además, al reconocer en el Derecho a un sistema, que se encuentra compuesto básicamente por normas o reglas, que responden a diferentes elaboraciones, normas que pueden ser observadas tanto en forma estática como dinámica, siempre producidas por el hombre.

§ III. El Derecho, macroconjunto de reglas acerca de la fuerza que se expresa por intermedio de reglas primarias y secundarias

No se puede demostrar, porque la realidad lo desborda, que el rasgo principal del Derecho sea que sus reglas estén garantizadas o protegidas por la fuerza. Todo indica que es más segura la afirmación que sostiene que la verdadera posición es que el Derecho consiste principalmente en reglas acerca de la fuerza. Reglas que configuran pautas para el ejercicio de la fuerza. El Derecho, entendido como sistema, es un macroconjunto de reglas sobre la organización y aplicación de la fuerza, cuya representación o expresión se concretiza por intermedio del discurso generado por el poder estatal. El término Derecho, empleado para denotar la organización y aplicación de ese fenómeno que es la misma fuerza estatal, es sinónimo de enunciados que se integran en un sistema normativo. Estas disposiciones o enunciados tienen algo en común: ser reglas que pretenden llevar a cabo la regulación de la fuerza estatal.

Sin embargo, no puede pasarse por alto la cuestión de que el Derecho no es un instrumento neutral porque siempre su normativa y aplicación viene precedida de presupuestos filosóficos e ideológicos. Por dicha razón, suele decirse que el Derecho es un instrumento para el control social. Debe añadirse que las reglas de comportamiento en que el Derecho consiste también son una herramienta de la que se sirve racionalmente el hombre para disponer la coexistencia.

Por lo pronto, el Derecho se integra con la totalidad del discurso jurídico positivo vigente en un Estado. Se edifica gradual y escalonadamente con el lenguaje prescriptivo producido por los poderes del Estado.

En líneas generales, los poderes del Estado que tienen aptitud para generar este discurso prescriptivo son: (*a*) los poderes constituyentes (sean éstos originarios o derivados) y (*b*) los poderes constituidos. El poder constituyente originario es el que da nacimiento a la primera constitución o ley mayor estatal, norma jurídica prescriptiva que programa la arquitectura y control de las funciones de los poderes del Estado y confiere estatus a los derechos fundamentales de las personas o grupos de ellas. Se trata del lenguaje prescriptivo por excelencia, en razón de que todo el resto de las disposiciones subconstitucionales del sistema jurídico, al fundar su validez en la Ley Mayor, pueden ser consideradas, en forma rudimentaria, como derivaciones o apéndices del discurso prescriptivo constitucional.

El Derecho puede ser visto y entendido, pues, como un hecho social, cuyo discurso instrumenta la arquitectura social, dando contenido a las pautas que requiere la organización y aplicación de la fuerza estatal que disponga llevarla a cabo. A partir de tal lectura de ese fenómeno complejo que configuran los sistemas jurídicos, sus propiedades más relevantes consisten en normas y prácticas prescriptivas.

Fundamentalmente por razones didácticas, puede distinguirse que el sistema jurídico está integrado, al menos, por dos clases de las siguientes normas, en orden a la función que cumplen y los destinatarios a quienes se dirigen: (*a*) primarias, que son las que prescriben facultades, obligaciones o prohibiciones a las personas, y (*b*) las normas secundarias, que son las que confieren potestades a los funcionarios o estipulan sanciones o reglan el cambio intrasistémico.

También existen "enunciados que no son normativos, pero que influyen en los efectos normativos de otros enunciados"; se cita, como ejemplo, el preámbulo de la Constitución federal de la Argentina: "(...) *con el objeto de constituir la unión nacional, afianzar la justicia, consolidar la paz interior, proveer a la defensa común, promover el bienestar general, y asegurar los beneficios de la libertad* (...)".

Seis reglas básicas de la ordenación comunitaria.

En su obra *Sobre el Derecho y la Justicia*, publicada en 1958, Alf Ross, al preguntarse cómo se distingue el contenido de un ordenamiento jurídico nacional de otros cuerpos individuales de normas, tales como las del ajedrez o las de cortesía, sostuvo que un orden jurídico es un cuerpo integrado por reglas que determinan las condiciones bajo las cuales debe ejercerse la fuerza física contra una persona; el orden jurídico nacional establece un aparato de autoridades públicas (los tribunales y los órganos ejecutivos) cuya función es ordenar y llevar a cabo el ejercicio de la fuerza en casos específicos. O, más brevemente, un orden jurídico nacional es el conjunto de reglas para el establecimiento y funcionamiento del aparato de fuerza del Estado. Dentro de ese orden jurídico, Ross aceptó que las normas podían ser divididas o clasificadas en dos grupos, según su contenido inmediato: normas de conducta (quedarían dentro del campo que en esta pieza se denominan normas primarias) y normas de competencia (poder, autoridad). Las primeras prescriben una línea de acción, mientras que las segundas crean una competencia o autoridad.

Ross criticó el punto de vista que establecía que el Derecho se encontraba constituido por reglas respaldadas por la fuerza. Además, hizo explícito que la relación entre las normas jurídicas y la fuerza consiste en el hecho de que ellas se refieren a la aplicación de ésta, y no en el hecho de que estén respaldadas por el uso de la fuerza. Rechazó, por lo tanto, que las normas de competencia (quedarían dentro del ámbito que en esta contribución se denominan normas secundarias) fuesen las únicas que constituyen el ordenamiento jurídico.

Además, Ross afirmó que el Derecho puede ser caracterizado por dos notas: (*a*) que consiste en reglas concernientes al ejercicio de la fuerza, y (*b*) que consiste en normas de conducta y de competencia.

Consiguientemente, norma primaria y norma secundaria en este contexto se encuentran combinadas por una relación de naturaleza funcional. Desde este enfoque, se aduce que el que tiene naturaleza prescriptiva es el sistema considerado en forma global y que no cabe predicar sino la juridicidad como propiedad del sistema normativo contemplado integral y conjuntamente, y no de la norma considerada de modo aislado.

No hay mayores dificultades para reconocer que la coercibilidad es una propiedad del sistema jurídico, y no de la norma reputada de modo aislado.

Sin embargo, Hans Kelsen, el más distinguido e influyente jurista del siglo XX, en su obra *Problemas capitales de la teoría jurídica del Estado, desarrollados con base en la doctrina de la proposición jurídica*, publicada en 1911, observó que la esencia de la norma jurídica con respecto a los sujetos del Derecho consiste en que los obliga; los diferentes deberes jurídicos de los súbditos de los órganos del Estado, o del Estado mismo, son creación del orden jurídico, que no es sino la suma de las normas del Derecho. Por su imperatividad, es decir, por su naturaleza eminentemente sancionatoria, sólo las aquí denominadas normas secundarias formarían parte – en verdad – del sistema jurídico.

Kelsen, años más tarde, en 1960, en la segunda edición de la *Teoría Pura del Derecho*, atenuó un poco la posición al distinguir entre normas jurídicas independientes y no independientes: "(...) *de lo dicho resulta que un orden jurídico, aunque de ninguna manera todas sus normas estatuyan actos coactivos, puede con todo ser caracterizado como un orden coactivo, en cuanto todas las normas que de por sí no estatuyen actos coactivos, y que, por tanto, no imponen obligaciones, sino que sólo facultan o permiten positivamente la producción de normas, son normas no in-*

dependientes que sólo valen en conexión con una norma que estatuye un acto coactivo (...)".

Nótese que si se aceptase que en rigor son las normas secundarias las únicas que integran un sistema jurídico estatal, resulta interesante describir alguna consecuencia de este esquema teórico de raíz "kelseniana", o llevarlo hasta sus últimas consecuencias, poniendo un ejemplo. Tal proposición se podría expresar del siguiente modo: todos los enunciados jurídicos que integran un ordenamiento y que reglamentan el derecho individual y colectivo del trabajo, o de enseñar y aprender, o de libertad de expresión, etcétera (*v.gr.*: las reglas primarias o de conducta contenidas en los arts. 14 bis y 14, respectivamente, de la Constitución federal de la Argentina), y en tanto no establezcan sanciones – son normas no independientes –, sólo recibirán su carácter de jurídico en conexión con otras normas del sistema que estatuyan sanciones o actos coactivos respecto de las líneas de acción estipuladas por aquéllas.

En realidad, y tal como se analiza más adelante, el problema de este esquema no es la insatisfacción que provoca. Por ahora, sólo adelanto el ejemplo. Y su crítica: es incorrecto decir – actualmente – que las reglas constitucionales que confieren el reconocimiento de los derechos fundamentales no sean normas que impongan líneas de acción a los poderes estatales. Y, por ende, que no sea factible decidir el índice o grado de coactividad que ellas tienen.

§ IV. Estado constitucional

Rasgo dominante del Estado constitucional consiste en que la coexistencia de los hombres es regulada por el Derecho. Para el ciudadano, el orden jurídico se presenta como conjunto de reglas que determinan las condiciones en que ha de comportarse con relación a los demás.

La gran mayoría de las doctrinas iuspositivistas suele admitir que las dos diferencias que marcan la distinción entre los sistemas jurídicos con los morales, religiosos o de trato social consisten en que: (*a*) los sistemas jurídicos, para el caso que no se cumpla la conducta reglada, estipulan la aplicación de sanciones de carácter externo, que en última instancia puede derivar en la utilización de la fuerza física, y (*b*) el monopolio de la coacción se encuentra en manos del Estado, es decir, se encuentra institucionalizada.

Si se considera que la coactividad es un elemento central de los sistemas jurídicos, razonablemente es dable entender que se presuponen los siguientes datos: (*a*) que sólo el Derecho puede limitar al poder, pero que sólo el poder crea al Derecho; (*b*) que el Estado, entendido como organización social que monopoliza el ejercicio de la fuerza, es también quien monopoliza la producción jurídica y su aplicación. La fuerza o coacción que es monopolizada por el Estado es el rasgo caracterizador de los sistemas jurídicos considerados globalmente, como conjunto de normas primarias y secundarias, y no una calificación aislada de uno o más enunciados que componen el sistema, que pueden ser no prescriptivos. Así, la fuerza se ubica en la génesis del Derecho y en su aplicación.

Sin embargo, queda una importante cuestión por analizar. En efecto, el Estado, que es el que crea el Derecho, puede ser visto con relación a éste, al mismo tiempo, de dos modos: como un fin o como un medio.

Veamos.

§ V. Estado "fin"

Si no se ve al Estado como un medio para la protección de los derechos fundamentales (sencillamente, porque la realidad clausura la posibilidad de que puede concretarse dicho postulado), será difícil argüir en contra de que el Derecho es, y probablemente será, la ley del más fuerte. Lo expuesto no implica que aplicación de la fuerza no pueda ser justa. Lógicamente podría llegar a serlo, no puede descartarse.

Quiero señalar que, en este esquema, la fuerza es lo sustantivo, la expresión del más fuerte. La terminología "la ley del más fuerte", de exclusiva prosapia descriptiva, nada tiene que ver con la aprobación o reprobación que con fundamentos éticos o de justicia produzcan ciertos sistemas jurídicos, como adujo Ross. Y será la ley del más fuerte si se entendiere que las normas – aquí llamadas "secundarias" – son las verdaderas normas del sistema jurídico (Kelsen), o las únicas capaces de conferirle juridicidad, por cuanto ellas, y sólo ellas, son las que peculiarmente estipulan sanciones o confieren potestades para hacerlo, dado que allí – se arguye – el rasgo de la fuerza o coacción constituye el contenido mismo de la reglamentación que realiza el Derecho.

Pienso que para estas corrientes el Derecho bien podría ser caracterizado como la razón de la fuerza, expresión cuyo contenido, dicho sea de paso, cuenta con altísimas probabilidades de corroboración empírica en la realidad mundial.

Conviene distinguir, con la mayor claridad posible, qué se intenta decir cuando se afirma que "el Derecho es la razón de la fuerza". Se quiere subrayar que, precisamente, esta regulación de la coacción que despliega el Derecho es lo que lo distingue o separa de otros sistemas u órdenes normativos, como pueden ser, por ejemplo, la moral o la religión.

Es posible advertir, además, que en esta perspectiva teórica que permite calificar al Derecho como la razón de la fuerza, la palabra "razón" es usada en un sentido muy débil como "orden y método en alguna cosa", a lo que debe asociarse la idea, o va implícita, de que los principios y reglas que integran un sistema jurídico pueden ser impuestos, aun coactivamente. Significa que en determinadas situaciones se puede constreñir por la fuerza, incluida la violencia física contra la/s persona/s, para el cumplimiento de determinadas prescripciones del sistema jurídico. Tampoco va en contra o en detrimento de la coercibilidad, como nota dominante de los sistemas jurídicos, que en múltiples ocasiones el Derecho sea efectivo de modo espontáneo, sin necesidad de tener que recurrir a la utilización de la fuerza estatal.

En este contexto que se analiza, el uso de "razón" podría ser entendido y distinguido en una variedad de planos, de los que, por su importancia, seleccionaré dos: el epistemológico y el normativo.

(*i*) Dentro del campo de la opción epistemológica referida, afirmar que el Derecho es la "razón de la fuerza" significaría, sencillamente, decir que la razón es una guía autónoma del hombre en todos los campos en que es posible una indagación o una investigación. En este sentido, se dice que la "razón" es una facultad propia del Hombre y que lo distingue de otros animales. En este marco, el término "razón" significa "facultad de pensar", y no que el hombre siempre piensa. Puede hacerlo. Nada más. "Razón", empleada en este contexto, quiere poner de manifiesto sólo que la aplicación de la fuerza estatal es precedida habitualmente por un criterio cognitivo.

(*ii*) En el ámbito normativo, el empleo de la palabra "razón" puede significar tanto como: (*a*) anoticiar, informar de un asunto; (*b*) aludir a la facultad de discurrir, y a las palabras o frases con que se expresa el discurso; (*c*) o, más concretamente, referir al discurso de los poderes del Estado que reglamenta o regula el momento, la forma, el sujeto y la dosificación o quantum para el empleo de la fuerza estatal. No queda comprendido en dicho ámbito de significación el "qué" o "sustancia" de que puede o debe, o no puede o no debe, disponer la reglamentación coactivamente.

(*iii*) En un sentido débil, el "Derecho como la razón de la fuerza" – expresión que no es más que una categoría que empleo para calificar la visualización genérica que del fenómeno jurídico hacen o realizan importantes corrientes pertenecientes a la familia del positivismo jurídico – quiere decir tanto: (*a*) que la fuerza que los hombres aplican a través del Estado, a diferencia de la fuerza existente en el resto del mundo animal, es organizada y empleada sobre la base de criterios que, genéricamente, pueden ser descriptos como la capacidad de entender o comprender qué tienen aquéllos, es decir, basados en su inteligencia, y (*b*) que la fuerza es organizada y aplicada por intermedio del discurso, cuya normatividad es la nota peculiar con que se expresa el Derecho.

§ VI. Estado "medio"

Si, en cambio, al Estado se lo considera un instrumento, el ente únicamente se legitima si tutela y satisface los derechos fundamentales. Es más: aquí el Estado no sólo es el que confiere los derechos fundamentales, sino que además debe generar las condiciones para su realización, ya sea por abstención o por prestación. En este caso, a diferencia del anterior, el Estado debe legitimarse mediante la procreación y respeto del ambiente necesario para la realización de los derechos fundamentales.

Para comprender cabalmente esta posición, conviene tener en cuenta la observación que realiza al respecto Luigi Ferrajoli al aseverar que actualmente hay un nuevo paradigma en la historia de la cultura jurídica. Ferrajoli afirma que gran parte de los valores de justicia elaborados por la doctrina iusnaturalista de los siglos XVII y XVIII (valor de la persona humana, igualdad, derechos civiles y políticos) han sido consagrados en las modernas constituciones en forma de principios normativos fundamentales que contienen limitaciones cuyo destinatario es el poder público. Los derechos fundamentales son Derecho positivo por cuanto están estipulados en las constituciones – igualdad, de los derechos de libertad a los derechos sociales – y son, en esta clave de interpretación, Derecho sobre derechos. Es decir, las reglas de los derechos fundamentales disciplinan en cierta medida la programación del contenido de toda la legislación subconstitucional, y no solamente la programación de la forma de producción a través de normas de procedimiento sobre la formación de leyes, que fue y es un paradigma del positivismo clásico. En este esquema de pensamiento, los derechos fundamentales se afirman siempre como leyes del más débil en alternativa a la ley del más fuerte que regía y regiría en su ausencia.

§ VII. El positivismo jurídico y la caracterización del Derecho como "la razón de la fuerza"

En la literatura jurídica frecuentemente se polemiza alrededor de las propiedades que distinguen a los sistemas jurídicos de otros sistemas normativos, como la religión, la moral o las reglas deportivas. El ideario, cuyo contorno luce "que el Derecho es algo distinto, definitivamente diferente de otros órdenes normativos", es producto del positivismo jurídico, entendido como corriente teórica y con generosísima amplitud; donde el fenómeno jurídico se distingue de otros fenómenos normativos porque el Derecho es la organización e institucionalización de la coerción y no se encuentra vinculado o necesariamente dependa de la moral, aunque eventualmente podrían coincidir.

Las teorías positivistas – hijas de la aspiración muy humana de intentar la estipulación de cierto grado de certidumbre para (y en) sus relaciones – tienen argumentos más plausibles para insistir en pretender definir al Derecho como el sistema jurídico cuyas reglas sean la razón de la fuerza. Lo expuesto no implica una adhesión incondicional a las teorías iuspositivistas, sino, sencillamente, la simple comprobación empírica de que, en su inmensa mayoría, los sistemas jurídicos estatales existentes en el mundo se hallan estructurados por el Derecho que "es" – valga la redundancia – y no por el que "debiera ser", que sí permitiera la cabal realización de los derechos fundamentales, y, con seguridad, sistemas jurídicos tanto más correctos.

Un simple ejercicio permite comprobar que el Derecho, como instrumento para el control y la arquitectura social, no ha podido existir sin la fuerza. Hasta el siglo XX, el Derecho, descripto como se lo intenta hacer en esta disertación, ha encarnado siempre con mayor o menor dureza la posición del más fuerte, donde el más fuerte es el poder. Hace tres siglos y medio, Thomas Hobbes replicó a *sir* E. Coke que no es la verdad, sino la autoridad, la que hace el Derecho: "*La razón de nuestro estado, nuestro hombre artificial, es lo que constituye la ley, y no la jurisprudencia o sabiduría de los jueces subordinados* (...) *y la ley es una orden* (...) *y una orden es la manifestación de voluntad de quien manda*".

De lo expuesto en párrafos precedentes, claramente se advierte que en la afirmación "el Derecho ha sido y es la razón de la fuerza para desarrollar la arquitectura y ejercer el control social", el término "razón" no significa "justo o correcto". Razón es utilizada, solamente, como actitud cognitiva y descriptiva de la reglamentación de la fuerza estatal que lleva a cabo el sistema jurídico.

Llegado este punto, vale la pena preguntarse: (*a*) ¿puede tener alguna incidencia la constitución escrita en todo este asunto?, y (*b*) y si fuera cierto, ¿cuál es el lugar exacto que ocupa la constitución escrita del Estado en toda esta cuestión?

§ VIII. La base de los sistemas jurídicos estatales

"Constitución" significa una categoría jurídica básica de la teoría y práctica del Derecho. Los modernos sistemas jurídicos estatales son sistemas normativos estructurados jerárquicamente. En su base se encuentra la norma constitucional, que a su vez implica propiamente un "subsistema normativo". La estructura jerárquica del sistema jurídico de un Estado puede expresarse de modo rudimentario, como sostiene Kelsen, en los siguientes términos: supuesta la existencia de la norma fundamental, la constitución representa el nivel más alto dentro del derecho estatal.

La palabra "constitución" es usada en el lenguaje jurídico, político y social con una pluralidad de significados. No es éste el sitio para llevar a cabo un listado de significaciones. Sí, en cambio, pretendo describir en qué sentido puede entenderse que la "constitución" escrita es la base del sistema jurídico estatal, y cuáles son las jerarquías que tiene la norma constitucional con el resto de las normas que lo integran, y si de ello es a su vez derivable alguna proposición peculiar. Para tal cometido, será suficiente, por el momento, ensayar las siguientes orientaciones, las que se encuentran dirigidas a las constituciones que observan cierto grado de rigidez, entendiendo por rigidez que la norma constitucional no puede ser reformada mediante la utilización de los mismos procesos estipulados para la configuración de la legislación ordinaria de rango subconstitucional.

Veamos.

Descriptiva y objetivamente, suele emplearse el término "constitución" para designar un conjunto de reglas que singularizan, personifican e identifican a los sistemas jurídicos estatales, expresadas en un documento y que en relación a todas las demás reglas del sistema son fundamentales. Al afirmarse que "la constitución es la norma de mayor jerarquía del sistema jurídico", ¿qué se postula exactamente? Se puede hablar de jerarquía lógico-normativa y de jerarquía axiológica. Me ocuparé de la primera: la constitución resulta formalmente superior a las normas cuya producción programa, ya que la constitución es lógicamente anterior o viene predispuesta con relación a las normas infraconstitucionales.

La constitución es la norma mayor del sistema jurídico como consecuencia de una decisión positiva del poder estatal. Si la constitución es la norma de mayor jerarquía del sistema, no es lógicamente posible ir de la norma superior a la norma inferior sin dejar de atravesar la distancia jerárquica que hay entre ellas. Negar esta distancia sería contradictorio, porque no puede irse de lo superior a lo inferior sin atravesar las distancias que los separan. Este sencillo ejemplo demuestra la jerarquía lógica de la constitución. Contrariamente, no hace falta decirlo, implica una contradicción.

En este campo, la constitución es el plan maestro que esquematiza las formas y procedimientos que debe observar toda la producción jurídica de los poderes del Estado. No caben dudas de que es concretamente en esta relación de jerarquía lógica-estructural entre la constitución y el resto de las normas del sistema jurídico, donde puede afirmarse que la constitución disciplina y programa la configuración del cuándo, el cómo, el quién y el cuánto del ejercicio del poder coactivo.

La constitución determina regiamente la producción de reglas jurídicas de alcance general; por consecuencia, regula la forma y, hasta cierto nivel, el contenido de la elaboración estatal.

Si el Derecho es la "razón de la fuerza" – en el sentido expuesto *ut supra* sección III –, la constitución sería el paradigma de esta tecnología. Claro que convenir ello traería como corolario admitir que las normas de conducta (normas primarias) escritas en los textos constitucionales son, a lo sumo, indicadores o menús, pero carentes de fuerza normativa e incapaces de conferir juridicidad al sistema normativo, ya que en estos enfoques normativistas la juridicidad del sistema es propuesta por sus normas secundarias. En este esquema, por lo tanto, es evidente que no todas las reglas constitucionales tendrían la misma relación de supraordenamiento y jerarquía con el resto de las normas del sistema jurídico.

Sólo son fundamentales y supremas: las que determinan las formas y sistema de Estado y de gobierno, respectivamente, y las que disciplinan la producción y el conferimiento de las potestades legislativa, administrativa y jurisdiccional a los órganos que encarnan la voluntad estatal.

§ IX. Derechos fundamentales: líneas de acción para el ejercicio de la fuerza estatal

Distinguir si el Derecho es la razón de la fuerza, es decir, ha sido (y es) la "expresión de los más fuertes", o en cambio, el Derecho es también la razón de la fuerza pero ahora en sentido fuerte – donde ciertos ideales puedan justificar o no la coactividad del Derecho –, conduce, una vez más, a enfrentar el antiguo y reiteradamente difundido dilema sobre el papel de la ciencia o saber jurídico.

Optar por la segunda de las alternativas supone dejar parcialmente a la sombra algunas ideas de Kelsen con relación a las normas imperativas y, al mismo tiempo, advertir con objetividad el innegable rol que desempeñan los derechos fundamentales en los sistemas jurídicos. El repertorio de los derechos fundamentales que componen todas las constituciones modernas significa una demarcación trascendental para la tarea estatal.

No parece acertado afirmar que la fuerza del sistema jurídico se reduce a la coactividad que emana de las denominadas normas secundarias del sistema. En efecto, en los sistemas jurídicos que en la base de su escalonamiento jerárquico hospedan a los derechos fundamentales – cuyo estatus es conferido por la constitución –, difícilmente pueda abrigarse duda alguna de que los mismos serían verdaderas "líneas de acción", en el sentido que adjudicó Ross a las normas de conducta (ver *ut supra* sección III). Que las normas de competencia o de organización del poder, o secundarias, confieren potestades para sancionar y cambiar, no caben dudas. Pero las normas primarias también tienen que ver con la reglamentación de la fuerza, en virtud de que normalmente en ellas se encuentran encastrados los catálogos de derechos fundamentales y sus garantías.

En esta clase de sistemas jurídicos, los derechos fundamentales y sus garantías proveerían el contenido para el uso de la fuerza, configurando directivas para su organización y consecuente aplicación. Como enseñó en nuestra dogmática Germán Bidart Campos, cuando la constitución configura derechos y les da constancia normativa, no lo hace para cumplir un propósito decorativo y literario de pura retórica o alarde léxico, sino para que las personas dispongan de acceso a su goce y a su disfrute, y para que puedan hacerlos valer jurídicamente ante un Estado al que, en reciprocidad, se le demarcan límites, y se le reparte el poder con funciones a cargo de órganos separados, sujetos a control.

Hay constituciones que, en tanto fundamento de validez de los sistemas jurídicos, no se limitan a programar un conjunto de procedimientos dirigidos a posibilitar la planificación y despliegue de la coerción a cargo de los poderes constituidos, sino que además, y aceptando que ellas no son fines sino medios, reputan que los derechos fundamentales en ellas insertados realizan una reglamentación que se considera el ámbito básico de la vida comunitaria en libertad, donde se les concibe no sólo como derechos subjetivos, sino también como reglas objetivas del sistema y, como tales, formal y no materialmente, líneas de acción que deben asegurar un uso correcto de la fuerza estatal. Proposición que implica la comprensión global de las complejidades que muestran las realidades configuradas por esos órdenes. No apareja el abandono de la proposición que señala que la actividad dogmática jurídica consiste en describir el estado de cosas que el Derecho configura y determina. Naturalmente, esta demarcación o determinación jamás puede ser completa. Resulta casi imposible que la constitución pueda determinar todas las orientaciones de su realización. En el Estado constitucional la eliminación radical del ámbito de la discrecionalidad es insuperable; la discrecionalidad es un rasgo dominante de la especie humana.

El sistema jurídico constitucional alemán contiene una disposición que ejemplifica normativamente – la proposición que en esta disertación se discute – de manera muy aproximada la tesis que aquí se describe. Dispone el art. 1º, inc. 3º, de la Ley Fundamental de Bonn de 1949 que los derechos fundamentales vinculan a los poderes legislativo, ejecutivo y judicial a título de derecho directamente aplicable. En esta tipología de sistema jurídico la verdadera razón del mismo también residiría en la fuerza normativa de sus derechos fundamentales.

En el caso de la República Argentina, en la actualidad su orden estatal se encuentra instituido por su Derecho constitucional, creación humana que emana básicamente de las reglas generales contenidas en la Constitución federal de 1853 con sus reformas de 1860 – “la constitución histórica” –, 1866, 1898, 1957 y 1994, y en las reglas del Derecho internacional de los derechos humanos que gozan de jerarquía constitucional. La primacía del Derecho internacional de los Derechos Humanos – en adelante DDHH – puede ser observada como un paradigma del Derecho constitucional de la Argentina. Constituyen significativas líneas para la acción estatal y ciudadana.

Ciertamente, conceptos morales han sido desarrollados. Fruto de ese desarrollo, ahora el texto constitucional muestra la positividad. Los principios morales han sido positivizados. Los conceptos morales, al ingresar a la Constitución, que es norma jurídica, son ahora, para el Derecho, conceptos de derecho positivo. Ergo, derecho y moral no deben tener un significado necesariamente coincidente, aunque puede suceder. Por lo pronto, persiste la distinción entre lenguaje moral y lenguaje jurídico. Reconozco, no obstante, que son conceptos altamente indeterminados, pero que observa la distinción entre Derecho y moral, entre el Derecho como es y el Derecho como debería ser, entre la descripción del Derecho y su valoración.

En este contexto la palabra “razón” puede ser empleada para definir al término Derecho como la razón de la fuerza, pero derivándose la posibilidad de que el término pueda ser realizado en un sentido "fuerte" y no tan sólo débilmente.

En la lengua española el término "razón" admite una importante variedad de significados, de los cuales, en esta investigación, se ha seleccionado sólo una duplicidad.

En los apartados anteriores – ver *ut supra* sección III – se exploran los significados del término, en tanto "razón" es apto para denotar, por ejemplo, tanto inteligencia como anoticiamiento o poder de informar sobre la cosa de que se trata (en nuestro caso, la fuerza estatal). Pero "razón" – según la cuarta acepción del DRAE – también puede ser empleado para significar "argumento o demostración que se aduce en apoyo de alguna cosa", donde la argumentación como operación intelectual persigue el convencimiento de que algo es correcto. En este caso, las "razones de derecho constitucional", es decir, los derechos fundamentales normados en las constituciones, operarían como un listado o catálogo orientador de las decisiones políticas fundamentales, permitiendo establecer "qué" manda el poder por intermediación del Derecho, y no sólo quiénes mandan o están autorizados para hacerlo, creando regulaciones y aplicando sanciones.

La Constitución federal de la Argentina, por caso (básicamente: Primera Parte, Capítulo Primero: Declaraciones, derechos y garantías; Capítulo Segundo: Nuevos Derechos y en la Segunda Parte, Título Primero, Sección Primera, Capítulo Cuarto: el art. 75, inc. 22 ya aludido), contiene una descripción de un estado de cosas, es decir, un estado deseado por el legislador constituyente. Ese estado de cosas sólo puede ser vislumbrado racionalmente por el constituyente, a condición de que se trate de un mundo constitucionalmente posible. Si el estado de cosas delineado por el constituyente en la Constitución no es "lógicamente posible" (es decir, no puede ser realizado, sus reglas no satisfacen los estándares del querer racional), se trataría de una descripción originariamente falsa de la realidad, que no coincide ni puede coincidir con el estado de cosas. Con seriedad, entonces, sólo puede ser sustentado el ideal que constituye un diseño de un mundo posible; si no es verdadero, no puede ser querido racionalmente por el poder constituyente.

Mi estrategia básica para defender esta proposición consiste en que, tal como se anunció *ut supra* I, las proposiciones son enunciados acerca del estado de cosas que determina el Derecho.

Una última precisión de singular relevancia. Debe llamarse la atención sobre la utilización del término "razón" en esta dimensión argumentativa. Y la misma se vincula con el alcance y contenido de "qué" es lo que se manda u ordena a través del Derecho en una democracia constitucional. Una posible respuesta sería que lo que se ordena mandar no puede ser otra cosa que no sea la configuración y perfeccionamiento del subsistema de enunciados normativos de naturaleza primaria, que confieren reconocimiento constitucional a los derechos fundamentales. Claro que, si uno de los cometidos principales de la constitución se perfecciona en la determinación de los derechos fundamentales, en qué medida ellos configuran un "orden o sistema" y de qué modo se explica su desarrollo progresivo y los límites que observa o debería observar el itinerario del mismo, de ningún modo puede quedar indeterminado, siendo dicho cometido uno de los rasgos básicos del sistema teórico que pretenda abordar su comprensión racional.

Para finalizar, se dijo al inicio que se propugna establecer contacto con la afirmación cuyo enunciado es que "el derecho es la razón de la fuerza", entendida la palabra "razón" tanto como descripción de la coacción, como de su argumentación.

La primera proposición ha quedado verificada. La descripción de la realidad, es decir, las tareas informativas acerca de ella, como operación intelectual busca el hallazgo de la verdad; en este sentido, es verificable que el Derecho es la razón de la fuerza, circunstancia comprobable tan sólo recurriendo al conocimiento del mundo externo.

La segunda proposición muestra que hay demasiado por hacer a su respecto.

La argumentación acerca de la realidad persigue la consecución del convencimiento ajeno. Quien argumente que el Derecho debe ser la razón de la fuerza, estará intentando persuadirnos de que son los derechos fundamentales inscriptos en las constituciones la línea decisiva que programa y da fundamento al ejercicio de la coerción estatal.

Si vuelvo la cuestión al título de este trabajo, y en última instancia, perfilando su cierre, puedo afirmar que el Derecho, entendido como la razón de la fuerza, en sentido "débil", es la legalidad proveniente del sistema jurídico prevaleciente. Y el Derecho, entendido como la razón de la fuerza, en sentido "fuerte", es la argumentación para una renovada realización del sistema jurídico.

INCENTIVOS FISCAIS CONCEDIDOS POR LEI E REVOGADOS POR RESOLUÇÃO – ILEGALIDADE E INCONSTITUCIONALIDADE – INTELIGÊNCIA DA RESOLUÇÃO NORMATIVA DA ANEEL 234/2006, DA LEI 5.655/1971 E DA MP 2.199-14/2001 – INCENTIVOS PARA DESENVOLVIMENTO REGIONAL OU SETORIAL OBJETIVAM BENEFICIAR O INVESTIDOR DIRETAMENTE E SÓ INDIRETAMENTE O CONSUMIDOR PELA CRIAÇÃO DE SERVIÇO ANTES INEXISTENTE – PARECER

IVES GANDRA DA SILVA MARTINS

Professor Emérito da Universidade Mackenzie, em cuja Faculdade de Direito foi Titular de Direito Constitucional.

Consulta

Formula-me a Consulente, Consulta complementar àquela já respondida por mim e por minha sócia Fátima Fernandes Rodrigues de Souza, em dezembro de 2010, e cuja ementa foi:

"Incentivo fiscal regional. Art. 1º da MP n. 2.199-14, na redação que lhe deu a Lei 11.196/2005. Redução de tributos sobre a renda. Finalidade de fomento às pessoas jurídicas que promovessem investimentos no setor de distribuição de energia elétrica nas regiões da Sudene e SUDAM. Nota Técnica n. 262/2010/SRE/Aneel que prevê a captura da redução de tributos em prol da modicidade da tarifa. Administrador público que pretende substituir-se ao legislador e ao constituinte. Desvirtuamento do incentivo fiscal legalmente instituído. Inconstitucionalidade por violação aos arts. 3º, III, 37 (princípios da legalidade, eficiência e moralidade) e 43 da CF. Ofensa ao art. 178 do CTN e ao art. 5º, XXXVI, da CF. Violação ao art. 9º, § 3º, da Lei 8.789/1995 – Parecer."

Está consubstanciada nos seguintes quesitos:

"a) Pode Aneel, por meio de Resolução, caracterizar o incentivo fiscal Sudene como um aporte de recursos do governo federal, em investimentos na concessão, de forma que, pelas regras setoriais, esse incentivo seja ***deduzido*** da Base de Remuneração Regulatória – BRR (RN Normativa Aneel 234/2006), eliminando tanto a remuneração sobre os investimentos realizados com o valor dos incentivos fiscais, quanto a recuperação desse investimento por meio da depreciação?

"b) Caso a resposta seja negativa, poderia a Lei 5.655/1971, específica do setor elétrico, que trata inclusive do Investimento Remunerável (BRR), ter sua redação alterada no sentido de estabelecer que o valor dos incentivos fiscais, previstos no art. 1º da MP 2.199-14/2001, seja excluído para fins de determinação do 'Investimento Remunerável' (BRR), anulando o benefício financeiro concedido por uma Lei tributária?

"c) Caso a resposta anterior seja positiva, a exclusão dos incentivos fiscais, do 'Investimento Remunerável' (BRR), poderia ser extensiva aos valores de incentivos fiscais constituídos antes da edição da nova Lei ou MP que altere a redação da Lei 5.655/1971?

"d) Considerando que, antes de se constituir a Reserva de Lucros – Incentivos Fiscais, prevista no art. 195-A da Lei 6.404/1976, o valor do incentivo fiscal Sudene será contabilizado como Receita, poderia a Aneel capturar parte ou integralmente o correspondente valor para repassá-lo como redução no momento do cálculo da tarifária a ser homologada, sem qualquer alteração da legislação aplicável?"

Resposta

Reitero, no presente Parecer, todas as respostas ofertadas na Consulta anterior, que, de certa forma, contêm implícitas as respostas para as indagações ora formuladas.[1]

Procurarei examinar, todavia, os possíveis questionamentos da Aneel na busca

1. Concluímos o Parecer como se segue: "Com essas considerações, passamos a responder pontualmente as questões formuladas.

"a) É lícito à Aneel capturar o benefício tributário oferecido nos termos da Lei 11.196/1995 para fins da modicidade tarifária? A captura do benefício altera o texto da lei?

"Não, não é legítimo, pois o fundamento do tratamento mais favorecido, foi o art. 3º, III da CF. Se, em sintonia com a Constituição, o legislador federal institui incentivo regional, ou seja, com a finalidade de propiciar melhores condições de infra-instrutora para as regiões sócio-econômicas indicadas, não pode o administrador público, titular de competência para atuar em conformidade com as políticas e diretrizes do governo federal, pretender substituir pela sua, a vontade da lei e da Constituição.

"A nosso ver, a Nota Técnica n. 262/2010 SRE/Aneel, na condição de mero ato administrativo subalterno, não tem forças para alterar o art. 1º da MP n. 2.199-14, na redação que lhe deu a Lei 11.196/2005, como pretendeu seu autor.

"A captura do benefício para repassá-lo à tarifa, assim como qualquer outra medida tendente a destiná-lo a outra finalidade que não aquela legalmente prevista quando de sua instituição, desnatura o incentivo, violando a lei e a Constituição. Trata-se, portanto, de ato administrativo inválido, que atenta contra a hierarquia das normas.

"b) Quem é o beneficiário direto do referido 'benefício/incentivo' instituído pela Lei 11.196/2005: concessionária, acionista ou consumidor?

"O estímulo instituído pela Lei 11.196/2005 tem natureza de fomento. Seu beneficiário direto é, pois, a pessoa jurídica titular do projeto aprovado, ou seja, a concessionária que, tem na redução de tributos uma forma de compensação, pelo menos parcial, dos grandes investimentos que terá que fazer para sua a implantação e desenvolvimento, no interesse da região. Tanto é assim, que, o art. 1º da Lei em tela, ao preservar o regime do art. 19 do Decreto-lei n. 1598/1977 e alterações posteriores (art. 545 do RIR, Decreto n. 3000/1999), estabelece que o incentivo não poderá ser distribuído aos sócios, constituindo reserva de capital da pessoa jurídica, que somente poderá ser utilizada para absorção de prejuízos ou aumento do capital social, sob pena de perda do benefício – a teor do que dispõem os §§ 1º, 3º, 4º, e 5º do mencionado art. 19.

"Capturá-lo em prol da modicidade de tarifas é substituir o beneficiário legal do incentivo – pessoa jurídica titular do empreendimento – pelo usuário, alterando a finalidade da norma, desvirtuando o estímulo e contrariando a lei e a Constituição. É muito mais do que simplesmente anular o incentivo. É transformá-lo em ônus, criando uma situação de desequilíbrio para o contribuinte que a lei visou beneficiar, na medida em que o coloca na surreal situação de ter, de um lado, que repassar a isenção para reduzir a tarifa e, de outro, utilizar o valor da mesma isenção para constituir reserva de capital a ser utilizada para absorção de prejuízos ou aumento do capital social!

"c) Sendo legítima a captura do benefício para fins de modicidade tarifária, de que forma seria essa de alteração de incentivos fiscais concedidos e que, após sua concessão, são de impossível modificação por força do art. 178 do CTN, por se constituírem incentivos onerosos.[2]

A própria Súmula 544 do Supremo Tribunal Federal, que assim dispõe, "*Isenções tributárias concedidas – Condição onerosa – Liberdade de supressão.* Isenções tributárias concedidas, sob condição onerosa, não podem ser livremente suprimidas",[3] é considerada em vigor, mesmo após a LC n. 24/1975, pela maioria esmagadora da doutrina.

Tecerei, todavia, breves considerações sobre a política de incentivos fiscais juridicizados no Brasil e os princípios constitucionais e de legislação complementar explicativa, que regem a matéria, para só depois responder às questões formuladas pela entidade Consulente.

Muito antes da sistematização do direito tributário no País, isto é, quando ainda se tinha um complexo de leis não organicamente conformado, nada obstante as Constituições anteriores a 1967 terem cuidado de aspectos fiscais, a extrafiscalidade já era objeto de reflexão pelos especialistas, então em Finanças Públicas. Refiro-me à época em que se discutia, inclusive, se haveria ou não autonomia do direito tributário em relação ao direito financeiro, no qual estavam seus estudos inseridos.[4]

Sendo o tributo o mais relevante instrumento das receitas públicas – que, como Aliomar acentua, supera as receitas de exploração própria, financeiras, indenizatórias, confiscatórias ou de qualquer outra natureza –, nitidamente, tem como objeti-

captura? Há alguma possibilidade de se capturar o benefício dos anos anteriores?

"A captura não é legítima, tendo em vista que a Nota Técnica n. 262/2010 SRE/Aneel em questão não tem forças para modificar a lei nem para criar obrigações, inovando na ordem jurídica. Mas, se apenas para argumentar, se admitisse a sua validade, não poderia autorizar a captura do benefício dos anos anteriores, de vez que, a teor do art. 5º, XXXIV, da CF, nem mesmo a lei pode produzir efeitos retroativos; quanto mais mero ato administrativo, que, ao invés de cumprir sua função de dar fiel cumprimento à lei (art. 84, IV, da CF), a viola às escâncaras.

"É o Parecer."

2. Regina Helena Costa lembra que somente isenções concedidas por prazo indeterminado e incondicionadas podem ser suprimidas: "A isenção condicionada e por prazo certo não pode ser extinta pela pessoa política tributante, sob pena de ofensa ao direito adquirido, à vista do princípio da segurança jurídica. Já as *isenções incondicionadas e as concedidas por prazo indeterminado podem ser modificadas ou suprimidas a qualquer tempo, com fundamento no princípio da supremacia do interesse público sobre o particular*. A remissão ao art. 104, III, refere-se ao princípio da anterioridade da lei tributária, superiormente contemplado no art. 150, inciso III, alínea *b*, CF, posto que a extinção ou redução de isenção equivale à instituição de tributo novo, somente podendo produzir a lei seus efeitos no exercício seguinte àquele em que tiver sido publicada" (grifos meus) (*Código Tributário Nacional Comentado*, coord. Vladimir Passos de Freitas, Ed. RT, 1999, p. 681).

3. STF Súmula n. 544, 3.12.1969, *DJ* 10.12.1969, p. 5.935; *DJ* 11.12.1969, p. 5.951; *DJ* 12.12.1969, p. 5.999.

4. Hamilton Dias de Souza lembra: "O argumento histórico ajuda, nesse passo, pois pretendia-se, na Subcomissão de Discriminação de Rendas, por proposta do então Deputado Aliomar Baleeiro, incluir na Constituição de 1946, dispositivo que desse competência à União para legislar sobre Direito Financeiro. Contudo, tal proposição foi reformulada em plenário, pois não poderia a União legislar sobre todo o Direito Financeiro (*onde àquela época, incluía-se o tributário*) sob pena de atingir severamente as autonomias legislativas locais, o que resultou na competência outorgada apenas para legislar sobre normas gerais.

"Pode-se verificar que o objetivo histórico foi o de permitir à União traçar linhas gerais do ordenamento jurídico tributário do Estado Nacional, sem descer ao campo reservado às autonomias locais.

"Gilberto de Ulhôa Canto, bem explica a finalidade do dispositivo constitucional, assinalando:

"Na Constituinte, a admissão da competência federal para *ditar normas gerais de direito financeiro*, teve por pressuposto a autonomia desse ramo do direito, o reconhecimento das autonomias locais impositivas, nos campos que lhes são próprios e privativos, e a conveniência de uma codificação de princípios. Isso está expressamente admitido pelo Deputado Aliomar Baleeiro, na acima citada publicação de Edições Financeiras (*Normas Gerais de Direito Financeiro*), da qual consta material de elaboração constitucional, cedido pelo ilustre parlamentar" (grifos meus) (*Direito Tributário* 2, José Bushatsky Ed., São Paulo, 1972, pp. 29-30).

vo viabilizar o Estado prestador de serviços públicos, mas também a função, não menos relevante de estimular o desenvolvimento econômico e a justiça social. Vale dizer, mediante a utilização de variada gama instrumental, pode o Estado desde reduzir a tributação, até conceder incentivos fiscais, com objetivos determinados.

Em outras palavras, como inúmeros especialistas nacionais e estrangeiros afirmaram, mais do que a mera arrecadação para sustentar o Estado prestador, os objetivos de justiça tributária, desenvolvimento econômico e social deveriam ser a meta primeira de uma correta política tributária. É que, se crescer o desenvolvimento econômico e a justiça social, o aumento da arrecadação será consequência natural. Entre estes estudos destaca-se o relatório da Royal Commission on Taxation of Canadá, na década de 60 do século passado.[5]

5. Gustavo Miguez de Mello formula quadro em que tais objetivos são acentuados:

"**AS FINALIDADES DA COBRANÇA DE TRIBUTOS**

Especificação das Finalidades	Autores e Comissões
JUSTIÇA FISCAL	Ruy Barbosa, Constituição Federal do Brasil de 1946 (x), Royal Commission on Taxation (Canadá), Joseph Pechman, Fuentes Quintana, J. M. Sidou.
ALOCAÇÃO DE RECURSOS	Joseph Pechman, John Due, Richard e Peggy Musgrave, Manuel Lagares Calvo, Carl Shoup, Fuentes Quintana, Walter Heller, Victor Urquidi.
DESENVOLVIMENTO ECONÔMICO	Royal Commission on Taxation, Joseph Pechman, John Due, Richard e Peggy Musgrave, Manuel Lagares Calvo, Carl Shoup, Walter Heller.
(estabilização interna I) PLENO EMPREGO	Royal Commission on Taxation, Joseph Pechman, John Due, Richard Musgrave, Manuel Lagares Calvo, Carl Shoup, Fuentes Quintana, Walter Heller, Victor Urquidi.
(estabilização interna II) COMBATE/INFLAÇÃO	Royal Commission on Taxation, Joseph Pechman, John Due, Richard e Peggy Musgrave, Manuel Lagares Calvo, Carl Shoup, Fuentes Quintana, Walter Heller, Victor Urquidi.
(estabilização externa) EQUILÍBRIO BALANÇO DE PAGAMENTOS INTERNACIONAIS	Royal Commission on Taxation, Joseph Pechman, Richard e Peggy Musgrave, Manuel Lagares Calvo, Carl Shoup, Fuentes Quintana, Walter Heller Victor Urquidi.
FINALIDADE SOCIAL	John Due, Richard e Peggy Musgrave, Manuel Lagares Calvo, Carl Shoup, J.M. Sidou, Richard Musgrave e Malcom Gillis, Walter Heller.
COORDENAÇÃO FISCAL INTERGOVERNAMENTAL	Carl Shoup
FINALIDADE POLÍTICA	Royal Commission on Taxation, J. M. Sidou, Walter Heller.
FINALIDADE JURÍDICA	Royal Commission on Taxation .
FINALIDADE ADMINISTRATIVA	Richard Musgrave e Malcom Gillis, Royal Commission on Taxation.

OBS.: (x) referência feita a adoção expressa. "Aplicação da Constituição de 1946 de maneira alguma atendia à finalidade referente à justiça fiscal" (*Temas para uma Nova Estrutura Tributária no Brasil, 1º Congresso Brasileiro de Direito Financeiro*, 27-31.8.1979, Ed. Mapa Fiscal, p. 20).

A extrafiscalidade, pois e ainda em período no qual o direito tributário era parte do direito financeiro, merecera estudos brasileiros, na linha dos escritos dos melhores especialistas estrangeiros, que viam, nos incentivos, fantástico instrumento de adequada política tributária para obter ambos os objetivos (justiça social e desenvolvimento econômico).[6]

Ora, a partir da sistematização do direito tributário brasileiro, após a EC n. 18/1965 e a Lei 5.172/1966 (CTN) – que ganhou forças de lei complementar com a Constituição de 1967, pelo princípio da recepção – a matéria comportou, inclusive, tratamento separado (arts. 175 a 182 do CTN, Livro II, Título III, Capítulo V, Seções I, II e III), embora mais dedicado à principal forma de estímulo, que é a isenção.[7]

Mais do que isto, a Constituição de 1988 claramente hospedou – já com definição doutrinária, legal e jurisprudencial – o direito tributário como ramo autônomo do direito, explicitando, por outro lado, que a política de incentivos fiscais é alicerce para o desenvolvimento, como se vê, por exemplo, no art. 151, inciso I ou 155, § 2º, inciso XII, letra "g", assim redigidos:

"Art. 151. É vedado à União:

"I – instituir tributo que não seja uniforme em todo o território nacional ou que implique distinção ou preferência em relação a Estado, ao Distrito Federal ou a Município, em detrimento de outro, *admitida a concessão de incentivos fiscais destinados a promover o equilíbrio do desenvolvimento socioeconômico entre as diferentes regiões do País*; (...)."[8]

"Art. 155. Compete aos Estados e ao Distrito Federal instituir impostos sobre: *(redação dada pela Emenda Constitucional n. 3, de 1993)*

"(...);

"II – operações relativas à circulação de mercadorias e sobre prestações de serviços de transporte interestadual e intermunicipal e de comunicação, ainda que as operações e as prestações se iniciem no exterior; *(redação dada pela Emenda Constitucional n. 3, de 1993)*

"(...).

"§ 2º. O imposto previsto no inciso II atenderá ao seguinte: *(redação dada pela Emenda Constitucional n. 3, de 1993)*

"(...);

XII – cabe à lei complementar:

"(...);

"g) regular a forma como, mediante deliberação dos Estados e do Distrito Federal, *isenções, incentivos e benefícios fiscais serão concedidos e revogados*" (grifos meus).

Em outras palavras, toda a política tributária não objetiva apenas obter recursos para o Estado prestador de serviços e mantenedor dos detentores do poder, mas também servir de instrumento de justiça social e desenvolvimento econômico.[9]

6. A Tese de Doutoramento para FADUSP, em 1964, de Walter Barbosa Corrêa, teve como título *Uma Contribuição ao Estudo da Extrafiscalidade*, editado em edição particular no mesmo ano.

7. O art. 176 do CTN tem a seguinte dicção: "Art. 176. A isenção, ainda quando prevista em contrato, é sempre decorrente de lei que especifique as condições e requisitos exigidos para a sua concessão, os tributos a que se aplica e, sendo caso, o prazo de sua duração. Parágrafo único. A isenção pode ser restrita a determinada região do território da entidade tributante, em função de condições a ela peculiares".

8. Alexandre de Moraes esclarece: "A possibilidade de concessão de incentivos fiscais destinados a promover o equilíbrio do desenvolvimento socioeconômico entre as diferentes regiões do país, nos termos do inciso I, do art. 151, *é medida salutar que visa ao cumprimento dos objetivos fundamentais da República – garantir o desenvolvimento nacional e erradicar a pobreza e a marginalização e reduzir as desigualdades sociais e regionais*" (grifos meus) (*Constituição do Brasil Interpretada e Legislação Constitucional*, 8ª ed., São Paulo, Atlas, 2011, p. 1.732).

9. Ao comentar o disposto no art. 151, inciso I, Pinto Ferreira diz: "Os incentivos fiscais são, por consequência, técnicas empregadas pelo Estado para a realização de determinados objetivos.

"É o caso da Superintendência do Desenvolvimento do Nordeste (Sudene), estudando os problemas existentes na região do nordeste e fixando metas e necessidades.

"Para a consecução de tais objetivos, a lei estabelece um incentivo fiscal básico de abatimento de 50% do IR da pessoa jurídica na declaração de renda,

Ora, a política de incentivos fiscais tem uma finalidade clara: levar a sociedade a interessar-se pela prática de ações, que, sem eles, poderiam jamais despertar o seu interesse.

As próprias imunidades constitucionais, nitidamente, têm por escopo estimular a comunidade a atuar principalmente na educação e assistência social, suprindo a ação do Estado, que não faz o que deveria fazer, com nossos tributos. Assim, para estimular que a sociedade atue nessas áreas, a Constituição veda que essas atividades sejam objeto da tributação, mediante impostos e contribuições sociais, como contrapartida ao trabalho realizado pelos cidadãos.[10]

De rigor, essas desonerações representam uma pequena contrapartida, visto que o que os hospitais, estabelecimentos de ensino ou órgão de assistência social de iniciativa privada fazem, supera, de muito, a participação governamental nas respectivas áreas. Isso levou o constituinte de 1988 – como assim já tinham procedido os anteriores – a criar a proibição ao poder de tributar, para evitar veleidades exegéticas dos governos, na tentativa de reduzir sua contrapartida pelo amesquinhamento das garantias constitucionais.

Para o desenvolvimento econômico, todavia, não está o País perante determinações absolutas do legislador supremo, que interditem as atividades dessa natureza da presença impositiva do Estado, a não ser na hipótese do art. 40 do ADCT. Tornam, porém, dependente, tal desiderato de política concessiva de incentivos por parte daqueles que, tendo o poder de tributar, deixem de fazê-lo, afim de atrair investidores e segmentos da sociedade para suprir o que o Estado deveria fazer com os nossos tributos e não o faz.

O espírito é, portanto, permitir aos governos a adoção de políticas desonerativas estimuladoras, semelhantes à imunidade. Só que o ato de desonerar é ponderado à luz de conveniência e oportunidade política ou social para atração de investimentos na área escolhida, e não decorrente de vedação constitucional ao pode de tributar.

E, neste campo dos estímulos, insere-se uma gama variada de formas de atuação do Estado para atrair interessados em desenvolvimentos setoriais, regionais ou nacionais.[11]

para aplicação em projetos agrícolas e industriais de interesse da região, desde que aprovados pela Sudene.

"Buscou-se estimular o empresário para o 'take-off' do desenvolvimento, não pagando IR, para injeção de recursos na área incentivada.

"*A reação positiva do empresariado à Sudene levou o governo a estender o sistema à Amazônia A fórmula dos incentivos fiscais foi sucessivamente ampliada para setores carentes de recursos: o reflorestamento, o turismo, a aeronáutica, a pesca, o mercado de capitais*" (grifos meus) (*Comentários à Constituição Brasileira*, 5º vol., São Paulo, Saraiva, 1992, p. 365).

10. Escrevi: "O capítulo da imunidade não altera a concepção dominante nos tribunais, qual seja, a de que há quatro formas desonerativas, a saber: imunidade, isenção, não incidência e alíquota zero, além da anistia e remissão, a que se refere o § 6º, aquela apenas de multas e esta de tributo e pena. Permanece, a meu ver, a mesma inteligência pela qual na imunidade não nascem nem obrigação nem crédito tributário, por absoluta vedação constitucional; na não incidência não nascem ambos, por omissão da legislação ordinária; na isenção nasce a obrigação, mas não nasce o crédito, por vedação imposta pela lei complementar, embora seja veiculada por lei ordinária (art. 175 do CTN); na alíquota zero, nascem ambos, reduzidos à sua expressão nenhuma; na anistia nasce a obrigação, mas é excluído o crédito relativo à penalidade, e na remissão nasce a obrigação, sendo excluído o crédito por inteiro.

"A imunidade objetiva claramente impedir, por motivos que o constituinte considera de especial relevo, que os poderes tributantes, pressionados por seus 'deficits' orçamentários, invadam áreas que, no interesse da sociedade, devam ser preservadas" (*Uma Teoria do Tributo*, São Paulo, Quartier Latin, 2005, pp. 369-70).

11. Coordenei com André Elali e Marcelo Magalhães Peixoto livro intitulado *Incentivos Fiscais* (São Paulo, Ed. MP/APET, 2007), com a colaboração dos seguintes autores: Luís Eduardo Schoueri, Ricardo Lobo Torres, Francisco de Queiroz Bezerra Cavalcanti, Adilson Rodrigues Pires, André Elali, Edilson Pereira Nobre Júnior, Terence Dornelles Trennepohl, Daniel Monteiro Peixoto, Fellipe Cianca Fortes, Sa-

No estímulo fiscal, há sempre duas facetas, ou seja, a atração de investidores para que assumam o desenvolvimento de determinado setor ou área, mediante benefícios que lhe são ofertados, superiores aos das operações idênticas em outros setores ou regiões e, de outro lado, a obrigatoriedade de os interessados em usufruírem de tais benefícios, de preencherem os requisitos exigidos pelo poder concedente, na conformação daquilo que deve ser explorado pelos investidores atraídos.

Sem estas duas facetas (benefícios para os que são atraídos e obrigatoriedade de cumprir os objetivos que levaram aos incentivos), não se pode falar em incentivos fiscais.

Não há política extrafiscal em que o governo declare que quer atrair determinados investidores, dando-lhes como contrapartida *nada*, visto que tal maneira de atuar representaria a negação da própria política, e haveria o desinteresse natural por parte dos investidores. Seria um desestímulo ao estímulo fiscal, pretender dizer ser estímulo o que estímulo não é.[12]

Um outro aspecto a ser considerado, diz respeito à irretroatividade da retirada do estímulo.

A Constituição é clara ao determinar que a lei é irretroativa, nos termos do art. 5º, inciso XXXVI, assim redigido: "XXXVI – a lei não prejudicará o direito adquirido, o ato jurídico perfeito e a coisa julgada".

Decorre dessa norma a impossibilidade de os estímulos onerosos serem revogados, na dicção da Súmula 544 do STF, já transcrita no início deste Parecer, considerada pela doutrina dominante ainda eficaz, e do art. 178 do CTN: "Art. 178. A isenção, salvo se concedida por prazo certo e em função de determinadas condições, pode ser revogada ou modificada por lei, a qualquer tempo, observado o disposto no inciso III do art. 104" *(Redação dada pela Lei Complementar n. 24, de 7.1.1975)*.

Além disso, aqueles concedidos, nos termos do art. 40 do ADCT, *verbis*: "Art. 40. É mantida a Zona Franca de Manaus, com suas características de área livre de comércio, de exportação e importação, e de incentivos fiscais, pelo prazo de vinte e cinco anos, a partir da promulgação da Constituição" (v. Decreto n. 7.212, de 2010), estão assegurados até 2023).[13]

cha Calmon Navarro Coelho, José Eduardo Soares de Melo, Kiyoshi Harada, Marilene Talarico Martins Rodrigues, Eduardo José Paiva Borba, Fábio Soares de Melo, Fernanda Maia Salomão Alves, Fabiana Del Padre Tomé e Marcelo de Lima Castro Diniz. À unanimidade, todos estes juristas acentuaram o caráter de que o incentivo destina-se a atrair investimentos e que o Estado deve ofertar sua contrapartida com a redução ou desoneração tributária.

12. Andre Elali escreveu: "A Constituição Federal, para que o Estado brasileiro atinja um de seus objetivos primordiais, o desenvolvimento econômico, valoriza o exercício legítimo do poder econômico. Ressalta-se, portanto, a função social das atividades econômicas para se alcançar a ordem econômica prevista no ano constitucional.

"Nesse contexto, a tributação surge como alternativa do Estado para fomentar o desenvolvimento nacional, cujo conceito deve abarcar de forma especial a redução das desigualdades regionais e sociais. *Através de normas tributárias, pode e deve o Estado induzir os agentes econômicos à prática daqueles comportamentos desejáveis na busca da ordem econômica proposta no plano da Constituição*" (grifos meus) (*Incentivos Fiscais – Questões Pontuais nas Esferas Federal, Estadual e Municipal*, coord. Ives Gandra Martins, Andre Elali e Marcelo Magalhães Peixoto, São Paulo, Ed. MP/APET, 2007, p. 41).

13. Como se percebe na ementa abaixo transcrita, qualquer redução de incentivos fiscais concedidos a título oneroso ou por prazo certo não encontram respaldo no STF:

"Zona Franca de Manaus – Manutenção – Incentivos Fiscais. Ao primeiro exame, concorrem o sinal do bom direito e o risco de manter-se com plena eficácia medida provisória que, *alterando a redação de dispositivo de lei aprovada pelo Congresso Nacional – do art. 77 da Lei n. 9.532, de 10.12.1997 — projeta no tempo a mitigação do quadro de incentivos fiscais assegurado relativamente à Zona Franca de Manaus*, por vinte e cinco anos, mediante preceito constitucional.

"Deferido o pedido cautelar para suspender, até a decisão final da ação direta, a eficácia do § 1º do art. 77 da Lei 9.532, de 10.12.1997, na redação dada pelo art. 11 da Medida Provisória n. 1.614-16, de 5.3.1998; indeferida a cautelar relativamente ao seu

O próprio art. 178 do CTN tem sido interpretado, à luz do art. 175 da lei suprema, nos denominados serviços públicos concedidos, permitidos ou autorizados, ou seja, pelo prisma da necessidade de prestação de serviços públicos adequados, cuja matriz foi explicitada na Lei de Licitações (8.666/1993), o art. 37, XXI, da CF assegura a manutenção do equilíbrio econômico-financeiro do contrato.[14]

Não se pode falar em serviço adequado, sem equilíbrio econômico-financeiro do contrato, pois empresa que gera prejuízos, por insuficiência de remuneração tarifária, não pode atuar de forma eficiente.[15]

Em outras palavras, o art. 178 deve ser interpretado, como o faz a doutrina dominante, à luz de que os incentivos fiscais onerosos, mesmo que não concedidos a prazo certo, não podem ser revogados, como, de resto, determina a Súmula 544 do STF, sem que se dê prazo razoável para que os beneficiários aufiram dos estímulos, conforme programação original. Não é efetivamente razoável conceder-se incentivos onerosos, que pudessem ser revogados tão logo o investidor cumprisse a sua parte.

§ 2º e julgado prejudicado o pedido cautelar quanto ao § 3º. Acórdãos citados: ADI 310, ADI 1.717, ADI 1.725 (ADI 1.799-MC-DF, rel. Min. Marco Aurélio, 18.3.1999, Pleno, v.u., *DJ* 12.4.2002, p. 51)" (grifos meus) (*Incentivos Fiscais – Questões Pontuais nas Esferas Federal, Estadual e Municipal*, ob. cit., p. 214).

14. O art. 175 da CF tem a seguinte dicção: "Art. 175. Incumbe ao Poder Público, na forma da lei, diretamente ou sob regime de concessão ou permissão, sempre através de licitação, a prestação de serviços públicos. Parágrafo único. A lei disporá sobre: I – o regime das empresas concessionárias e permissionárias de serviços públicos, o caráter especial de seu contrato e de sua prorrogação, bem como as condições de caducidade, fiscalização e rescisão da concessão ou permissão; II – os direitos dos usuários; III – política tarifária; IV – *a obrigação de manter serviço adequado*", estando assim redigido o art. 37, inciso XXI: "XXI – ressalvados os casos especificados na legislação, as obras, serviços, compras e alienações serão contratados mediante processo de licitação pública que assegure igualdade de condições a todos os concorrentes, com cláusulas que estabeleçam obrigações de pagamento, mantidas as condições efetivas da proposta, nos termos da lei, o qual somente permitirá as exigências de qualificação técnica e econômica indispensáveis à garantia do cumprimento das obrigações".

Por outro lado, o art. 40, incisos XI e XIV, letra *c* e *d* da Lei 8.666, versado está como se segue: "Art. 40. O edital conterá no preâmbulo o número de ordem em série anual, o nome da repartição interessada e de seu setor, a modalidade, o regime de execução e o tipo da licitação, a menção de que será regida por esta Lei, o local, dia e hora para recebimento da documentação e proposta, bem como para início da abertura dos envelopes, e indicará, obrigatoriamente, o seguinte: (...); XI – *critério de reajuste, que deverá retratar a variação efetiva do custo de produção, admitida a adoção de índices específicos ou setoriais*, desde a data prevista para apresentação da proposta, ou do orçamento a que essa proposta se referir, até a data do adimplemento de cada parcela; *(redação dada pela Lei n. 8.883, de 1994)* (...); XIV – *condições de pagamento, prevendo*: (...); c) *critério de atualização financeira dos valores a serem pagos*, desde a data final do período de adimplemento de cada parcela até a data do efetivo pagamento;*(redação dada pela Lei n. 8.883, de 1994)* d) *compensações financeiras e penalizações*, por eventuais atrasos, e descontos, por eventuais antecipações de pagamentos (...)" (grifos meus).

15. Marçal Justen Filho ensina: "O reajustamento de preços, no plano da licitação, consiste na previsão antecipada da ocorrência da inflação e na adoção de uma solução para neutralizar seus efeitos. Consiste na determinação de que os preços ofertados pelos interessados serão reajustados de modo automático, independentemente inclusive de pleito do interessado. Será utilizado um critério, escolhido de antemão pela Administração e inserto no edital. O critério de reajuste tomará por base índices simples ou compostos, escolhidos dentre os diversos índices disponíveis ao público (calculados por instituições governamentais ou não).

"O princípio do equilíbrio da equação econômico-financeira da contratação acarreta a necessária recomposição do valor real da moeda. A inflação deve ser compensada com a elevação nominal da prestação devida. Não há benefício para o particular na medida em que o reajustamento do preço tem natureza jurídica similar à da correção monetária. Nada se acrescenta ao particular, na acepção de que o único efeito do reajuste é retornar ao equilíbrio acertado entre as partes. *Se a Administração e o particular firmaram contratação que previa determinada relação entre encargos e remuneração (equação econômico-financeira), esta equação deve ser mantida ao longo de toda a execução do contrato*" (grifos meus) (*Comentários à Lei de Licitações e Contratos Administrativos – De Acordo com a Lei Federal n. 8.666, de 21.6.1993*, Rio de Janeiro, Ed. Aide, 1993, pp. 221-222).

A revogação imediata, logo após o investimento feito, não permitiria ao investidor usufruir dos incentivos, além de impor-lhe o prejuízo decorrente dos investimentos feitos sem contrapartida.

Há de se entender, portanto, pelo prisma do art. 178 que, sendo oneroso e com prazo razoável, explícito ou implícito, para superação dos ônus de contrapartida aos incentivos, não podem ser tais incentivos revogados ou afastados. E, à evidência, sempre é de se lembrar que o beneficiário do incentivo para desenvolvimento é o investidor, único a ser estimulado, pois, de outra forma, o incentivo não existiria.[16]

Tais considerações preambulares já bosquejadas, no Parecer anterior, são fundamentais para compreender as questões que passo agora a responder:

a) *Pode Aneel, por meio de Resolução, caracterizar o incentivo fiscal Sudene como um aporte de recursos do governo federal, em investimentos na concessão, de forma que pelas regras setoriais esse incentivo seja **deduzido** da Base de Remuneração Regulatória – BRR (RN Normativa Aneel 234/2006), eliminando tanto a remuneração sobre os investimentos realizados com o valor dos incentivos fiscais, quanto a recuperação desse investimento por meio da depreciação?*

A resposta, à evidência, é não.

Nitidamente, a eliminação tanto da remuneração sobre os investimentos realizados com o valor dos incentivos fiscais, quanto com a recuperação desse investimento por meios de depreciação afeta não só o espírito da política de estímulos fiscais, como o desnatura por inteiro.[17]

É de se lembrar que toda a política de incentivos setoriais ou regionais objetiva atrair investidores para criar mercado consumidor, que será sempre o beneficiário

16. Maria de Fátima Ribeiro lembra que: "Os incentivos estão no campo da extrafiscalidade. *Através dos incentivos fiscais, a pessoa política tributante estimula os contribuintes a fazer algo que a ordem jurídica considera conveniente, interessante ou oportuno*. Algumas vezes, os incentivos fiscais se manifestam através de imunidades ou sob a forma de isenções. Tais incentivos somente serão válidos se forem concedidos do exercício ou do não exercício da competência tributária da pessoa política que os concede. É o que destaca o artigo 40 do Ato das Disposições Constitucionais Transitórias, que tem características de imunidade" (grifos meus) (*Tributação na Zona Franca de Manaus (Comemoração aos 40 Anos da ZFM)*, São Paulo, Ed. APET/MP Ed., 2008, p. 335).

17. Transcrevo, por sua precisa pertinência à Consulta formulada, as conclusões do Parecer de Luiz Henrique Barros de Arruda e Vinicius Gomes Pereira dos Santos para a Consulente:

"b) a isenção parcial em comento funciona como incentivo de natureza fiscal criado para atingir os fins previstos nos artigos 3º, incisos II e III, 151, inciso I, 165, § 7º, e 170, inciso VII, todos da Constituição Federal;

"b.1) não é, portanto, uma benesse, mas baseia-se no pressuposto constitucional de que, sem tal incentivo o particular seguramente não realizaria o investimento almejado, fundamental para reduzir as desigualdades regionais;

"b.2) seu propósito, portanto, é compensar a lucratividade mais baixa, ou o risco de um empreendimento deficitário em região economicamente menos desenvolvida do País;

"b.3) logo, quando a metodologia de revisão tarifária cogitada tem o objetivo de reduzir a lucratividade do empreendimento justamente no que o agente regulador supõe ter sido aumentada por aquele incentivo fiscal, tem-se a anulação integral, por ato administrativo, do incentivo criado por lei e que somente por lei pode ser modificado, o que ofende o princípio da legalidade inscrito no inciso VI do art. 97 e também o art. 176, ambos do CTN;

"b.4) ademais, a isenção em exame é concedida mediante condições a serem cumpridas (i) *a priori*, como foi o caso concreto da Consulente, que modernizou inteiramente seu empreendimento com recursos próprios, conforme reconhecido em laudo constitutivo da autoridade competente, e (ii) *a posteriori*, que vêm sendo igualmente cumpridas, de modo que, agora por determinação do artigo 41 do Ato das Disposições Constitucionais Transitórias (ADCT) e do art. 178 do CTN, antes de esgotado o prazo de concessão do incentivo fiscal, nem mesmo lei pode modificá-lo ou alterá-lo;

"c) por derradeiro, o procedimento de revisão tarifária proposto viola o art. 9º, § 3º, da Lei n. 8.987/1995 e a Subcláusula Décima da Cláusula Sétima do Contrato, firmado entre essa Companhia e a União Federal, tendo em vista a *vedação expressa de que qualquer alteração na carga tributária relacionada a impostos sobre a renda, para mais ou para menos, impacte na revisão tarifária*" (grifos do original) (pp. 41-42 do Parecer a que tive acesso).

indireto, pela própria criação do mercado. Não há, entretanto, como disse, incentivos fiscais para o desenvolvimento, sem beneficiar diretamente o investidor.

No caso concreto, a Resolução, por ser ato normativo não lastreado na lei ordinária e na complementar, concessivas de benefício, nos seus dispositivos contrários ao gozo do estímulo, carece de alicerce legal.

Ora, se a concessionária não paga o IRPJ de 25% ***por força do incentivo***, o benefício da lei é seu e *não do consumidor*, pois, de outra forma, não haveria incentivo para as áreas estimuladas.

O mesmo se diga se, por ventura, fosse a redução do imposto uma receita a ser também deduzida proporcionalmente, da tarifa, pois, novamente, o que se teria seria um incentivo anulado.

Parece-me que qualquer tentativa nesta linha feriria a Lei n. 5.655/1971 (investimento remunerável), sendo formal e materialmente ilegal (a lei não prevê a hipótese amputadora do estímulo), assim como seria inconstitucional, atingindo o direito adquirido (art. 5º, inciso XXXVI, da CF), além de macular economicamente a contrapartida governamental (estímulo) por ser o investimento oneroso (art. 178 do CTN e Súmula 544 do STF). É de se lembrar, inclusive, que, no que concerne aos incentivos na área da Sudan, vinculados à Zona Franca de Manaus (art. 40 do ADCT da CF), tal redução decretina, ou melhor, emanada de singela resolução (nem mesmo *status* normativo de Decreto tem), esbarraria em claro impedimento constitucional até 2023.[18]

Claramente, não poderia singela Resolução da Aneel, não lastreada na CF, nem nas Leis Complementar e Ordinária eliminar os incentivos concedidos a favor de concessionária, quer procurando transferi-los para o consumidor, quer impedindo a remuneração aos investimentos realizados, quer, ainda, pela proibição de recuperação destes investimentos por meio de depreciação.

O direito adquirido, os diplomas, formal e materialmente concessivos dos benefícios que estão sendo usufruídos, não podem ser eliminados por mero ato administrativo, tendo eu, fundadas dúvidas de que pudessem ser eliminados até mesmo por lei, em face de sua onerosidade, à luz de correta interpretação do art. 178 do CTN e da Súmula 544.[19]

Em outras palavras, o anexo IV 1-1.1 da Resolução n. 234, de 31.10.2006, assim redigido:

18. Escrevi insistindo que ***apenas critérios de aprovação*** e não os próprios incentivos podem ser modificados ***por lei***: "O art. 40 foi imposição do Estado do Amazonas à Constituinte, pois seu relator era Deputado amazonense (Bernardo Cabral).

"Todos os incentivos foram mantidos pelo prazo de 25 anos, isto é, até 2013.

"Entendo que a redação assegura o direito adquirido no regime jurídico existente para as empresas lá situadas até 2.013, independentemente de alterações feitas, por lei federal, para novos projetos ou empreendimentos.

"Em outras palavras, na leitura que faço deste dispositivo, o regime jurídico, para todos os beneficiários dos estímulos mencionados até 2013, está garantido, podendo as variações que no futuro vierem a ser introduzidas por lei federal, apenas atingir empreendimentos novos, pois, para estes não há regime assegurado no que diz respeito *a critérios de aprovação*. Não há direito adquirido.

"Para mim, o Decreto n. 205/1991, no que modificou o regime passado, *é inconstitucional por criar obrigação modificativa, só permitida por lei, no que concerne a novos critérios*" (grifos meus) (*Comentários à Constituição do Brasil*, 9º vol., Ives Gandra Martins/Celso Ribeiro Bastos, São Paulo, Saraiva, pp. 366-367).

19. Walter Barbosa Corrêa ensina: "Não é essa, contudo, a esteira em que corre o CTN, e a maioria dos autores nacionais dão prevalência à proteção dos interesses individuais, derivados do direito adquirido, sem se importarem com a limitação que tal medida acarrete, no campo do direito público, ao poder de impor do Estado.

"Aliás, é essa também a linha que segue o Supremo Tribunal Federal, como dispõe a Súmula 544, nestes termos: "Isenções tributárias concedidas, sob condição onerosa, não podem ser livremente suprimidas" (grifos meus) (*Comentários ao Código Tributário Nacional*, 5ª ed., vol. 2, São Paulo, Saraiva, 2008, p. 488).

"*Anexo IV*

"Dispõe sobre a metodologia e critérios gerais para definição da base de remuneração das concessionárias de distribuição de energia elétrica a ser considerada a partir do segundo ciclo de revisão tarifária periódica.

"1. *Critérios Gerais*

"1.1 Composição da base de remuneração

"1. A base de remuneração é composta pelos valores dos seguintes itens:

"a) ativo imobilizado em serviço, avaliado e depreciado;

"b) almoxarifado de operação;

"c) ativo diferido; e

"d) obrigações especiais.

"2. Do ativo imobilizado em serviço são excluídos, para efeito de determinação da Base de Remuneração, os seguintes bens e instalações: *softwares*; hardwares; terrenos administrativos; edificações, obras civis e benfeitorias administrativas; máquinas e equipamentos administrativos; veículos; e móveis e utensílios. A remuneração, amortização e depreciação (exceto de terrenos) referentes a esses bens e instalações estão contempladas nas anuidades que compõem os custos operacionais das concessionárias distribuidoras definidos pela Empresa de Referência",

no que diz respeito à eliminação de remuneração sobre os investimentos realizados e à recuperação destes investimentos por meio da depreciação, é diretamente ilegal e indiretamente inconstitucional.[20] Macula severamente as leis ordinária e complementar, assim como a Constituição.

Em resumo, respondo à questão dizendo:

Não. Trata-se de incentivo e, não de subsídio – no sentido de subvenção governamental. De qualquer forma, não pode, mero ato administrativo subalterno, alterar a natureza jurídica, a finalidade e o regime do estímulo, que, na condição de isenção onerosa, não pode ser restringido nem mesmo por lei (art. 178 do CTN).

A preocupação do legislador ao outorgar o incentivo foi com a eficiência do empreendimento. Por isso ele veda que o valor do imposto que deixar de ser pago em virtude da isenção seja distribuído aos acionistas, exigindo que permaneça como reserva de capital da pessoa jurídica, podendo ser utilizada para absorção de prejuízo ou para aumento de capital (MP 2.199-14/2009, art. 19). Só isso já demonstra, de um lado, o desvirtuamento que seria capturar o estímulo para reduzir a tarifa, nos moldes da RN Normativa Aneel 234/2006; de outro, que a ideia de beneficiar os acionistas não é incompatível com o incentivo, pois o aumento de capital é uma forma de contrapartida ao investimento feito pelo sócio.

b) *Caso a resposta seja negativa, poderia a Lei 5.655/1971, específica do setor elétrico, que trata inclusive do Investimento Remunerável (BRR), ter sua redação alterada no sentido de estabelecer que o valor dos incentivos fiscais, previstos no art. 1º da MP 2.199-14/2001, seja excluído para fins de determinação do "Investimento Remunerável" (BRR), anulando o benefício financeiro concedido por uma Lei tributária?*

O art. 1º da MP 2.199-14/2001 e o art. 2º da Lei 5.655/1971 têm as seguintes dicções:

"Art. 1º. *Sem prejuízo das demais normas em vigor aplicáveis* à matéria, a partir do ano-calendário de 2000, as pes-

20. O art. 104, inciso III, do CTN, assim redigido: "Art. 104. Entram em vigor no primeiro dia do exercício seguinte àquele em que ocorra a sua publicação os dispositivos de lei, referentes a impostos sobre o patrimônio ou a renda: (...); III – que extinguem ou reduzem isenções, salvo se a lei dispuser de maneira mais favorável ao contribuinte, e observado o disposto no artigo 178". Tem a doutrina interpretado que só é válida para isenções incondicionadas e sem prazo de validação. É que todas as hipóteses de isenções condicionadas implicam favorecimento ao contribuinte, entendo, portanto, excepcionadas, como as hipóteses do art. 178 do CTN.

soas jurídicas que tenham projeto protocolizado e aprovado até 31 de dezembro de 2013 para instalação, ampliação, modernização ou diversificação enquadrado em setores da economia considerados, em ato do Poder Executivo, prioritários para o desenvolvimento regional, nas áreas de atuação das extintas Superintendência de Desenvolvimento do Nordeste – Sudene e Superintendência de Desenvolvimento da Amazônia – Sudam, terão direito à redução de 75% (setenta e cinco por cento) do imposto sobre a renda e adicionais, calculados com base no lucro da exploração" *(Redação dada pela Lei n. 11.196, de 2005).*

"Art. 2º. O investimento na indústria de energia elétrica é o capital efetivamente aplicado pelo concessionário na propriedade vinculada à concessão, desde que os bens e instalações resultantes tenham sido destinados, direta ou indiretamente, a critério do Departamento Nacional de Águas e Energia Elétrica – DNAEE, à produção, transmissão, transformação e/ou distribuição de energia elétrica, no interesse permanente e exclusivo do serviço público de energia elétrica" *(Redação dada pelo Decreto-lei n. 1.506, de 1976).*[21]

À evidência, no momento da concessão dos incentivos onerosos – pois exigindo contrapartida de investimento – tais incentivos foram assegurados de forma que não podem ser retirados por nova legislação, mediante a anulação dos benefícios outorgados. De outra forma, consumar-se-ia verdadeiro ferimento ao princípio da moralidade administrativa e ao sentido dos estímulos tributários, que pressupõem, sempre, a contrapartida do Estado para atrair investimentos, objetivando desenvolvimento econômico ou social, regional ou setorial para o País.

O princípio da moralidade seria ferido (art. 37 da CF), na medida em que o Estado estaria a reproduzir o famoso episódio da Guerra dos Emboabas, no qual os reinóis pediram a deposição das armas pelos paulistas em troca da concessão da vida e, tão logo os paulistas depuseram-nas, foram chacinados, mostrando que a palavra dada nada valia. O episódio, que tisna a história do domínio português com a sangrenta imoralidade dos que trucidaram os guerreiros paulistas, fez com que a região fosse chamada de "Capão da Traição".[22] Agiria, o

21. Reza o § 6º do art. 150 da CF que: "§ 6º. Qualquer subsídio ou isenção, redução de base de cálculo, concessão de crédito presumido, anistia ou remissão, relativos a impostos, taxas ou contribuições, só poderá ser concedido mediante lei específica, federal, estadual ou municipal, que regule exclusivamente as matérias acima enumeradas ou o correspondente tributo ou contribuição, sem prejuízo do disposto no art. 155, § 2º, XII, g" (*Redação dada pela Emenda Constitucional n. 3, de 1993*).

Somente por lei pode ser concedido, o que implica, pela Lei de Introdução ao Código Civil, art. 2º, assim redigido: "Art. 2º. Não se destinando à vigência temporária, *a lei terá vigor até que outra a modifique ou revogue*" (grifos meus), que somente por lei pode ser revogado. Critiquei a forma redacional, mas não o dispositivo:

"À evidência, a expressão 'lei específica' não é feliz. Toda a lei que tratar de anistia é específica, se ordinária, posto que o cuidar genericamente pertine à lei complementar, em nível de princípios gerais, ou implica delegação de competência legislativa proibida nesta matéria, salvo exceção constitucional, ao Poder Executivo. A lei, portanto, ou poderá ser exclusiva ou tratar de outras matérias além da remissão ou anistia, mas será sempre específica", e concluindo: "Continua o legislador supremo a incorrer na mesma falha do texto anterior de repetição desnecessária, visto que o Supremo Tribunal Federal, no RE 146.733-9-SP, já conformara as contribuições como tributos, de forma que a expressão "tributos e contribuições" é redundante" (*Comentários à Constituição do Brasil*, Celso Bastos e Ives Gandra Martins, 6º vol., t. I, São Paulo, Saraiva, pp. 239-240).

22. E reação paulista deu-se. Escrevi: "Enfim, os paulistas, tocados no seu amor próprio, sentindo, ainda, a dificuldade de uma tomada total das minas, preferiram o certo pelo incerto, depois de uma chegada à ponta do morro — onde sob as ordens de Luiz Pedroso de Barros, tiveram moralmente as desforras do Capão da Traição e da Batalha da Cachoeira do Campo. Todavia, esta situação criou para eles uma situação de dubiedade. Reintegrados nas minas, com a moral levantada e com apoio do governo, devido às lutas anteriores e ao seu espírito de nobreza nativista, nunca voltaram, entretanto, a dar-se bem em tais regiões. A verdade é que os paulistas continuaram a entrar em choque, por alguns anos, com os emboabas, porém, com pequenas consequências. A maioria dos

governo, da mesma forma se ofertasse incentivos, atraísse investimentos e, depois de os investimentos terem sido feitos, assumisse que tais incentivos tinham sido "acenados" apenas para iludir os empresários que, de outra forma, lá não investiriam. É como se dissesse: "o erro é dos senhores, que acreditaram na minha palavra, pois o Governo nunca é confiável".

Nada fere mais o mais relevante princípio da administração pública, que é o da moralidade administrativa[23] – sem o qual nenhum governo tem legitimidade –, do que procedimentos violadores da lealdade que deve haver nas relações entre os governos e os cidadãos. Até porque, o princípio da lealdade alicerça, em direito constitucional, o verdadeiro Estado Democrático de Direito.[24]

A conclusão se impõe, portanto, não só pelos fundamentos já atrás analisados, no preâmbulo deste Parecer (ilegalidade, pois resolução não pode revogar lei, irretroatividade da lei, permanência de incentivos onerosos para permitir a compensação dos investimentos e equilíbrio econômico e financeiro do contrato), mas também pelos princípios da moralidade, da eficiência e da lealdade nas relações entre Estado e sociedade.

Entendo, respondendo à questão formulada, que não pode haver a exclusão de incentivos fiscais que serviram de estímulo para atração de investimentos, consagrados pelas leis Maior, complementar e ordinárias e que foram considerados na determinação do investimento remunerável. Não fosse assim, restariam maculados os arts. 5º, inciso XXXVI, 150, inciso I, § 6º, 37, *caput*, da Lei Suprema e 104, inciso I (incentivos incondicionados apenas) e 178 do CTN.

c) *Caso a resposta anterior seja positiva, a exclusão dos incentivos fiscais, do "Investimento Remunerável" (BRR), poderia ser extensiva aos valores de incentivos fiscais constituídos antes da edição da nova Lei ou MP que altere a redação da Lei 5.655/ 1971?*

A resposta é, à evidência, não. A lei pode ser mudada para futuros investimentos, de forma que eventuais interessados – se houver – terão conhecimento, no momento em que concorram às licitações, das novas condições impostas pelo governo. Nitidamente, todavia, não pode haver a exclusão dos estímulos, para aqueles que investiram à luz da outorga de incentivos onerosos. Eventual exclusão futura de incentivos não poderia atingir aqueles já outorgados com contrapartida onerosa.[25]

paulistas preferiu procurar, todavia, o ouro em outras regiões" (*História de São Paulo – 450 Anos*, São Paulo, LTr, 2003, pp. 50-51).

23. O *caput* do art. 37 tem a seguinte dicção: "Art. 37. A administração pública direta e indireta de qualquer dos Poderes da União, dos Estados, do Distrito Federal e dos Municípios obedecerá aos princípios de legalidade, impessoalidade, *moralidade*, publicidade e eficiência e, também, ao seguinte" (grifos meus) *(Redação dada pela Emenda Constitucional n. 19, de 1998)*.

24. Diogo de Figueiredo integra tal princípio ao da moralidade ao dizer: "Na verdade, a moralidade administrativa, entendida como espécie diferenciada da moral comum, *é uma derivação da legitimidade política e da finalidade pública*, já estudadas.

"*É que é pela finalidade que se estabelece, entre outros limites, o que vem a ser a moralidade da atuação pública*, aferida em relação a seus fins e a seus meios, mas sempre conotada à ideia de *legitimidade* da ação do Estado no atendimento do interesse público. *A utilização de meios ilegítimos ou a traição da finalidade*, que está ínsita na regra de competência, é que caracterizam a imoralidade e acarretam a anulação do ato administrativo e, ainda aí, com Cretella, pode-se afirmar que a ineficácia não decorreu imediatamente da violação da regra moral de conduta, mas mediatamente, pois, de permeio, foi violada a regra jurídica que a continha" (grifos meus) (*Curso de Direito Administrativo*, 11ª ed., Forense, 1996, p. 70). À evidência, no caso consultado, a finalidade é tisnada pela revogação por ato administrativo de incentivos criados para atrair investimentos.

25. Ricardo Lobo Torres assim denomina esta responsabilidade do Estado:

"*Proteção da Confiança do Contribuinte – 1. Conceito*

"*O princípio da proteção da confiança do contribuinte*, construído principalmente pelo Tribunal Constitucional da Alemanha, *aproxima-se do princípio da boa-fé e*, como este, ingressa no direito

Insisto aqui na inaplicabilidade do art. 104 do CTN, claramente destinado a incentivos genéricos, outorgados sem exigência de onerosidade. Tal se deu, por exemplo, com as políticas anticíclicas do governo federal para enfrentar a crise financeira de 2009, relativas à redução do IPI, que objetivaram ofertar competitividade a todo o setor atingido.

Da mesma forma que foram outorgados foram retirados, tão logo desapareceram os efeitos maiores dos problemas internacionais criados pela quebra do "Lehman Brothers" e a revelação de falta de lastro das operações imobiliárias americanas e das inexistentes atividades de empresas chinesas com negociação em bolsa de seus ativos. Tais incentivos é que são aqueles mencionados no art. 104 do CTN, em que a contrapartida onerosa é inexistente.[26]

Nesse caso, não se poderia falar que os fabricantes de automóveis ou de eletrodomésticos teriam direito adquirido aos estímulos que conquistaram sem ônus. Tal como vieram, esses benefícios, foram afastados.

De resto, é entendimento doutrinário e jurisprudencial que ninguém tem garantia de imutabilidade de regime jurídico, mas só de direito adquirido.

Ora, se, no caso atrás analisado, não havia direito adquirido, mas a outorga de um regime jurídico tributário menos oneroso, sem a imposição de ônus, o que, à evidência, pode ser alterado, no caso da Consulente, o que existe é um direito adquirido decorrente de um ato jurídico perfeito: o acordo firmado, por força da lei, entre empresas que *fizeram investimentos* para desenvolver determinada área e setor contra a outorga de incentivos fiscais, *única razão de seu interesse* pelo investimento.

Assim sendo, é de rigor a conclusão de que tais investimentos foram realizados em contrapartida aos incentivos fiscais. De forma que o empresário, ao atender aos requisitos onerosos previstos na lei, se investiu no direito adquirido de gozar do estímulo fiscal. Não há, pois, que se falar em revogação de regime jurídico. Assim sen-

administrativo e no tributário, mas é indefinível. *Em linhas gerais significa que o Estado deve respeitar a segurança dos direitos fundamentais do contribuinte, agindo segundo a moralidade e a equidade*. Aparece amalgamado aos princípios da legalidade, irretroatividade e proibição de analogia. Mas também se consubstancia em inúmeros subprincípios e normas de proteção da expectativa do contribuinte, e em deveres da Administração, como sejam: irrevisibilidade do lançamento por erro de direito ou de valoração do fato, inalterabilidade do critério jurídico do lançamento e da resposta à Consulta, *irrevogabilidade das isenções condicionadas a encargo*, do beneficiário, dever de assistência ao contribuinte e exclusão ou limitação de multas" (grifos meus) (*Tratado de Direito Constitucional, Financeiro e Tributário*, vol. II, *Valores e Princípios Constitucionais Tributários*, RJ/SP/Recife, Renovar, 2005, pp. 570-571).

26. Escrevemos, sobre a crise internacional, Fernando Alexandre, João Sousa Andrade, Paulo Rabello de Castro, Pedro Bação e eu: "Os emergentes desenvolvidos, de rigor, são os BRICs, acompanhados da Argentina e do México, que sofreram na medida do seu maior ou menor envolvimento com os países desenvolvidos, O Brasil, por exemplo, dependia do mercado exterior em 25%, enquanto o México dependia em mais de 50%. À evidência, o impacto negativo no México foi superior ao do Brasil. *No Brasil, os estímulos ao mercado interno compensaram em parte a perda do mercado externo, que se deveu a três factores: falta de crédito, redução do preço das mercadorias e contracção do mercado exportador em resultado da crise internacional*. A recuperação, todavia, já aparenta estar em curso em meados de 2009, ajudada por uma política de estímulos fiscais para sectores sensíveis da economia (automóveis, electrodomésticos e outros de grande impacto no consumo) capaz de manter um nível de produção elevado. Por exemplo, venderam-se mais automóveis no ano de 2009 que em 2008, no mercado interno.

"Acresce que o Brasil tem uma banca sólida, decorrente de dois factores. O primeiro é ter atrasado a sua entrada na euforia global de criação e investimento nos títulos que acabaram por estar na origem da crise financeira. Em segundo lugar, por mais de metade dos seus activos financeiros serem títulos públicos. É comum afirmar-se, no Brasil, que a banca brasileira vale o que vale o governo. A manutenção de juros elevados, por outro lado, não provocou a fuga de recursos que outros países emergentes conheceram, demonstrando que a economia brasileira é mais sólida que a da maior parte dos países emergentes" (grifos não constantes do texto) (*A Crise Financeira Internacional*, Imprensa da Universidade de Coimbra, Portugal, 2009, pp. 166-168).

do, qualquer alteração futura da Lei 5.655/1971, apenas valerá para novos investimentos, não podendo atingir os estímulos anteriormente outorgados à luz de contrapartida onerosa, como se deu com a Consulente.[27]

d) *Considerando que, antes de se constituir a Reserva de Lucros – Incentivos Fiscais, prevista no art. 195-A da Lei 6.404/1976, o valor do incentivo fiscal Sudene será contabilizado como Receita, poderia a Aneel capturar parte ou integralmente o correspondente valor para repassá-lo como redução no momento do cálculo da tarifária a ser homologada, sem qualquer alteração da legislação aplicável?*

Ainda aqui a resposta segue a linha das questões anteriormente examinadas. À evidência, não.[28]

O poder regulador ou decretino do Estado é limitado. A discricionariedade não pode ultrapassar os limites da lei. Seu próprio campo de atuação resta limitado àquelas fronteiras conformadas pelo legislador. Nossa jurisprudência não admite, nem mesmo a delegação de competência legislativa tributária, por lei, ao Executivo, pois, a lei de que fala a Constituição (art. 150, inciso I) é lei formal. Está o dispositivo assim redigido:

"Art. 150. Sem prejuízo de outras garantias asseguradas ao contribuinte, é vedado à União, aos Estados, ao Distrito Federal e aos Municípios:

"I – exigir ou aumentar tributo *sem lei que o estabeleça*; (...)" (grifos meus).

Embora tenha, muitas vezes, citado este trecho que escrevi há mais de 30 anos, parece-me que explicita bem o que seja lei, a que se refere o constituinte, em seu sentido formal, não só o de 1988, como já o fizera o de 1967:

"Com efeito, em direito tributário, só é possível estudar o princípio da legalidade, através da compreensão de que a reserva da lei formal é insuficiente para a sua caracterização. O princípio da reserva da lei formal permitiria uma certa discricionariedade, impossível de admitir-se, seja no direito penal, seja no direito tributário.

"Como bem acentua Sainz de Bujanda (*Hacienda y Derecho*, Madrid, 1963, vol. 3, p. 166), a reserva da lei no direito tributário não pode ser apenas formal, mas deve ser absoluta, devendo a lei conter não só o fundamento, as bases do comportamento, a administração, mas – e principalmente – o próprio critério da decisão no caso concreto.

"À exigência da *lex scripta*, peculiar à reserva formal da lei, acresce-se da *lex stricta*, própria da reserva absoluta. É Alberto Xavier quem esclarece a proibição da discricionariedade e da analogia, ao dizer (ob. cit., p. 39): 'E daí que as normas que instituem sejam verdadeiras normas de decisão material (*Sachentscheidungsnormen*), na terminologia de Werner Flume,

27. Raul Machado Horta ensina: "Como vantagem incorporada ao titular, a patrimonialização tornou-se inerente ao direito adquirido, criando situação individual e concreta. *A segurança jurídica do direito adquirido contra sua mudança e desfazimento criou a regra técnica de defesa da posição vantajosa.* Criação do direito anterior, que o consolidou, o direito adquirido se antepunha ao direito novo e às mudanças decorrentes do novo direito. Expressão do direito novo, a lei como norma abstrata dispunha da virtualidade de criar o direito adquirido e, ao mesmo tempo, através da sucessão legislativa no tempo, anular esse direito pela revogação do princípio que o constituíra no direito antigo. *A irretroatividade das leis tornou-se a barreira protetora do direito adquirido, assegurando a permanência e a incompatibilidade entre o direito antigo e o novo direito legislativo. O direito adquirido representa a intangibilidade da lei no tempo. A irrevogabilidade da lei é técnica de proteção desse direito, assegurando a indevassabilidade da matéria regulada na lei antiga*" (grifos meus) (*Direito Constitucional*, 4ª ed., Belo Horizonte, Del Rey, 2003, p. 236).

28. André Ramos Tavares ensina: "Consoante o princípio da legalidade, ninguém é obrigado a fazer ou deixar de fazer alguma coisa senão em virtude de lei, *sendo absolutamente livre na falta de lei. Ao contrário, a Administração só pode atuar em havendo previsão legal expressa.* E essa previsão estará sempre orientada para determinada finalidade, que não pode ser descurada pelo agente público em sua atuação, sob pena de desvio de finalidade e, 'ipso facto', em ilegalidade" (grifos meus) (*Curso de Direito Constitucional*, 7ª ed., São Paulo, Saraiva, 2009, p. 1.274).

porque, ao contrário do que sucede nas normas de ação (*handlungsnormen*), não se limitam a autorizar o órgão de aplicação do direito a exercer, mais ou menos livremente, um poder, antes lhe impõem o critério da decisão concreta, predeterminando o conteúdo de seu comportamento'.

"Yonne Dolácio de Oliveira, em obra por nós coordenada ('Legislação tributária, tipo legal tributário', in *Comentários ao CTN*, Bushatsky, 1974, vol. 2, p. 138), alude ao princípio da estrita legalidade para albergar a reserva absoluta da lei, no que encontra respaldo nas obras de Hamilton Dias de Souza (*Direito Tributário*, Bushatsky, 1973, vol. 2) e Gerd W. Rothmann ('O princípio da legalidade tributária', in *Direito Tributário*, 5ª Coletânea, coordenada por Ruy Barbosa Nogueira, Bushatsky, 1973, p. 154). O certo é que o princípio da legalidade, através da reserva absoluta de lei, em direito tributário permite a segurança jurídica necessária, sempre que seu corolário consequente seja o princípio da tipicidade, que determina a fixação da medida da obrigação tributária e os fatores dessa medida, a saber: a quantificação exata da alíquota, da base de cálculo ou da penalidade.

"É evidente, para concluir, que a decorrência lógica da aplicação do princípio da tipicidade é que, pelo princípio da seleção, a norma tributária elege o tipo de tributo ou da penalidade; pelo princípio do *numerus clausus* veda a utilização da analogia; pelo princípio do exclusivismo torna aquela situação fática distinta de qualquer outra, por mais próxima que seja: e finalmente, pelo princípio da determinação conceitua de forma precisa e objetiva o fato imponível, com proibição absoluta às normas elásticas (*Resenha Tributária* 154/779-82, Secção 2.1, 1980)."[29]

Sem lei, nada pode fazer, a Aneel, cujo poder legislativo é nenhum, *tendo apenas poder regulador, dentro da lei*.

A própria concepção de que o incentivo fiscal deve beneficiar o consumidor – e não o investidor – peca pela base. É que jamais o incentivo fiscal é concedido ao consumidor que, para obter o serviço, não investe. Os denominados incentivos regionais ou setoriais ***para o desenvolvimento*** têm, como destinatário, o investidor.

Em livro coordenado pelo saudoso professor Antonio Roberto Sampaio Dória, *Incentivos Fiscais para o Desenvolvimento*,[30] editado à época em que a discussão sobre a natureza jurídica dos incentivos fiscais era mais intensa, todos os autores, a saber: Antonio Franco de Campos, Beatriz Stevenson Braga, Claid de Lima Santos, Henry Tilbery, Maria Aparecida de Moura, Ricardo Assumpção, Roselene Lopes Sciarântola e o signatário do presente, acentuaram este aspecto, ou seja, de que o desenvolvimento faz-se com incentivos para os investidores. Seu coordenador entendeu que a Itália, após a 2ª Guerra, recuperou-se, em grande parte, graças aos incentivos outorgados na região de Mezzogiorno.[31]

Ora, esta falsa concepção de que os incentivos fiscais devem beneficiar o consumidor, e não o investidor – o benefício do consumidor é ter um serviço que não teria se não houvesse o incentivo –, não se sustenta à luz do regime jurídico brasileiro que rege suas concessões.

29. *Curso de Direito Tributário*, São Paulo, coed. CEEU/FIEO/Saraiva, 1982, pp. 57-58.

30. São Paulo, José Bushatsky Editor, 1970.

31. Escreveu, no prefácio, Sampaio Dória: "Enfeixa este volume uma série de estudos sobre tema de relevante interesse e atualidade: o programa de incentivos fiscais, suas causas, políticas e metas, suas estruturas e técnicas, seus malogros e múltiplos êxitos. Velho instrumento de vitalização econômica dirigida, o estímulo tributário desdobrou-se no Brasil, na década passada, num leque de alternativas que em originalidade, amplitude e ambição de propósitos, não encontra símile no mundo contemporâneo. Programas de desenvolvimento lastreados em análoga instrumentação, como o do *Mezzogiorno* na Itália meridional e o de Porto Rico nas Antilhas, apequenam-se diante da experiência brasileira que, ainda quase só potência, entremostra apenas seus primeiros frutos" (*Incentivos Fiscais para o Desenvolvimento*, ob. cit., p. 9).

E, no caso, a gravidade é maior, na medida em que os incentivos originariamente outorgados por lei, como forma de atração dos investidores, seriam revogados por ato administrativo inferior aos decretos que são assinados pelo próprio presidente da República. Seriam, pois, substituídos por ilegal mutilação ou amputação completa dos benefícios outorgados quando da formulação da política original, para supostamente atender a quem goza do benefício de receber um serviço, de que outra forma não receberia, se incentivos aos investidores não houvesse.

A resposta ao quesito 4 é, à evidência, que não poderia, mera Resolução, alterar a legislação e transferir benefícios do investidor, "capturando-os", na linguagem da Consulta, para ofertá-los ao consumidor na formulação de cálculo tarifário.[32] Reporto-me também para esta questão a todas as considerações preliminares realizadas, e ainda àquelas expostas nas respostas aos três anteriores quesitos.

S.M.J.

São Paulo, 14 de abril de 2011.

32. Lembro, finalmente, que, por força do § 6º do art. 37 da CF assim redigido: "§ 6º. As pessoas jurídicas de direito público e as de direito privado prestadoras de serviços públicos responderão pelos danos que seus agentes, nessa qualidade, causarem a terceiros, *assegurado o direito de regresso contra o responsável nos casos de dolo ou culpa*", o prejuízo que venha o ato administrativo ilegal causar pode levar a responsabilização de seu agente, não se devendo esquecer que sua responsabilidade é imprescritível (art. 37, § 5º): "§ 5º. A lei estabelecerá os prazos de prescrição para ilícitos praticados por qualquer agente, servidor ou não, que causem prejuízos ao erário, *ressalvadas as respectivas ações de ressarcimento*" (grifos meus).

A INTERPRETAÇÃO "A LA DIABLE"[1]

SACHA CALMON NAVARRO COÊLHO (Orientador)
DÉBORA COUTO CANÇADO SANTOS (Orientada)

Da inaplicabilidade do art. 739-A do CPC nos embargos à execução fiscal. Da especialidade da Lei de Execuções Fiscais. Da unilateralidade do título executivo do crédito tributário. Presunção de legitimidade do ato administrativo: uma falsa premissa. Hipóteses de acertamento. Declaração de tributo apurado e não pago. Parcelamento e moratória. Transação. Aplicação subsidiária do art. 739-A do CPC às execuções fiscais e mitigação do devido processo legal. Referências bibliográficas.

A Constituição Federal de 1988 (CF/1988) introduziu no ordenamento jurídico brasileiro um estado democrático de direito, cujos fundamentos e objetivos visam à equação: liberdade e justiça social. Estes valores, aparentemente antagônicos, foram inseridos pela constituição cidadã no rol de seus direitos fundamentais.

O poder de tributar não pode ser exercido de forma discricionária pela Administração. A ele se impõe uma série de limitações, traduzidas em princípios para que a tributação seja garantia e não ato atentatório à propriedade privada e à liberdade contratual. É neste contexto que invocamos o princípio do devido processo legal.

O devido processo legal, previsto no art. 5º, inciso LIV, da CF/1988, possui duas faces: uma eminentemente processual e, outra, material, substantiva. O *procedural due process* (devido processo legal formal) garante a todos os cidadãos um processo justo, assegurando o contraditório, a ampla defesa e o julgamento por um juiz natural, segundo as regras previstas na Constituição e nas leis. O *substantive due process* (devido processo legal material), por sua vez, caracteriza-se como limitação à atuação do legislador, exigindo a elaboração de normas que atendam às finalidades previstas no texto constitucional. Assim, qualquer regra que atente contra os fundamentos e objetivos do estado democrático de direito serão arbitrárias e, por conseguinte, inconstitucionais.

Neste contexto, elencamos situações nas quais é possível apontar manifesta violação ao devido processo legal tributário, em função de excessos praticados pela Fazenda Pública. Tais excessos se mostram evidentes na tentativa de aplicação subsidiária de institutos exclusivos do direito processual civil nas execuções fiscais e na utilização de meios oblíquos para cobrança do crédito tributário. São exemplos:

1. Aplicação do art. 739-A do Código de Processo Civil (CPC), introduzido pela Lei 11.382/2006, nas execuções fiscais, li-

1. Contribuição da Faculdade de Direito Milton Campos ao IBET, em homenagem ao Professor Paulo de Barros Carvalho.

mitando a eficácia suspensiva dos embargos à execução à decisão do juiz, proferida a requerimento do embargante. Esta somente se terá "quando, sendo relevantes seus fundamentos, o prosseguimento da execução manifestamente possa causar ao executado grave dano de difícil ou incerta reparação, e desde que a execução já esteja garantida por penhora, depósito ou caução suficientes" (art. 739-A, § 1º).

2. Utilização da penhora *on line*, prevista no art. 185-A do Código Tributário Nacional (CTN), nas execuções fiscais, para garantir o pronto adimplemento do crédito tributário.

3. A exigência de CND (Certidão Negativa de Débitos) para comprovação da regularidade fiscal do contribuinte. O art. 38 da Lei de Execuções Fiscais (LEF) deixa claro que o único meio para a cobrança do crédito tributário é a execução fiscal por excelência. Seria, assim, ilegal qualquer outro mecanismo de pressão para constranger o contribuinte ao pagamento do tributo, tais como a inscrição no Cadastro de Devedores Inadimplentes (CADIN), a retenção de mercadorias, o protesto de Certidão de Dívida Ativa (CDA) e a terceirização da execução fiscal.

4. A proibição de distribuição de lucros, dividendos e bonificação por empresas em débito perante a Secretaria da Receita Federal do Brasil, o que configura verdadeira afronta aos princípios do livre exercício da atividade econômica e do dividendo obrigatório.

5. Faculdade conferida à Fazenda Pública, na execução de contribuições previdenciárias, de indicar bens à penhora concomitantemente com a citação inicial do devedor. A penhora é uma constrição que deve obedecer sempre aos princípios do contraditório e da ampla defesa. Segundo o art. 8º da LEF, o executado será citado para, no prazo de cinco dias, pagar a dívida ou garantir a execução. Logo, a penhora só poderá acontecer após a citação do executado, nunca a ela concomitante. Antecipar esta constrição é desrespeitar o principio do devido processo legal e da razoabilidade.

Estes procedimentos atentatórios aos direitos fundamentais do cidadão deveriam ser barrados na íntegra pelo poder judiciário. Contudo, após vasta pesquisa de jurisprudência nos tribunais superiores, verificamos que isto não ocorre na prática. O judiciário, ao invés de garantir ao contribuinte a observância do devido processo legal, vem chancelando os excessos praticados pelo administrador público, admitindo toda e qualquer forma encontrada de constranger as pessoas físicas e jurídicas a pagar tributos indevidos. O divérbio entre o poder judiciário e a doutrina pátria deve-se a dois fatores: (a) a doutrina devaneia e; (b) o Judiciário ainda é fiscalista como na 1ª República.

A hipótese deste trabalho é demonstrar, com argumentos teóricos e práticos, como os três poderes da federação vêm constantemente utilizando suas prerrogativas para mitigar direitos fundamentais do cidadão. Apontar dispositivos de leis e recentes decisões dos tribunais superiores que violam nitidamente os princípios do devido processo legal, da propriedade e da igualdade; buscar diferenciar o título executivo da Fazenda Pública dos títulos extrajudiciais ordinários; demonstrar que a execução fiscal é o único meio de cobrança do crédito tributário, sendo qualquer outro ilegal.

Por uma questão de economia expositiva, entretanto, nos deteremos apenas na impossibilidade de aplicação do art. 739-A do CPC à execução fiscal, à guisa de exemplo.

Da inaplicabilidade do art. 739-A do CPC nos embargos à execução fiscal

O processo de execução fundando em título executivo extrajudicial foi consideravelmente reformulado pela Lei 11.382/2006, com a finalidade de agilizar a entrega da prestação jurisdicional, em nome dos princípios da celeridade e da efetividade da tutela.

Uma das alterações realizadas foi a retirada da eficácia suspensiva dos embargos do executado, ficando este efeito condicionado à relevância da argumentação, ao perigo de grave dano de difícil ou incerta reparação e à garantia integral do juízo.

Embora incompatível com os embargos à execução fiscal (procedimento especial), esta inovação vem sendo interpretada pelos tribunais superiores[2] como aplicável subsidiariamente à Lei 6.830/1980, tendo em vista a ausência de disciplina específica nesta lei a respeito do efeito suspensivo nos embargos.

Tal entendimento não parece o mais adequado, uma vez que a opção da LEF pela suspensividade dos embargos encontra-se implícita em diversos dispositivos, bastando uma interpretação sistemática para se chegar a esta conclusão.

Kildare Gonçalves Carvalho,[3] citando Moacyr Parra Motta, explica que a interpretação sistemática: "utiliza as seguintes técnicas: a) examina a norma na íntegra e também todo o Direito; b) é preciso comparar o dispositivo legal com outros afins, que compõem o mesmo instituto jurídico, e com outros referentes a institutos análogos; c) deve-se confrontar a norma com outras normas de igual ou superior hierarquia, com os Princípios Gerais do Direito, com o Direito Comparado, enfim, com o conjunto do sistema; d) resumindo, deve-se descobrir o espírito do sistema e captar o sentido da norma adaptada a esse espírito; e) chama a atenção para a supremacia constitucional como também para a hierarquia existente entre as leis quando se vai solucionar problemas de conflitos e antinomias; f) deve-se observar sempre a coerência e a harmonia do sistema legal".

Partindo da técnica acima exposta, podemos chegar às seguintes conclusões: (a) a leitura da LEF em sua íntegra demonstra que não há omissão a ser suprida com dispositivos do CPC; (b) a LEF regu-

2. "Processual civil. Embargos à execução fiscal. Efeito suspensivo. Lei 11.382/2006. Reformas processuais. Inclusão do art. 739-A no CPC. Reflexos na Lei 6.830/1980. 'Diálogo das Fontes'.

"1. Após a entrada em vigor da Lei 11.382/2006, que incluiu no CPC o art. 739-A, os embargos do devedor poderão ser recebidos com efeito suspensivo somente se houver requerimento do embargante e, cumulativamente, estiverem preenchidos os seguintes requisitos: a) relevância da argumentação; b) grave dano de difícil ou incerta reparaÇão; e c) garantia integra! do juízo.

"2. A novel legislação é mais uma etapa da denominada "reforma do CPC", conjunto de medidas que vem modernizando o ordenamento jurídico para tornar mais célere e eficaz o processo como técnica de composição de lides.

"3. Sob esse enfoque, a atribuição de efeito suspensivo aos embargos do devedor deixou de ser decorrência automática de seu simples ajuizamento. Em homenagem aos princípios da boa-fé e da lealdade processual, exige-se que o executado demonstre efetiva vontade de colaborar para a rápida e justa solução do litígio e comprove que o seu direito é bom.

"4. Trata-se de nova concepção aplicada à teoria geral do processo de execução, que, por essa ratio, reflete-se na legislação processual esparsa que disciplina microssistemas de execução, desde que as normas do CPC possam ser subsidiariamente utilizadas para o preenchimento de lacunas. Aplicação, no âmbito processual, da teoria do 'diálogo das fontes'.

"5. A Lei de Execuções Fiscais (Lei 6.830/1980) determina, em seu art. 1º, a aplicação subsidiária das normas do CPC. Não havendo disciplina específica a respeito do efeito suspensivo nos embargos à execução fiscal, a doutrina e a jurisprudência sempre aplicaram as regras do Código de Processo Civil.

"6. A interpretação sistemática pressupõe, além da análise da relação que os dispositivos da Lei 6.830/1980 guardam entre si, a respectiva interação com os princípios e regras da teoria geral do processo de execução. Nessas condições, as alterações promovidas pela Lei 11.382/2006, notadamente o art. 739-A, § 1º, do CPC, são plenamente aplicáveis aos processos regidos pela Lei 6.830/1980.

"7. Não se trata de privilégio odioso a ser concedido à Fazenda Pública, mas sim de justificável prerrogativa alicerçada nos princípios que norteiam o Estado Social, dotando a Administração de meios eficazes para a célere recuperação dos créditos públicos.

"8. Recurso Especial não provido (ac. un. da 2ª T. do STJ, REsp 1.024.128-PR, rel. Ministro Herman Benjamin, j. 13.5.2008, *DJ* 19.12.2008).

3. *Direito Constitucional: Teoria do Estado e da Constituição. Direito Constitucional Positivo*, p. 338.

lamenta, de forma diversa ao CPC, institutos comuns às duas ordens normativas, tais como prazos para a apresentação dos embargos, para sua impugnação e necessidade de oferecimento de garantia prévia; (c) a execução fiscal é o único meio para a cobrança do crédito tributário. Configura a positivação dos princípios do devido processo legal e do juiz natural, previstos no art. 5º, LIV, XXXV e XXXVII, da Constituição Federal; (d) a concessão de efeitos suspensivos aos embargos à execução está implicitamente prevista na LEF (arts. 19, *caput*, 24, I, e 32, § 2º); (e) a LEF é lei especial. Logo, deve prevalecer sobre o CPC, normal geral; (f) face à peculiaridade do título executivo da Fazenda Pública, o efeito suspensivo seria uma proteção constitucional ao patrimônio do contribuinte. A aplicação de dispositivos do CPC onde não existe omissão legal quebraria toda a harmonia e coerência do sistema.

O presente capítulo tem o objetivo de demonstrar que a aplicação desta inovação legislativa às execuções manejadas pela Fazenda Pública configura verdadeira afronta aos princípios da igualdade e do devido processo legal em suas duas vertentes:

(a) Formal, pois viola as regras disciplinadoras da formação do titulo executivo da Fazenda Pública, além de mitigar os princípios do contraditório e da ampla defesa;

(b) Material, uma vez que atenta contra os fundamentos e objetivos do estado democrático de direito, impondo a aplicação de uma norma geral a uma situação indubitavelmente peculiar: a necessidade (senão obrigatoriedade) da concessão de efeito suspensivo aos embargos à execução fiscal.

Da especialidade da Lei de Execuções Fiscais

A execução fiscal é um procedimento especial destinado à cobrança dos créditos devidos à Fazenda Pública (dívida ativa). É o meio que autoriza o Estado utilizar o emprego de força (coerção) para efetivar a obrigação que não foi espontaneamente cumprida pelo devedor.

A Lei 6.830/1980 "dispõe sobre a cobrança judicial da Dívida Ativa da Fazenda Pública e dá outras providências".

Esta norma, especial em relação ao CPC, possui disposições expressas sobre os embargos à execução fiscal, formando um microssistema que regulamenta as execuções por quantia certa propostas pela Fazenda Pública e, por conseguinte, os embargos oferecidos pelo devedor.

A LEF, em seus arts. 16 a 19, dispõe exaustivamente sobre o prazo para a apresentação dos embargos, sua impugnação, efeitos e garantia, sendo, portanto, a aplicação subsidiária do art. 739-A do CPC incompatível com a sistemática da norma especial.

Em outras palavras, o processo executivo previsto na LEF é completamente distinto do instituído pela Lei 11.382/2006, não apenas no efeito conferido aos embargos, mas no prazo para a sua interposição e obrigatoriedade de oferecimento de prévia garantia.

Não obstante a expressa determinação da LEF de aplicação subsidiária do CPC (art. 1º, *caput*), é preciso examinar toda a sistemática da execução fiscal antes de aplicar a este procedimento tão peculiar as regras gerais previstas no CPC. Caso contrário, cometeria o intérprete uma verdadeira afronta ao princípio da igualdade, na medida em que estaria tratando da mesma maneira os devedores em geral (obrigados por um título extrajudicial, nascido de um acertamento procedido pelos próprios interessados[4]) e os devedores do fisco (obrigados por um título unilateralmente formado). Sem razão a estranha noção de isonomia processual do Ministro Herman Benjamin, citado no rodapé retro.

4. Ronaldo Cunha Campos, *Ação de Execução Fiscal*, p. 46.

Humberto Ávila[5] alerta que "tanto o Poder Legislativo, quando edita determinada lei, quanto o Poder Judiciário, quando interpreta e aplica aquela lei, devem ser claros e isentos de contradição com relação à finalidade. (...) De outro lado, o Poder Judiciário deve examinar, de modo objetivo e coerente, os objetivos da lei, de modo a permitir o controle intersubjetivo da igualdade".

Podemos apontar critérios objetivos e coerentes que demonstram a especificidade da lei de execuções fiscais face ao CPC:

Art. 16 da LEF: "O executado oferecerá embargos, no prazo de 30 (trinta) dias, contados: (...); III – da intimação da penhora".

Verifica-se, primeiramente, que a LEF prevê o prazo de 30 dias, contados da intimação da penhora, para a interposição dos embargos à execução.

A Lei 11.382/2006, por sua vez, determina em seu art. 738, que "os embargos serão oferecidos no *prazo de 15 (quinze) dias, contados da data da juntada aos autos do mandado de citação*".

O mesmo art. 16 da LEF, em seu parágrafo primeiro, destaca que não serão "*admissíveis embargos do executado antes de garantida a execução*". Este dispositivo contrapõe-se ao art. 736 do CPC que admite a oposição de embargos independentemente de penhora, depósito ou caução.

Os arts. 19, 24, e 32, § 2º, da LEF, por fim, preveem, implicitamente, a eficácia suspensiva dos embargos à execução:

"Art. 19. *Não sendo embargada a execução ou sendo rejeitados os embargos*, no caso de garantia prestada por terceiro, será este intimado, sob pena de *contra ele prosseguir a execução nos próprios autos*, para, no prazo de 15 (quinze) dias:

"I – remir o bem, se a garantia for real; ou

"II – pagar o valor da dívida, juros e multa de mora e demais encargos, indicados na Certidão de Divida Ativa pelos quais se obrigou se a garantia for fidejussória."

"Art. 24. A Fazenda Pública poderá adjudicar os bens penhorados:

"I – antes do leilão, pelo preço da avaliação, *se a execução não for embargada ou se rejeitados os embargos*; (...)."

"Art. 32. (...).

"(...).

"§ 2º. Após o trânsito em julgado da decisão, o depósito, monetariamente atualizado, será devolvido ao depositante ou entregue à Fazenda Pública, mediante ordem do Juízo competente."

Ora, não há lacuna alguma na LEF a ser preenchida pelo Código de Processo Civil. Tal conclusão é alcançada partindo-se de uma interpretação sistemática do procedimento previsto no CPC para a execução dos títulos extrajudiciais e do procedimento previsto na LEF para as execuções fiscais. É clara, senão cristalina, sua distinção e evidente a existência de duas regras procedimentais: uma para satisfação de créditos privados; outra para a satisfação de créditos fiscais.

Em tal contexto, outra não pode ser a conclusão, visto que a inovação processual civil não é coerente e, tampouco, capta os princípios e o espírito do sistema executivo tributário. O resultado de qualquer processo deve afinar-se com as ideias de justiça e equidade. Pensar o contrário configuraria frontal violação ao *substantive due process* (devido processo legal material).

Da unilateralidade do título executivo do crédito tributário

A base para a execução forçada, no atual sistema processual brasileiro, é o título executivo. O ordenamento jurídico pátrio inspirou-se no princípio *nulla executio sine titulo*.

O título executivo é subdividido em duas espécies: judicial e extrajudicial. O tí-

5. Humberto Ávila, *Teoria da Igualdade Tributária*, p. 71.

tulo executivo judicial é formado pelo juiz, por meio de atuação jurisdicional. Diferentemente, o título executivo extrajudicial é formado por ato de vontade das partes envolvidas na relação jurídica de direito material, independentemente da manifestação imparcial do magistrado.

Os títulos executivos extrajudiciais são documentos públicos ou particulares aos quais é emprestada eficácia executiva pela lei. Logo, não há no direito pátrio a possibilidade de criação de título extrajudicial fundado apenas na vontade das partes.

Estes títulos executivos estão previstos na legislação federal, mais especificamente, no art. 585 do CPC.

Ronaldo Cunha Campos[6] define o título executivo extrajudicial como "um acertamento procedido pelos próprios interessados. (...) ato portador da razoável certeza quanto à incidência da norma, à violação do preceito, e à pertinência da sanção".

Partindo da definição de Campos, podemos conceituar o título executivo extrajudicial como um negócio jurídico firmado entre credor e devedor, cujo objeto é uma obrigação de pagar quantia certa, de dar, fazer ou não fazer alguma coisa, com a imposição de sanção por seu inadimplemento.

Este acertamento é ato portador da razoável certeza quanto à incidência da norma, à violação do preceito e à pertinência da sanção, estando apto a substituir a manifestação do magistrado no processo de conhecimento e legitimando a aplicação do art. 739-A do CPC na execução dos títulos extrajudiciais.

A força executória dos títulos extrajudiciais vem da inexistência de lide. Decorre de um encontro de vontades, do consenso entre as partes. Neste contexto, a CDA não poderia ser classificada como título executivo, uma vez que a inscrição da dívida ativa não depende de intervenção do estado juiz e, tampouco, do acertamento das partes.

6. Campos, ob. cit., pp. 46 e 47.

Embora incluída no rol dos títulos executivos extrajudiciais (art. 585, VII, do CPC), a CDA é normalmente formada sem nenhuma participação do devedor. Tal característica decorre da duvidosa boa-fé do Estado e da presunção de legitimidade do ato administrativo. Esta presunção *juris tantum* não pode ter o condão de constranger o contribuinte a uma execução indevida, com a supressão do seu direito de defesa e do devido processo legal.[7]

Presunção de legitimidade do ato administrativo: uma falsa premissa

O crédito da Fazenda Pública (quando regularmente inscrito) goza de uma presunção de certeza e liquidez por força do art. 204 do CTN e do art. 3º da LEF. Esta presunção decorre de um rígido controle administrativo de legalidade, substituindo o consenso, ou seja, o aceite do devedor.

Como ato unilateral, diferentemente dos demais títulos executivos extrajudiciais, a lei prevê uma técnica de substituição do consenso, por meio do processo tributário administrativo.

A presunção da certeza e liquidez, em matéria tributária, repousaria assim em sistemática onde a obrigatória oferta da oportunidade de impugnar a pretensão fiscal (art. 145, I, do CTN) assume o papel de viga-mestra: a Fazenda cria a oportunidade de impugnar sua pretensão com vista à formação de título unilateral. O consenso (concordância do obrigado), característica do título extrajudicial, ver-se-ia neste terreno substituído pelo processo administrativo. A presunção de certeza (que substitui o consenso) implica a abertura da oportunidade de impugnar a pretensão fiscal. Esta oportunidade é peça essencial ao mecanismo de substituição do consenso. *A presunção assim criada proviria, portanto, de*: (a)

7. Igor Mauler Santiago e Frederico Menezes Breyner, "Eficácia suspensiva dos embargos à execução fiscal em face do art. 739-A do Código de Processo Civil", *Revista Dialética de Direito Tributário* 145/54-69.

inocorrência de impugnação. Desta ausência se presumiria a aceitação da exigência fiscal pelo devedor; (b) *rejeição das razões da resistência à pretensão*, ou seja, da impugnação, em procedimento sujeito a regras próprias. Presumir-se-ia o caráter infundado desta resistência precisamente porque se submeteu esta a um reexame, isto em procedimento quando se teria assegurado ao impugnante oportunidade de provar os fundamentos de sua resistência, de sua impugnação.[8]

Ao contrário das obrigações contratuais, a obrigação tributária não requer uma manifestação de vontade conforme ao Direito para se instaurar, nascendo da simples ocorrência do fato gerador, tal como descrito na lei (CTN, art. 114). O lançamento é ato administrativo que apenas confere exigibilidade ao crédito, individualizando o comando impessoal da norma. É o ato que prepara o título executivo da Fazenda Pública, conferindo-lhe liquidez, certeza e exigibilidade.[9]

A obrigação tributária é heterônoma, no dizer de Kelsen.

Assim, o acertamento da obrigação tributária exige a abertura de oportunidade para a impugnação administrativa. É direito de o contribuinte discutir o lançamento e dever do Estado exercer o controle de legalidade dos seus atos.

Hipóteses de acertamento

Partindo deste pressuposto, seriam, segundo a doutrina e a jurisprudência, hipóteses em que existiria consentimento do devedor à dívida tributária, dispensando o processo administrativo e, por conseguinte, a atribuição de eficácia suspensiva aos embargos à execução fiscal: a entrega da declaração de tributos apurados (DCTF, DACON, DIPJ);[10] a confissão de dívidas para adesão a parcelamentos e moratórias individuais;[11] a celebração de transação entre o sujeito ativo da obrigação tributária e o sujeito passivo.[12-13]

Declaração de tributo apurado e não pago

A declaração do sujeito passivo não é ato voluntário. Seu cumprimento impõe-se pela ameaça de penalidades impostas pela legislação tributária. Logo, não se pode conferir a um dever os efeitos de uma declaração livre de vontade.

Sendo a declaração uma obrigação acessória ou dever instrumental imposta por lei, o título executivo, ainda que respaldado em ato praticado pelo sujeito passivo, continua unilateral e a ausência de acertamento impede a aplicação do art. 739-A do CPC à execução fiscal.

Parcelamento e moratória

Da mesma forma, o parcelamento e a moratória não são livres manifestações de vontade, que demonstram a concordância do contribuinte com o crédito executado. São, pelo contrário, institutos que não interferem na natureza do título executivo manejado pela Fazenda, mas aptos a suspender a exigibilidade do crédito tributário (art. 151, I e VI, do CTN).

8. Campos, ob. cit., pp. 65-66.

9. Sacha Calmon Navarro Coêlho, *Curso de Direito Tributário Brasileiro*, 6ª ed., pp. 650-651.

10. 1ª T. do STJ, rel. Ministro Teori Albino Zavascki, REsp. 620.564-PR, *DJ* 6.9.2004.

11. 1ª T. do STJ, rel. Ministro Teori Albino Zavascki, REsp. 554.234-RS, *DJ* 23.8.2004, p. 128.

12. *Admitindo a transação no Direito Tributário*: Onofre Alves Batista Júnior, "Transação no Direito Tributário, discricionariedade e interesse público", in *Revista Dialética de Direito Tributário* 83/121-124, São Paulo, Dialética, agosto/2002; Bernardo Ribeiro de Moraes, *Compêndio de Direito Tributário*, vol. II, 3ª ed., Rio de Janeiro, Forense, 2002, p. 57; Sacha Calmon Navarro Coêlho, *Curso de Direito Tributário Brasileiro*, 9ª ed., Rio de Janeiro, Forense, 2006, p. 828. *Rejeitando a transação no Direito Tributário*: Eduardo Marcial Ferreira Jardim, *Comentários ao Código Tributário Nacional*, coord. Ives Gandra da Silva Martins, São Paulo, Saraiva, 1998, pp. 401-404; Paulo de Barros Carvalho, *Direito Tributário: Fundamentos Jurídicos da Incidência*, 2ª ed., São Paulo, Saraiva, 1999, pp. 198-199.

13. Santiago e Breyner, ob. cit.

A adesão do devedor a parcelamento ou moratória não equivale à concordância com a dívida, mas a uma confissão formal imposta, instituto de direito processual sem qualquer efeito constitutivo de obrigação tributária.

Portanto, também no parcelamento e na moratória, não há acertamento de vontades, afastando-se a aplicação do art. 739-A do CPC.

Transação

Dentre as hipóteses defendidas pela doutrina de consentimento do devedor de tributos, a transação, por sua natureza convencional, seria a única que permitiria a aplicação direta do art. 739-A do CPC.

A natureza bilateral da transação equivaleria ao acertamento, transformando o crédito tributário em consensual.

Contudo, para que seja válida, a transação tributária exige algumas formalidades, previstas no art. 171 do CTN: necessidade de lei autorizativa (devido à indisponibilidade do crédito tributário), concessões mútuas entre os sujeitos ativo e passivo da obrigação tributária (tendo em vista a sua natureza contratual), fim do litígio instaurado por procedimento administrativo ou judicial (o CTN só admite a transação terminativa do litígio, afastada a modalidade preventiva[14]) e a consequente extinção do crédito tributário.[15]

A transação igualaria a dívida tributária aos débitos privados, passíveis de cobrança pelo processo executivo comum, uma vez que, por meio de concessões recíprocas, abre-se a oportunidade de discutir o crédito ao contribuinte, conferindo-lhe formas alternativas de quitar o débito fiscal.

14. Coêlho, ob. cit., p. 717.
15. Santiago e Breyner, ob. cit.

Aplicação subsidiária do art. 739-A do CPC às execuções fiscais e mitigação do devido processo legal

O devido processo legal limita toda atividade estatal tendente a afetar garantia fundamental do contribuinte, entre elas a do julgamento justo e da propriedade privada.

Humberto Ávila ensina que o princípio do devido processo legal possui três funções: integrativa, interpretativa e bloqueadora:

"O princípio do devido processo legal estabelece um ideal de protetividade do contribuinte para a defesa dos seus interesses e – no viés aqui privilegiado – para a manifestação das suas diferenças. Como princípio, o devido processo legal produz os seguintes efeitos:

"1) Exerce uma *função integrativa*, na medida em que introduz uma regra jurídica necessária à garantia da protetividade do contribuinte quando a lei não prevê (...).

"2) Desempenha uma *função interpretativa*, pois permite reler as garantias que já estão expressas, como é o caso das regras atinentes ao juiz natural, à proibição de provas ilícitas, ao duplo grau de jurisdição, à citação, à intimação, à manifestação, à consideração de razões, à produção de provas, à motivação, à publicação, à suspeição e ao impedimento. (...)

"3) Exercita uma *função bloqueadora*, em razão de neutralizar a aplicação de regras previstas, mas cujo conteúdo é incompatível com a protetividade da esfera jurídica do contribuinte. (...) Noutras palavras, o principio do devido processo legal como que 'bloqueia aquilo que foi posto', mas que é incompatível como o ideal de protetividade."[16]

Analisando as funções do devido processo legal, podemos concluir que a inter-

16. Ávila, ob. cit., pp. 188-189.

pretação feita por parte da doutrina e pelos tribunais superiores configura inadmissível mitigação a este tão importante princípio constitucional.

Primeiramente porque a função integrativa garante proteção ao contribuinte, ainda quando a lei não prevê. Ora, ainda que o efeito suspensivo aos embargos do executado não estivesse implicitamente previsto na LEF, seria a ela aplicável. A uma, devido à unilateralidade do título executivo manejado pela Fazenda; a duas, pela ausência de um julgamento independente no processo administrativo; a três, pela proteção constitucional à propriedade privada. Incabível, portanto, aplicação subsidiária de institutos reservados ao processo civil comum.

A função interpretativa do devido processo legal reforça a necessidade de concessão do efeito suspensivo aos embargos à execução fiscal. A ausência de previsão expressa na LEF não autoriza o intérprete a simplesmente ignorar todo o contexto da norma, retirando um direito insito ao devedor de tributos: a vedação à imediata constrição patrimonial, antes de um julgamento imparcial e justo (art. 5º, LIV, da CF/1988).

A função bloqueadora, por sua vez, impede a aplicação subsidiária do art. 739--A do CPC às execuções fiscais. A legislação deve proteger e ampliar as garantias do contribuinte e não o contrário. Por conseguinte, qualquer interpretação que restrinja os direitos constitucionalmente postos é inválida, devendo ser bloqueada pelo devido processo legal.

Assim, qualquer supressão a tão importante direito – a eficácia suspensiva dos embargos – deve ser vedada, por contrariar os incisos XXII e LIV do art. 5º da CF/1988, além de todo o microssistema processual tributário.

Referências bibliográficas

ÁVILA, Humberto. *Teoria da Igualdade Tributária*. São Paulo, Malheiros Editores, 2008.

CAMPOS, Ronaldo Cunha. *Ação de Execução Fiscal*. 1ª ed. Rio de Janeiro, Aide, 1989.

CARVALHO, Kildare Gonçalves. *Direito Constitucional: Teoria do Estado e da Constituição. Direito Constitucional Positivo*. Belo Horizonte, Del Rey, 2009, p. 338.

COÊLHO, Sacha Calmon Navarro. *Curso de Direito Tributário Brasileiro*. 6ª ed. Rio de Janeiro, Forense, 2002.

SANTIAGO, Igor Mauler; BREYNER, Frederico Menezes. "Eficácia suspensiva dos embargos à execução fiscal em face do art. 739-A do Código de Processo Civil", *Revista Dialética de Direito Tributário* 145/54-69, 2007.

CADERNOS DE DIREITO TRIBUTÁRIO

A TRIBUTAÇÃO DOS SERVIÇOS NO BRASIL: PROBLEMAS RELATIVOS AO COMÉRCIO ELETRÔNICO

JÚLIO M. DE OLIVEIRA
Mestre e Doutor em Direito Tributário pela PUC/SP.
Professor de Direito Tributário da FGV/SP, PUC/SP e IBET.

CAROLINA ROMANINI MIGUEL
Mestre em Direito Tributário pela PUC/SP. Doutoranda em Direito Econômico e Financeiro pela USP. Professora de Direito Tributário da FGV/SP.

I. Introdução. II. O funcionamento do comércio eletrônico: A) A internet e o comércio eletrônico; B) Conceito de comércio eletrônico; C) A legislação brasileira que disciplina o comércio eletrônico. III. Tributação sobre serviços no Brasil: A) O conceito de serviços para fins de tributação; B) Imposto sobre Serviços de Qualquer Natureza; C) ICMS; D) Contribuições ao PIS/Pasep e COFINS; E) Contribuições PIS/PASEP-Importação e COFINS-Importação; F) Imposto de Renda na Fonte (IRRF) nos pagamentos de serviços ao exterior; G) Contribuição de Intervenção no Domínio Econômico (CIDE); H) Retenções de tributos nos serviços prestados no Brasil. IV. Necessidade de vínculo com local físico para fins tributários: A) Tributação do consumo; B) Tributação da renda. V. Conclusão. VI. Bibliografia.

I. Introdução

É historicamente comprovado que a inovação tecnológica tende a modificar comportamentos sociais e relações jurídicas intersubjetivas. É o que ocorre com a rápida e ininterrupta evolução dos meios de comunicação, que acarreta adaptações no cotidiano da sociedade, criando novos costumes e valores.

O desenvolvimento tecnológico tem acarretado o constante aperfeiçoamento da comunicação humana. A partir da conexão entre modernos mecanismos de comunicação – que se denominam multimídia – criam-se utilidades até então inimagináveis, que confirmam a Era da Informação em que vivemos, onde predominam o dinamismo das relações sociais e a imprescindibilidade do aprendizado contínuo.

A partir deste aparato de tecnologia, os meios de comunicação têm sido aprimorados para a melhora da transmissão de informações, tornando-se possível o envio e recebimento de dados, a realização de vídeochamadas, o serviço de telefonia, a operações mercantis, a prestação de serviços, entre outras formas de interação social e econômica.

Dentre as inúmeras oportunidades oferecidas pela internet está o comércio eletrônico (*e-commerce* ou comércio virtual), caracterizado como espécie de transação comercial realizada necessariamente através de um equipamento eletrônico, como por exemplo, computador, telefone celular ou aparelho de televisão.

No Brasil, o uso da comunicação eletrônica e digital aplicada aos negócios tem ganhado considerável destaque, sendo determinante para o aumento do faturamento das empresas. Apoiando-se em medidas de segurança, criptografia e principalmente nas facilidades dos pagamentos eletrônicos, o comércio virtual tem expandido sua participação no mercado, permitindo o oferecimento de novos produtos (inclusive intangíveis) e serviços mundialmente. Confiram-se alguns dados estatísticos abaixo.[1]

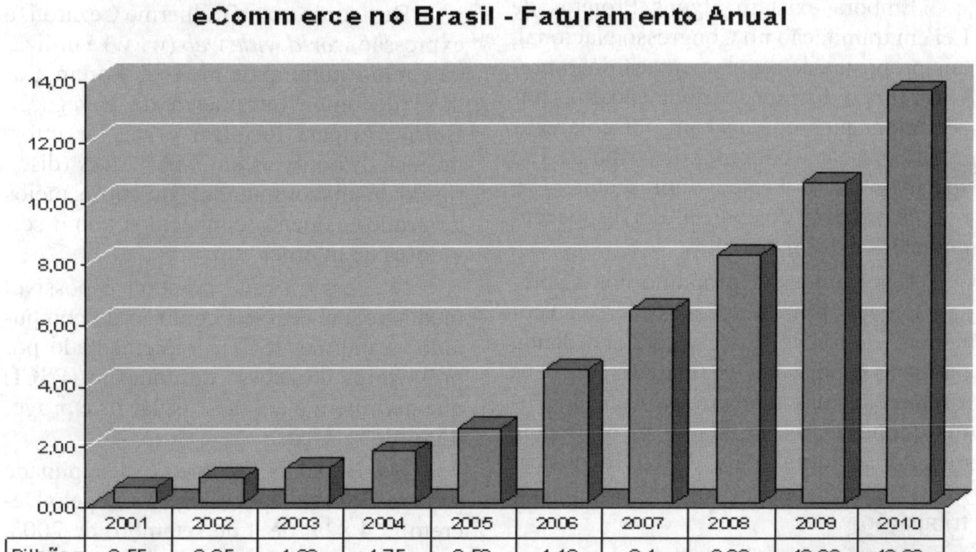

ANO	FATURAMENTO	Variação
2010 (previsão)	R$ 13,60 bilhões	30%
2009	R$ 10,60 bilhões	33%
2008	R$ 8,20 bilhões	30%
2007	R$ 6,30 bilhões	43%
2006	R$ 4,40 bilhões	76%
2005	R$ 2,50 bilhões	43%
2004	R$ 1,75 bilhão	48%
2003	R$ 1,18 bilhão	39%
2002	R$ 0,85 bilhão	55%
2001	R$ 0,54 bilhão	–

1. Fonte eBit – Compilação, *www.e-commerce.org.br*. Não foram consideradas as vendas de automóveis, passagens aéreas e leilões *on-line*.

Contudo, até o presente momento, os negócios jurídicos realizados através de equipamentos eletrônicos não foram objeto de regulamentação específica no Brasil, nem mesmo para fins de tributação pela União, Estados e Municípios, o que tem gerado insegurança jurídica e problemas de controle, fiscalização e cobrança dos tributos, além de dificuldades relativas à propriedade intelectual, direitos autorais, proteção ao consumidor, entre outras.

Embora existam alguns Projetos de Lei em tramitação no Congresso Nacional, tais propostas de regulamentação não preveem forma distinta de tributação, mas trazem elementos que acabam por colaborar na fiscalização e cobrança dos tributos. Em sua maioria, os Projetos apresentam formas de proteção do consumidor, esquecendo-se dos entes tributantes.

Neste contexto, propomo-nos a apresentar algumas preocupações acerca do comércio eletrônico de serviços, abordando não só as vendas *on-line* (comércio de bens corpóreos), mas também a prestação virtual (comércio de utilidades incorpóreas), quando se torna mais difícil identificar uma referência física territorial para fins de tributação.

Para tanto, impõe-se a abordagem dos tributos incidentes sobre os serviços, segregando-se os problemas atinentes à tributação sobre seu consumo e sobre a renda deles advinda.

II. O funcionamento do comércio eletrônico

Antes de analisarmos a tributação dos serviços oferecidos ou prestados através da internet, faz-se necessário o exame dos elementos concernentes ao comércio eletrônico.

A) A internet e o comércio eletrônico

Para que ocorra o comércio eletrônico, é imprescindível a utilização da internet (*interconnected networks*), termo utilizado para definir a conexão entre as redes de computadores ao redor do mundo. Por internet "entende-se o conjunto de redes, os meios de transmissão e comutação, roteadores, equipamentos e protocolos necessários, mas não suficientes, à comunicação entre computadores, e que se utilizam de uma mídia (meio físico) preexistente, bem como o *software* e os dados contidos nestes computadores".[2]

De acordo com Guilherme Cezaroti, a expressão *world wide web* (*www*) é utilizada como sinônimo de internet. Porém, trata-se de uma "ferramenta de navegação (*software*) para localizar e acessar informações disponíveis em *hard drives* (disco rígido de um computador) ou outros meios de armazenamento conhecidos como servidores de internet".[3]

O acesso à rede mundial é possível mediante a necessária conexão do computador à internet (SCI), implementado por provedores de acesso de conexão (PSCI) que permitem o acesso a usuários e provedores de serviços.

No Brasil, a internet é disciplinada por um Comitê específico, criado pelo Decreto n. 4.829, de 3 de setembro de 2003, para coordenar e integrar todas as iniciativas de serviços Internet no país, promovendo a qualidade técnica, a inovação e a disseminação dos serviços ofertados. Este Comitê, contudo, nada dispõe sobre o comércio eletrônico ou sua tributação.

B) Conceito de comércio eletrônico

Segundo afirma Marco Aurélio Greco, comércio eletrônico abrange dois tipos distintos de atividade. "Uma tipicamente de intermediação comercial, consistente nos negócios jurídicos mercantis que tenham por objeto bens corpóreos e que cor-

2. Júlio M. de Oliveira, *Internet e Competência Tributária*, p. 156.

3. Guilherme Cezaroti, *ICMS no Comércio Eletrônico*, p. 24.

respondam ao impulsionamento de mercadorias em direção ao consumo; outra, de pertinência 'comercial' (entre aspas) é dúbia por abranger também as prestações de serviços realizadas num ambiente eletrônico".[4]

Por sua vez, Fábio Ulhoa Coelho sustenta que o comércio eletrônico abrange a venda de produtos (virtuais ou físicos) ou a prestação de serviços realizada por meio de estabelecimento virtual, que é aquele não acessível fisicamente ao consumidor.[5]

O comércio eletrônico é comumente classificado em relação aos sujeitos que integram a relação comercial.

Denomina-se B_2C (*business-to-costumer*) a venda de empresa ao consumidor, hipótese em que o fornecedor vende seu produto ou serviço através de um *website* aos compradores finais. A B_2B (*business-to-business*) será caracterizada quando ambas as partes apresentam-se como empresas que entreveem como compradora ou vendedora ou como provedoras de ferramentas ou serviços de suporte para o comércio eletrônico.

Entendemos que, para que reste caracterizado o comércio eletrônico, faz-se necessário que o transporte da mensagem entre fornecedor e consumidor seja realizado por elétrons, em especial, através da internet. Em outras palavras, o comércio eletrônico está relacionado apenas ao meio com o qual é celebrado o negócio jurídico antecedente à entrega do produto ou serviço.

Porém, principalmente no caso de comércio de serviços, o objeto negociado também deve ser considerado como relevante, pois é factível sua execução e entrega virtual, de forma que o tomador receba e usufrua a utilidade resultante da prestação integralmente através da *internet*. É o que ocorre, por exemplo, com o serviço de intermediação comercial prestado por empresas como *mercado livre*, *buscapé*, *web motors*, *já cotei*, entre outras.

Diante desta diversidade de objetos do comércio eletrônico, em especial daqueles passíveis de entrega virtual, a principal questão que se coloca para fins de tributação versa sobre o local da prestação e do estabelecimento do prestador e tomador do serviço.

Conforme se verá, a existência de um local físico é extremante importante para identificação da pessoa política competente para exigir o tributo incidente sobre o negócio jurídico virtual.

C) A legislação brasileira que disciplina o comércio eletrônico

Conforme mencionamos, não há normas jurídicas brasileiras disciplinando o comércio eletrônico, tampouco conferindo-lhes tratamento fiscal distinto. Há, porém, Projetos de Lei em tramitação no Congresso Nacional que indicam a pretensão do legislador de regulamentar a celebração de negócios mercantis conduzida em meio eletrônico, conferindo maior proteção ao consumidor de produtos e serviços adquiridos através da internet, mediante a apresentação de conceitos e regras que indiretamente influenciam a tributação destas atividades comerciais.

O Projeto de Lei n. 7.459, de 2010, obriga as pessoas jurídicas que comercializem produtos ou serviços pela internet a informar seu número de inscrição no Cadastro Nacional de Pessoa Jurídica e o endereço de suas instalações físicas. O Projeto de Lei n. 979, de 2007, também exige que os fornecedores informem seu endereço.

Embora tais projetos não prescrevam normas tributárias, ao exigirem que seja informado pelo fornecedor um endereço físico, influenciam na determinação de uma pessoa física ou jurídica que possa eventualmente ser considerada responsável pelo pagamento dos tributos incidentes sobre a

4. Marco Aurélio Greco, *Internet e Direito*, p. 78.

5. Fábio Ulhoa Coelho, *Curso de Direito Comercial*, vol. 3, p. 32.

atividade comercial desenvolvida através da internet.

O Projeto de Lei n. 4.906-A, de 2001, ao qual foram apensados os Projetos de Leis ns. 1.483 e 1.589, ambos de 1999, pretende dispor sobre o comércio eletrônico, conforme consta em sua ementa. De acordo com o art. 4º do Projeto, a lei deverá ser interpretada em conformidade com as normas internacionais, com o intuito de "facilitar o comércio interno e externo" e "promover a uniformidade do direito aplicável à matéria".

Estes dispositivos inseridos no Projeto indicam a provável adequação das normas brasileiras – quando aprovadas – às orientações internacionais, dentre as quais aquelas previstas na "Lei Modelo sobre Comércio Eletrônico", aprovada em 16 de dezembro de 1996 pela Comissão das Nações Unidas.

Em linhas gerais, o Projeto de Lei n. 4.906-A/2001 e seus apensos preveem que a oferta de bens, serviços ou informações por meio eletrônico deve ser realizada em ambiente seguro, devidamente certificado, contendo claras e inequívocas informações sobre domicílio ou sede do ofertante; identificação e sede do provedor de serviço de armazenamento de dados; tratamento e armazenamento, pelo ofertante, do contrato ou as informações fornecidas pelo destinatário da oferta; instruções para arquivamento do contrato eletrônico pelo aceitante; sistemas de segurança empregados na operação, entre outras.

Podemos concluir que, ao deixar de instituir tratamento tributário específico às operações realizadas a partir do comércio eletrônico, ainda que involuntariamente, o Legislador seguiu as orientações da Organização de Cooperação e de Desenvolvimento Econômico (OCDE), segundo a qual os princípios que regulam o comércio convencional devem aplicar-se ao comércio eletrônico.

Ao comentar tais orientações, José Casalta Nabais afirma que os princípios que regulam o comércio convencional devem aplicar-se ao comércio eletrônico. Dentre eles estão a neutralidade entre as duas formas de atividade, a eficiência, na medida em que se minimizam custos administrativos relativos à liquidação e cobrança, a certeza e simplicidade das normas para melhor compreensão pelos contribuintes, a eficácia, de forma que a tributação proporcione receita normal, com o mínimo de evasão e fraude, e a flexibilidade, pois os sistemas normativos devem ser flexíveis e dinâmicos, de modo a acompanhar o ritmo dos desenvolvimentos tecnológicos e comerciais.[6]

Assim, ao deixar de determinar tratamento tributário distinto aos serviços objeto do comércio eletrônico, o legislador brasileiro, ainda que involuntariamente, atende às instruções internacionais acerca do tema.

III. Tributação sobre serviços no Brasil

Estabelecidas estas premissas relacionadas ao comércio eletrônico, propomonos a analisar a tributação dos serviços no Brasil e os problemas decorrentes de sua realização através de meios eletrônicos.

Ao caracterizar o Brasil como uma República Federativa em seu art. 1º, a Constituição Federal tratou da partilha das competências da União, dos Estados, do Distrito Federal e dos Municípios, inclusive das competências tributárias, indispensáveis à concretização da autonomia política e financeira dessas pessoas políticas. Reflexo disto é o que dispõe o art. 145:

"Art. 145. União, os Estados, o Distrito Federal e os Municípios poderão instituir os seguintes tributos:

"I – impostos;

"II – taxas, em razão do exercício do poder de policia ou pela utilização, efetiva

6. José Casalta Nabais, *A Soberania Fiscal no Actual Quadro de Internacionalização, Integração e Globalização Económicas*, *http://www.direitopublico.idp.edu.br/index.php/direitopublico/article/view/467/437*.

ou potencial, de serviços públicos específicos e divisíveis, prestados ao contribuinte ou postos a sua disposição;

"III – contribuição de melhoria, decorrente de obras públicas."

Porém, em virtude da coexistência de várias pessoas jurídicas de direito público competentes para instituir impostos, taxas e contribuição de melhoria, a Constituição delimitou o campo tributável e deu, em caráter privativo, uma parte dele à União; outra, a cada um dos Estados; outra ao Distrito Federal; e finalmente outra parte aos Municípios. A cada uma dessas pessoas políticas foi outorgado um campo tributável próprio, com tributos cuja respectiva hipótese de incidência possível foi previamente estabelecida, ainda que implicitamente, no texto constitucional.

Ao repartir as competências para criação dos impostos, a Constituição Federal elegeu alguns fatos economicamente relevantes que revelam a capacidade contributiva dos possíveis contribuintes como critério a ser observado (critério material).

Não obstante ter repartido as competências tributárias, a Constituição Federal, objetivando preservar o princípio federativo e a autonomia Municipal, adotou também, o critério territorial de repartição de competências impositivas concorrentes, o qual exige que a única lei tributária aplicável seja a da pessoa política em cujo território o fato imponível ocorreu. Por meio desse critério, buscou-se evitar conflitos de competência entre os Estados entre si e os Municípios entre si.

Cumpre observar que a territorialidade está intimamente relacionada com o âmbito de *eficácia jurídica* da lei instituidora do imposto, que, segundo Paulo de Barros Carvalho, "é a propriedade de que está investido o fato jurídico de provocar a irradiação dos efeitos que lhe são próprios, ou seja, a relação de causalidade jurídica, no estilo de Lourival Vilanova. Não seria, portanto, atributo da norma, mas sim do fato nela previsto".[7]

7. *Curso de Direito Tributário*, 13ª ed., p. 81.

Conclui-se da análise do critério da territorialidade, que a lei ordinária que institui um tributo somente terá eficácia jurídica dentro de seu território, ensejando o nascimento da relação jurídica tributária nas hipóteses em que o fato nele se realizar.

A seguir, analisaremos os tributos incidentes sobre a prestação de serviços e os aspectos polêmicos que surgem no comércio eletrônico, em especial, com relação ao território da pessoa política competente para tributá-la.

A) O conceito de serviços para fins de tributação

Uma das premissas básicas do sistema tributário brasileiro, decorrente da Constituição, consiste na existência de uma discriminação dos impostos levando em conta suas características econômicas.

O conceito de serviço deve ser buscado na economia. Vale dizer, não se trata de conceito jurídico, mas de noção econômica que o direito tributário adotou para constituir um dos elementos do imposto.

O conceito de "serviço" é trazido na *Grande Enciclopédia Delta Larousse*, como o "*produto da atividade humana destinado à satisfação de uma necessidade, mas que não se apresenta sob a forma de bem material*". Assim, são serviços onerados pelo ISS, o fornecimento de trabalho, a cessão de direitos e a locação de bens móveis.

Os professores Geraldo Ataliba e Aires Fernandino Barreto esclarecem que "*o conceito de prestação de serviço deve consistir no esforço de pessoas desenvolvido em favor de outrem, com conteúdo econômico, sob regime de direito privado, em caráter negocial, tendente a produzir uma utilidade material ou imaterial*".

A prestação de serviço tem por objeto uma "obrigação de fazer", definida por Caio Mário da Silva como "um ato do devedor. Muito frequentemente a *obligatio faciendi* reduz-se a uma prestação de trabalho. Mas não sempre, pois às vezes a *res debita* não é o esforço material por que se executa, porém, uma operação complexa (...). A obrigação de fazer pode constituir-se *intuito personae*, levando em conta as condições pessoais do devedor, seja por se tratar de um técnico, seja por ser ele titular de qualidades reputadas essenciais para o negócio".

As obrigações de fazer que configuram a prestação de serviço caracterizam-se como uma obrigação positiva, concretizada em um ato do devedor, personalíssima ou não, nos termos dos arts. 247 e 249 do Código Civil. Diante destas características, é absolutamente possível a execução de um serviço apenas negociado através da internet, sendo o produto da prestação fisicamente entregue ao tomador, como também a sua realização virtual, sendo o resultado um bem intangível.

B) Imposto sobre Serviços de Qualquer Natureza

De acordo com o art. 156, III, da Constituição Federal, compete aos Municípios instituir o Imposto sobre Serviços de Qualquer Natureza ("ISS") previstos em lei complementar e não tributados pelo ICMS (serviços de transporte intermunicipal e interestadual e serviços de comunicação).

Atualmente, a Lei Complementar n. 116/2003 traz anexa uma lista exaustiva de serviços sujeitos à incidência do ISS, inclusive aqueles desenvolvidos sob regime público de concessão ou permissão.

No caso de serviços provenientes ou iniciados no exterior, o legislador complementar autorizou a exigência do ISS pelo Município em que estiver localizado o seu respectivo tomador, que será o responsável pelo pagamento do imposto.

De acordo com a nossa leitura, quer nos parecer que o legislador pretendeu que o ISS fosse cobrado sobre (*i*) serviços inteiramente executado no exterior, contratados de pessoa domiciliada no Brasil e também sobre (*ii*) serviços iniciados no exterior e concluídos no Brasil, contratados por de pessoa domiciliada no Brasil.

Em ambos os casos, a Lei estabeleceu que o responsável pelo recolhimento do imposto seria o tomador ou intermediário do serviço e o imposto seria devido no local do estabelecimento do tomador ou intermediário.

O serviço é considerado prestado e, por conseguinte, o ISS torna-se devido, com o adimplemento da obrigação de fazer contratada. Nesse sentido afirma Aires F. Barreto para quem não há incidência do ISS antes de concretizada a prestação de serviço, pois o "*aspecto temporal é condicionado ao perfazimento do critério material*".[8]

Cumpre-nos destacar que a dificuldade da Administração fiscalizar a prestação de serviços fornecidos no comércio eletrônico é preocupante e, por essa razão, demanda urgente regulamentação que exija a documentação destas relações comerciais e, principalmente, no caso de importação do serviço, quando caberá ao tomador declarar o adimplemento da obrigação de fazer e efetuar o pagamento do imposto.

Tal dificuldade se torna ainda maior nas hipóteses em que os serviços são executados através da internet, não havendo resultado fungível que facilita a o exercício da fiscalização tributária.

O comércio eletrônico de serviços permite que os prestadores permaneçam em seus domicílios, inclusive fora do território nacional, ocultando o exercício de atividades profissionais, principalmente aquelas estritamente intelectuais. Exemplo deste fato pode ser representado pela prestação de serviços de consultoria, cuja realização dificilmente será constatada pela Fiscalização Municipal para fins de tributação pelo ISS.

O ISS é devido, em regra, pelas pessoas jurídicas e profissionais autônomos que prestarem os serviços constantes da

8. *ISS na Constituição e na Lei*, p. 253.

lista anexa à Lei Complementar n. 116/2003. Excluem-se da condição de contribuintes aqueles que prestem serviços em relação de emprego, os trabalhadores avulsos, os diretores e membros de conselho consultivo ou fiscal de sociedades.

No caso de alguns serviços específicos, o ISS deve ser recolhido pelo tomador. Em geral, trata-se de hipóteses em que o serviço é prestado unicamente no domicílio do contratante, e não no Município onde se localiza o estabelecimento do prestador. Exemplo dessa responsabilidade ocorre com relação à prestação de serviços de limpeza, vigilância, cessão de mão-de-obra, entre outros.

Por sua vez, o Município competente para cobrar o ISS corresponde àquele onde se encontra o estabelecimento do prestador ou, na falta deste, o seu domicílio.

A base de cálculo, em geral, consiste no preço do serviço, exceção feita aos serviços de (a) construção civil, (b) exploração de rodovia mediante cobrança de pedágios (c) prestados por sociedades uniprofissionais e (d) locação, sublocação, arrendamento, direito de passagem ou permissão de uso, compartilhado ou não, de ferrovia, rodovia, postes, cabos, dutos e condutos de qualquer natureza.

Já a alíquota dependerá do disposto na norma do Município competente para recolher o imposto, devendo variar entre 2% e 5%.

De acordo com o art. 3º da Lei Complementar n. 116/2003, *o serviço considera-se prestado e o imposto devido no local do estabelecimento prestador ou, na falta do estabelecimento, no local do domicílio do prestador*. Este dispositivo traz vinte e duas exceções, quando o imposto será devido ao Município onde efetivamente tenha sido executada a atividade, em geral, onde se localiza o tomador.

A principal questão que se coloca consiste em identificar o estabelecimento prestador no comércio eletrônico de serviços. Para tanto, deve-se ter em mente que, conforme prescreve o art. 4º da mencionada Lei Complementar, *considera-se estabelecimento prestador o local onde o contribuinte desenvolva a atividade de prestar serviços, de modo permanente ou temporário, e que configure unidade econômica ou profissional, sendo irrelevantes para caracterizá-lo as denominações de sede, filial, agência, posto de atendimento, sucursal, escritório de representação ou contato ou quaisquer outras que venham a ser utilizadas*.

Diante desta orientação normativa, entendemos que, para fins de cobrança do ISS, o serviço objeto de comércio eletrônico deve ser vinculado a um local físico, onde existem as condições para a realização da atividade contratada, sob pena de impossibilidade de identificação do Município competente para cobrar o imposto.

Considerando que, no comércio eletrônico, a figura do servidor necessariamente indique um local físico, não nos parece compatível com o art. 4º da Lei Complementar considerá-lo como "estabelecimento prestador", exceto se coincidir com o operador do *website* prestador do serviço.

Não concordamos com as orientações da OCDE no sentido de que, "o servidor no qual o *website* está armazenado e através do qual ele é acessado é um equipamento com uma localização física e esta localização deve, portanto, constituir um 'fixed place of business' da empresa que opera o servidor". Este servidor, para ser considerado "estabelecimento prestador", deve possuir as condições para a prestação do serviço contratado para que possa servir como indicador do Município competente para exigir o ISS.

C) ICMS

De acordo com o art. 155, II, da Constituição Federal, compete aos Estados e ao Distrito Federal tributar as operações de circulação de mercadorias, as prestações de serviços de transporte interestadual e intermunicipal e a prestação de serviços de comunicação, ainda que iniciadas no exterior.

1. *ICMS sobre serviço de comunicação*

O imposto incide sobre as prestações onerosas de serviços de comunicação, por qualquer meio, inclusive a geração, a emissão, a recepção, a transmissão, a retransmissão, a repetição e a ampliação de comunicação de qualquer natureza.

A base de cálculo do ICMS é o preço do serviço e a alíquota dependerá da característica do tomador do serviço e se envolve dois Estados ou se ocorre dentro do mesmo Estado, quando a alíquota variará segundo a legislação vigente em cada território (no Estado de São Paulo a alíquota é de 33%).

De acordo com a Lei Complementar n. 87/1996, será considerado como local da prestação de serviços para fins de determinação do Estado competente para exigir o imposto:

• o da prestação do serviço de radiodifusão sonora e de som e imagem, assim entendido o da geração, emissão, transmissão e retransmissão, repetição, ampliação e recepção;

• o do estabelecimento da concessionária ou da permissionária que forneça ficha, cartão, ou assemelhados com que o serviço é pago;

• o do estabelecimento destinatário do serviço, na hipótese da utilização, por contribuinte, do serviço cuja prestação se tenha iniciado em outro Estado e não esteja vinculada a operação ou prestação subsequente;

• o do estabelecimento ou domicílio do tomador do serviço, quando prestado por meio de satélite;

• onde seja cobrado o serviço, nos demais casos.

Note-se que, tal como ocorre com o ISS, é extremamente relevante a definição do estabelecimento do prestador, do tomador e do local onde é prestado o serviço. A questão que se coloca é: como identificar tais elementos no comércio eletrônico.

2. *ICMS sobre Transportes Interestaduais e Intermunicipais*

As prestações de serviços de transporte interestadual e intermunicipal, por qualquer via, de pessoas, bens, mercadorias ou valores sujeitam-se à incidência do ICMS, estando sujeito ao ISS apenas o serviço de transporte realizado dentro de uma mesma cidade.

A base de cálculo do ICMS será o preço do serviço, sobre o qual se aplicam as alíquotas

(*i*) de 7% ou 12% nas prestações interestaduais contratadas por contribuintes do imposto, dependendo do local de origem e destino;

(*ii*) de 4%, no caso de transporte aéreo; e

(*iii*) interna fixada na legislação de cada Estado, na hipótese do destinatário da prestação na se apresentar como contribuinte do ICMS.

O ICMS devido na prestação de serviço de transporte interestadual e intermunicipal será recolhido, via de regra, ao Estado onde tenha sido iniciada a prestação, nos termos do art. 11 da Lei Complementar n. 87/1996.

Por ser impossível a prestação de serviço de transporte virtual (por enquanto), o comércio eletrônico apenas corresponderá à forma de negociação, cabendo à Fiscalização identificar a ocorrência efetiva da prestação no País.

D) Contribuições ao PIS/Pasep e COFINS

PIS e COFINS são contribuições para a seguridade social que incidem sobre as receitas auferidas pelas empresas brasileiras, inclusive auferidas com a prestação de serviços. Tais contribuições incidem, ainda, sobre a importação de serviços, caso em que a base de cálculo corresponderá ao montante pago ou creditado pela importação dos serviços, acrescida do valor correspondente ao Imposto de Renda Retido na Fonte e ISS, além do montante correspondente às próprias contribuições.

Estas contribuições são calculadas de acordo com regime não cumulativo, caso em que, em geral, a alíquota total corresponderá à 9,25% (1,65% de PIS e 7,6% de COFINS), ou cumulativo, sendo a alíquota de 3,65% (0,65% de PIS e 3% de COFINS).

A incidência destas contribuições no caso de prestação de serviços objeto de comércio eletrônico dependerá essencialmente da localização do estabelecimento a auferir a receita proveniente da prestação do serviço.

E) Contribuições PIS/PASEP-Importação e COFINS-Importação

Tratando-se de serviço proveniente do exterior, haverá a incidência do PIS/PASEP-Importação e da COFINS-Importação, cujo fato gerador corresponde ao pagamento, crédito, entrega, emprego ou remessa de valores a residentes ou domiciliados no exterior como contraprestação por serviço prestado.

Nos termos da Lei, os serviços tributados são todos aqueles "*provenientes do exterior*", prestados por pessoa física ou jurídica residente ou domiciliada no exterior, nas seguintes hipóteses: (*i*) serviços *executados no País*; ou (*ii*) serviços *executados no exterior, cujo resultado se verifique no País*.

Os serviços que sejam *executados* exclusivamente no exterior – ou seja, que tenham seu início, desenvolvimento e conclusão fora do Brasil – e cujos *resultados* não se verifiquem no Brasil não devem sujeitar-se ao PIS/PASEP-Importação e à COFINS-Importação devidos na importação de serviços. O ponto mais controverso está justamente em se interpretar o que a lei objetivou ao mencionar que o "*resultado*" tem que se verificar neste País.

Em nossa opinião, o resultado deve ser o físico, advindo diretamente da prestação de serviços. No entanto, há soluções de consulta proferidas pela Secretaria da Receita Federal do Brasil também no sentido de que o resultado não necessariamente corresponda a uma utilidade física, podendo ser intangível, caso em que ensejará a tributação se aproveitada no País.

De acordo com a legislação, é notável a necessidade de identificação de vínculo físico entre a prestação do serviço e o domicílio do tomador, sendo relevante, também, o local físico onde houve o aproveitamento da utilidade gerada. Por esta razão, ainda que seja objeto de comércio eletrônico, é imprescindível que se identifiquem referências físicas para fins de tributação, tendo em vista principalmente o princípio da territorialidade.

As alíquotas aplicáveis são de 1,65%, para o PIS/PASEP-Importação, e 7,6%, para a COFINS-Importação. A base de cálculo é o valor pago, creditado, entregue, empregado ou remetido para o exterior, antes da retenção do IRRF, acrescido do ISS e do valor das próprias contribuições. Para o cálculo das contribuições, deverá ser seguida uma *fórmula* estabelecida pela Secretaria da Receita Federal (Instrução Normativa/SRF n. 572/2005).

A Lei define como contribuintes: (*i*) a pessoa física ou jurídica contratante de serviços de residente ou domiciliado no exterior (*ORPLAN*); ou (*ii*) o beneficiário do serviço, na hipótese em que o contratante também seja residente ou domiciliado no exterior.

F) Imposto de Renda na Fonte (IRRF) nos pagamentos de serviços ao exterior

Tratando-se de comércio eletrônico de serviço importado por pessoa domiciliada no Brasil, o pagamento, crédito, entrega, emprego ou remessa, por fonte situada no País, de valores como remuneração em contratos de prestação de serviços firmados com pessoas físicas ou jurídicas residentes ou domiciliadas no exterior sujeitam-se à retenção do Imposto de Renda na Fonte (IRRF).

O art. 708 do Regulamento do Imposto de Renda ("RIR/99"), ao determinar a incidência do IRRF sobre os serviços técnicos, de assistência técnica, administrativa e semelhantes, estabelece que a incidência do imposto independerá da forma de pagamento e do local e data em que a operação tenha sido contratada, os serviços executados ou a assistência prestada. Nítido, portanto, ser irrelevante a utilização do comércio eletrônico ou não.

De acordo com as normas da Secretaria da Receita Federal, considera-se:

• serviço técnico "*o trabalho, obra ou empreendimento cuja execução dependa de conhecimentos técnicos especializados, prestados por profissionais liberais ou de artes e ofícios*"; e

• assistência técnica "*a assessoria permanente prestada pela cedente de processo ou fórmula secreta à concessionária, mediante técnicos, desenhos, estudos, instruções enviadas ao País e outros serviços semelhantes, os quais possibilitem a efetiva utilização do processo ou fórmula cedido*".

Os contribuintes são as pessoas físicas ou jurídicas residentes ou domiciliadas no exterior que receberem rendimentos, provenientes do Brasil, como remuneração por serviços prestados.

O responsável pela retenção do IRRF será sempre a fonte pagadora no Brasil. Note-se que a pessoa física não residente que receba rendimentos de fonte situada no Brasil deve comunicar à fonte pagadora tal condição, por escrito, para que seja feita a retenção do IRRF.

A regra geral, estabelecida pela legislação fiscal, é de que a alíquota do IRRF é de 25%, mas houve uma redução para 15% aplicável aos serviços técnicos; serviços de assistência técnica; e serviços de assistência administrativa ou semelhantes.

Nos casos de contratação de serviços do exterior que não se enquadrem em uma das hipóteses acima – o que, na prática, restringe-se a poucos casos – a alíquota do IRRF aplicável será de 25%. Na realidade, os serviços importados geralmente são técnicos e dificilmente se contratará um serviço no exterior que não assuma as características acima.

Ressalve-se que os pagamentos realizados a países considerados "paraísos fiscais" também sujeitam-se à alíquota de 25% do IRRF. A legislação define como paraísos fiscais aqueles países que não tributam a renda ou que a tributam à alíquota máxima inferior a 20%, podendo ser citados como exemplos: Bahamas, Barbados, Costa Rica, Ilhas Cayman, Mônaco, etc.

A base de cálculo corresponde ao valor pago, creditado, entregue, empregado ou remetido ao beneficiário no exterior. Note-se que o valor correspondente ao IRRF está incluído em sua base de cálculo, uma vez que incide sobre o valor total da remuneração ou rendimento do prestador de serviços no exterior. Assim, pela sistemática deste imposto, parte da remuneração que será enviada ao exterior deverá ficar retida no Brasil, justamente como forma de se tributar tal rendimento neste País.

A base de cálculo será o valor total da remuneração ou rendimento, nos termos acima, mesmo nos casos de reajuste do rendimento (*gross up*), ou seja, quando a fonte pagadora assumir o ônus do imposto devido pelo beneficiário, para possibilitar a remessa do valor líquido de impostos. Assim, nesta hipótese, em que o contratante no Brasil deverá suportar o ônus de pagar os tributos devidos na contratação, a base de cálculo do IRRF continua a ser o valor do rendimento bruto reajustado, incluindo a parcela do próprio IRRF.

Ademais, é importante notar que, os "pagamentos" para o exterior a título de remuneração por serviços importados, nos termos da legislação de cada Município, também estão sujeitos à incidência do ISS, de forma que este valor, a ser retido no Brasil pelo contratante dos serviços, também deverá compor a base de cálculo do IRRF, pois, na mesma linha de raciocínio, o ISS é parte integrante da remuneração do prestador de serviços estrangeiro (que é o contribuinte do ISS, de acordo com a legislação).

Observe-se, ademais, que a CIDE e as contribuições ao PIS/PASEP-Importação e COFINS-Importação não integram a base de cálculo do IRRF, sobretudo por serem devidas pela fonte contratante no Brasil, não integrando a remuneração do prestador de serviços situado no exterior.

Novamente verifica-se a necessidade de identificação de um vínculo do prestador ou do tomador do serviço com o território físico brasileiro para fins de incidência do Imposto sobre a Renda.

A questão que se coloca é, será possível controlar a informalidade marcante do comércio eletrônico de serviços para fins de fiscalização tributária?

G) Contribuição de Intervenção no Domínio Econômico (CIDE)

O art. 149 da Constituição Federal atribui competência exclusiva à União Federal para instituir, dentre outras, as Contribuições de Intervenção no Domínio Econômico ("CIDE").

Com base em tal previsão, a CIDE foi instituída com o objetivo principal de financiar as atividades governamentais de estímulo ao desenvolvimento tecnológico brasileiro, mediante programas de pesquisa científica e tecnológica cooperativa entre universidades, centros de pesquisa e o setor produtivo.

A CIDE é devida nos casos de pagamento, crédito, entrega, emprego ou remessa de valores para residentes ou domiciliados no exterior:

• pelas pessoas jurídicas detentoras de licença de uso ou adquirentes de conhecimentos tecnológicos de residentes ou domiciliados no exterior; e/ou signatárias de contratos que impliquem transferência de tecnologia, assim considerados os de exploração de patentes ou de uso de marcas, de fornecimento de tecnologia e de prestação de assistência técnica, também firmados com residentes ou domiciliados no exterior; e

• por signatárias de contratos que tenham por objeto serviços técnicos e de assistência administrativa e semelhantes a serem prestados por residentes ou domiciliados no exterior (independentemente de envolverem transferência de tecnologia); e que pagarem, creditarem, entregarem, empregarem ou remeterem royalties, a qualquer título, a beneficiários residentes ou domiciliados no exterior.

De acordo com as normas da Secretaria da Receita Federal, considera-se:

• assistência técnica "*a assessoria permanente prestada pela cedente de processo ou fórmula secreta à concessionária, mediante técnicos, desenhos, estudos, instruções enviadas ao País e outros serviços semelhantes, os quais possibilitem a efetiva utilização do processo ou fórmula cedido*"; e

• serviço técnico "*o trabalho, obra ou empreendimento cuja execução dependa de conhecimentos técnicos especializados, prestados por profissionais liberais ou de artes e ofícios*".

Ao tributar serviços técnicos, administrativos e semelhantes, a CIDE se tornou muito mais abrangente, alcançando, por exemplo, pagamentos ao exterior pela contratação de serviços de um escritório de advocacia, consultoria financeira, serviços meramente administrativos, etc. Neste cenário, discute-se que a CIDE, que foi criada justamente com o objetivo de estimular o desenvolvimento tecnológico brasileiro, passou a incidir em hipóteses em que não há qualquer transferência de tecnologia e não há relação com o desenvolvimento tecnológico do País, distanciando-se de sua finalidade.

A base de cálculo corresponde ao total pago, creditado, entregue, empregado ou remetido a residentes ou domiciliados no exterior, a título de remuneração decorrente dos contratos acima mencionados.

De acordo com o art. 725 do Regulamento do Imposto de Renda, quando a fonte pagadora assume o ônus do imposto devido pelo beneficiário, a importância paga, creditada, empregada, remetida ou entregue é considerada líquida, cabendo o reajustamento do rendimento bruto, sobre o qual recai o IRRF. Assim, a base de cálculo da CIDE deve ser a mesma adotada para o IRRF, ou seja, o valor total pago ao beneficiário, incluído o montante do IRRF, uma vez que este é o valor total de sua remuneração ou rendimento.

Isto porque, a lei estabelece que a CIDE deverá incidir sobre a remuneração do contratado no exterior, sendo o IRRF um imposto incidente justamente sobre tal valor (podendo ser considerado parte integrante da remuneração).

É importante notar que, se houver remessas para o exterior a título de remuneração por serviços importados, dependendo da legislação de cada Município, também deverá ser computado na base de cálculo da CIDE o valor do ISS na importação de serviços. Isto porque, na mesma linha de raciocínio, o ISS é parte integrante da remuneração do prestador de serviços no exterior (que é o contribuinte do ISS), que ficará retida no Brasil (pois o responsável pelo recolhimento do ISS será o tomador dos serviços neste País).

H) Retenções de tributos nos serviços prestados no Brasil

O Regulamento do Imposto de Renda traz previsão quanto à incidência do imposto de renda na fonte (IRRF), à alíquota de 1,5%, sobre as importâncias pagas ou creditadas por pessoas jurídicas a outras pessoas jurídicas, civis ou mercantis, pela prestação de serviços caracterizados como de natureza profissional.

Para ser sociedade civil de prestação de serviço de profissão regulamentada para fins da legislação tributária, não basta que a sociedade esteja inscrita no Cartório de Registro Civil. Faz-se essencial que a atividade prestada seja *privativa* de profissão regulamentada por lei federal ou decreto.

O Regulamento, em seu art. 647, traz uma lista exaustiva de atividades sujeitas a esta retenção, ou seja, tão somente quando da prestação de serviços constantes desta lista, a fonte pagadora dos rendimentos deverá reter e recolher o imposto, ainda que o tomador esteja domiciliado no Brasil. Dentre os serviços sujeitos à retenção do imposto, destacam-se: (*i*) administração de bens ou negócios em geral; (*ii*) advocacia; (*iii*) assessoria e consultoria técnica; (*iv*) auditoria; (*v*) ensino e treinamento; etc.

Afora a previsão quanto à retenção do IRRF sobre as receitas decorrentes da prestação dos serviços de natureza profissional, outras receitas são previstas como sujeitas à retenção do imposto na fonte, tais como de comissões, corretagens ou qualquer outra remuneração pela representação comercial ou mediação na realização de negócios civis ou comerciais; de prestação de serviços de propaganda e publicidade; de serviços de limpeza e conservação de bens imóveis (exceto reforma e obras assemelhadas), de segurança e vigilância e por locação de mão-de-obra, entre outras.

IV. Necessidade de vínculo com local físico para fins tributários

Conforme se depreende das características atinentes a cada um dos tributos previstos na legislação brasileira para incidir sobre prestação de serviços, é imprescindível a existência de algum elemento de conexão entre o fato gerador e o território físico do ente tributante. A fonte do pagamento do serviço, o local onde se verifica a prestação, o tomador, a utilidade resultante da prestação; algum destes elementos deve estar relacionado ao Brasil para que haja a incidência dos mencionados tributos que, de alguma forma, oneram a prestação de serviços.

Os elementos de conexão são subjetivos quando se reportam ao indivíduo, considerando, por exemplo, nacionalidade, residência ou domicílio. Consideram-se objetivos os elementos quando se reportam a coisas e fatos, como pagamento de rendimentos, exercício de atividade profissional, local de celebração do contrato, estabelecimento permanente, prestação do serviço, entre outros.

Esta questão é bastante difícil de solução no âmbito do comércio eletrônico, onde compradores e vendedores podem ser virtuais e o resultado da prestação, intangível.

Além disso, com a globalização refletida também no comércio eletrônico, as empresas passaram a expandir suas atividades para o âmbito internacional, buscando modelos de composição organizacional que viabilize sua atuação em outros Países sem que o controle das operações fosse perdido.

A) Tributação do consumo

Para fins de controle e tributação do comércio eletrônico de serviços pelos tributos indiretos, cumpre-nos tecer considerações sobre o ISS e ICMS acerca da identificação dos vínculos físicos considerados pelos Municípios e Estados, respectivamente.

No caso do ISS, conforme mencionamos, o serviço considera-se prestado e o imposto devido no *local* do estabelecimento prestador ou, na falta do estabelecimento, no local do domicílio do prestador, exceto em algumas hipóteses em que o imposto será devido no local da prestação.

Para compatibilizar este dispositivo legal ao comércio eletrônico, entendemos que o estabelecimento prestador será aquele onde a pessoa física ou jurídica encontra-se fisicamente, dispondo das condições para a execução da atividade contratada.

Segundo o Projeto de Lei em tramitação no Congresso Nacional, deverá o prestador informar seu endereço físico, o que permitirá à Fiscalização exigir o imposto.

Embora, em regra, aquele que presta serviços através da internet utiliza-se de um *site* ou *e-mail* para receber os pedidos e, em alguns casos, desempenhar o serviço contratado, não consideramos ser a vinculação deste meio virtual a um local físico como forma jurídica para identificação do estabelecimento prestador para fins de tributação pelo ISS.

Discordamos de Emerson Drigo da Silva,[9] para quem o estabelecimento prestador corresponderia ao endereço físico fornecido pelo prestador no seu registro de domínio, necessariamente informado inclusive por empresas estrangeiras, desde que iniciem atividades em caráter definitivo no Brasil no prazo de doze meses, nos termos da Resolução 8/2008 do Comitê Gestor de Internet.

De acordo com estas normas, um *site* ou *e-mail* utilizado para realização do comércio eletrônico necessariamente vincula-se a uma inscrição junto à Receita Federal do Brasil e a um endereço físico, podendo, pois, ser considerado como estabelecimento do prestador no comércio eletrônico para fins de incidência do ISS.

Esta conclusão, porém, não nos parece estar de acordo com o art. 4º da Lei Complementar n. 116/2003, que prescreve ser o estabelecimento do prestador *o local onde o contribuinte desenvolva a atividade de prestar serviços*. Esse dispositivo deve ser interpretado juntamente com o conceito de estabelecimento trazido pelo art. 1.142 do Código Civil, segundo o qual *considera-se estabelecimento todo complexo de bens organizado, para exercício*

9. "Aspecto espacial da incidência do ISS sobre serviços via internet", in *Internet: o Direito na Era Virtual*, p. 180.

da empresa, por empresário, ou por sociedade empresária.

Considerando essa definição, entendemos que o local de ocorrência do fato imponível não se confunde com o local em que os serviços são executados ou com o local da situação do estabelecimento que efetuar a contratação, o faturamento ou a administração dos serviços.

O estabelecimento corresponde ao local em que as condições necessárias para a prestação dos serviços são reunidas ou mantidas, vale dizer, o lugar em que o contribuinte possui um conjunto dos meios necessários para a prestação dos serviços, corresponderá ao local físico a ser considerado pela Fiscalização para fins de cobrança do ISS incidente sobre serviços objeto de comércio eletrônico.

Sem sombra de dúvidas, esse é um modo de interpretar o princípio da territorialidade que nos parece igualmente válido como aquele que delimita a competência tributária do Município aos serviços executados em seu território.

Diante disso, entendemos que o endereço físico a ser considerado como estabelecimento prestador no comércio eletrônico não deve corresponder ao local físico onde está hospedado o *site* do prestador, mas onde este mantém as condições necessárias para prestar os serviços, ainda que através da internet.

Isto porque, conforme observa Marco Aurélio Greco, "o *site* é uma entidade tipicamente virtual que existe no âmbito do sistema informatizado da internet; ele pode funcionar em equipamento próprio titular ou em equipamento de outrem; sua operação pode ser *in loco* ou pode ser remota, sem a presença física de funcionários ou agentes do titular".[10]

A questão que remanesce consiste na forma de controlar a ocorrência dos fatos geradores do ISS, considerando que a forma de contratação virtual pode eliminar provas da prestação para fins de cobrança do imposto. Por outro lado, o consumidor, caso não exija comprovantes do negócio jurídico realizado, dificilmente poderá ser protegido pelo Poder Judiciário em caso de vício do negócio, acarretado pela inadimplência do prestador.

Há casos, porém, em que diferentes locais físicos podem ser considerados como local da prestação. Exemplo desta possibilidade pode ser representado pela prestação de serviços de tomografia, em que o paciente dirige-se a um estabelecimento em que se localiza o equipamento utilizado para captar as imagens de seu corpo, sendo estas imagens transmitidas simultaneamente por meio eletrônico a um segundo local onde permanece o médico, que analisará estas imagens para, ao final, emitir seu laudo técnico. Devemos considerar como local da prestação do serviço o estabelecimento onde está o equipamento ou onde está o médico?

Questões como estas sempre existirão, agravando-se com o crescimento do comércio eletrônico de serviços e com a praticidade e tecnologia do mundo moderno.

Apenas a título de curiosidade, recentemente o Estado de São Paulo demonstrou intenção de exigir que os *sites* que atuam como intermediários do passem a fornecer informações à Secretaria da Fazenda, para que seja possível controlar e tributar os fatos geradores do ICMS, dentre os quais a prestação de serviços de transporte interestadual e intermunicipal e de comunicação.

De acordo com a Portaria CAT n. 156, de 24.9.2010, os prestadores de serviços de intermediação comercial, em ambiente virtual, com utilização de tecnologias de informação, inclusive por meio de leilões eletrônicos e os prestadores de serviços de tecnologia de informação, tendo por objeto o gerenciamento e controle de operações comerciais realizadas em ambiente virtual, inclusive dos respectivos meios de pagamento, passaram a ser obrigados a apre-

10. Marco Aurélio Greco, *Internet e Direito*, p. 144.

sentar à Secretaria da Fazenda informações referentes às operações ou às prestações promovidas pelos seus clientes, por seu intermédio ou mediante utilização de seus serviços.

Com relação aos serviços de transporte interestadual e intermunicipal tributados pelo ICMS, verificamos que deve ser recolhido ao Estado onde teve início da prestação, ou seja, à pessoa política correspondente ao território de onde partiram pessoas ou mercadorias. No caso de início no exterior, o imposto será exigido do estabelecimento ou domicílio do tomador do serviço, desde que este declare à Fiscalização a contratação através do comércio eletrônico.

Na hipótese de serviço de comunicação, a tributação é dificultada em razão do gradual desenvolvimento tecnológico, que permite a prestação inteiramente virtual, impedindo a identificação do fato gerador pela Fiscalização.

Em razão deste fato, os Estados têm pretendido exigir o imposto de pessoas que, de alguma forma tenham relação com a prestação de serviço, como é o caso dos intermediadores virtuais e principalmente do tomador do serviço.

Considerando que muitas empresas atuantes na área de comunicação estabelecem-se em Países com menor tributação, realizando suas atividades integralmente por meio eletrônico, em especial via satélite, os Estados exigem o ICMS do contratante do serviço.

Porém, novamente verificamos a dificuldade de fiscalização por falta de declaração do tomador, em especial de pessoas físicas consideradas consumidores finais, o que demanda soluções normativas para controle da ocorrência dos fatos geradores, sob pena de drástica redução das receitas tributárias.

B) Tributação da renda

De acordo com trabalho publicado pela Receita Federal do Brasil, os principais problemas que se colocam com relação à tributação da renda pelo PIS/PASEP, COFINS, CIDE e IRRF podem ser resumidos em (*i*) tributação da pessoa física, no exercício de atividade econômica; (*ii*) tributação da pessoa jurídica integrante da economia real, mas que realiza operações pela internet; e (*iii*) tributação das pessoas jurídicas "virtuais", cujo domicílio corresponde ao universo eletrônico, incluindo matrizes virtuais de estabelecimentos físicos.[11]

Segundo o estudo, a primeira questão, atinente às pessoas físicas, é anterior ao comércio eletrônico, principalmente em relação ao controle da renda auferida por profissionais liberais, embora que no cenário atual, com a internet, sua atuação global dificulta ainda mais a tributação, em razão da dificuldade de se identificar a prestação do serviço.

Com relação aos demais problemas, sua solução depende da definição da jurisdição do fato econômico. A definição do estabelecimento permanente consiste em uma forma de determinação dos direitos de tributação, utilizada para identificar a presença de uma empresa num país e justificar sua tributação.

Porém, o conceito tradicional de estabelecimento permanente se constitui a partir de dois critérios, quais sejam: (*i*) necessidade de presença física (sede fixa de negócios) e (*ii*) presença pessoal.

Para compatibilizar este conceito às necessidades do comércio eletrônico, a OCDE sugeriu que se identificasse o estabelecimento permanente a partir do *website*, servidor e provedor de internet, deixando para segundo plano a presença humana ou pessoal, embora condicionando a atuação negocial da empresa. Acerca desta questão, a OCDE posicionou-se no sentido de permitir a ausência de presença humana ou pessoal para fins de caracterização de estabelecimento permanente, mas ainda requer a presença negocial ou física da empresa como qualificadora do conceito. Por

11. *http://www.receita.fazenda.gov.br/Publico/estudotributarios/estatisticas/13BrasilComercioEletronico.pdf.*

isso, as máquinas ou equipamentos automatizados, aqueles operados sem a presença humana, como um servidor, por exemplo, poderão constituir um estabelecimento permanente.

Com esta proposta, a OCDE pretendeu evitar a perda tributária decorrente do servidor como estabelecimento permanente dos negócios comandados por empresas operadoras de *website*, pois isto poderia incentivar a transferência do domicílio comercial de servidores para locais com baixa tributação, provocando a evasão tributária dos países onde os *sites* e os servidores são operados.

No Brasil, o conceito de estabelecimento permanente pressupõe a existência de um lugar fixo de negócios (detentor de uma sociedade brasileira) ou a contratação de agente no Brasil (relacionando o estrangeiro a uma presença tributável no território brasileiro). Fundamentando-se nesta interpretação, seria possível entender que um *website*, isoladamente, não poderia constituir um lugar fixo de negócios, e, portanto, um estabelecimento permanente. Porém, dependendo das circunstâncias, um servidor, que possui local fixo, pode se encaixar no tradicional conceito de estabelecimento permanente.

A legislação brasileira segue o exemplo do exterior, exigindo a existência de um lugar físico de negócios ou a contratação de agente no Brasil para qualificação de estabelecimento permanente, devendo haver presença econômica, independente de seu caráter produtivo. Logo, diferentemente do ISS, a tributação da receita e da renda auferidas pelo prestador de serviços independeria, seguindo este raciocínio, da existência efetiva de um estabelecimento físico onde o serviço é efetivamente realizado, bastando, pois, uma relação com esta prestação, ainda que restrita ao local onde é mantido o servidor.

V. Conclusão

No Brasil, o comércio eletrônico de serviços é tributado tal como as operações realizadas da forma tradicional. Faz-se necessária a relação da prestação do serviço a um elemento físico conectado a um determinado território, com o intuito de se identificar a pessoa política competente para exigir os tributos correspondentes.

Diante da dificuldade de identificação da ocorrência dos fatos geradores quando de sua realização virtual, são necessárias modificações efetivas e concretas na legislação que acompanhem o desenvolvimento tecnológico e constituam meios de fiscalização destes fatos e de identificação das partes atuantes nos negócios comerciais eletrônicos.

VI. Bibliografia

AVI-JONAH, R. S. "International taxation of electronic commerce". *Tax Law Review* 52.

CALIENDO, Paulo. *Estabelecimentos Permanentes em Direito Tributário Internacional*. 1ª ed. São Paulo, Ed. RT, 2005.

CEZAROTI, Guilherme. *ICMS no Comércio Eletrônico*. São Paulo, MP Editora, 2005.

GRECO, Marco Aurelio. *Internet e Direito*. São Paulo, Dialética, 2000.

LOPRETATO, Francisco Luiz. "Taxação no comércio eletrônico", texto para discussão. IE/UNICAMP n. 108, abr./2002.

NABAIS, José Casalta. *A Soberania Fiscal no Actual Quadro de Internacionalização, Integração e Globalização Económicas*. *http://www.direitopublico.idp.edu.br/index.php/direitopublico/article/view/467/437*.

OECD. *Clarification on the Application of the Permanent Establishment Definition in ECommerce: Changes to the Commentary on the Model Tax Convention on Article 5*. Dec. 2000a. Disponível em *www.oecd.org*.

______. *Attribution of Profit to a Permanent Establishment Involved in Electronic Commerce Transactions*. Feb. 2001a. Disponível em *www.oecd.org*.

______. *Consumption Tax Aspects of Electronic Commerce*. Feb. 2001b. Disponível em *www.oecd.org*.

OLIVEIRA, Júlio M. *Internet e Competência Tributária*. São Paulo, Dialética, 2001.

SHOUERI, Luís Eduardo. *Internet: o Direito na Era Virtual*. Rio de Janeiro, Forense, 2001.

ESTUDOS & COMENTÁRIOS

ANÁLISE CRÍTICA DO RECURSO ESPECIAL N. 1.120.295: INTERRUPÇÃO DO PRAZO DE PRESCRIÇÃO – CTN *vs.* CPC

CAMILA CAMPOS VERGUEIRO CATUNDA
Mestre – PUC/SP. Professora do IBET, da GV*Law* e da PUC/COGEAE. Advogada em São Paulo.

1. Introdução. 2. O caso concreto objeto do Recurso Especial n. 1.120.295-SP. 3. O conteúdo do art. 219 do CPC – Critérios taxativos para que se repute interrompida a prescrição na data da distribuição da ação. 4. O art. 174, parágrafo único, inciso I, do CTN, antes da Lei Complementar n. 118/2005: o que interrompe a prescrição é a citação. 5. Conclusão.

1. Introdução

No *Diário de Justiça eletrônico* do dia 21.5.2010 foi publicado o acórdão proferido no Recurso Especial n. 1.120.295-SP que tratou de questão relacionada à causa interruptiva do prazo de prescrição da cobrança do crédito tributário pela Fazenda Pública. Tema esse extremamente tormentoso na relação Fisco-contribuinte.

Desperta interesse e enseja detido exame esse precedente, pois, além de (*i*) ter constituído uma nova forma de aplicação (interpretação) da regra contida no parágrafo único do art. 174 do Código Tributário Nacional (CTN) que fixa as causas interruptivas do prazo de prescrição que tem a Fazenda Pública para ajuizar a Execução Fiscal, (*ii*) foi julgado pela 1ª Seção do Superior Tribunal de Justiça (STJ) com fulcro no art. 543-C do Código de Processo Civil (CPC), portanto, sujeito ao regime do recurso representativo da controvérsia, que ficou conhecido no meio jurídico como "recurso repetitivo".

Pelo fato da questão ter sido julgada como "recurso repetitivo" o entendimento manifestado nesse precedente deve ser sobreposto aos recursos especiais sobrestados nos Tribunais de origem, tendo em vista o conteúdo do § 7º[1] do art. 543-C do

1. "Art. 543-C. (...). § 7º. *Publicado o acórdão do Superior Tribunal de Justiça, os recursos especiais sobrestados na origem:* I – *terão seguimento denegado na hipótese de o acórdão recorrido coincidir com a orientação do Superior Tribunal de Justiça*; ou II – serão novamente examinados pelo tribunal de origem na hipótese de o acórdão recorrido divergir da orientação do Superior Tribunal de Justiça."

CPC. Assim, se o acórdão objeto do recurso especial (REsp) coincidir com a orientação do STJ, a ele deve ser negado seguimento; já se o acórdão objeto do REsp divergir da decisão adotada no STJ, caberá ao Tribunal de origem reanalisar a lide, podendo reformar o acórdão, ou mantê-lo e, mantendo-o, deverá promover o juízo de admissibilidade do REsp.

Cumpre destacar que, muito embora, o CPC prescreva textualmente apenas a reanálise da causa quando já interposto o REsp, a experiência forense tem mostrado que a orientação fixada em "recurso repetitivo" vem sendo adotada tanto no julgamento das causas em segunda instância, como na apreciação promovida pela primeira instância, de modo que podemos afirmar que a jurisprudência do STJ fixada em recurso representativo da controvérsia está "vinculando" também a orientação da primeira e da segunda instâncias.

É justamente por isso que todos os julgados proferidos como "recurso repetitivo" merecem cuidadosa análise dos operadores do Direito, para que o direito seja aplicado em toda sua plenitude e sem afronta ao Texto Constitucional.

O REsp n. 1.120.295-SP recebe a atenção desse texto porque acendeu interpretação sobre as disposições normativas que tratam das causas interruptivas do prazo de prescrição da ação de cobrança da Fazenda Pública sem se atentar para o conteúdo disposto no art. 219 do CPC, no art. 174, parágrafo único do CTN, no art. 146, III, *b*, da CF/1988 e olvidou-se da própria orientação do STJ a respeito do assunto, consolidada há anos, diga-se de passagem.

O acórdão analisado está assim ementado:

"Processual civil. Recurso especial representativo de controvérsia. Art. 543-C, do CPC. Tributário. Execução fiscal. Prescrição da pretensão de o Fisco cobrar judicialmente o crédito tributário. Tributo sujeito a lançamento por homologação. Crédito tributário constituído por ato de formalização praticado pelo contribuinte (*in casu*, declaração de rendimentos). Pagamento do tributo declarado. Inocorrência. Termo inicial. Vencimento da obrigação tributária declarada. Peculiaridade: declaração de rendimentos que não prevê data posterior de vencimento da obrigação principal, uma vez já decorrido o prazo para pagamento. Contagem do prazo prescricional a partir da data da entrega da declaração.

"1. O prazo prescricional quinquenal para o Fisco exercer a pretensão de cobrança judicial do crédito tributário conta-se da data estipulada como vencimento para o pagamento da obrigação tributária declarada (mediante DCTF, GIA, entre outros), nos casos de tributos sujeitos a lançamento por homologação, em que, não obstante cumprido o dever instrumental de declaração da exação devida, não restou adimplida a obrigação principal (pagamento antecipado), nem sobreveio quaisquer das causas suspensivas da exigibilidade do crédito ou interruptivas do prazo prescricional (precedentes da 1ª Seção: EREsp 658.138-PR, Rel. Ministro José Delgado, Rel. p/ Acórdão Ministra Eliana Calmon, j. 14.10.2009, *DJe* 9.11.2009; REsp 850.423-SP, Rel. Ministro Castro Meira, j. 28.11.2007, *DJ* 7.2.2008; e AgRg nos EREsp 638.069-SC, Rel. Ministro Teori Albino Zavascki, j. 25.5.2005, *DJ* 13.6.2005).

"2. A prescrição, causa extintiva do crédito tributário, resta assim regulada pelo art. 174, do Código Tributário Nacional, *verbis*: 'Art. 174. A ação para a cobrança do crédito tributário prescreve em cinco anos, contados da data da sua constituição definitiva. Parágrafo único. A prescrição se interrompe: I – pela citação pessoal feita ao devedor; II – pelo despacho do juiz que ordenar a citação em execução fiscal; *(redação dada pela LCP n.* 118, de 2005) II – pelo protesto judicial; III – por qualquer ato judicial que constitua em mora o devedor; IV – por qualquer ato inequívoco ainda que extrajudicial, que importe em reconhecimento do débito pelo devedor'.

"3. A constituição definitiva do crédito tributário, sujeita à decadência, inaugura o decurso do prazo prescricional quinquenal para o Fisco exercer a pretensão de cobrança judicial do crédito tributário.

"4. A entrega de Declaração de Débitos e Créditos Tributários Federais – DCTF, de Guia de Informação e Apuração do ICMS – GIA, ou de outra declaração dessa natureza prevista em lei (dever instrumental adstrito aos tributos sujeitos a lançamento por homologação), é modo de constituição do crédito tributário, dispensando a Fazenda Pública de qualquer outra providência conducente à formalização do valor declarado (precedente da 1ª Seção submetido ao rito do art. 543-C, do CPC: REsp 962.379-RS, Rel. Ministro Teori Albino Zavascki, j. 22.10.2008, *DJe* 28.10.2008).

"5. O aludido entendimento jurisprudencial culminou na edição da Súmula 436/STJ, *verbis*: 'A entrega de declaração pelo contribuinte, reconhecendo o débito fiscal, constitui o crédito tributário, dispensada qualquer outra providência por parte do Fisco'.

"6. Consequentemente, o *dies a quo* do prazo prescricional para o Fisco exercer a pretensão de cobrança judicial do crédito tributário declarado, mas não pago, é a data do vencimento da obrigação tributária expressamente reconhecida.

"7. *In casu*: (*i*) cuida-se de créditos tributários atinentes a IRPJ (tributo sujeito a lançamento por homologação) do ano-base de 1996, calculado com base no lucro presumido da pessoa jurídica; (*ii*) o contribuinte apresentou declaração de rendimentos em 30.4.1997, sem proceder aos pagamentos mensais do tributo no ano anterior; e (*iii*) a ação executiva fiscal foi proposta em 5.3.2002.

"8. Deveras, o imposto sobre a renda das pessoas jurídicas, independentemente da forma de tributação (lucro real, presumido ou arbitrado), é devido mensalmente, à medida em que os lucros forem auferidos (Lei 8.541/1992 e Regulamento do Imposto de Renda vigente à época – Decreto 1.041/1994).

"9. De acordo com a Lei 8.981/1995, as pessoas jurídicas, para fins de imposto de renda, são obrigadas a apresentar, até o último dia útil do mês de março, declaração de rendimentos demonstrando os resultados auferidos no ano-calendário anterior (art. 56).

"10. Assim sendo, não procede a argumentação da empresa, no sentido de que: (*i*) 'a declaração de rendimentos ano-base de 1996 é entregue no ano de 1996, em cada mês que se realiza o pagamento, e não em 1997'; e (*ii*) 'o que é entregue no ano seguinte, no caso, 1997, é a Declaração de Ajuste Anual, que não tem efeitos jurídicos para fins de início da contagem do prazo seja decadencial, seja prescricional', sendo certo que 'o Ajuste Anual somente tem a função de apurar crédito ou débito em relação ao Fisco' (fls. e-STJ 75/76).

"11. Vislumbra-se, portanto, peculiaridade no caso *sub examine*, uma vez que a declaração de rendimentos entregue no final de abril de 1997 versa sobre tributo que já deveria ter sido pago no ano-calendário anterior, inexistindo obrigação legal de declaração prévia a cada mês de recolhimento, consoante se depreende do seguinte excerto do acórdão regional: 'Assim, conforme se extrai dos autos, a formalização dos créditos tributários em questão se deu com a entrega da Declaração de Rendimentos pelo contribuinte que, apesar de declarar os débitos, não procedeu ao devido recolhimento dos mesmos, com vencimentos ocorridos entre fevereiro/1996 a janeiro/1997 (fls. 37/44)'.

"12. Consequentemente, o prazo prescricional para o Fisco exercer a pretensão de cobrança judicial da exação declarada, *in casu*, iniciou-se na data da apresentação do aludido documento, vale dizer, em 30.4.1997, escoando-se em 30.4.2002, não se revelando prescritos os créditos tributários na época em que ajuizada a ação (5.3.2002).

"13. Outrossim, o exercício do direito de ação pelo Fisco, por intermédio de ajuizamento da execução fiscal, conjura a alegação de inação do credor, revelando-se incoerente a interpretação segundo a qual o fluxo do prazo prescricional continua a escoar-se, desde a constituição definitiva do crédito tributário, até a data em que se der o despacho ordenador da citação do devedor (ou até a data em que se der a citação válida do devedor, consoante a anterior redação do inciso I, do parágrafo único, do art. 174, do CTN).

"14. O *Codex Processual*, no § 1º, do art. 219, estabelece que a interrupção da prescrição, pela citação, retroage à data da propositura da ação, o que, na seara tributária, após as alterações promovidas pela Lei Complementar 118/2005, conduz ao entendimento de que o marco interruptivo atinente à prolação do despacho que ordena a citação do executado retroage à data do ajuizamento do feito executivo, a qual deve ser empreendida no prazo prescricional.

"15. A doutrina abalizada é no sentido de que:

"'Para Câmara Leal, como a prescrição decorre do não exercício do direito de ação, o exercício da ação impõe a interrupção do prazo de prescrição e faz que a ação perca a 'possibilidade de reviver', pois não há sentido a priori em fazer reviver algo que já foi vivido (exercício da ação) e encontra-se em seu pleno exercício (processo).

"'Ou seja, o exercício do direito de ação faz cessar a prescrição.

"'Aliás, esse é também o diretivo do Código de Processo Civil: 'Art. 219. A citação válida torna prevento o juízo, induz litispendência e faz litigiosa a coisa; e, ainda quando ordenada por juiz incompetente, constitui em mora o devedor e interrompe a prescrição. § 1º. A interrupção da prescrição retroagirá à data da propositura da ação'. Se a interrupção retroage à data da propositura da ação, isso significa que é a propositura, e não a citação, que interrompe a prescrição. Nada mais coerente, posto que a propositura da ação representa a efetivação do direito de ação, cujo prazo prescricional perde sentido em razão do seu exercício, que será expressamente reconhecido pelo juiz no ato da citação.

"'Nesse caso, o que ocorre é que o fator conduta, que é a omissão do direito de ação, é desqualificado pelo exercício da ação, fixando-se, assim, seu termo consumativo. Quando isso ocorre, o fator tempo torna-se irrelevante, deixando de haver um termo temporal da prescrição' (Eurico Marcos Diniz de Santi, in *Decadência e Prescrição no Direito Tributário*, 3ª ed., São Paulo, Max Limonad, 2004, pp. 232-233).

"16. Destarte, a propositura da ação constitui o *dies ad quem* do prazo prescricional e, simultaneamente, o termo inicial para sua recontagem sujeita às causas interruptivas previstas no art. 174, parágrafo único, do CTN.

"17. Outrossim, é certo que 'incumbe à parte promover a citação do réu nos 10 (dez) dias subsequentes ao despacho que a ordenar, não ficando prejudicada pela demora imputável exclusivamente ao serviço judiciário' (art. 219, § 2º, do CPC).

"18. Consequentemente, tendo em vista que o exercício do direito de ação deu-se em 5.3.2002, antes de escoado o lapso quinquenal (30.4.2002), iniciado com a entrega da declaração de rendimentos (30.4.1997), não se revela prescrita a pretensão executiva fiscal, ainda que o despacho inicial e a citação do devedor tenham sobrevindo em junho de 2002.

"19. Recurso especial provido, determinando-se o prosseguimento da execução fiscal. Acórdão submetido ao regime do art. 543-C, do CPC, e da Resolução STJ 8/2008" (1ª Seção, rel. Ministro Luiz Fux, REsp 1.120.295-SP, j. 12.5.2010, *DJe* 21.5.2010).

2. O caso concreto objeto do Recurso Especial n. 1.120.295-SP

Na situação fática objeto do REsp para tratar do tema prescrição a discussão partiu do cabimento da constituição do crédito tributário por ato do contribuinte, tendo sido reconhecido que a Declaração de Informações Econômico Fiscais da Renda da Pessoa Jurídica (DIPJ[2]) é instrumento hábil para tanto, tendo em vista o conteúdo do § 1º do art. 5º do Decreto-lei n. 2.124/1984.[3]

A DIPJ foi reconhecida, no caso analisado, como a declaração apta para constituir o Imposto sobre a Renda da Pessoa Jurídica (IRPJ) porque o período nela abrangido referia-se ao ano-calendário 1996, ocasião em que, por força do art. 1º[4] da Instrução Normativa n. 77/1998, a declaração de rendimentos das pessoas jurídicas era um dos documentos reputados como o instrumento formal (linguagem) competente para constituição do crédito tributário pelo contribuinte.[5]

Apenas como curiosidade, a Declaração de Débitos e Créditos Tributários Federais (DCTF) que, atualmente é um dos documentos habilitados normativamente para constituir o crédito tributário, somente foi instituída em 30.10.1998 por meio da Instrução Normativa SRF n. 126 e a obrigatoriedade de sua apresentação somente foi exigida a partir do ano-calendário de 1999, nos termos de seu art. 2º.[6]

Reconhecido que a DIPJ é o documento hábil para a constituição do crédito tributário do ano-calendário de 1996, o acórdão passou a discorrer sobre o prazo que tem a Fazenda Pública para promover a cobrança do seu crédito que, segundo o art. 174 do CTN é de cinco anos a contar da sua constituição definitiva. Desta forma, teve que fixar o momento que reputava como definitivamente constituído o crédito para que, a partir daí, pudesse tratar do prazo prescricional e de sua interrupção.

Analisando o voto do relator, constata-se que foi fixado como momento da constituição definitiva do crédito tributário a data da entrega da declaração pelo contribuinte, instante a partir do qual passou a fluir o prazo de prescrição de 5 anos da ação de cobrança do Fisco. Esse entendimento pautou-se no argumento de que antes, ou até que a declaração seja entregue, não há que se falar na constituição da obrigação tributária,[7] pois somente a partir

2. Muito embora o acórdão nomine de DIPJ a declaração apresentada pelo contribuinte no ano-base 1996, cumpre esclarecer que nesse período o documento habilitado para a constituição do crédito tributário era denominado pela legislação de Declaração de Rendimentos e não DIPJ, a qual foi instituída com esse nome somente em 1998 com a edição da Instrução Normativa n. 127, de 30.10.1998. No ano de 1996 a apuração do imposto de renda das pessoas jurídicas era regulada pela Instrução Normativa n. 11, de 21.2.1996 e respectivas alterações.

3. "Art. 5º. O Ministro da Fazenda poderá eliminar ou instituir obrigações acessórias relativas a tributos federais administrados pela Secretaria da Receita Federal. § 1º. O documento que formalizar o cumprimento de obrigação acessória, comunicando a existência de crédito tributário, constituirá confissão de dívida e instrumento hábil e suficiente para a exigência do referido crédito."

4. "Art. 1º. Os saldos a pagar, relativos a tributos e contribuições, constantes das declarações de rendimentos das pessoas físicas e jurídicas e da declaração do ITR, quando não quitados nos prazos estabelecidos na legislação, e da DCTF, serão comunicados à Procuradoria da Fazenda Nacional para fins de inscrição como Dívida Ativa da União."

5. Atualmente esse documento é a DCTF (Declaração de Débitos e Créditos Tributários Federais), regulada pela Instrução Normativa n. 974, de 27.11.2009.

6. "Art. 2º. A partir do ano-calendário de 1999, as pessoas jurídicas, inclusive as equiparadas, deverão apresentar, trimestralmente, a DCTF, de forma centralizada, pela matriz."

7. Importante esclarecer que entendemos que a obrigação tributária é o vínculo abstrato que se instaura entre os sujeitos que compõem a relação tributária (contribuinte e Fisco), em que a um deles é acometido o direito subjetivo à prestação do objeto dessa obrigação que, por ser uma relação tributária, é o tributo, e ao outro o dever jurídico à prestação. Assim na obrigação tributária instaura-se a relação de crédito que é do Fisco, que é quem tem o direito subjetivo, e de débito que é do contribuinte, que tem o dever jurídico, não havendo como se referir a crédito tributário fora do contexto desse vínculo.

desse momento instaura-se o vínculo abstrato entre o Fisco e o contribuinte surgindo o seu direito subjetivo à percepção do tributo.[8]

Nesse ponto se constata já uma mudança de entendimento da 1ª Seção do STJ acerca do termo *a quo* para a contagem do prazo de prescrição, pois, até então, havia se consolidado naquele órgão a orientação de que era a data do vencimento do tributo o momento que se reputava constituída definitivamente a obrigação e, constatado pelo Fisco o inadimplemento da obrigação com a mora do devedor-contribuinte, começava a fluir o prazo prescricional de 5 anos para a Fazenda Pública ajuizar a Execução Fiscal – exemplos dessa posição, ressalte-se que não fixada no regime de recursos representativos da controvérsia, são o EREsp n. 658.138-PR, o REsp n. 673.585-PR[9] e o REsp n. 850.423-SP.

Acreditamos que essa mudança de orientação decorre do fato de que as declarações dos contribuintes são, na maioria das vezes, entregues depois da data de vencimento do tributo, ou por expressa determinação normativa,[10] ou porque são apresentadas em atraso, de modo que a Fazenda Pública "ganha" com esse entendimento mais alguns dias ou meses para ver iniciado o cômputo do prazo de prescrição. Mas, sem dúvida, não se pode negar que essa interpretação melhor aplica o direito à espécie, pois sem a declaração o vínculo entre os sujeitos não se instaura e sem o vencimento do tributo não há como se identificar em que instante se perfaz a mora para fins de exigibilidade da prestação. Assim, é essencial a existência jurídica desses três elementos, declaração do contribuinte, vencimento e inadimplemento para que se perfaça o direito subjetivo à cobrança do tributo.

Retomemos a lide analisada no STJ e objeto do presente estudo. No caso objeto do REsp n. 1.120.295-SP, o contribuinte apresentou sua declaração de rendimentos em 30.4.1997 ("DIPJ" ano-calendário 1996) e não procedeu aos pagamentos mensais do tributo no ano-base anterior (1996), o que tornou a obrigação exigível.[11] Partindo-se da premissa fixada no acórdão, portanto, com a entrega da declaração em 30.4.1997 começou a fluir o prazo de 5 anos para o Fisco ajuizar a Execução Fiscal, que findou em 5.3.2002.[12]

Entretanto, por força do CTN não basta saber quando a Execução Fiscal foi proposta para verificar a prescrição é, também, necessário identificar se e quando foi interrompida a fluência desses 5 anos, para averiguar se a prescrição se consumou em desfavor da Fazenda Pública.

8. A palavra tributo, nessa passagem do texto, está sendo utilizada como sinônimo de prestação pecuniária.

9. "Tributário – Embargos à execução fiscal – Débito declarado pelo contribuinte e não pago no vencimento – DCTF – Prescrição – Termo inicial.

"1. Em se tratando de tributo lançado por homologação, tendo o contribuinte declarado o débito através de Declaração de Contribuições de Tributos Federais (DCTF) e não pago no vencimento, considera-se desde logo constituído o crédito tributário, tornando-se dispensável a instauração de procedimento administrativo e respectiva notificação prévia.

"2. Nessa hipótese, se o débito declarado somente pode ser exigido a partir do vencimento da obrigação, nesse momento é que começa a fluir o prazo prescricional.

"3. Recurso especial provido em parte" (1ª Seção, rel. Ministra Eliana Calmon, REsp 673.585-PR, j. 26.4.2006, *DJ* 5.6.2006 – grifamos)

10. Instrução Normativa n. 974, de 27.11.2009: "Art. 5º. As pessoas jurídicas devem apresentar a DCTF até o 15º (décimo quinto) dia útil do 2º (segundo) mês subsequente ao mês de ocorrência dos fatos geradores."

Instrução Normativa n. 126, de 30.10.1998: "Art. 2º. (...). § 2º. A declaração, gerada pelo programa DCTF 1.0. deverá ser apresentada à Secretaria da Receita Federal – SRF, até o último dia útil da primeira quinzena do segundo mês subsequente ao trimestre de ocorrência dos fatos geradores, observado o seguinte".

11. Declarado o tributo e inadimplida a prestação, torna-se exigível o crédito do Fisco.

12. Cumpre-nos ressaltar que as datas mencionadas no trabalho foram todas obtidas no relatório e no voto do acórdão do REsp n. 1.120.295-SP.

À época dos fatos, nos termos da redação original[13] do art. 174, parágrafo único do CTN, a prescrição da ação de cobrança do Fisco somente era interrompida pela citação do devedor, *verbis*:

"Art. 174. A ação para a cobrança do crédito tributário prescreve em cinco anos, contados da data da sua constituição definitiva:

"Parágrafo único. A prescrição se interrompe:

"I – pela citação pessoal feita ao devedor;"

Analisando o caso concreto, foi constatado e informado pelo relator em seu voto que a citação da pessoa jurídica se deu em junho/2002, não tendo sido indicado de forma precisa o dia da citação. Elemento esse relevantíssimo para o desate da lide, acreditamos, já que o mês de junho tem 30 dias e precisar a data da citação é critério fixado no próprio inciso I acima transcrito.

Somando os elementos até aqui aduzidos, termo *a quo* do prazo de prescrição de 5 anos e causa interruptiva da prescrição, premissas das quais partiu o acórdão, ele deveria ter concluído que o crédito tributário estava prescrito, pois transcorrido mais de 5 anos entre a data da entrega da "DIPJ", que se deu em 30.4.1997 e a data da citação da empresa, ocorrida em junho/2002.

13. Fala-se em redação original, pois com a publicação da Lei Complementar (LC) n. 118/2005, esse inciso I do parágrafo único do art. 174 do CTN foi alterado, indicando-se como causa interruptiva da prescrição a data do despacho determinando a citação. Contudo, consoante orientação da 1ª Seção do STJ essa regra não poder ser aplicada retroativamente, assim no julgamento do REsp n. 999.901 foi fixado como critério jurídico para definir se era aplicado o CTN em sua redação original ou em sua redação nova o momento da prolação do despacho que determinou a citação: (*i*) se o despacho determinando a citação é anterior à entrada em vigor da LC n. 118/2005 aplica-se o CTN original; (*ii*) se o despacho determinando a citação é posterior à LC n. 118/2005 aplica-se a regra nova do CTN.

Seguindo a regra do CTN, que é Lei Complementar, o prazo de prescrição de 5 anos encerrou em 30.4.2002; no caso examinado, portanto, fluiu sem interrupção, já que a citação do contribuinte se deu 2 meses depois que esse prazo já havia encerrado (junho/2002).

Contudo, não foi essa a conclusão do acórdão, tendo motivado sua manifestação aplicando a regra contida no § 1º do art. 219 do CPC, segundo a qual "a interrupção da prescrição retroagirá à data da propositura da ação".

Os motivos para emprego dessa regra não estão enunciadas no texto do acórdão, simplesmente aplica-se o CPC, entretanto, em nossa opinião, fazendo-se, como será demonstrado nos próximos pontos, em manifesta contrariedade ao conteúdo do próprio art. 219 do CPC, em sua completude textual e à literalidade do texto do inciso I do parágrafo único do art. 174 do CTN que prescreve como causa interruptiva da prescrição a data da citação (lembremos que se aplica ao caso o CTN em sua versão original, de acordo com o momento histórico dos fatos analisados pelo STJ).

Segundo o voto do relator, uma vez que a Execução Fiscal analisada no REsp n. 1.120.295 foi proposta em 5.3.2002 teria sido, *supostamente*, observado o prazo de prescrição de 5 anos, já que ela foi distribuída dentro do prazo de 5 anos que, como apontado acima, findou em 30.4.2002.

Ao desenvolver esse raciocínio o voto contido no acórdão não deixou de ressaltar que, apesar do § 2º do art. 219 do CPC determinar que a necessidade de que a citação seja feita nos 10 dias subsequentes ao da distribuição da ação, a interpretação da previsão desse dispositivo deve ser temperada, porque a demora na realização da citação devido à lentidão do serviço judiciário não pode ser oposta ao proponente da ação, de modo que não poderia a Fazenda Pública ser prejudicada na contagem do prazo de prescrição.

Como se pudéssemos admitir a aplicação do CPC sem a observância do seu próprio conteúdo e da regra do CTN conjugada com a da CF/1988. Passemos, então, a apresentar nossas considerações acerca da conclusão do acórdão de que não houve a prescrição, sob o fundamento de que se deve aplicar retroativamente os efeitos da citação à data da distribuição da ação.

3. O conteúdo do art. 219 do CPC – Critérios taxativos para que se repute interrompida a prescrição na data da distribuição da ação

Esclareça-se que está sendo abordado esse ponto primeiramente, uma vez que foi ele que pautou a orientação firmada no recurso representativo de controvérsia ora analisado.

Admitindo-se que seria possível a aplicação do CPC (o que a seguir será refutado), podemos dizer que a lembrança contida no voto acerca da aplicação § 2º do art. 219 do CPC (trata da impossibilidade da demora do Judiciário ser imposta ao autor da ação) foi relevante, porém apenas a essa disposição o acórdão faz remissão olvidando-se dos demais critérios que o CPC firma para que possa haver a retroação dos efeitos da citação à data da distribuição da ação.

Reputamos que a regra desse parágrafo é necessária e contextualiza-se com o caso analisado no STJ, contudo, a remissão somente ao § 2º torna o acórdão incompleto, pois não perpassou pela integralidade do conteúdo da regra do art. 219 do CPC, tendo o voto olvidado do que dispõe o seu § 3º. É aqui que assenta a nossa crítica ao entendimento manifestado nesse acórdão.

Bem, segundo a interpretação conjunta dos §§ 2º e 3º do art. 219 do CPC, se a citação não se der no prazo de 10 dias da distribuição da ação por culpa do Judiciário, pode ele ser prorrogado para até 90 dias. Literalmente está assim escrito no *Codex* Processual:

"Art. 219. (...).

"§ 2º. Incumbe à parte promover a citação do réu nos 10 (dez) dias subsequentes ao despacho que a ordenar, não ficando prejudicada pela demora imputável exclusivamente ao serviço judiciário.

"§ 3º. Não sendo citado o réu, o juiz prorrogará o prazo até o máximo de 90 (noventa) dias."

E, para que a citação produza o efeito retroativo previsto no § 1º do art. 219 do CPC o prazo de 90 dias fixado no CPC, em decorrência da conjugação interpretativa do conteúdo dos seus §§ 2º e 3º, necessariamente deve ser observado, consoante dispõe o § 4º desse mesmo artigo:

"Art. 219. (...).

"§ 4º. Não se efetuando a citação nos prazos mencionados nos parágrafos antecedentes, haver-se-á por não interrompida a prescrição."

Pelo conteúdo integral dos parágrafos do referido artigo do CPC, a citação tem que acontecer no máximo em 90 dias da distribuição da ação para que seja possível reputar interrompida a prescrição e, com isso, admitir-se a retroação dos seus efeitos à data da distribuição da ação.

Não sendo observado esse prazo não há que se falar em retroação da interrupção da prescrição à data da distribuição da ação por força do referido § 4º do art. 219 do CPC. Simples assim: ou são observados os 90 dias, ainda que a demora na citação seja decorrência da lentidão do Poder Judiciário, ou não se haverá por interrompida a prescrição na data da distribuição da ação.

É aqui que está o problema do Recurso Especial n. 1.120.295-SP, pois, como mencionado acima, não há no acórdão o dia da citação, há apenas uma indicação genérica de que se deu no mês de junho do ano de 2002, razão pela qual não temos como saber se a citação se deu nos 90 dias que seguiram à distribuição da Execução Fiscal e, assim, admitir que se aplicam as disposições do art. 219 do CPC.

Consoante a regra do art. 219 do CPC para que o efeito interruptivo da citação seja reconhecido pelo magistrado seria essencial que a citação da pessoa jurídica do caso analisado pelo STJ tivesse ocorrido até 5.6.2002, tendo em vista que a distribuição da Execução Fiscal ocorreu em 5.3.2002, mas, como o acórdão é evasivo quando alude ao dia da citação referindo-se apenas ao mês e ano (6.2002), essa omissão merecia ser sanada pelo STJ para que o "recurso repetitivo" não venha a ser aplicado equivocadamente pelas demais instâncias e até pelas próprias Turmas do Tribunal da Cidadania.

Esse é a primeira ressalva que fazemos a respeito da aplicação do art. 219 do CPC para fins de determinação da causa interruptiva da prescrição. Contudo, não é a única.

4. O art. 174, parágrafo único, inciso I, do CTN, antes da Lei Complementar n. 118/2005: o que interrompe a prescrição é a citação

Estabelece o art. 146, III, *b*, da Constituição Federal de 1988:

"Art. 146. Cabe à lei complementar: (...);

"III – estabelecer normas gerais em matéria de legislação tributária, especialmente sobre: (...);

"b) obrigação, lançamento, crédito, prescrição e decadência tributários;"

O Texto Constitucional não deixa margem de dúvida de que cabe à Lei Complementar, que exige *quorum* qualificado para aprovação (art. 69 da CF), dispor sobre regras prescrição, as quais não se atêm apenas à fixação do prazo da Fazenda Pública de acionamento do Poder Judiciário para exigir o tributo do sujeito passivo da obrigação tributária, inclui também todos os demais fatores que afetem esse prazo, dentre eles o que interrompe o seu transcurso.

Destaque-se que recentemente o Supremo Tribunal Federal reconheceu que causa interruptiva da fluência do prazo de prescrição deve ser veiculada por Lei Complementar. Sem dúvida que a legislação analisada foi editada sob a vigência da Constituição Federal de 1967/1969,[14] mas o seu texto assumia os mesmos termos do conteúdo do mencionado art. 146, III, *b*, da Constituição Federal de 1988. Veja-se a ementa desse acórdão:

"Prescrição e decadência tributárias. Matérias reservadas a lei complementar. Disciplina no Código Tributário Nacional. Natureza tributária das contribuições para a seguridade social. Inconstitucionalidade dos arts. 45 e 46 da Lei 8.212/1991 e do parágrafo único do art. 5º do Decreto-lei 1.569/1977. Recurso extraordinário não provido. Modulação dos efeitos da declaração de inconstitucionalidade. I. *Prescrição e decadência tributárias*. Reserva de lei complementar. As normas relativas à prescrição e à decadência tributárias têm natureza de normas gerais de direito tributário, cuja disciplina é reservada a lei complementar, tanto sob a Constituição pretérita (art. 18, § 1º, da CF de 1967/1969) quanto sob a Constituição atual (art. 146, III, *b*, da CF de 1988). Interpretação que preserva a força normativa da Constituição, que prevê disciplina homogênea, em âmbito nacional, da prescrição, decadência, obrigação e crédito tributários. Permitir regulação distinta sobre esses temas, pelos diversos entes da federação, implicaria prejuízo à vedação de tratamento desigual entre contribuintes em situação equivalente e à segurança jurídica. II. *Disciplina prevista no Código Tributário Nacional*. O Código Tributário Nacional (Lei 5.172/1966), promulgado como lei ordinária e recebido como lei complementar pelas Constituições de 1967/1969 e 1988, disciplina a prescrição e a decadência tributárias. III. *Natureza tributária das contri-*

14. "Art. 19. (...). § 1º. Lei complementar estabelecerá normas gerais de direito tributário, disporá sobre os conflitos de competência tributária entre a União, os Estados, o Distrito Federal e os Municípios, e regulará as limitações constitucionais do poder tributário."

buições. As contribuições, inclusive as previdenciárias, têm natureza tributária e se submetem ao regime jurídico-tributário previsto na Constituição. Interpretação do art. 149 da CF de 1988. Precedentes. IV. *Recurso extraordinário não provido*. Inconstitucionalidade dos arts. 45 e 46 da Lei 8.212/1991, por violação do art. 146, III, *b*, da Constituição de 1988, e do parágrafo único do art. 5º do Decreto-lei 1.569/1977, em face do § 1º do art. 18 da Constituição de 1967/1969. V. *Modulação dos efeitos da decisão. Segurança jurídica*. São legítimos os recolhimentos efetuados nos prazos previstos nos arts. 45 e 46 da Lei 8.212/1991 e não impugnados antes da data de conclusão deste julgamento" (Tribunal Pleno, rel. Ministro Gilmar Mendes, RE 560.626, j. 12.6.2008, *repercussão geral – mérito DJe* 232, divulg. 4.12.2008, public. 5.12.2008, ement. vol. 02344-05, p. 868, *RSJADV*, pp. 35-47, jan./2009).

Entendemos que a prescrição tributária é tema da ordem do direito material e não processual como no âmbito civil, tendo em vista o que dispõe o art. 156, V,[15] do CTN, razão pela qual é tema contido dentre as normas gerais em matéria de legislação tributária, para as quais a Constituição Federal de 1988 expressamente prevê a necessidade de veiculação por Lei Complementar.

Não é demais ressaltar que a forma que o direito encontrou para conviver com o tempo, de modo a dar operacionalidade à segurança jurídica, foi a criação de institutos que estabilizem as relações jurídicas, dentre os quais, destaca-se, o da prescrição, que interessa às partes litigantes, pois esse tema, em matéria tributária, não reflete apenas fatores instrumentais (processuais), já que a prescrição é causa extintiva da própria obrigação tributária, conforme preceituado pelo CTN (art. 156, V).

Em matéria tributária, não se pode olvidar, que a prescrição assume nuances peculiares, justamente porque implica a perda do próprio direito subjetivo do Fisco em ver adimplida a prestação pecuniária (tributo).

Assim sendo, não se sustentam as afirmações no sentido de que a matéria prescrição tributária e as hipóteses de sua interrupção seriam questões atinentes ao processo, em razão do que desnecessária seria a sua veiculação por Lei Complementar, bastando Lei Ordinária editada pela União para inseri-las no ordenamento jurídico nacional.

À luz do Texto Constitucional, quando o assunto for prescrição em matéria tributária (nesse contexto inserida a fixação de prazo e hipóteses de sua interrupção), necessariamente essa matéria deve ser veiculada por uma Lei Complementar.

Na hipótese em que Lei Complementar e Lei Ordinária dispõem sobre a mesma questão fixando critérios distintos, deve prevalecer o conteúdo da Lei Complementar, já que é a própria Carta Política que subordina o tratamento legislativo de determinado tema (prescrição) ao exclusivo domínio normativo da Lei Complementar.

A respeito dessa questão o Plenário do Supremo Tribunal Federal fixou posição exatamente no sentido aqui aduzido, deixando bem claro que o Texto Constitucional determina as matérias que devem ser tratadas por Lei Complementar, em razão do que somente esse veículo normativo pode ser utilizado para tratar de tais matérias, dentre as quais está a que dispor sobre prescrição. Veja-se a ementa desse acórdão:

"Ação rescisória. Decisão proferida nos autos do Agravo de Instrumento n. 101.740-6-RJ. Demanda sobre litígio decorrente de relação estatutária de serviço público civil. 2. O conteúdo da lei complementar não é arbitrário, mas a própria Lei Maior prevê as hipóteses em que a disciplina se dará por essa via legislativa. Não é a lei complementar instrumento legislativo formalmente adequado no que concerne à

15. "Art. 156. Extinguem o crédito tributário: (...); V – a prescrição e a decadência."

fixação de vencimentos dos servidores públicos. 3. Não é de ver, na decisão rescindenda, julgado a ferir o art. 485, V, do CPC. 4. Ação rescisória improcedente" (Pleno do STF, rel. Ministro Néri da Silveira, AR 1.264-RJ, j. 10.4.2002, *DJ* 31.5.2002, p. 41).

Ainda merece destaque o voto proferido pelo Exmo. Ministro Moreira Alves nos autos da ADC n. 1-1-DF, que analisou a constitucionalidade da LC 70/1991, uma vez que afirma que o Texto Constitucional determina as matérias que devem ser tratadas por Lei Complementar (entre as quais está a que deve tratar do prazo de prescrição – art. 146, III, *b*, da CF):

"(...). A jurisprudência desta Corte, sob o império da Emenda Constitucional n. 1/1969 – e a Constituição atual não alterou esse sistema –, se firmou no sentido de que só se exige lei complementar para as matérias para cuja disciplina a Constituição expressamente faz tal exigência, e, se porventura a matéria, disciplinada por lei cujo processo legislativo observado tenha sido o da lei complementar, não seja daquelas para que a Carta Magna exige essa modalidade legislativa, os dispositivos que tratam dela se têm como dispositivos de lei ordinária (...)".

Fixadas essas premissas, passemos então a analisar a conclusão a que chegou o Recurso Especial n. 1.120.295-SP no sentido de não ter ocorrido a prescrição porque a ação foi distribuída dentro do quinquídio legal.

Relembremos algumas questões fáticas do referido recurso. Como apontado, a Execução Fiscal proposta pelo Fisco era de IRPJ do ano-calendário de 1996, constituído definitivamente com a entrega de sua DIPJ em 30.4.1997, sendo que o contribuinte sustentou a extinção da obrigação tributária pela prescrição, uma vez que foi citado somente em junho/2002, depois de já encerrado o prazo de 5 anos de prescrição. Em seu voto, o relator do Recurso Especial n. 1.120.295-SP concluiu pela não ocorrência da prescrição, ao aplicar a regra do art. 219 do CPC que estabelece que a data da citação retroage à data da distribuição da ação que se deu em 5.3.2002, de modo que houve a interrupção da prescrição dentro do quinquídio previsto no CTN.

Entretanto, em função das premissas fixadas neste tópico, entendemos que a aplicação dessa regra do CPC acerca da causa interruptiva não se coaduna com o CTN que é peremptório ao fixar como causa interruptiva da prescrição a citação. Relembre-se que à época dos fatos não se aplicava a redação do inciso I do parágrafo único do art. 174 do CTN na redação que lhe foi dada pela Lei Complementar n. 118/2005, como apontado linhas acima.

O que se verifica no ordenamento é um artigo de Lei Ordinária fixando como causa interruptiva do prazo de prescrição a data da distribuição da ação e um artigo de Lei Complementar dispondo exatamente sobre a mesma matéria, contudo, especificamente para a relação jurídica de direito material tributário.

Uma releitura direta do art. 219 do CPC autoriza afirmar que nele traslada-se a causa interruptiva da prescrição do dia da citação para a data da distribuição da ação, caso a citação ocorra em até 90 dias da distribuição da ação (é o que se deduz da leitura conjugada dos §§ 1º e 3º do art. 219, CPC).

Sem dúvida que o texto do CPC não é tão direto e claro assim, já que ele fala em retroação do efeito interruptivo da citação à data da distribuição da ação, mas em linhas gerais o que ele estabelece são duas regras:

(*i*) havendo a citação em até 90 dias da distribuição da ação é a data da distribuição da ação a causa interruptiva da prescrição; e

(*ii*) não havendo a citação em até 90 dias da distribuição da ação é a citação que interrompe a fluência do prazo de prescrição.

Em função do que dispõe o art. 146, III, *b*, da Constituição Federal de 1988, as causas interruptivas da prescrição da relação jurídica tributária somente podem estar delimitadas em Lei Complementar, de modo que a aplicação das regras de Lei Ordinária, dentre as quais está incluído o CPC, devem se coadunar e se sujeitar à disposição complementar. Era exatamente essa orientação firmada no Superior Tribunal de Justiça até a publicação desse Recurso Especial n. 1.120.295-SP, podendo-se citar como bom exemplo dessa jurisprudência que reconhece, em suma, a preponderância da Lei Complementar sobre a Lei Ordinária, os seguintes julgados da 1ª Turma: REsp n. 667.810-PR, rel. Ministro José Delgado, j. 20.6.2006; REsp n. 476.510-SC, rel. Ministro Luiz Fux, j. 6.5.2003; AgRg em REsp n. 422.741-MG, rel. Ministro José Delgado, j. 9.9.2002. Julgados da 2ª Turma: REsp n. 932.801-SP, rel. Ministra Eliana Calmon, j. 24.6.2008; REsp n. 881.607-MG, rel. Ministra Eliana Calmon, j. 10.6.2008.

A orientação do Parecer CGR n. 006/1974, aprovado pelo então Presidente da República em 5.6.1974, publicado no *Diário Oficial da União* de 7.6.1974, é justamente no sentido da prevalência da Lei Complementar em relação à Lei Ordinária, quando a Constituição expressamente reserva àquele instrumento normativo determinadas matérias. Muito embora tenha sido proferido à época em que vigia a Constituição Federal de 1967/1969, os fundamentos nele aduzidos em tudo se aplica à atual Constituição Federal em razão do seu art. 146, III, *b*, que é reprodução mais detalhada do já citado § 1º do art. 19 da Constituição anterior. Está dito no referido parecer:

"(...).

"É evidente que a intenção é a de dar à matéria excepcional um tratamento rigoroso e responsável, fazendo depender a elaboração legislativa, exigível na espécie, de dois fatores que são limitativos da atuação comum das câmaras legislativas, isto é, a iniciativa do Presidente da República e a adoção de lei complementar.

"Tendo em vista que a lei complementar, conforme conceituada na Constituição, está hierarquicamente supraordenada à lei ordinária, em virtude mesmo do processo de sua votação, não podendo por esta ser revogada, parece indubitável que as matérias a ela expressamente reservadas não podem constituir objeto de incidência de lei ordinária (...)."

Se, nos termos do inciso I do parágrafo único do art. 174 do CTN, que é a Lei Complementar exigida pela alínea *b* do inciso III do art. 146 da Carta Magna vigente, é a citação que interrompe a prescrição, não pode Lei Ordinária, muito menos por via transversas, deslocar o momento que se reputa interrompida a fluência da prescrição tributária.

Veja-se que em precedente anterior ao Recurso Especial n. 1.120.295-SP o mesmo Ministro Fux afirmou, sobre hipótese semelhante à presente – choque entre disposição de Lei Ordinária (Lei Federal n. 6.830/1980 – Lei de Execuções Fiscais) e do CTN, o seguinte:

"O art. 40 da Lei de Execução Fiscal deve ser interpretado harmonicamente com o disposto no art. 174 do CTN, que deve prevalecer em caso de colidência entre as referidas leis. Isto porque é princípio de Direito Público que a prescrição e a decadência tributárias são matérias reservadas à lei complementar, segundo prescreve o art. 146, III, *b*, da CF" (1ª T., rel. Ministro Luiz Fux, AgRg no REsp 783.024-MG, j. 1.6.2006, *DJ* 19.6.2006, p. 117).

Assim, em nossa modesta opinião não se sustentam as conclusões a que chegou o acórdão proferido no REsp n. 1.120.295-SP, uma vez que admitiu a alteração da causa interruptiva do prazo de prescrição fixado em Lei Complementar, a data citação, prestigiando aquele estabelecido em Lei Ordinária, a data da distribuição da ação, que é àquela hierarquicamente inferior.

5. Conclusão

Diante das premissas fixadas no presente trabalho e dos textos normativos analisados, reputamos que as conclusões a que chegou o Recurso Especial n. 1.120.295-SP não podem ser empregadas pelas demais instâncias sem considerar:

• admitindo-se a aplicação do art. 219 do CPC, tal como preconizado no recurso representativo de controvérsia, que os critérios temporais fixados em seus parágrafos devem ser observados para que se possa retroagir o efeito interruptivo da citação para a data da distribuição da ação;

• a existência de regra específica de Lei Complementar (CTN) em sua redação original, consoante o art. 146, III, *b*, da Constituição Federal de 1988, dispondo que a causa interruptiva da prescrição é a citação, de modo que deve ser afastada a aplicação de Lei Ordinária que é inferior a Lei Complementar na estrutura hierárquica do ordenamento jurídico.

Em nossa opinião, devido à regra do art. 146, III, *b*, da Constituição Federal de 1988 e do respaldo da jurisprudência do Supremo Tribunal Federal e do Superior Tribunal de Justiça outorgam, durante a vigência do inciso I do parágrafo único do art. 174 do CTN em sua redação original não havia que se falar de causa interruptiva de prescrição da obrigação tributária fixada em Lei Ordinária.

Desta forma e diante de tudo o que foi aduzido, podemos afirmar que discordamos da conclusão do acórdão do REsp n. 1.120.295-SP, pois entendemos que a obrigação tributária relativa ao IRPJ ano-calendário 1996 estava extinta pela prescrição nos termos do art. 156, V, do CTN.

NOTA FISCAL PAULISTA E TRIBUTAÇÃO DO IMPOSTO SOBRE A RENDA: PRESUNÇÃO "EMPRESTADA" NO DIREITO TRIBUTÁRIO BRASILEIRO E SUAS LIMITAÇÕES CONSTITUCIONAIS

FLORENCE HARET
Doutora pela Faculdade de Direito do Largo São Francisco, Universidade de São Paulo/Brasil. Professora e Pesquisadora do IBET – Instituto Brasileiro de Estudos Tributários. Professora da EPD – Escola Paulista de Direito, da ESPGE – Escola Superior da Procuradoria-Geral do Estado de São Paulo, do Curso de Especialização em Direito Tributário na USP, e Assistente Acadêmica de Paulo de Barros Carvalho na USP, na Graduação nas Turmas de Direito Tributário I e II.

1. Presunção no direito tributário. 2. Sobre a figura a que chamamos de "presunção emprestada". 3. Presunções emprestadas na ótica dos princípios constitucionais tributários. 4. Presunção emprestada de direito material válida e suas limitações constitutivas. 5. O uso da nota fiscal eletrônica na tributação de imposto sobre a renda: pela inconstitucionalidade dessa prática. 6. Conclusão.

1. Presunção no direito tributário

Para a Filosofia clássica, a presunção, associada à metáfora, é uma noção substitutiva, originária de um juízo antecipado e provisório, criado mediante um efeito de espelhamento e identificação entre uma coisa e outra, e produto de uma interação específica de significados heterogêneos, garantindo assim uma nova organização conceitual. Foi a partir de ideias como essa, trazidas de outros domínios do conhecimento humano, que a Teoria Geral do Direito, buscando definir a presunção segundo o papel que desempenha no sistema jurídico, identificou-a como enunciados jurídico-prescritivos que têm sempre um *quantum* de indutivo, tendo em vista que é um juízo dependente da experiência: fixa suas bases no real, admitindo um fato por outro, *como se fossem* um só, ou os mesmos.

Ora, de um ponto de vista dogmático, toda presunção é norma que associa dois enunciados, estabelecendo correlação lógica – e jurídica – entre eles, o que nada mais significa do que firmar a causalidade prescritiva da mesma. São verdadeiros entimemas, isto é, deduções silogísticas ou silogismo truncado, mas que, uma vez inseridos no sistema, são fortes o suficiente para objetivar uma dada ocorrência factual.

O raciocínio presuntivo segue uma forma de construção: homogênea em todos os tipos presuntivos. Constitui-se mediante o entrelaçamento de uma série de enunciados que, cumulativamente, instituem a presunção do fato. Toda presunção requer, necessária e impreterivelmente, dois níveis de relacionamento objetal; e todo objeto pode ser repartido em imediato e dinâmico. Expliquemos cada um deles.

No primeiro nível presuntivo, dá-se a relação entre fato presumido e fato(s) presuntivo(s). Este figurando como objeto dinâmico daquele, seu objeto imediato. Presume-se sempre numa generalidade organizada mediante raciocínio indutivo. Este primeiro nível associativo, para ser conhecido do direito, deve adquirir um segundo nível que o põe em forma de norma. Essa é a razão de o primeiro nível ser enunciado incompleto pertencente ao universo do social ou mesmo da moral. E, sendo linguagem fora do direito, não é propriamente presunção mas *protopresunção*, i.e., forma insipiente desse modo de raciocinar.

É no segundo nível objetal que as presunções assumem corpo de proposição jurídica para a ordem normativa. A composição do fato jurídico em sentido amplo depende do liame objetal de primeiro nível. Logo, fatos presuntivos e fato presumido só se tornam juridicamente relevantes quando reduzidos ao enunciado factual em sentido amplo e posto este último em relação com o fato jurídico em sentido estrito. Para simplificar a análise, experimentemos apresentar a presunção em termos gráficos segundo seus dois níveis objetais:

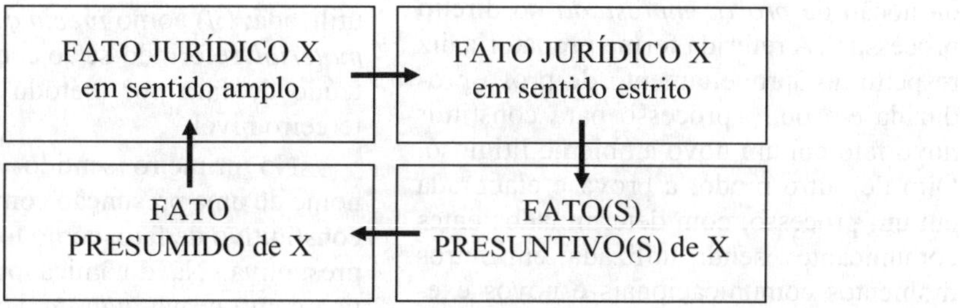

É segundo este modelo que a presunção se apresenta em termos normativos para o direito, e no campo tributário inclusive. Vejamos bem que o raciocínio jurídico presuntivo é algo hermeticamente fechado. Parte de enunciados de fatos presuntivos *X* para alcançar o enunciado de fato jurídico em sentido estrito *X*, aquele antecedente da norma tributária exacional, esta podendo ser tanto a *norma geral e abstrata*, ou também conhecida como regra-matriz de incidência, quanto a *norma individual e concreta*, regra jurídica subsumida daquela. O âmbito conceitual é o mesmo *X*: partindo-se deles para neles concluir-se.

Essa relação de proximidade conceptual entre fatos presuntivos e fato jurídico em sentido estrito é o que distingue, juridicamente, presunção de ficção. Para o raciocínio presuntivo ser válido, é imprescindível que entre estes enunciados factuais se mantenha coerência de sentido, de tal modo que se associem em face de similitudes primárias ou da essência do objeto. Quanto mais o fato jurídico em sentido estrito afastar-se dos fatos presuntivos, menor será o seu valor constitutivo de presunção, o que, por outro lado, a tornará cada vez mais próxima da ideia de ficção. Justamente essa distância conceitual é que produz esse efeito de irrealidade, de ausência de probabilidade, descaracterizando a presunção enquanto tal, tornando-a ficção. Nas presunções, a permanência forte deste liame entre fatos presuntivos e fato jurídico em sentido estrito é o que dá força constitutiva e de certeza jurídica às estruturas presuntivas, permitindo sejam usadas no domínio do direito tributário inclusive. A estreita relação conceptual entre fatos presuntivos e fato jurídico em sentido estrito é o vínculo que confere um fechamento sígnico coerente ao raciocínio presuntivo, admitindo-o a partir daí como enunciados aptos a constituir fatos, verdades e certezas jurídicas.

Postos os fundamentos de uma presunção tributária válida no sistema jurídico no campo dos tributos, ensaiemos agora examinar outras figuras que fogem a estas regras conceptuais supracitadas, verificando sua admissibilidade na ordem posta.

2. *Sobre a figura a que chamamos de "presunção emprestada"*

O título deste item se inspira a partir da noção de *prova emprestada* no direito processual. A referida forma probatória diz respeito ao aproveitamento de prova produzida em outro processo para constituir novo fato em um novo ambiente litigioso. Dito de outro modo, a prova é elaborada em um processo, com determinados entes comunicantes, sendo utilizada, em outros momentos comunicacionais e novos exegetas, para fazer prova de outro fato em outra situação procedimental.[1]

Analogicamente à tal figura do âmbito do processo, a *presunção emprestada* é também um modo de aproveitamento de enunciados jurídicos para fazer constituir determinado fato na forma presuntiva de raciocínio e fazer insurgir a relação de direito. Este é o motivo que assimila as duas expressões, porém, como veremos mais adiante, existe nas presunções emprestadas uma série de pontos discordantes que ainda se encontram em solo estéril e que, de todo ou ao todo, se diferenciam perante a problematização da *prova emprestada.*

Fazendo referência à forma de constituição de fato, a ideia que apresentamos com o nome de *presunção emprestada* pode ser tomada em duas acepções, segundo o âmbito jurídico envolvido: (*i*) como *presunção emprestada processual*, dizendo sobre a técnica de formação ou a forma propriamente dita do fato, tendo em vista as regras de direito do processo e segundo uma análise sobre a linguagem competente utilizada; (*ii*) como *presunção emprestada material*, referindo-se ao constituir do conteúdo do fato por método presuntivo de terceiro nível.

No primeiro sentido, falaremos em nome de uma presunção com valor jurídico constitutivo de fato, como toda formulação presuntiva. Na dinâmica processual, será tida como *prova indireta*, como a doutrina tradicional apelida as formas menos valorizadas pelo direito na constituição do enunciado factual. Tendo sido observadas as formalidades estabelecidas em lei, tais enunciados sujeitam-se à apreciação do julgador no contexto probatório do processo em que são produzidos e, com isso, atuam como elemento de prova para, imediatamente, formar seu convencimento e, mediatamente, constituir o fato jurídico. Só podem ser admitidas na forma de prova quando são produzidas em processo envolvendo as mesmas partes. Eis que, nesse sentido, a perspectiva da prova emprestada se volta à forma ou à técnica de formação do fato, enquanto linguagem competente submetida às regras de direito do processo.

Agora é no âmbito de *presunção emprestada material* que veremos no direito tributário a dificuldade de um raciocínio presuntivo de terceiro nível ser aceito na

1. Segundo Fabiana Del Padre Tomé: "Na doutrina processual, a prova produzida em autos diversos é denominada *prova emprestada* e sua eficácia probante varia de acordo com o modo de sua formação. Prova emprestada, nas palavras de Ada Pellegrini Grinover, é 'aquela que é produzida num processo para nele gerar efeitos, sendo depois transportada documentalmente para outro, visando a gerar efeitos em processo distinto'. Em geral, tais efeitos são admitidos se a prova que se translada foi produzida em outro processo envolvendo as mesmas partes, pois na hipótese contrária, tendo apenas um dos sujeitos participado da produção da prova no primeiro processo, não poderá ela ser empregada em detrimento da outra, que não teve oportunidade de interferir na sua constituição" (*A Prova no Direito Tributário*, São Paulo, Noeses, 2005, p. 143).

forma de linguagem competente, imputando-se outras consequências jurídico-tributárias a partir do fato constituído presuntivamente. Como pudemos relevar com a explanação dos níveis objetais das presunções, a figura em estudo neste item é típica forma presuntiva de terceiro nível, *i.e.*: presume-se um fato a partir de uma presunção de outro fato – em sentido amplo – e a este se associa um novo ou outro fato jurídico em sentido estrito, fazendo recair consequência jurídica diferente daquela que se tinha em segundo nível. O liame entre os fatos envolvidos no raciocínio presuntivo dá-se, a princípio, em torno de uma ideia *X*, porém quer gerar efeitos jurídicos no campo de conceito hipotético *Y*, trazendo ao processo presuntivo figuras que suplantam os dois níveis objetais próprios do raciocínio das presunções. Logo, extrapola-se o campo de abrangência referente ao fato *X* para, imediatamente, fazer insurgir fato jurídico em sentido amplo *Y* e, mediatamente, gerar consequências jurídicas próprias deste último. Busca-se, portanto, a todo custo gerar os efeitos de *Y*, ainda que partem ou comprovem formalmente a existência do fato *X*.

3. *Presunções emprestadas na ótica dos princípios constitucionais tributários*

Com base nessas palavras introdutórias, vemos, de antemão, ser inadmissível no direito o uso dessa técnica presuntiva, principalmente em âmbito tributário. No campo dos tributos, a vedação da presunção emprestada para constituir fato jurídico tributário ganha maior força em face do princípio da tipicidade, próprio a todas as exações, e reforçado pelas materialidades rigidamente estabelecidas no Texto Magno. Isto não quer dizer que esse tipo de raciocínio d terceiro nível sejam inutilizáveis ou imprestáveis em termos probatórios, mas significa sim que é vedado assumi-los isoladamente para fazer prova do fato jurídico *X* e atribuí-los dos efeitos normativos de *Y*. O que se pode aceitar é a atribuição de efeitos probantes variáveis a essas figuras jurídicas de acordo com o grau de relação que se estabelece entre fatos: presuntivos, presumido e jurídico em sentido estrito. É o vínculo de similitude essencial ou de semelhança primária entre fato *X* e fato *Y* que dará forças e limites à atribuição de consequências probantes desse raciocínio presuntivo no procedimento administrativo ou processo judicial, verificando-se as imposições de cada novo contexto jurídico em que é enunciada.

Cumpre ao julgador apreciá-las, valorá-las, servindo essa espécie de presunção apenas como um elemento de convicção, mas critério insuficiente em si mesmo considerado para fazer insurgir por si só a relação jurídica tributária. Evidentemente que sua força probatória em estruturar fatos não é a mesma quando sai de fatos presuntivos *X* para formar fato presumido *X*, e, numa segunda ocasião, partir do mesmo ponto para organizar fato presumido *Y*. Nessa linha, também não é igual em termos de efeitos probatórios quanto maior for a distância conceitual entre os fatos envolvidos no raciocínio presuntivo. Quanto mais próximas as ideias, maior efeito probatório o raciocínio presuntivo terá; quanto menor, evidentemente, estarão menos aptas a comprovar o fato e conferir as consequências de um a outro fato. Relevemos que o ponto de partida do raciocínio presuntivo – fatos presuntivos – é um conceito *X*, logo é despiciendo insistir que o julgador deverá valorar o peso probatório da presunção conforme o fato jurídico em sentido estrito esteja no mesmo âmbito semântico daquela ideia inicial.

4. *Presunção emprestada de direito material válida e suas limitações constitutivas*

Dito isso, pensemos em algumas hipóteses e na própria tendência do direito tributário brasileiro em admitir ou cada vez mais valorar positivamente as *presun-*

ções emprestadas materiais. E tudo se inicia a partir da ideia de troca de informações entre instituições jurídicas e do Estado, que cumprem relevante papel no direito e na economia, sendo mais úteis ainda para fins fiscais. O CTN introduziu o assunto no texto de seu art. 199, firmando a facultatividade na troca de informações entre entes tributantes a título de assistência para a fiscalização dos tributos e permuta de informações: "A Fazenda Pública da União e as dos Estados, do Distrito Federal e dos Municípios prestar-se-ão mutuamente assistência para a fiscalização dos tributos respectivos e permuta de informações, na forma estabelecida, em caráter geral ou específico, por lei ou convênio".

Com o passar do tempo, viram-se a praticidade e efetividade que esta permuta fornecia, resultando na tendência em ampliar seu campo de abrangência. Incluído pela Lei Complementar 104, em 10.1.2001, também chamada de Lei Antielisão, o parágrafo único do mesmo art. 199 supracitado assim prescreveu: "A Fazenda Pública da União, na forma estabelecida em tratados, acordos ou convênios, poderá permutar informações com Estados estrangeiros no interesse da arrecadação e da fiscalização de tributos".

É bem verdade que esta troca de informações pela União, Estados, Distrito Federal e Municípios é de grande relevância para fins fiscalizatórios, porém é preciso asseverar que, com fundamento nelas, os entes tributantes não podem aleatoriamente presumir fatos e fazer insurgir a norma tributária. As informações prestadas jamais conformam prova plena do fato jurídico em sentido estrito. É fundamental que o Fisco destinatário de tais documentos receba-os, procedendo à análise minuciosa do caso, instaurando novo processo investigatório e nele apresentando outras provas, além das informações prestadas, garantidos os direitos de contraprova ao contribuinte, e observando-se a tipicidade do fato tributário e as formalidades estabelecidas em lei.

Para que se tenha presunção emprestada de direito material válida é imprescindível que: (1) haja identidade entre os fatos presuntivos *X* e fato jurídico em sentido estrito *Y*; (2) a assunção das consequências jurídicas de um fato *X* por outro *Y* leve em consideração o grau de proximidade entre os fatos envolvidos; (3) a lei atribua os mesmos efeitos jurídicos ao fato *X* e ao fato *Y*; (4) não seja assumida como prova plena a presunção; (5) tenha sido produzida em observância às formalidades estabelecidas em lei; e (6) tenha sido formulada em ambiente processual envolvendo mesmo objeto e mesmas partes. E, ainda estando presentes todos esses tópicos, é fundamental que as presunções de terceiro nível, como preferimos chamá-las, sejam usadas apenas para dar início ao procedimento ou processo fiscalizatório, mas em si mesmas consideradas insuficientes para ensejar tributo. Relevemos que essa conclusão leva em conta que os seis itens supracitados são critérios de todo e em tudo subjetivos, pois certamente é difícil objetivar, por exemplo, a *identidade* entre fatos. Tal proximidade conceptual, por mais que a lei queira determinar em fatores compositivos da hipótese, será sempre determinada pelo exegeta, e de acordo com sua ideologia e sentimentos.

Entretanto, uma coisa é certa: a presunção emprestada é insuficiente para fundamentar o ato de lançamento ou de aplicação de penalidade, conclusão esta a que também chegou Fabiana Del Padre Tomé no campo das *provas emprestadas*.[2]

2. Vejamos: "Quanto ao segundo tipo de prova emprestada, é preciso esclarecer que esta não configura, jamais, prova plena do fato jurídico em sentido estrito. A informação advinda do órgão fazendário de outra pessoa política não é suficiente para, por si só, provar fato jurídico ou ilícito tributário, autorizando a lavratura de ato de lançamento ou de aplicação de penalidade. É inadmissível a edição de norma individual e concreta, constituidora de relação jurídica tributária ou sancionatória, com base, unicamente, em dados passados por ente tributante diverso. Essa é também a posição de Paulo de Barros Carvalho, negando à prova emprestada tributária os efeitos peculiares à prova emprestada de direito

Elucidemos as razões dessas assertivas acima apresentadas no caso típico, e cada vez mais frequente, do uso de informações geradas pela emissão de nota fiscal eletrônica para fins de apurar outros tributos tal qual o IR.

5. *O uso da nota fiscal eletrônica na tributação de imposto sobre a renda: pela inconstitucionalidade dessa prática*

Para que a Receita Federal brasileira tenha conhecimento das notas fiscais emitidas, o direito deve autorizar a troca expressamente, tendo por fundamento o disposto no art. 199 do CTN. O Ajuste Sinief 07/2005, expedido pelo Conselho Nacional de Política Fazendária (CONFAZ), assim o fez, admitindo, em sua cláusula oitava, o uso da presunção emprestada.[3]

Segundo nossas afirmações supra-alcançadas, a autorização de permuta de informações, conforme disciplina da cláusula oitiva do Ajuste, não quer significar que o ordenamento autoriza o uso desses dados para fins de, sozinhos, constituir o crédito tributário de outro imposto. Uma coisa é tomar tais informações e fazer cumprir, em confronto de contas, as obrigações de ICMS não pagas pelas empresas contribuintes. Outra, bem diferente, é tomar esses dados e assumi-los como aptos a comprovar a *renda* da pessoa ou seu *lucro* e fazer incidir IR ou CSSL respectivamente. Se assim o fizesse, estaria infringindo a tipicidade tributária e o próprio método de formação de raciocínio presuntivo válido.

Imaginemos que a Receita Federal tome por base os dados retransmitidos pela administração tributária da unidade federada do emitente da nota fiscal eletrônica e faça constituir fato jurídico do IR, uma vez que emissão de nota para um sujeito significará *renda* e fará irromper a incidência do IR. O raciocínio presuntivo ultrapassaria os limites da própria presunção alcançando um terceiro nível associativo. Melhor explicando, a presunção só seria válida pelo direito constitucional tributário se permanecesse dentro do mesmo âmbito conceitual *X* (no caso, do ICMS). Quando invade outro campo significativo, *Y*, não fecha o raciocínio presuntivo tornam-se presunção de presunção. Sai de um plano sígnico *X* para concluir sobre outro patamar *Y* de fatos jurídicos, criando um efeito de irrealidade e desvinculação que foge às exigências dos princípios da tipicidade tributária.

Em termos gráficos, essa presunção de presunção, gerada pelo uso das informações fornecidas com a nota fiscal paulista para fins de tributação de Imposto sobre a renda, poderia ser esquematicamente assim representado:

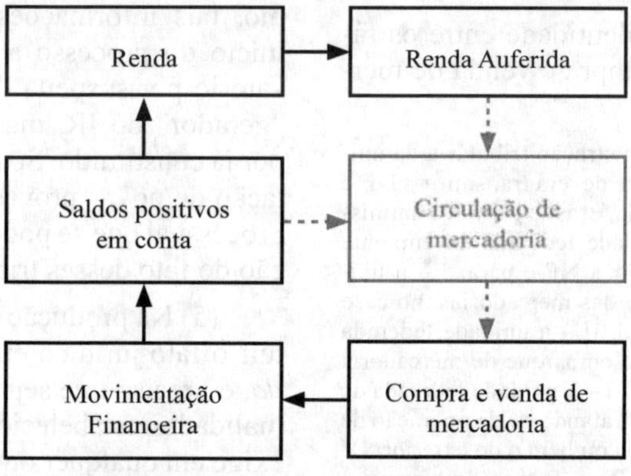

3. É o texto da cláusula oitava do Ajuste Sinief 07/2005: "Cláusula oitava. Concedida a Autorização processual civil (...)" (Fabiana Del Padre Tomé, *A Prova no Direito Tributário*, cit., p. 146).

Ora, pela representação acima vimos que a tributação de IR a partir das informações obtidas pela nota fiscal paulista é inconstitucional por extrapolar o âmbito conceitual do ICMS e querer alcançar, por meio de ficção, o fato típico *renda auferida*. A distância conceptual entre compras e vendas de mercadoria – fatos presuntivos *X* – e a noção de *renda auferida* – fato jurídico em sentido estrito da regra-matriz de incidência do IR ou fato jurídico em sentido estrito *Y* – é latente de modo que se presume um fato *Y* a partir de uma presunção de outro fato *X*, fazendo recair consequência jurídica diferente daquela que se tinha em segundo nível. Ora, em face da repartição constitucional tributária e do principio da tipicidade no campo dos tributos, tais enunciados são inaceitáveis para fins de criação de direitos e deveres.

6. Conclusão

Em tudo e por tudo, a presunção emprestada ou de terceiro nível que se apresenta na forma da tributação de IR com base em nota fiscal paulista não pode ser aceita num sistema tributário que pretende ver garantidos a tipicidade dos tributos, a legalidade da cobrança, o devido processo legal, entre tantos outros princípios que conferem limites objetivos à tributação. E tal inaplicabilidade da presunção supracitada se acha tendo em vista:

(1) não haver identidade entre os fatos presuntivos – compra e venda de mercadoria – e fato jurídico em sentido estrito – renda auferida: uma coisa é fazer circular mercadorias por contratos de compra e venda, outra é obter renda. São hipóteses que não podem sair de um mesmo ponto de partida, afinal comprar nem sempre significa poder aquisitivo ou sinal de renda;

(2) sendo fatos distintos e conceitualmente distantes renda auferida (fato jurídico em sentido estrito) e compra e venda de mercadoria (fatos presuntivos), é vedado ao legislador ou ao aplicador atribuir as mesmas consequências jurídicas a estes dois conceitos de fatos que são essencialmente diversos. Levando-se em consideração o grau de proximidade entre os fatos envolvidos nesse raciocínio presuntivo, a presunção emprestada da nota fiscal eletrônica não é suficiente para por si só constituir o fato jurídico do imposto sobre a renda ou da contribuição sobre o lucro.

(3) Ademais, as consequências jurídicas adjudicadas pela lei ao fato circulação de mercadoria e aqueloutro auferir de renda são totalmente diversos de modo que a assimilação se torna cada vez mais distante e possível juridicamente.

(4) Com base nas premissas do item (2), as informações dos Estados à União sobre o volume de valores movimentados pelo agente, exteriorizados em nota fiscal eletrônica, não podem performar prova plena de que houve ou há renda. No máximo, tais informações podem autorizar o início do processo administrativo fiscalizatório por suspeita de ocorrência do fato "gerador" do IR, mas nunca o admitindo por já constituído. Somente com a apresentação de novas provas, em novo ambiente processual que se pode pensar na constituição do fato desses tributos.

(5) Na produção da prova para constituir o fato jurídico em sentido estrito *renda*, é preciso que sejam observadas as formalidades estabelecidas em lei tal qual se exige em qualquer outro processo probatório. A regra aqui continua sendo a mesma: os fatos só ingressam no sistema jurídico

de Uso da NF-e, a administração tributária da unidade federada do emitente deverá transmitir a NF-e para a Receita Federal do Brasil. § 1º. A administração tributária da unidade federada do emitente também deverá transmitir a NF-e para: I – a unidade federada de destino das mercadorias, no caso de operação interestadual; II – a unidade federada onde deva se processar o embarque de mercadoria na saída para o exterior; III – a unidade federada de desembaraço aduaneiro, tratando-se de operação de importação de mercadoria ou bem o do exterior; IV – a Superintendência da Zona Franca de Manaus – SUFRAMA, quando a NF-e tiver como destinatário pessoa localizada nas áreas incentivadas".

mediante linguagem das provas competentes. E, para ter competência, é fundamental que tenham observado as formalidades e garantias processuais para fins de comprovar a existência de critérios de hipótese do IR ou CSLL.

(6) Por isso mesmo, é fundamental que a presunção emprestada leve em consideração a presença na hipótese presumida de mesmo objeto jurídico e das mesmas partes. Fatos presuntivos que localizam situação de transferência de propriedade de mercadoria por meio de negócio jurídico válido envolvendo comprador e vendedor só podem gerar outro fato jurídico que localize relação em que ambos estejam presentes. Incluindo-se outra pessoa ou desconsiderando uma delas do raciocínio inicial, a versão do fato passa a se tornar distorcida ou, ao menos, parcial, sem que seja considerado o fato por completo.

Do mesmo modo quando o objeto for diferente. É inconsistente a equiparação entre duas relações que têm objetos jurídicos diversos para fins de fazer atribuir mesmos efeitos jurídicos a ela. Se o objeto é diferente, as relações jurídicas não são iguais, não podendo por isso mesmo admitir uma em nome da outra.

Firmemos que o contexto factual da compra e venda é diverso daquele outro do auferir renda, e tal diferença se faz sentida, entre outros aspectos, por este envolver determinadas pessoas, objetos, etc.

Eis a breve trecho uma aproximação do tema da nota fiscal paulista na tributação do imposto sobre a renda, levando-se em nota não somente as imposições jurídicas para se ter um raciocínio presuntivo válido no sistema, como aqueloutras, também de direito, do próprio sistema constitucional tributário no âmbito das exações.

ESTUDOS & COMENTÁRIOS

REVOGAÇÃO DE ISENÇÃO, ANTERIORIDADE E DIREITO ADQUIRIDO

LUCAS GALVÃO DE BRITTO
Mestrando em Direito Tributário pela Pontifícia Universidade Católica de São Paulo – PUC/SP. Bolsista do Conselho Nacional de Desenvolvimento Científico e Tecnológico – CNPQ. Especialista em Direito Tributário pelo IBET. Advogado.

Introdução. 1. Das normas à norma tributária: 1.1 Uma distinção necessária: norma em sentido estrito e norma em sentido lato; 1.2 O ato de construir sentido; 1.3 Dois cortes e uma classificação útil: entre gerais e individuais e entre abstratas e concretas. 2. A vida das normas: 2.1 O tempo das normas; 2.2 Validade e vigência; 2.3 Revogação e a chamada "revogação tácita". 3. A isenção: 3.1 Fenomenologia das isenções; 3.2 Dividir para melhor conhecer, a classificação e o Código Tributário Nacional. 3.3 Do espírito, intangível, à letra morta, palpável: o despacho que reconhece a isenção. 4. O fim de uma isenção: 4.1 A revogação das isenções incondicionadas e os limites do direito posto; 4.2 Isenções condicionadas e o problema das normas individuais produzidas; 4.3 Revogação de isenção condicionada e por tempo indeterminado; 4.4 Revogação de isenção condicionada e por tempo determinado. Ao fim. Referências.

Introdução

A compreensão da fenomenologia que está por trás da revogação de norma que veicule isenção tributária é tema de grande utilidade prática, porque trás consigo importantes implicações para o Fisco e os contribuintes quanto aos limites aplicáveis no restabelecimento do processo exacional, notadamente a observância ao princípio da anterioridade tributária e à noção de direito adquirido.

O tema é também interessante do ponto de vista teórico. Para seu bom deslinde, fornecendo conclusões e caminhos seguros àquele que deseje compreender o direito como um sistema de proposições articuladas, é preciso incursionar por vários setores da Teoria do Direito, compreendendo-o não só do ponto de vista estático, isto é, nas relações de coordenação e subordinação entre os enunciados prescritivos existentes num dado instante de um certo ordenamento, como também do ponto de vista dinâmico, isto é, das relações de transformação que a produção de novos enunciados, modificativos dos anteriores, produzem no sistema.

Assim, para que se possa dar consistência às ideias que aponto ao final do texto como conclusões, penso ser indispensável tecer algumas palavras sobre as normas jurídicas, aclarando os conceitos para reduzir a ambigüidade que toma conta da palavra, bem como firmar posição sobre os temas da revogação, validade e vigência. Tecidas essas considerações, poderei então tratar da fenomenologia das isenções e aí, quando pavimentado o percurso e reduzidas as complexidades do objeto, traçar linhas sobre a revogação das isenções.

Penso que, percorrido esse trajeto, estarão bem fundamentados, do ponto de vista teórico, os encaminhamentos práticos que proponho ao final do texto.

1. Das normas à norma tributária

O texto que tenha pretensão de seriedade na descrição de seu objeto não pode furtar-se a enunciar as premissas de que parte, pois é delas que deve também partir o receptor da mensagem para bem contextuar os assertos e verificar sua correção. Assim, penso ser necessário tecer, neste item e no seguinte, algumas considerações que considero axiomáticas e cujo rigoroso ajuste é imprescindível para o bom desencadeamento do escrito.

1.1 Uma distinção necessária: norma em sentido estrito e norma em sentido lato

Antes de ser "tributária", a norma jurídica tributária é "norma jurídica", convém então elucidar quê se quer dizer com essa expressão. Norma jurídica é termo empregado pela doutrina para designar (*i*) o juízo hipotético-condicional formulado pelo intérprete a partir da leitura dos textos legais, como já fazia Hans Kelsen;[1] (*ii*) as disposições dos textos legais, enquanto enunciados de teor prescritivo, sendo essa acepção bem difundida e tendo muitos dos estudos tradicionais de Teoria do Direito construídos em seu entorno.

Qual acepção é "a" correta? Qualquer resposta que afirme peremptoriamente por um ou outro sentido é simplista e deve ser vista com desconfiança. Uma acepção será tão mais correta quanto útil para descrever a ideia que se quer, com a palavra, dizer de. Isso porque as coisas não têm nome, nós que a elas atribuímos nomes. Haverá, portanto, acepções úteis e inúteis e é certo que, ao cingir a voz "norma jurídica" às duas definições acima, cortei muitas outras definições que não pareceram úteis à descrição científica do fenômeno jurídico. O corte é operação gnosiológica necessária à formação do conhecimento, como afirmava Pontes de Miranda, em seu O Problema Fundamental do Conhecimento, "*viver é recortar o mundo*".[2] E esse cortar, precisando as definições e ignorando outras acepções, para a construção de discurso sólido e coerente, é justamente a aplicação do mecanismo de elucidação proposto por Rudolph Carnap com o intuito de, na linguagem científica, reduzir a vaguidade de seus termos.[3]

Em ciência, não se pode falar de precisão enquanto persistir ambiguidade no discurso, as palavras devem buscar o maior grau de univocidade possível, como conciliar então um único termo e essas duas acepções destacadas já no primeiro parágrafo? Aparece útil então a distinção que fazem muitos ao separar as normas jurídicas em sentido estrito (aquelas da primeira acepção que destaquei) daquelas em sentido lato (correspondendo à segunda acepção acima enunciada). Às diferentes acepções, atribui-se novos nomes em prol da maior precisão discursiva.

Paulo de Barros Carvalho alinhou as palavras para firmar a importância de ambas acepções do termo "norma jurídica" para a construção do discurso jurídico científico, numa postura analítico-hermenêutica como a que assumo neste trabalho:

1. Hans Kelsen, *Teoria Pura do Direito*, 2007.

2. Pontes de Miranda, *O Problema Fundamental do Conhecimento*, Campinas, Bookseller, 2000.

3. Manfredo de Oliveira Araújo, *Reviravolta Linguistico-Pragmática*, São Paulo, Loyola, 2006.

"Seja como for, *o processo de interpretação não pode abrir mão das unidades enunciativas esparsas do sistema do direito positivo, elaborando suas significações frásicas para, somente depois, organizar as entidades normativas (sentido estrito)*. Principalmente porque o sentido completo das mensagens do direito depende da integração de enunciados que indiquem as pessoas (físicas e jurídicas), suas capacidades ou competências, as ações que podem ou devem praticar, tudo em determinadas condições de espaço e de tempo".[4]

Firmadas então as acepções de *norma jurídica em sentido estrito* – como o juízo hipotético-condicional dotado de um todo deôntico de significação – e *norma jurídica em sentido amplo* – como equivalente ao enunciado prescritivo, a disposição legal, ensejador de um quanto de significação, sendo parte integrante daquele juízo sem sê-lo inteiro – já podemos seguir marcha a traçar algumas linhas mais, ainda sobre a norma, sobre o processo de construção de sentido.

1.2 O ato de construir sentido

Quero dizer, ainda enquanto premissa, que o direito, sendo texto, deve ser interpretado para que seu sentido seja construído. O interpretar é ação humana que, ao contrário do que se poderia pensar, não é um extrair de sentido, mas adjudicá-lo a um suporte físico qualquer: é o ato de atribuir significação a certas coisas que, assim, passam a ser denominadas signos.

Da mesma forma ocorre com as normas que, no direito positivo brasileiro, estão sempre expressas por algum texto escrito, mas que com ele não se confundem. Mesmo quando o direito prescreva a chamada interpretação literal, como no art. 111, II, do Código Tributário Nacional, não está a sugerir que há, ali nas marcas de tinta sobre um papel, qualquer significado a ser extraído sem esforço do sujeito que delas tome conhecimento. Está sim, exigindo que o intérprete atenha-se às chamadas acepções de base, isto é, ao sentido mais empregado àquela palavra pelos seus utentes.

A interpretação, enquanto processo construtor da norma jurídica, dá-se pelo esforço de um interprete que, partindo da literalidade textual (montando o plano S1); adjudica sentido às palavras, formando frases (as normas jurídicas em sentido lato, que compõem o plano S2); articula estes enunciados em estruturas de significação em que uma proposição hipotética implica uma condição consequente (as normas jurídicas em sentido estrito, que formam o plano S3); inserindo-a no universo das demais normas jurídicas que, em relações de coordenação e subordinação para com aquela construída, formam o ordenamento jurídico (S4).

1.3 Dois cortes e uma classificação útil: entre gerais e individuais e entre abstratas e concretas

É operativa e relevante para o escopo deste texto a classificação que se pode fazer tomando a utilização de dois critérios aplicados de forma sucessiva a todo o conjunto de normas jurídicas: (1) a abstração ou (2) concretude do fato descrito no termo antecedente; (a) a individualidade ou (b) generalidade da relação prescrita no consequente. A aplicação dos cortes sugeridos, se executada em conformidade com as regras que regem o ato de classificar formará quatro classes, a saber: (1.a) normas gerais e abstratas; (1.b) normas individuais e abstratas; (2.a) normas gerais e concretas e; (2.b) individuais e concretas.

Muito embora seja mais comum a menção às categorias de normas gerais e abstratas e normas individuais e concretas como protagonistas do ato de incidência, há abundância exemplos de normas gerais e concretas – como é o caso de *todos* os

4. Paulo de Barros Carvalho, *Direito Tributário, Linguagem e Método*, p. 131. Destaquei.

veículos introdutores de normas – e normas individuais e abstratas – a exemplo de contratos com previsões futuras ou aquelas normas que instituam regimes especiais para um contribuinte.

2. A vida das normas

2.1 O tempo das normas

As normas jurídicas têm demarcado, no curso de tempo em que está inserido o ordenamento jurídico, tanto o instante em que está apta a produzir seus efeitos enquanto texto prescritivo, como haverá também aquele em que tal aptidão é cassada.

Mas o direito, ao cumprir sua missão de regular a sociedade, não está adstrito aos mesmos limites que a fluência do tempo impõe à vida social: pode ele dar ao caminhar de Kronos outras dimensões, definindo, por exemplo, um prazo mínimo para a entrada em vigor de uma norma; ou quais dias são úteis ou não à prática de determinados atos; que uma norma terá efeitos *ex tunc* para regular situações que o tempo social já têm por pretéritas; ou ainda, no direito tributário, prescrevendo importantes limites à atividade impositiva, como aquele da anterioridade tributária.

Importa reconhecer que o Direito não prescinde de condições de tempo e espaço para ordenar seus fatos, mas sendo linguagem prescritiva e não descritiva, isso estabelece sua própria cronologia que nem sempre coincidirá com aquela da realidade social, podendo diferir desta tanto em seu vagar como nos instantes em que se dão por percebidos os fatos, como muitas vezes ocorre.

2.2 Validade e vigência

É necessário ainda ter bem definidas as categorias de validade e vigência para bem alinhar o discurso em meio à polissemia que há sobre esses termos. Para não perder a objetividade, defino validade como a pertinência de uma norma a um sistema. Com isso, ao ser norma *jurídica* será sempre válida ante o sistema de direito positivo, pois o predicado jurídico somente pode ser atribuído àquilo que integre o sistema do direito posto. Ao proceder dessa maneira, alinho o pensamento a grandes juristas como o austríaco Hans Kelsen e professor pernambucano Lourival Vilanova que assim escrevera:[5] "[*Os sistemas jurídicos...*] Formam-se contendo lei interna (norma que estatue a fonte geradora de normas válidas. A validade (como reiteradamente sublinha Kelsen) é existência. Norma nula, por incongruência, desfaz a contraditoriedade. Se 'não-*N*' for nula, ela não é contraditória de '*N*'; sendo assim, norma nula é norma não-válida, norma inexistente. A relação lógico-formal não é potente para invalidar '*N*' ou 'não-*N*', ou ambas. E, ainda, norma não é válida *per se*, mas é válida porque tem *relação de pertinência* a um dado sistema *S*, e tem essa relação porque proveio da fonte geratriz normativamente (o que exclui o costume como *puro fato*) estabelecida".

Vigência, por sua vez, é termo que atribuo à norma que está apta para produzir seus efeitos, dessa maneira, será vigente uma norma ou (1) quando assim esteja prescrito em seu veículo introdutor, ou (2) quando transcorridos 45 dias de sua publicação (cf. Decreto-lei 4.707/1942, art. 1º); e, somente no caso das normas tributárias, (3) atendido o lapso mínimo determinado pelo princípio da anterioridade para cada espécie de tributo que se esteja a tratar.

2.3 Revogação e a chamada "revogação tácita"

O revogar faz-se sempre pela produção de uma norma, cuja função é inversa àquela regra que atribuiu vigência a outra, isto é, a prescrição revogatória é a *demarcação do termo limite da vigência de uma norma*. Da definição, já é possível perce-

5. Lourival Vilanova, *As Estruturas Lógicas e o Sistema de Direito Positivo*, p. 29.

ber um importante desdobramento: apenas norma pode produzir os efeitos de revogação, porque cabe apenas ao texto jurídico produzir efeitos sobre si mesmo. Não será, portanto, o desuso ou qualquer outro motivo da realidade social que produzirá os efeitos próprios da revogação, como bem anota Lourival Vilanova:[6] "(...) Norma somente por outra norma pode ser revogada, consoante o nível hierárquico de estruturação desse sistema. Insistimos nisso: sem o fato ser geratriz, sem tornar-se fato-jurídico, não produz norma válida revogatória de outra norma válida. Uma norma não revoga outra como relação meramente lógica, mas com a interposição de fato (condutas, ou atos, ou eventos), que, por isso, é fato jurídico, é fonte de direito, no sentido largo da expressão. Com isso, o sistema fecha a porta para o fato nuamente desprovido de normatividade. E obtém-se a homogeneidade deôntica do que se acha no universo do juridicamente relevante".

Mas é importante que se diga: no direito brasileiro, somente há revogação expressa, isto é, somente pode uma norma determinar o lapso final de vigência de outra quando o fizer expressamente. Não só porque assim está escrito na ordem do art. 9º da Lei Complementar 95/1998 – *A cláusula de revogação deverá enumerar, expressamente, as leis ou disposições legais revogadas* – como também porque o fato-jurídico a que o sistema atribui o efeito de revogação precisa ser construído em linguagem jurídica, isto é, enquanto fato jurídico, para que possa operar seus efeitos.

Que dizer então das disposições da Lei de Introdução do Direito Brasileiro que tratam da chamada *revogação tácita* em seu art. 2º, §§ 1º e 2º?

Já tratei, algumas linhas atrás, de como a norma jurídica, porquanto significação, é resultado de um trabalho de construção de sentido. Disse ainda que o trabalho árduo do intérprete do direito há de buscar na multidão de enunciados prescritivos apresentados pelo ordenamento jurídico, aqueles cujas formulações sejam aptas a construir a norma jurídica em seu todo de significação deôntica, isto é, deve-se formar o sentido *completo*, para que conheça o destinatário da norma a comando a ele prescrito.

Logo se observa que estes enunciados, muitas vezes, estarão dispersos no sistema em mais de um diploma normativo e não serão raras as vezes em que estes tenham diferentes graus hierárquicos no sistema. Nessa rede de normas que se multiplicam em velocidade assombrosa, não é de estranhar que existam, por vezes, mais de um enunciado sobre a mesma matéria e, também não tardará a constatar que não são raros os casos em que haverá prescrições em sentidos opostos.

O conflito entre diferentes enunciados prescritivos sobre uma mesma matéria (normas jurídicas em sentido lato) é um dos empecilhos com que se depara o intérprete no processo de construção de sentido. Mas o direito positivo, ante esta condição chamada também chamada *antinomia*, precisa de regras que, ante o inevitável confronto de enunciados prescritivos, possam determinar quais delas devem prevalecer para a construção de sentido de uma norma jurídica em sentido estrito.

Dentre essas normas de que tratamos, estão aquelas da Lei de Introdução ao Direito Brasileiro, citadas linhas acima, e ora transcritas:

"Art. 2º. Não se destinando à vigência temporária, a lei terá vigor até que outra a modifique ou revogue.

"§ 1º. A lei posterior revoga a anterior quando expressamente o declare, quando seja com ela incompatível ou quando regule inteiramente a matéria de que tratava a lei anterior.

"§ 2º. A lei nova, que estabeleça disposições gerais ou especiais a par das já existentes, não revoga nem modifica a lei anterior.

6. Idem, ibidem.

"§ 3º. Salvo disposição em contrário, a lei revogada não se restaura por ter a lei revogadora perdido a vigência."

Foi com termo "revogação" empregado nos parágrafos do artigo, que o legislador insculpiu não mais uma previsão de norma revogadora – pois que só há espaço para aquela que o faça expressamente –, mas sim dois dos critérios que se deve adotar na escolha dos enunciados aptos à construção da norma jurídica em sentido estrito quando o uso de um inibir o outro.

Seguindo a sequência da Lei, percebe-se no § 1º a opção por critério temporal (posterioridade); no § 2º é possível perceber a escolha do critério da especialidade para solução dos problemas entre enunciados conflitantes. A esses dois critérios traçados, acrescente-se mais um, decorrente da própria condição de sistema que é dotado o direito positivo, o da hierarquia dos dispositivos.

A hierarquia dos dispositivos que introduzem normas jurídicas no sistema de direito positivo é condição indispensável à manutenção do sistema e seu bom funcionamento, tanto é assim que há mecanismos no próprio sistema que coíbem energicamente atos que atentem contra a disposição hierárquica das normas atribuindo-lhes consequências tão graves quanto a inconstitucionalidade, ilegalidade ou nulidade.[7] Surge a hierarquia dos veículos introdutores normativos não só como mais um, mas o principal dentre os critérios úteis à escolha dos enunciados prescritivos que serão empregados na construção da norma jurídica em sentido estrito.

Entre esses critérios haverá de se eleger, pela condição própria de sistema adjudicada ao direito, uma ordem de prevalência entre eles para que se possa solucionar o conflito que poderia gerar a aplicação de um sobre o outro. A condição de sistema de proposições escalonadas que atribuo ao direito positivo faz com que o critério da hierarquia dos veículos introdutores surja no topo das prescrições sobre a antinomia dos enunciados jurídicos. Em seguida, há de se discutir sobre qual, posterioridade ou especialidade, teria precedência sobre o outro. Voltando a atenção à disposição final do § 2º do já citado art. 2º da Lei de Introdução às Normas de Direito Brasileiro, percebemos que como a "*lei nova, que estabeleça disposições gerais ou especiais a par das já existentes, não revoga nem modifica a lei anterior*" há uma opção, no sistema, pela prevalência do critério da especialidade sobre a posterioridade.

Assim ordenados, os conflitos entre as normas jurídicas em sentido lato (os enunciados prescritivos utilizados para compor a norma jurídica em sentido estrito), também chamados impropriamente de *revogação tácita*, devem ser resolvidos pela aplicação sucessiva dos seguintes critérios: (1) hierarquia, (2) especialidade e (3) posterioridade.

3. A isenção

3.1 Fenomenologia das isenções

Paulo de Barros Carvalho a descrever a isenção como a *mutilação de um dos critérios da regra-matriz de incidência tributária.*[8] Essa definição, já submetida à apreciação de juristas há bom tempo, tomo-a como mais uma premissa para o raciocínio que desenvolvo. Tendo assente que o enunciado isentivo é, assim, apenas mais um a dar contornos à norma jurídica em sentido estrito que impõe o tributo, duas conclusões são possíveis: (a) a isenção deve ser inserida no sistema pelo mesmo tipo de instrumento apto a instituir o tributo; (b) percebe-se que, com a produção de uma norma isentiva, ocorre a inserção de novo enunciado no sistema apontando em sentido contrário a outro que prescreve a co-

7. Tácio Lacerda Gama, *Competência Tributária – Fundamentos para uma Teoria da Nulidade*, p. 157.

8. Paulo de Barros Carvalho, *Curso de Direito Tributário*, p. 558.

brança do tributo, com o que o problema da isenção é um conflito entre enunciados prescritivos empregados na produção da norma jurídica em sentido estrito que institui o tributo.

Tal conflito não pode ser resolvido com fundamento na hierarquia do sistema, isso porque, estivesse a norma isentiva acima do nível legal dos dispositivos da norma instituidora do tributo, não se está a tratar de isenção, mas de *imunidade*.[9] Fosse o enunciado isentivo posto por norma de hierarquia infralegal, estaria ele mesmo a infringir o princípio da legalidade tributária segundo o qual a instituição e alteração da norma jurídica tributária em sentido estrito somente pode ser feita por meio de veículo introdutor com patamar de lei (Lei Complementar ou Lei Ordinária, conforme a Constituição prescrever para o tributo de que se esteja a tratar). Tanto é assim que, mesmo quando a isenção for "*derivada de contrato*", seu fundamento será sempre a lei que prescreva "*as condições e requisitos exigidos para a sua concessão, os tributos a que se aplica e, sendo caso, o prazo de sua duração*" conforme a redação do art. 176 do Código Tributário Nacional.

Seguindo a ordem de precedência a ele está o critério da especialidade que prescreve ser aplicável o enunciado mais específico, em detrimento do geral, mesmo quando este for posterior ao primeiro. Não resta dúvidas de que o enunciado isentivo, sendo parte "mutilada" em relação ao todo sobre o qual pode recair o tributo é sempre mais específico.

Portanto, do conflito entre o enunciado que, a título de exemplo, prescreve que ser objeto de tributação a renda, há de prevalecer aquele outro que exclua as receitas derivadas de um certo tipo de rendimento.

9. Ainda que as palavras do texto legal, como no art. 195, § 7º, da Constituição da República, possam sugerir o contrário. Além disso, a imunidade tolhe não a regra-matriz de incidência tributária, mas a norma de competência.

3.2 Dividir para melhor conhecer, a classificação e o CTN

Os preceitos isentivos formam enorme conjunto, numeroso a ponto de dificultar seu manejo e compreensão sistemática. Portanto, impõe-se ao seu manejo o emprego de uma classificação, que permita melhor isolar grupos e conhecer dos regimes jurídicos correspondentes.

São muitas as classificações que se encontra no seio da doutrina e no linguajar da jurisprudência, para os fins deste trabalho, penso ser mais oportuno desenvolver o esforço classificatório considerando dois critérios aos quais o sistema jurídico tributário brasileiro atribui relevância (cf. CTN, arts. 176 a 179): (1) se há, ou (2) não, condições que o sujeito deve cumprir para que seja beneficiado pela isenção e; (a) se há, ou (b) não, um limite demarcado no tempo para que o benefício da isenção tenha seu término.

Como resultado dos cortes epistemológicos que se faz no todo das isenções, haverá a formação de quatro classes, que podem ser assim descritas: aquelas que, outorgadas incondicionadamente, (1.a) têm tempo de duração predeterminado e (1.b) as que não tenham data de término demarcada; de outro lado estarão aquelas que, sendo outorgadas apenas após a satisfação de determinadas condições pelo sujeito, (2.a) são concedidas por prazo determinado e aquelas que são concedidas por tempo indeterminado (2.b).

3.3 Do espírito, intangível, à letra morta, palpável: o despacho que reconhece a isenção

Classificar as isenções foi etapa necessária para que possamos compreender o alcance da disposição do art. 179 do Código Tributário Nacional:

"Art. 179. A isenção, quando não concedida em caráter geral, é efetivada, em cada caso, por despacho da autoridade administrativa, em requerimento com o qual o interessado faça prova do preenchimento das condições e do cumprimento dos requisitos previstos em lei ou contrato para concessão.

"§ 1º. Tratando-se de tributo lançado por período certo de tempo, o despacho referido neste artigo será renovado antes da expiração de cada período, cessando automaticamente os seus efeitos a partir do primeiro dia do período para o qual o interessado deixar de promover a continuidade do reconhecimento da isenção.

"§ 2º. O despacho referido neste artigo não gera direito adquirido, aplicando-se, quando cabível, o disposto no artigo 155."

Percebe-se que não basta que o sujeito implemente as condições descritas na norma de isenção, é preciso, além disso, que uma autoridade competente para tanto registre na linguagem apropriada e seguindo o procedimento prescrito para tanto que o sujeito implementou aquelas condições. É essa a forma que o sistema prescreve para que ingresse, na realidade jurídica, o fato jurídico suficiente ao desencadeamento da isenção condicionada.

A diferença que há, em relação à fenomenologia da isenção condicionada em relação à isenção incondicionada é que, nesta última o obstáculo ao emprego do enunciado tributante na composição da regra-matriz de incidência tributária deriva da tão só da especificidade do texto legal. Já nas isenções concedidas mediante o adimplemento de uma determinada condição, sua efetivação depende da produção de um instrumento normativo (o despacho) a inserir o enunciado mais específico impedindo a formação da norma individual e concreta que documenta a incidência tributária em face do contribuinte que satisfez as condições necessárias ao gozo da isenção.

É oportuno lembrar que a atividade da autoridade administrativa não se quadra entre aqueles atos denominados pela doutrina administrativista como *discricionários*, mas àqueles *vinculados*. Deve então a autoridade emitir o ato tão logo esteja devidamente provado o adimplemento dos requisitos à isenção. Em não assim procedendo, poderá o interessado buscar a tutela judicial cuja decisão, têm entendido os tribunais, poderia suprir a falta desse despacho quando de maneira injustificada fosse recusada sua produção.[10]

4. O fim de uma isenção

Sendo norma, a isenção também está sujeita a ter demarcado seu lapso final de vigência pela produção de norma revogadora. Justamente em virtude da premissa conceitual que firmamos, sendo a isenção um dos vários enunciados que compõem a norma que institui o tributo, sua revogação – tal como sua instituição – deve seguir a todas as regras que disciplinem a competência tributária para a instituição do tributo em questão. Dito de outro modo: revogar isenção é uma forma de alcançar situação antes não atingida, tanto quanto o é a produção de enunciado que institua tributo novo.

Mas há, ainda alguns importantes aspectos, decorrentes da fenomenologia das isenções e de limitações do sistema jurídico brasileiro ao poder de instituir tributos, que fazem da revogação das isenções assunto a merecer atenção mais detalhada.

4.1 A revogação das isenções incondicionadas e os limites do direito posto

As isenções incondicionadas, tanto aquelas concedidas por tempo certo como aquelas concedidas por tempo indeterminado – tomo a liberdade de agrupá-las nesse instante –, caracterizam-se pela presen-

10. A esse respeito, interessante a leitura da decisão do Ministro Castro Meira nos autos em julgamento de caso semelhante no STJ (REsp 576.394).

ça de um dispositivo útil à composição da regra-matriz de incidência tributária que, por especial, prevalece sobre os demais que imponham o tributo.

A revogação atinge o texto de maneira direta e a norma jurídica em sentido estrito de forma indireta. Assim, quando revogado o enunciado das isenções incondicionadas, retira-se um dentre os vários enunciados úteis à composição da regra-matriz de incidência tributária e, com isso, está-se a modificá-la.

Afirmei, algumas linhas atrás, que a revogação da isenção, assim como sua instituição, é derivada da competência tributária e, portanto, está submetida às regras de instituição, modificação e revogação de tributos postas pela Constituição da República e também pelo Código Tributário Nacional. Nesses diplomas, dentre as várias regras que prescrevem, observa-se o limite objetivo da anterioridade que pode submeter os tributos, antes de que as regra-matrizes tributárias possam produzir seus efeitos, à espera de: (1) prazo de 90 dias a partir da publicação do diploma normativo; (2) prazo de um exercício a partir da publicação do texto legal; (3) o cúmulo destes dois prazos ou; (4) nenhum deles. Isso, de acordo com as normas que prescrevam a competência para instituir, modificar ou extinguir esse ou aquele tributo.

Se a revogação da isenção equivale em tudo à qualquer outra produção de enunciado que modifique a regra-matriz de incidência, terá ela de obedecer à regra de anterioridade prescrita para aquele tributo pela norma de competência tributária porquanto *sempre* será uma majoração ou instituição de tributo.

É esse o comando que pode ser lido no art. 178 do Código Tributário Nacional "Art. 178. A isenção, salvo se concedida por prazo certo e em função de determinadas condições, pode ser revogada ou modificada por lei, a qualquer tempo, observado o disposto no inciso III do art. 104".

Por sua vez no mencionado art. 104, III, assim está disposto:

"Art. 104. Entram em vigor no primeiro dia do exercício seguinte àquele em que ocorra a sua publicação os dispositivos de lei, referentes a impostos sobre o patrimônio ou a renda:

"I – que instituem ou majoram tais impostos;

"II – que definem novas hipóteses de incidência;

"III – que extinguem ou reduzem isenções, salvo se a lei dispuser de maneira mais favorável ao contribuinte, e observado o disposto no artigo 178."

Mas a obediência ao limite objetivo da anterioridade tributária deveria ocorrer ainda que não houvesse a positivação destas prescrições no Código Tributário Nacional. Isso porque, a revogação de isenção é, assim como sua instituição, manifestação da competência tributária e, portanto, está ela sujeita à todas as regras prescritas pela Constituição da República.

4.2 Isenções condicionadas e o problema das normas individuais produzidas

As isenções condicionadas apresentam uma peculiaridade em relação às isenções incondicionadas, como tive a oportunidade de afirmar no item 4.1: nelas, há necessidade da produção de norma individual (o despacho do art. 179) para que a isenção possa gerar o efeito de afastar a incidência do tributo para um determinado sujeito.

É por isso que, ao prescrever a obediência ao limite objetivo da anterioridade quando da revogação da isenção, o art. 178 do Código Tributário Nacional as excepcionou:

"Art. 178. A isenção, *salvo se concedida por prazo certo e em função de determinadas condições*, pode ser revogada ou modificada por lei, a qualquer tempo, observado o disposto no inciso III do art. 104" (destaquei).

A redação que excepciona, mas não completa, levanta dúvidas: as isenções, concedidas mediante condição e por tempo determinado estão sujeitas ao princípio da anterioridade? E aquelas condicionadas, mas concedidas por tempo indeterminado?

4.3 Revogação de isenção condicionada e por tempo indeterminado

O já mencionado art. 178, antes de 7 de janeiro de 1975 tinha a seguinte redação:

"Art. 178. A isenção, salvo se concedida por prazo certo *ou* em função de determinadas condições, pode ser revogada ou modificada por lei a qualquer tempo, observado o disposto no inciso III do artigo 104".

Com a edição da Lei Complementar n. 24, de 1975, o termo conector inclusivo "*ou*" foi substituído pelo conector aditivo "*e*" e assim encontra sua atual redação. A dúvida então é se a revogação de isenção condicionada, mas por tempo indeterminado, abrangida pelo disjuntor inclusivo "*ou*", mas não pelo conjuntor "*e*", estaria ou não englobada na exceção prevista e, assim, sujeita à revogação a qualquer tempo desde que obedecida a anterioridade e demais princípios que instruem a competência tributária.

A questão ganha fôlego com a edição da Súmula 544 pelo STF, em 3 de dezembro de 1969, quando os ministros deixaram consignado o seu entendimento de que "Isenções tributárias concedidas, sob condição onerosa, não podem ser livremente suprimidas".

Sem tecer palavra alguma quanto ao caso das isenções dadas por tempo indeterminado, mas tão somente quanto à condição onerosa, a Súmula não responde à dúvida.

A nova redação, com o "e" inclusivo sugere que os requisitos são cumulativos,[11] isto é, que pode a isenção ser revogada livremente desde que observadas as regras decorrentes da competência tributária, especialmente naquilo que diz respeito à anterioridade tributária.

Penso que esta interpretação é a acertada, ainda que observado o problema pelo prisma da redação anterior, isso porque admitir que uma isenção não pudesse ser revogada livremente seria fazer com que um enunciado infraconstitucional contrariasse um enunciado constitucional, ferindo um dos pilares sobre o qual se sustenta todo o sistema de direito positivo que é aquele da hierarquia dos veículos introdutores.

Diz-se isso porque a norma de competência prescreve ser permitido ou obrigatório a um sujeito instituir um tributo definido na Constituição da República e, assim, tanto a obrigação como a permissão dessa conduta são veiculados por enunciados constitucionais. A norma jurídica em sentido lato da isenção ocupa a posição hierárquica infraconstitucional no direito brasileiro. É, portanto, *derivada* da norma de competência e, portanto, deve ater-se aos limites que ela prescreve.

A isenção, como já apontei, prescreve uma proibição de que se faça a incidência do tributo quando diante de uma situação como aquelas descritas. Não é norma de competência para instituição de normas gerais e abstratas sobre tributos, mas tão só para as normas individuais e concretas que documentam protocolarmente a incidência dos tributos. É, portanto, dirigida à competência dos sujeitos encarregados da aplicação da norma tributária geral e abstrata o a e não aos sujeitos encarregados de produzir os enunciados que devem servir à produção da regra-matriz de incidência tributária.

11. Os tribunais pátrios vinham e vêm posicionando-se nesse sentido, a exemplo as decisões do STJ nos REsp 575.806-PE (11.9.2007) e REsp 48.735-SP (10.6.1997).

A antinomia entre o enunciado da isenção por tempo indeterminado, prescrito por enunciado de hierarquia infraconstitucional, e a obrigação ou permissão prescritas pela norma de competência, com assento constitucional, deve ser resolvida em favor das últimas pelo já mencionado critério da hierarquia dos veículos introdutores, que é preceito fundamental em qualquer ordenamento jurídico, ainda que não encontre expressa sua formulação nos textos de direito positivo que formam o ordenamento.

Dessa forma, é possível concluir que a revogação da isenção que tenha sido concedida de forma condicionada, mas por tempo indeterminado não se quadra na exceção prevista pelo art. 178 do Código Tributário Nacional. Ainda que não houvesse tal dispositivo, o sistema do direito positivo brasileiro, em razão de ter na Constituição Federal os enunciados que autorizam ou obrigam a instituição de tributos não poderia admitir que um enunciado infraconstitucional impedisse a eficácia jurídica da norma que outorga competência tributária às pessoas públicas constitucionais.

4.4 Revogação de isenção condicionada e por tempo determinado

A isenção, quando outorgada pela lei como condicionada e por prazo certo, se processa segundo os trâmites do art. 179 do Código Tributário Nacional. É, normalmente, efetivada com a emissão do despacho administrativo que, como tive a oportunidade de descrever algumas linhas acima, é veículo introdutor de normas individuais que prescrevem a isenção pelo tempo legalmente predeterminado e para aquele sujeito.

Quando é revogado o enunciado isentivo que serve de fundamento à essa isenção, é alterada a norma geral e abstrata que institui o tributo, a regra-matriz de incidência tributária, que passará a ser composta por outros enunciados que permanecem no sistema e prescrevem a incidência do tributo com outros contornos, estes, necessariamente mais amplos do que aqueles de quando vigente a norma jurídica em sentido lato que prescrevia a isenção. Até aí, não falo nada novo.

Mas se voltar a atenção à peculiaridade da fenomenologia da isenção condicionada, logo vê-se que a norma que produz o efeito da isenção não é aquela geral e abstrata, mas a individual, derivada do reconhecimento pela autoridade competente do preenchimento das condições necessárias. Revogada a norma geral e abstrata, revogar-se-ia também aquelas normas postas pelos despachos de que fala o art. 179 do Código Tributário Nacional?

Penso que não.

Essas normas, consubstanciadas em um ato jurídico perfeito – no sentido de acabado sem vícios em seu procedimento – quadram-se na hipótese prevista na Constituição da República, mais precisamente na situação prescrita em seu art. 5º, XXXVI: "*a lei não prejudicará o direito adquirido, o ato jurídico perfeito e a coisa julgada*".

Haveria então o conflito dos enunciados entre os enunciados que formam a norma geral e abstrata "recomposta" – que implica juridicamente a tributação da situação antes reconhecida como isenta – e das normas individuais que se mantém no sistema não pela sua própria hierarquia – que é infralegal –, mas em razão da posição constitucional – e, portanto, superior à posição legal do ato revogatório – daquele dispositivo que garante que a lei nova preservará *o direito adquirido, o ato jurídico perfeito e a coisa julgada*. Resolve-se assim o problema do direito adquirido à isenção outorgada por prazo certo e mediante o atendimento de condição, por todo o prazo.

Ao fim

Foi longo, mas proveitoso, o caminho empreendido pelo pensamento até estas linhas que tem a pretensão ser a síntese de tudo quanto foi até aqui traçado. É chegada a hora de apresentar os resultados da pesquisa com a objetividade que o título da última sessão reclama, mas com a seriedade e rigor que as páginas que precederam exigem.

Passo então a enumerar as conclusões a que chega este texto:

1. A isenção é enunciado prescritivo que restringe um dos critérios da regra-matriz de incidência de maneira a inibir, por completo, a percussão tributária sobre uma situação que especifique. Nas isenções condicionadas, esse obstáculo é posto por meio de despacho da autoridade competente, segundo prescreve o art. 179 do Código Tributário Nacional.

2. A revogação é o meio pelo qual uma norma em sentido estrito tem seu marco final de vigência demarcado no tempo. É também *sempre* expressa, não havendo hipótese de demarcação final de vigência de outra forma. Com isso, a chamada revogação tácita é, em verdade, um conflito de enunciados que é resolvido segundo as regras de harmonização e solução de conflitos prescritas pelo próprio sistema.

3. Assim, a revogação de isenção concedida de forma incondicionada (tanto por prazo certo como por tempo indeterminado) deve obedecer à todas as regras prescritas pela norma de competência tributária, inclusive àquelas que disponham sobre a anterioridade tributária, devendo transcorrer o lapso necessário para que as situações antes tidas por isentas possam ser novamente objeto de incidência tributária.

4. A revogação da isenção concedida mediante o adimplemento de condição, mas por prazo indeterminado, não se quadra na exceção do art. 178 do Código Tributário Nacional, mesmo antes da reforma de sua redação pela Lei Complementar 24, de 1975. Isso porque não pode o despacho se opor à norma de competência tributária que tem patamar constitucional e não poderia ter o seu modal deôntico comprometido por norma infralegal. Portanto, devem ser aplicadas as mesmas regras da revogação de isenção concedida de forma condicionada quando de sua revogação.

5. A revogação da isenção concedida mediante o adimplemento de condição, mas por prazo determinado, não atinge as normas individuais que se mantém no sistema em virtude da proteção dada pela constituição ao ato jurídico perfeito (art. 5º, XXXVI).

6. Dessa forma, enquanto perdurar o prazo definido na norma individual que reconhece o adimplemento da condição, não poderá ser a situação ali reconhecida como isenta ser objeto de tributação, ainda que revogada a norma fundante da isenção em momento anterior ao prazo.

Referências

ATALIBA, Geraldo. *Hipótese de Incidência Tributária*. São Paulo, Malheiros Editores, 2001.

BECKER, Alfredo Augusto. *Teoria Geral de Direito Tributário*. São Paulo, Lejus, 1998.

BORGES, José Souto Maior. *Teoria Geral da Isenção Tributária*. São Paulo, Malheiros Editores, 2001.

CARRAZZA, Roque Antonio. *Reflexões sobre a Obrigação Tributária*. São Paulo, Noeses, 2010.

______. *Curso de Direito Constitucional Tributário*. São Paulo, Malheiros Editores, 2010.

CARVALHO, Paulo de Barros. *Curso de Direito Tributário*. São Paulo, Saraiva, 2007.

______. *Direito Tributário, Linguagem e Método*. São Paulo, Noeses, 2010.

______. *Direito Tributário – Fundamentos Jurídicos da Incidência*. São Paulo, Saraiva, 2009.

______. "Isenções tributárias do IPI, em face do princípio da não-cumulatividade", in *Revista Dialética de Direito Tributário* 33/142-168. São Paulo, Dialética, jun./1998.

FIGUEIREDO, Lúcia Vale. "Imunidades e isenções tributárias", in *Estudos de Direito*

Tributário. São Paulo, Malheiros Editores, 1996.

GAMA, Tácio Lacerda. *Competência Tributária – Fundamentos para uma Teoria da Nulidade*. São Paulo, Noeses, 2009.

KELSEN, Hans. *Teoria Pura do Direito*. São Paulo, Martins Fontes, 2007.

______. *Validez y Eficacia del Derecho*. Buenos Aires, Astrea, 2005.

LUNARDELLI, Pedro Guilherme Accorsi. *Isenções Tributárias*. São Paulo, Dialética, 1999.

______. "Exclusão do crédito tributário", in SANTI, Eurico Marcos Diniz de (coord.) *Curso de Especialização em Direito Tributário – Homenagem a Paulo de Barros Carvalho*. Rio de Janeiro, Forense, 2005.

MOUSSALLEM, Tárek Moysés. *Revogação em Matéria Tributária*. São Paulo, Noeses, 2005.

OST, François. *O Tempo do Direito*. Bauru, EDUSC, 2005.

POPPER, Karl. "Dois tipos de definições", in MILLER, David (org.). *Popper – Textos Escolhidos*. Rio de Janeiro, Contraponto, 2010.

VILANOVA, Lourival. *Causalidade e Relação no Direito*. São Paulo, Ed. RT, 2000.

______. *Estruturas Lógicas e o Sistema de Direito Positivo*. São Paulo, Noeses, 2005.

ESTUDOS & COMENTÁRIOS

O ALCANCE DA NORMA JURÍDICA CONSTITUCIONAL TRIBUTÁRIA QUE IMUNIZA O LIVRO

LUIZ GUSTAVO SANTANA DE CARVALHO*
Mestrando em Direito Tributário na USP. Especialista em Direito Tributário pelo IBET – Instituto Brasileiro de Estudos Tributários . Professor no Curso de Especialização *lato sensu* em Direito Tributário da Faculdade de Direito Damásio de Jesus . Professor-Monitor no Curso de Especialização *lato sensu* em Direito Tributário da USP. Ex-Procurador Chefe Fiscal do Município de Maceió/AL. Ex-Procurador Geral do Município de Marechal Deodoro/AL. Graduado em direito pela Universidade Federal de Alagoas. Advogado.

1. Introdução. 2. A norma jurídica: 2.1 Concepção normativa do direito e a validade das normas jurídicas; 2.2 A construção da norma jurídica. 2.3 A norma jurídica tributária. 3. As imunidades tributárias: 3.1 Natureza jurídica e conceito das imunidades tributárias; 3.2 O valor na norma jurídica imunizante; 3.3 O papel da lei complementar; 3.4 Interpretação das normas imunizantes. 4. A imunidade do livro: 4.1 Considerações gerais; 4.2 O sentido do signo "livro"; 4.3 A jurisprudência do STF. 5. Conclusões.

1. Introdução

Problema recorrente da comunicação é a vaguidade ou a ambiguidade dos termos e/ou expressões da língua, ou seja, dos signos. E o direito positivo (e seus subsistemas), tomado como fato comunicacional e materializado num corpo de linguagem escrita,[1] não escapa desse problema. Seus *enunciados prescritivos*, e os termos ali contidos, aceitam interpretações diversas, respeitados os respectivos limites lógico--sintáticos.

O direito positivo se manifesta nos *enunciados prescritivos* dos diplomas legais (constituição, leis, decretos, sentenças, etc.), editados pelos agentes que o ordenamento jurídico elege e segundo procedimentos por ele definidos. E a linguagem do legislador é imprecisa. Em regra, as *leis*[2] são elaboradas sem a observância de qualquer rigor técnico-científico, especialmente no que diz respeito à sua redação, o que implica em não raras ambiguidades e/ou vaguidades terminológicas. É isto o que ensina Paulo de Barros Carvalho, *in verbis*:

"(...) As leis não são feitas por cientistas do Direito e sim por políticos, pessoas

* *lgcarvalho@usp.br.*

1. Cf. Gregório Robles, *O Direito como Texto: Quatro Estudos de Teoria Comunicacional do Direito* (trad. Roberto Barbosa Alvez), Barueri/SP, Manole, 2005.

2. Este signo é aqui tomado como o produto da atividade típica do poder legislativo.

de formação cultural essencialmente diversificada, representantes que são dos múltiplos setores que compõem a sociedade. O produto de seu trabalho, por conseguinte, não trará a marca do rigor técnico e científico que muitos almejam encontrar. (...)".[3]

"(...) o legislador se exprime numa linguagem técnica, miscigenação de termos colhidos na experiência comum e de vocábulos científicos. Ao depositar nos textos do direito positivo as significações de seus atos de vontade, muito embora o faça com intenção de racionalidade, acaba por incorrer numa série de vícios, responsáveis por antinomias, pleonasmos, ambiguidades de toda ordem, falhas sintáticas, construções impróprias e até fórmulas vazias de sentido.

"(...) Dista de ser verdadeira a lição, tão cediça em nossos clássicos, de que a lei não contém erros, redundâncias, palavras inúteis. (...) É lícito afirmar-se que nenhum ato normativo está livre de tais defeitos, fruto que é do trabalho do homem, prisioneiro eterno de suas imanentes limitações."[4]

Desse modo, pode-se afirmar que grande parte dos problemas existentes no direito positivo reside no uso da língua. É por esta razão que se torna indispensável a atuação do intérprete (aplicador e cientista), a quem incumbe o papel de descrever as *normas jurídicas*, construindo o seu sentido e/ou significação, preenchendo lacunas, solucionando contradições e aquelas ambiguidades e/ou vaguidades terminológicas, mediante o cotejo entre a *acepção de base* e a *acepção contextual* dos signos, e desapegando-se da "intenção do legislador", como ensina o referido professor paulista, *in verbis*:

"Já recordara Alf Ross, que '*La mayor parte de las palabras son ambiguas, y que todas las palabras son vagas, esto es, que su campo de referencia ES indefinido, pues consiste en un núcleo o zona central y un nebuloso circulo exterior de incertidumbre*'. Dentro dessa plurivocidade haverá sempre uma acepção de base e outra (ou outras) que podemos chamar de contextual (ou contextuais), como observa Luis Alberto Warat".[5]

Confirmando tudo isto, adicionalmente, o ilustre professor complementa ao afirmar que "*não existe correspondência necessária entre a intenção do legislador e a substância semântica que o intérprete obtém pela verificação das exigências sistêmicas*".[6]

Nesse cenário, busca-se construir um sentido razoável e possível para a *norma jurídica* que decorre do enunciado lançado na alínea "d" do inciso VI do art. 150 da Constituição de 1988, que não autoriza a exigência de impostos sobre os *livros*, *in verbis*:

"Art. 150. Sem prejuízo de outras garantias asseguradas ao contribuinte, é vedado à União, aos Estados, ao Distrito Federal e aos Municípios: (...); VI – instituir impostos sobre: (...); d) *livros*, jornais, periódicos e o papel destinado a sua impressão. (...)" (grifo nosso).

Esta tarefa de construir o sentido possível da norma jurídica, com as ferramentas oferecidas pelas ciências da linguagem – especialmente a semiótica – e por meio de uma teoria hermenêutico-analítica, tem como objetivo oferecer um caminho razoável para a solução dos conflitos que envolvem a limitação ao poder de tributar os *livros*, bem como produção e aplicação das regras que deixem de observar tal limitação.

A partir da leitura desse dispositivo, portanto, buscar-se-á construir o sentido

3. Paulo de Barros Carvalho, *Curso de Direito Tributário*, 17ª ed., São Paulo, Saraiva, 2005, p. 30.
4. Idem, pp. 198-199.
5. Idem, p. 132.
6. Idem, p. 208.

do signo *livro* ali contido, de modo que se possa identificar claramente os limites ao poder de tributar, já que a imunidade tributária representa um limite a isto.

Nesse processo hermenêutico, é possível perceber que, do ponto de vista semântico, o signo *livro* pode denotar o objeto *livro impresso em papel* ou um *gênero*, do qual o *livro impresso em papel* é apenas de suas espécies, ao lado de outras, tais como o *livro eletrônico* (*e-book*) e o *audiolivro* (*audiobook*). Mas também pode denotar um sentido figurado ("aprendeu no *livro* da vida").

Numa primeira análise, ao interpretar o referido dispositivo, é possível construir 03 (três) significações distintas para aquela regra imunizante, a saber:

(*i*) partindo da premissa de que o signo *livro* serve para denotar apenas o objeto *livro impresso em papel*, o legislador constituinte optou por imunizar *somente* esse objeto;

(*ii*) reconhecendo que o signo *livro* serve para denotar um *gênero*, o legislador constituinte optou por imunizar *apenas* o livro impresso em papel, e não as demais espécies;

(*iii*) ainda reconhecendo que o signo *livro* serve para denotar um *gênero*, o legislador constituinte optou por imunizar *todas* as espécies de livro e, quando impresso em papel, *também o papel* utilizado na sua impressão.

Mas nesse processo de interpretação é preciso ir além, passando também pelo plano lógico-sintático e o pragmático, para que se possa "escolher" a melhor solução dentre aquelas apresentadas no parágrafo anterior.

Então, ao fim e diante de todos os elementos apresentados até então, tornar-se-á possível a análise crítica da jurisprudência do Supremo Tribunal Federal de Justiça sobre o tema, verificando e apontando seus possíveis vacilos e/ou acertos.

2. A norma jurídica

2.1 Concepção normativa do direito e a validade das normas jurídicas

Como lembra Lourival Vilanova,[7] conceituar o direito é tarefa difícil e ainda pendente de solução, porque depende da fixação de pressupostos epistemológicos não coincidentes entre juristas e filósofos, especialmente. Diz o autor, *in verbis*:

"(...) Ainda não se entendem, cientistas e filósofos do direito, sobre a definição do direito. As causas da diversidade de definições, são muitas. Entre outras, a complexidade do objeto jurídico, os pressupostos filosóficos que servem de base às definições, os pontos de vista mediante os quais se considera o direito – ora a forma, ora o conteúdo, ora o valor, a natureza sociológica etc. –, de sorte que a definição do jurista, a do filósofo, até mesmo a decorrente do fato da especialização num ramo do direito, ostentam ampla discrepância, não meramente verbal, mas de substância (...)".

Todavia, uma forma possível de compreender a realidade jurídica, é aceitar o direito positivo (objeto de estudo da Ciência do direito) como norma jurídica ou como um conjunto de normas jurídicas (concepção normativa ou normativista), tal qual o fez Kelsen,[8] seguido por tantos outros.[9] Diz o autor: "Na afirmação evidente de que o objeto da ciência jurídica é

7. Lourival Vilanova, *Escritos Jurídicos e Filosóficos*, vol. 1, São Paulo, Axis Mvundi e IBET, 2003, p. 1.

8. Hans Kelsen, *Teoria Pura do Direito* (trad. João Baptista Machado), 7ª ed., São Paulo, Martins Fontes, 2006, p. 79.

9. Nesse sentido, v., p.ex.: (*i*) Tércio Sampaio Ferraz Júnior, *Introdução ao Estudo do Direito: Técnica, Decisão, Dominação*, 3ª ed., São Paulo, Atlas, 2001; (*ii*) Paulo de Barros Carvalho, *Curso de Direito Tributário*, 17ª ed., cit.; (iii) Lourival Vilanova, *Escritos Jurídicos e Filosóficos*, vol. 1, cit. Em sentido diverso, v., p.ex.: (*i*) Miguel Reale, *Teoria Tridimensional do Direito*, 5ª ed., São Paulo, Saraiva, 2000; (*ii*) Francisco Cavalcante Pontes de Mi-

o Direito, está contida a afirmação – menos evidente – de que são as normas jurídicas o objeto da ciência jurídica, e a conduta humana só o é na medida em que é determinada nas normas jurídicas como pressuposto ou consequência, ou – por outras palavras – na medida em que constitui conteúdo das normas jurídicas (...)".

Firme nessa concepção, toma-se cada norma jurídica como uma unidade do sistema do direito positivo, que estabelece vínculos com as demais por meio de relações verticais e horizontais, de hierarquia e coordenação.

Do ponto de vista da hierarquia, partindo da Constituição, as normas superiores fundamentam o nascimento (produção e ingresso no sistema jurídico) das inferiores, que derivam daquelas. Dito de outro modo, as normas inferiores guardam fundamento de validade nas que lhes são superiores. Já do ponto de vista da coordenação, cada norma desempenha um papel específico, dentro da competência que lhe é ou foi outorgada, não havendo o que se falar em hierarquia entre elas, mas sim de competência para disciplinar determinada matéria. São estas as relações que permitem aferir a validade das normas jurídicas.

Logo, são válidas as normas jurídicas produzidas em estrita observância à tais relações (hierarquia e coordenação). E, uma vez atendidos os requisitos formais da competência e procedimento previamente estabelecido pelo direito positivo, a norma jurídica é válida, até que outra norma de mesmo nível hierárquico lhe retire do sistema, ou seja, lhe retire a validade.

A validade assume a condição de critério para compreender o direito. Ela tem *status* de relação, entre a norma e o sistema. Uma norma é válida, portanto, se pertence ao sistema, segundo seus critérios.

Paulo de Barros Carvalho[10] relata que, para Kelsen, o critério reside na *forma*: órgão competente e procedimento próprio. Há também o critério da *dedutibilidade*. Mas, relata o autor paulista que, para Daniel Mendonça, esses critérios são insuficientes, sendo mais satisfatória a proposta de Bulygin: *regra de identificação*. Seja como for, a validade diz respeito à observância dos critérios eleitos pelo sistema.

Nesta concepção, portanto, a validade não corresponde a um atributo ou característica da *norma jurídica*, mas sim a uma relação de *pertinecialidade*[11] que ela estabelece com o sistema do direito positivo. Se a norma jurídica é válida, assim o é porque os requisitos formais para sua produção foram observados. Logo, ela existe no (ou para o) sistema do direito positivo, isto é, *validade* e *existência* são conceitos que se equivalem, nesta concepção.

O processo de enunciação e positivação das *normas jurídicas* deve observar as regras de competência postas no sistema, como condição de sua validade. Assim, as *normas jurídicas*, para serem válidas e ingressarem no sistema do direito positivo, devem ser produzidas de acordo com as regras de competência, especialmente aquelas postas em nível constitucional, e respeitando as limitações impostas pelo próprio sistema, sob pena de restar configurada a *ilicitude* do exercício da competência, tal qual assinala Tácio Lacerda Gama,[12] *in verbis*:

"A sanção pelo exercício ilícito da competência é a nulidade da norma. A consequência da nulidade é, conforme o caso, a suspensão da vigência (nas decisões que prescrevem efeitos gerias) ou a eficácia

randa, *Tratado de Direito Privado*, t. 1, Campinas, Bookseller, 2000.

10. Paulo de Barros Carvalho, *Direito Tributário, Linguagem e Método*, 2ª ed., São Paulo, Noeses, 2009.

11. Cf. Paulo de Barros Carvalho, *Direito Tributário, Linguagem e Método*, 2ª ed., cit.

12. Tácio Lacerda Gama, *Competência Tributária: Fundamentos para uma Teoria da Nulidade*, São Paulo, Noeses, 2009, p. 341.

(nas decisões individuais da norma criada ilicitamente).

"Tanto a norma produzida de forma regular como aquela produzida irregularmente estão no sistema de direito positivo. A diferença é que uma irradia os efeitos para os quais foi criada e a outra – criada 'ilicitamente – não'."

Nesse contexto que sobressai a distinção entre as normas jurídicas que disciplinam a produção de outras normas jurídicas (*normas de estrutura* ou *normas de competência*) e as normas jurídicas que disciplinam tão somente as condutas intersubjetivas exigidas dos administrados (*normas de conduta*).

Todos os poderes (legislativo, executivo e judiciário) produzem *atos normativos*. Logo, todos os seus representantes são *aplicadores do direito*, ou seja, interpretam o direito (a partir da Constituição) e produzem novas regras jurídicas.

Os particulares tão assumem a condição de *aplicadores do direito* quando, devidamente autorizados pelo sistema do direito positivo, praticam *atos normativos*, a exemplo dos contratos (negócio jurídico), da declaração de vontade (ato jurídico, unilateral), etc.

A produção de tais *atos normativos* deve observar as *normas jurídicas* que a disciplina, ou seja, as *normas de estrutura* ou *normas de competência*, que estabelecem as competências e os procedimentos para tanto, como condição de sua *validade*.[13] Já as *normas de conduta* disciplinam, por exclusão, as condutas intersubjetivas que não implicam produção de outras normas.

É bem verdade que o ato de produzir norma jurídica, por si só, já configura uma conduta. Logo, a distinção acima referida perderia o sentido. Todavia, a sua importância se mantém para fins didáticos.

13. Idem, p. 343.

2.2 A construção da norma jurídica

Tomando o direito como um objeto fruto da construção intelectual humana que se volta para a disciplina das condutas intersubjetivas, buscando harmonizá-las, é inegável aceitar que no mundo moderno ele (o direito) se manifesta no texto positivo, ou seja, na linguagem prescritiva escrita, que se impõe por meio da coercibilidade que lhe é própria e que o distingue dos demais sistemas normativos.[14]

No modelo moderno ocidental, especialmente no brasileiro, falar em direito implica falar em direito positivo, ou seja, aquele sistema normativo devidamente posto na forma de um corpo de linguagem escrita.

O texto prescritivo, portanto, assume a condição de suporte físico da mensagem emitida pelo aplicador do direito (agente legitimado pelo sistema jurídico para enunciar mandamentos jurídicos). O texto serve de canal da comunicação normativa, daí porque é razoável aceitar a lição de Robles, para quem o direito é texto, devendo ser estudado à luz de uma teoria comunicacional. Diz o autor:[15] "A prova palpável de que o direito *é* texto está em que todo ordenamento jurídico é suscetível de ser escrito, isto é, de ser convertido em palavras. Até mesmo as normas que não nascem escritas, aquelas que são consuetudinárias, têm essa característica. O direito é *linguagem* no sentido de que sua forma de expressão consubstancial é a linguagem verbalizada suscetível de ser escrita. Isto aparece especialmente no direito moderno, que já nasce escrito" (itálicos no original).

Como leciona Paulo de Barros Carvalho,[16] os diversos extratos escritos de

14. O direito positivo aqui é tomado numa concepção sistêmica, cf. Paulo de Barros Carvalho, *Direito Tributário, Linguagem e Método*, 2ª ed., cit.

15. Gregório Robles, *O Direito como Texto: Quatro Estudos de Teoria Comunicacional do Direito*, cit., p. 2.

16. Paulo de Barros Carvalho, *Curso de Direito Tributário*, 17ª ed., cit., 2009.

linguagem normativa (enunciados prescritivos) não são suficientes para disciplinar correta e integralmente as condutas intersubjetivas. Muitas vezes, um determinado artigo de lei – ou mesmo um diploma legal –, por exemplo, não contém todos os elementos necessários para fixar o dever-ser do direito de modo a ser bem e totalmente compreendido pelos destinatários das regras.

Para que determinada conduta prescrita possa ser realizada, atendendo-se ao comando normativo, ao destinatário da regra deve-se dar conhecimento dos termos e condições para a realização da conduta exigida.

No âmbito do direito tributário, por exemplo, o sujeito passivo necessita saber qual o objeto da obrigação tributária que lhe é exigida (tributo), os critérios para sua quantificação (base de cálculo e alíquota), os termos e condições para o seu cumprimento (credor, local do recolhimento, modo de pagamento, vencimento, etc.). E tais elementos são fixados a partir de diversos enunciados prescritivos do direito, e não somente de um único enunciado ou diploma legal.

Isto levou o autor a conceber a teoria da *regra matriz de incidência*, tomada como a estrutura mínima e suficiente para a completa disciplina da relação jurídica pretendida (conduta intersubjetiva), ou, no dizer do autor, "*expressão mínima e irredutível (com o perdão do pleonasmo) de manifestação do deôntico, com o sentido completo*".[17] Eis aí a *norma jurídica*, fruto de uma construção lógico-semântica.

Trata-se de um juízo concebido pelo aplicador do direito, no seu psiquê, sob uma estrutura formal hipotético-condicional[18] – tal qual ensinou Kelsen[19] –, e fruto da atribuição de sentido aos enunciados prescritivos. Trata-se de uma "*proposição lógico-sintática de significação*", como ensina Lourival Vilanova.[20]

Aqui, vale destacar a lição de Tarek Moussalem,[21] para quem "as normas jurídicas emergem como *unidades completas de significação deôntico-jurídicas*" (grifos no original).

Essa estrutura é construída pelo aplicador do direito, antes mesmo de enunciar a regra aplicável ao caso concreto, ainda em nível geral e abstrato, fixando-se seus elementos, para que a mensagem jurídico-normativa possa ser bem e integralmente compreendida.

Esse raciocínio permite fazer a distinção entre o *enunciado prescritivo* (positivado) e a *norma jurídica* construída pelo aplicador. Nesta concepção, portanto, *enunciado* e *norma jurídica* são categorias distintas, que não se confundem, como já ponderado.

A *norma jurídica*, tomada como o juízo hipotético-condicional, é construído na mente do aplicador do direito, pela interpretação dos *enunciados prescritivos*, sob a seguinte estrutura formal: "*Se A, deve ser B*".[22]

Isto significa dizer que a norma jurídica é concebida a partir de uma hipótese legal; o fato jurídico hipoteticamente descrito, eleito pelo legislador porque socialmente relevante e merecedor de disciplina jurídica. Completando essa estrutura, tem-se a relação jurídica implicada pela causalidade jurídica: o efeito ou a consequência jurídica.

Assim, o fenômeno jurídico se opera da seguinte forma: dado o fato "F", *deve ser* a relação jurídica "R".

17. Paulo de Barros Carvalho, *Direito Tributário, Linguagem e Método*, 2ª ed., cit., p. 531.

18. "Se A, deve ser B".

19. Hans Kelsen, *Teoria Pura do Direito*, 7ª ed., cit.

20. Lourival Vilanova, *Escritos Jurídicos e Filosóficos*, vol. 1, cit.

21. Tárek Moysés Moussalem, *Revogação em Matéria Tributária*, São Paulo, Noeses, 2005, pp. 104-105.

22. Hans Kelsen, *Teoria Pura do Direito*, 7ª ed., cit.

2.3 A norma jurídica tributária

No subsistema do direito tributário, pode-se dizer que há diversas espécies de *normas jurídicas*. Em síntese, são elas: (*i*) as normas constitucionais, que limitam, demarcam e outorgam a competência tributária; (*ii*) as normas infraconstitucionais (Lei Complementar), que dispõem sobre conflitos de competência (prevenindo-os ou solucionando-os), servindo de mecanismo de ajuste da produção legislativa ordinária, seja regulando as limitações constitucionais ao poder de tributar, seja estabelecendo *normas gerais* em matéria tributária; (*iii*) as normas infraconstitucionais (Lei Ordinária), que servem ao exercício da competência tributária demarcada constitucionalmente, disciplinando a conduta intersubjetiva tributária exigida (obrigação tributária) e os deveres instrumentais; (*iv*) normas infralegais, que regulamentam o dever jurídico instituído na legislação ordinária.

Tais normas são produzidas tanto no plano abstrato ou concreto como no plano geral ou individual.

As normas gerais e abstratas construídas a partir dos *enunciados prescritivos*, de fato, não alcançam as condutas intersubjetivas que pretendem disciplinar. Com a materialização do fato social previsto e descrito hipoteticamente na antecedente (hipótese legal) da *norma jurídica* geral e abstrata, há de ser praticado um ato de vontade por um agente aplicador do direito, devidamente legitimado para tanto, a quem incumbe constituir o fato jurídico, por meio de uma *norma jurídica* individual e concreta, dando vida ao fenômeno jurídico.

Como exemplo disso, tem-se a sentença judicial. Ao julgar uma ação, o juiz constrói a norma geral e abstrata. Em seguida, verifica a adequação dos fatos narrados à hipótese de incidência da norma (subsunção). Havendo essa adequação, ele constrói e enuncia a norma individual e concreta (sentença), constituindo o fato jurídico e prescrevendo a relação jurídica correspondente, implicada pela causalidade jurídica (incidência).

Outro bom exemplo das normas tributárias individuais e concretas reside no ato administrativo do lançamento tributário ou do auto de infração tributário. Por meio deste ato, o agente fiscal competente constrói a norma tributária geral e abstrata, verifica a subsunção do fato social à norma, constrói e enuncia a norma individual e concreta (ato administrativo), constituindo o fato jurídico tributário e dando vida à relação jurídica tributária.

É importante notar que todas estas normas tributárias possuem aquela mesma estrutura formal hipotético-condicional tal qual concebida por Kelsen.[23] E todas as relações jurídicas tributárias decorrem de um dado fato jurídico (concreto), hipoteticamente descrito no seu antecedente (hipótese legal).

Assim, por exemplo, dado o fato tributário de prestar serviço, *deve ser* a obrigação tributária (prestação do ISS) e os deveres instrumentais (apresentação de declarações econômico-fiscais). Ou então, dado o não recolhimento do imposto até o seu vencimento, *deve ser* o dever de pagar determinada penalidade pecuniária (multa).

Firmes nos conceitos e premissas apresentadas até aqui, passa-se a analisar as *normas jurídicas* que fixam a *imunidade tributária*, em especial a *imunidade do livro*, as quais compõem aquele primeiro grupo das normas constitucionais, que limitam, demarcam e outorgam a competência tributária aos entes políticos.

3. As imunidades tributárias

3.1 Natureza jurídica e conceito das imunidades tributárias

Tomando a imunidade como norma jurídica, na concepção normativa do direi-

23. Idem, ibidem.

to exposta linhas atrás, vê-se que, no campo das limitações ao poder de tributar, a identificação da natureza jurídica das imunidades tributárias é tema bastante controvertido na doutrina.

Sobre isto, não há consenso. Para Bernardo de Moraes,[24] por exemplo, elas são hipóteses constitucionais de não incidência tributária. Segundo Ruy Barbosa Nogueira,[25] trata-se de forma de exclusão do poder de tributar. Neste sentido, também sustentam Aires F. Barreto e Paulo A. Barreto,[26] *in verbis*:

"(...) Ao delinear o perímetro dessas competências, a Constituição estabeleceu contornos nítidos, de modo que o perfil por ela desenhado resulta da conjugação de prerrogativas expressa e rígidas, com vedações também claras e hirtas. Isso significa que o âmbito da competência tributária constitucionalmente outorgada é demarcado pela balizas postas pela própria Constituição.

"Dentre elas estão as chamadas 'imunidades tributárias', que consistem, exatamente, na exclusão da competência tributária em relação a certos bens, pessoas e fatos. Quer dizer: a própria Constituição, ao traçar a competência tributária, proíbe o seu exercício em relação a eles (...)."

Por seu turno, Amílcar de Araújo Falcão[27] defende que a imunidade é forma de supressão da competência tributária impositiva. No entender Pontes de Miranda[28] e José Souto Maior Borges,[29] trata-se de baliza constitucionalmente posta pela Constituição ao exercício da competência tributária. Aos olhos de Luis Eduardo Shoueri,[30] as imunidades consubstanciam regras constitucionais que excluem, da competência tributária, uma determinada realidade. Já para Regina Helena Costa, as imunidades tributárias podem ser, ainda, tomadas como princípio constitucional ou como categoria referida a circunstancia extrajurídicas.[31] No entender de Sacha Calmon Navarro Coelho, as imunidades são técnica legislativa de exoneração do tributo, sendo correta a fórmula H = A – (B + C), onde H corresponde à hipótese de incidência tributária, A são os fatos tributáveis, B seriam os fatos imunes e C, s fatos isentos.[32]

Para Paulo de Barros Carvalho,[33] a imunidade é norma jurídica que colabora, juntamente com outras, na demarcação (negativa) a competência tributária dos entes políticos, mediante um esquema sintático proibitivo ou vedatório. Para ele, todas as regras constitucionais tributárias, por si só, já revelam uma limitação ao poder de tributar, inclusive a outorga de competência tributária, já que demarca e delimita rigidamente o poder estatal de tributar. Diz o autor: "*Mas é curioso refletir que toda atribuição de competência, ainda que ver-*

24. Bernardo Ribeiro de Moraes, *Sistema Tributário na Constituição de 1969*, São Paulo, Ed. RT, 1973.

25. Ruy Barbosa Nogueira, *Curso de Direito Tributário*, 5ª ed., São Paulo, Saraiva, 1980.

26. Aires Barreto e Paulo Ayres Barreto, *Imunidades Tributárias: Limitações Constitucionais ao Poder de Tributar*, 2ª ed., São Paulo, Dialética, 2001.

27. Amílcar de Araújo Falcão, *Fato Gerador da Obrigação Tributária*, 2ª ed., São Paulo, Ed. RT.

28. Francisco Cavalcante Pontes de Miranda, *Comentários à Constituição de 1967*, t. II, São Paulo, Ed. RT, 1967.

29. José Souto Maior Borges, "Limitações constitucionais à tributação", *IV Curso de Especialização em Direito Tributário*, vol. I, São Paulo, Resenha Tributária, 1978.

30. Luis Eduardo Schoueri, "A imunidade tributária dos cemitérios: templos de qualquer culto", in Alcides Jorge Costa, Luis Eduardo Schoueri, Paulo Celso Bergstrom Bonilha (coords.), *Revista de Direito Tributário Atual* 21/254-282, São Paulo, Dialética, 2007.

31. Regina Helena Costa, *Imunidades Tributárias: Teoria e Análise da Jurisprudência do STF*, 2ª ed., São Paulo, Malheiros Editores, 2006.

32. Sacha Calmon Navarro Coelho, *Teoria Geral do Tributo e da Exoneração Tributária*, São Paulo, Ed. RT, 1982, pp. 121-149.

33. Paulo de Barros Carvalho, *Curso de Direito Tributário*, 17ª ed., cit., 2005.

sada em termos positivos e categóricos, importa uma limitação (...)".[34]

Em sentido semelhante, ensina Carrazza,[35] *in verbis*:

"Pois bem, a *imunidade tributária* ajuda a delimitar o campo tributário. De fato, as regras de imunidade também demarcam (no sentido negativo) as competências tributárias das pessoas políticas. (...).

"Noutras palavras, podemos dizer que a *competência tributária* se traduz numa *autorização* ou *legitimação* para a criação de tributos (aspecto positivo) e num *limite* para fazê-lo (aspecto negativo)" (itálicos no original).

Desse modo, é possível afirmar que a imunidades tributárias são normas jurídicas de estrutura (ou de competência) postas em nível constitucional e que demarcam a competência tributária outorgada aos entes políticos. São, portanto, normas que disciplinam a produção e aplicação de outras normas; infraconstitucionais.

A competência tributária corresponde ao resultado de uma equação lógica formada por normas jurídicas constitucionais que demarcam o poder de tributar positivamente e outras que o fazem negativamente. As normas imunizantes integram este segundo grupo.

Ademais, conforme ensina Regina Helena Costa,[36] as normas imunizantes podem ser classificadas de diversas formas. Reconhecendo que as classificações não se exaurem, ela destaca as seguintes: (*i*) *genéricas* e *específicas*, quanto aos valores protegidos ou o grau de intensidade e amplitude; (*ii*) *excludentes* e *incisivas*, quanto à abrangência da vedação à vista da disciplina especial conferida; (*iii*) *subjetivas*, *objetivas* e *mistas*, quanto à forma de previsão ou modo de incidência; (*iv*) *ontológicas* e *políticas*, quanto às consequências necessárias de um princípio; (*v*) *explícitas* e *implícitas*, quanto à explicitude da exoneração; e (*vi*) *condicionadas* e *incondicionadas*, quanto à eficácia.

3.2 O valor na norma jurídica imunizante

Aceitando o direito positivo como um objeto cultural, porque concebido na linguagem comunicacional, tal qual defende Robles[37] – um grande *facto comunicacional* –, resta inevitável reconhecer que o discurso jurídico está impregnado de valores, seja na produção dos textos legislativos, seja na aplicação de tais textos pelo poder judiciário, seja na produção de atos administrativos, seja na prática de atos jurídicos privados.

E se o discurso está impregnado de valores, como ensina Johannes Hessen,[38] o discurso do direito também está, inclusive as normas jurídicas, tal qual afirmam Miguel Reale[39] e Paulo de Barros Carvalho. Nesse sentido, este último afirma que "*o dado valorativo está presente em toda configuração do jurídico, desde seus aspectos formais (lógicos), como nos planos semântico e pragmático. Em outras palavras, ali onde houver direito, haverá, certamente, o elemento axiológico*".[40]

As normas imunizantes não escapam a isso. Ao contrário, possuem forte fundamento político-valorativo, posto que refletem e prestigiam valores sociais reputados

34. Paulo de Barros Carvalho, *Direito Tributário, Linguagem e Método*, 2ª ed., cit., p. 311.

35. Roque Antonio Carrazza, *Curso de Direito Constitucional Tributário*, 26ª ed., São Paulo, Malheiros Editores, 2010, p. 745.

36. Regina Helena Costa, *Imunidades Tributárias: Teoria e Análise da Jurisprudência do STF*, 2ª ed., cit.

37. Gregório Robles, *O Direito como Texto: Quatro Estudos de Teoria Comunicacional do Direito*, cit.

38. Johannes Hessen, *Filosofia dos Valores* (trad. L. Cabral Moncada), Coimbra, Almedina, 2001.

39. Miguel Reale, *Teoria Tridimensional do Direito*, 5ª ed., cit.

40. Paulo de Barros Carvalho, *Direito Tributário, Linguagem e Método*, 2ª ed., cit., p. 174.

relevantes para a pacificação social. A grande questão aqui é identificar qual, ou quais, valores estão protegidos na norma imunizante a fim de construir um sentido possível e razoável.

A doutrina é quase unânime no sentido de que as imunidades consagram valores, princípio, postulados etc. Por exemplo, Carrazza[41] afirma que "*a maioria das imunidades contempladas na Constituição é uma decorrência natural dos grandes princípios constitucionais tributários*", e acrescenta ao dizer o seguinte, *in verbis*: "É que, de um modo geral, as regras de imunidade consagram *valores* que, por sua importância, foram postos pela Assembleia Nacional Constituinte, em nome do povo brasileiro, no próprio Preâmbulo da Constituição (igualdade, justiça, bem-estar, segurança, direito individuais e sociais etc.)" (grifo nosso).

No mesmo sentido ensina Aires F. Barreto e Paulo A. Barreto,[42] *in verbis*: "5. O exame das situações descritas pelo constituinte no art. 150 da CF, como imunes à tributação, por via dos impostos, revela que essas situações representam *valores* privilegiados, protegidos, consagrados pela ordem constitucional e, por conseguinte, impõe a conclusão no sentido de que essas imunidades constituem uma forma de assegurar, de garantir a eficácia jurídica dos princípios constitucionais que consagram a proteção de tais *valores*" (grifo nosso).

Também a Desembargadora Federal Regina Helena Costa[43] afirma que, se de um lado os direitos fundamentais ao mesmo tempo dão amparo à atividade tributária estatal e lhe configuram limites intransponíveis, então as imunidades tributárias são normas que asseguram diretos fundamentais, *in verbis*: "Destaque-se, em primeiro lugar, que as imunidades tributárias são *diretos fundamentais* porque apresentam os atributos próprios do regime jurídico especial a que estes estão sujeitos, retromencionado: são normas constitucionais, erigidas ao *status* de cláusulas pétreas, e os comandos nelas contidos revestem-se de aplicabilidade direta e imediata" (itálicos no original).

Assim, cada uma das normas constitucionais imunizantes consagra determinado(s) valor(es); aqueles lançados no Preâmbulo da Constituição Federal de 1988, os fundamentos e objetivos fundamentais da República (arts. 1º e 3º da CF/1988), os direitos e garantias individuais (art. 5º da CF/1988), bem como outros valores expressos e implícitos no Texto Constitucional.

Desse modo, por exemplo, a *imunidade recíproca* consagra o *pacto federativo* e a *autonomia municipal*, ao passo que a *imunidade de templos* consagra a proteção à *liberdade de crença e prática religiosa*, enquanto a *imunidade de entidades educacionais e assistenciais* consagra o direito à *educação* e *assistência social* e a *imunidade de partidos políticos* consagra o *regime político representativo* e a *democracia*.

3.3 O papel da lei complementar

Como ensina Carrazza,[44] a interpretação das normas jurídicas e do sistema do direito positivo deve sempre a partir da Constituição, de modo que os diplomas normativos infraconstitucionais são válidos somente na medida em que se harmonizam com as normas constitucionais, isto é, quando se ajustam aos ditames destas últimas.

Assim, para construir o sentido das normas jurídicas que disciplinam a *prescrição tributária* torna-se imprescindível compreender corretamente quais os dita-

41. Roque Antonio Carrazza, *Curso de Direito Constitucional Tributário*, 26ª ed., cit., pp. 755-756.

42. Aires Barreto e Paulo Ayres Barreto, *Imunidades Tributárias: Limitações Constitucionais ao Poder de Tributar*, 2ª ed., cit., p. 14.

43. Regina Helena Costa, *Imunidades Tributárias: Teoria e Análise da Jurisprudência do STF*, 2ª ed., cit., p. 82.

44. Roque Antonio Carrazza, *Curso de Direito Constitucional Tributário*, 26ª ed., cit., p. 35.

mes das normas constitucionais sobre o tema, em especial, a norma que decorre do enunciado lançado no inciso II do art. 146 da Constituição Federal de 1988, que atribui à Lei Complementar a tarefa de "*regular as limitações constitucionais ao poder de tributar*", dentre elas, as imunidades tributárias.

É nesse cenário que se percebe a importância de esclarecer o papel do legislador complementar nessa disciplina, fixando os limites de sua atividade.

Segundo Paulo de Barros Carvalho,[45] a doutrina clássica (tradicional) sempre enxergou a função tríade da Lei Complementar a partir de uma interpretação literal do que fixava o art. 18 da Constituição de 1967, o que teria ficado ainda mais evidente com o advento da Constituição de 1988 (art. 146).

O autor paulista que, contra isto, se opõe a doutrina mais moderna, refutando tal interpretação literal, ainda que o legislador constituinte originário de 1988 tenha "chancelado" a posição da doutrina clássica. Ainda segundo ele, essa corrente mais moderna, numa visão mais sistêmica, a Lei Complementar tem sempre a única função de dispor sobre conflitos de competência (prevenindo-os ou solucionando-os), seja (*i*) regulando as limitações constitucionais ao poder de tributar, seja (*ii*) estabelecendo *normas gerais* em matéria tributária, mas sempre servindo de mecanismo de ajuste da produção legislativa ordinária.

No que tange às imunidades, a Lei Complementar desempenha papel relevante na regulação das limitações constitucionais ao poder de tributar para dar eficácia e aplicabilidades às normas imunizantes de eficácia e aplicabilidade contida, isto é, às imunidades condicionadas. Isto porque há imunidades que possuem eficácia plena e imediata, que não dependem da regulação por Lei Complementar. Existem, portanto, duas classes distintas de imunidades – as condicionadas e as incondicionadas –, que se submetem a regimes jurídicos distintos, tal qual ensinam Aires F. Barreto e Paulo A. Barreto,[46] *in verbis*:

"O propósito perseguido neste tópico é o de demonstrar que existem duas diferentes classes de imunidade: as incondicionadas e as condicionadas. Por imunidades incondicionadas deve entender-se aquelas que independem de qualquer integração de norma infraconstitucional para viabilizá-las. Ou, dito de outra forma, a Constituição não estabelece qualquer requisito, qualquer condição para que a imunidade tenha plena eficácia.

"Já as imunidades ditas condicionadas só operam plenamente mediante norma infraconstitucional integrativa. Em outras palavras, a própria Constituição subordina a eficácia plena dessas imunidades à observância de certas condições estabelecidas em normas infraconstitucionais" (itálicos no original).

A *imunidade de entidades educacionais e assistenciais* e a *imunidade de partidos políticos*, por exemplo, possuem a natureza de imunidade condicionada, por expressa disposição da Constituição de 1988, *in verbis*:

"Art. 150. Sem prejuízo de outras garantias asseguradas ao contribuinte, é vedado à União, aos Estados, ao Distrito Federal e aos Municípios: (...); VI – instituir impostos sobre: (...); c) patrimônio, renda ou serviços dos partidos políticos, inclusive suas fundações, das entidades sindicais dos trabalhadores, das instituições de educação e de assistência social, sem fins lucrativos, *atendidos os requisitos da lei*; (...)" (grifo nosso).

Por outro lado, integram a classe das imunidades incondicionadas, por exemplo, a *imunidade recíproca* e a *imunidade de templos*, porque a Constituição Federal não lhes fixou qualquer condição.

45. Paulo de Barros Carvalho, *Curso de Direito Tributário*, 17ª ed., cit., 2005.

46. Aires Barreto e Paulo Ayres Barreto, *Imunidades Tributárias: Limitações Constitucionais ao Poder de Tributar*, 2ª ed., cit., p. 14.

Outra questão relevante acerca do papel da Lei Complementar reside na identificação dos conceitos jurídico-tributários tutelado pelo sistema do direito positivo. Portanto, na tarefa de identificar os limites – mínimo e máximo – da atuação do legislador complementar regular as normas imunidades, imputa-se ao intérprete o grande desafio de saber se os signos ali contidos denotam *tipos* ou *conceitos* constitucional.

Ora, o legislador complementar deve observar a espécie conceituada rigidamente na norma imunizante ou a ele é dada possibilidade de "criar" outras espécies das categorias apenas tipificadas no texto constitucional? Dito de outro modo, cabe indagar se o conceito de *templo* e *livro*, por exemplo, está pressuposto na Constituição ou se tais signos possuem natureza apenas tipológica, cabendo ao legislador complementar a sua conceituação.

A resposta não é tão simples, pois há aí duas premissas distintas que implicam em conclusões diversas. Deve-se diferençar, portanto, *tipos* e *conceitos*. Isto porque, como lembra Paulo Ayres Barreto,[47] numa visão tipológica, o legislador complementar tem maior liberdade no exercício de sua atividade.

Ora, o grau de indeterminação dos conceitos é inerente à própria linguagem, dependendo em muito do grau de precisão do texto normativo, mas sem eliminar a imprecisão muitas vezes inerente ao próprio critério escolhido. Nesse sentido afirma Alberto Xavier que "*não existem conceitos absoluta e rigorosamente determinados*; (...) *deparando com aquilo que já se tem designado por uma 'indeterminação imanente' de todos os conceitos, se é forçado a reconhecer que a problemática da indeterminação não é tanto de natureza como de grau*".[48]

Ensina Misabel Derzi[49] que as construções tipológicas são abertas, flexíveis, com notas referenciais aos objetos, ao passo que as construções conceituais são fechadas, definidas por notas irrenunciáveis, rígidas, depreendidas pela regra de identidade. E segundo Strache,[50] o *conceito* denota uma definição com contornos precisos, enquanto o *tipo*, em sentido oposto, denota uma mera descrição ou apenas características qualificativas, sem indicar elementos para uma diferenciação (como faz o conceito).

Firme nessa concepção e distinção, defende Schoueri[51] que "*as expressões empregadas pelo constituinte são meros nomes dados historicamente*" à figuras jurídicas já existentes, de modo que "*é na Lei Complementar que se encontram os conceitos*" tributários. Por seu turno, por exemplo, Paulo Ayres Barreto[52] está convencido de que "*o legislador constituinte discriminou a competência tributária impositiva mediante referência a conceitos determinados*". Como se vê, a questão é complexa e controvertida.

Portanto, assumindo a caráter tipológico dos signos veiculados nos enunciados constitucionais tributários imunizantes, há de se reconhecer a legitimidade da Lei Complementar na tarefa de conceituá-los. Por outro lado, reconhecendo que a Constituição já pressupõe tais conceitos, nada resta ao legislador complementar neste aspecto.

47. Paulo Ayres Barreto, *Elisão Tributária: Limites Normativos*, São Paulo, USP, 2008, p. 68.

48. Alberto Xavier, *Os Princípios da Legalidade e da Tipicidade da Tributação*, São Paulo, Ed. RT, 1978, p. 97, *apud* Luís Eduardo Schoueri, *Normas Tributárias Indutoras e Intervenção Econômica*, Rio de Janeiro, Forense, 2005, p. 251.

49. Misabel de Abreu Machado Derzi, *Direito Tributário, Direito Penal e Tipo*, São Paulo, Ed. RT, 1988, p. 84.

50. Karl-Heinz Strache, *Das Denken in Standards – Zugleich ein Beitrag zur Typologik*, Berlim, Duncker & Humblot, 1968, pp. 32-36, *apud* Luís Eduardo Schoueri, *Normas Tributárias Indutoras e Intervenção Econômica*, cit., p. 244.

51. Luis Eduardo Schoueri, "Discriminação de competências e competência residual", in *Direito Tributário: Estudos em Homenagem a Brandão Machado*, São Paulo, Dialética, 1998, p. 115.

52. Paulo Ayres Barreto, *Elisão Tributária: Limites Normativos*, cit., p. 73.

3.4 *Interpretação das normas imunizantes*

No processo de construção das normas jurídicas a partir dos enunciados prescritivos veiculados nos mais diversos diplomas normativos, o aplicador do direito atribui sentido ao texto legal percorrendo os planos lógico-sintático, semântico e pragmático da língua, à luz de determinados valores e seguindo um dado método (sistemático, teleológico, etc.).

Boa parte da doutrina defende que os enunciados imunizantes devem ser interpretados sem restrições, de modo que os valores (fins sociais) ali prestigiados sejam alcançados em sua plenitude. Nesse sentido, inclusive defendendo a interpretação teleológica, é o magistério, por exemplo, de Regina Helena Costa,[53] *in verbis*:

"A partir da identificação do objetivo (ou objetivos) da norma imunizante, deve o intérprete realizar a interpretação mediante a qual o mesmo será atingido em sua plenitude, sem restrições ou alargamentos do espectro eficacial da norma, não autorizados pela própria Lei Maior.

"Em outras palavras, a interpretação há que ser teleológica e sistemática – vale dizer, consentânea com os princípios constitucionais envolvidos e o contexto a que se refere."

Todavia, o Supremo Tribunal Federal vem se posicionando de forma diversa. Para ele, no processo de construção das normas imunizantes, os enunciados prescritivos devem ser interpretados restritivamente. Foi esse o entendimento do Pleno ao julgar o alcance da imunidade sobre as receitas de importação, em 12.8.2010, *in verbis*:

"Constitucional. Imunidade tributária. Art. 149, § 2º, I, da Constituição Federal. Extensão da imunidade à CPMF incidente sobre movimentações financeiras relativas a receitas decorrentes de exportação. Impossibilidade. Interpretação estrita da norma. Recurso extraordinário desprovido. I – O art. 149, § 2º, I, da Constituição Federal é claro ao limitar a imunidade apenas às contribuições sociais e de intervenção no domínio econômico incidentes sobre as receitas decorrentes de exportação. II – *Em se tratando de imunidade tributária a interpretação há de ser restritiva*, atentando sempre para o escopo pretendido pelo legislador. III – A CPMF não foi contemplada pela referida imunidade, porquanto a sua hipótese de incidência – movimentações financeiras – não se confunde com as receitas. IV – Recurso extraordinário desprovido" (Tribunal Pleno, Rel. Ministro Ricardo Lewandowski, RE 566.259, j. 12.8.2010, repercussão geral – mérito, *DJe* 179, divulg. 23.9.2010, public. 24.9.2010, ement. vol. 02416-05, pp. 1.071).

"Imunidade – Capacidade ativa tributária. A imunidade encerra exceção constitucional à capacidade ativa tributária, cabendo *interpretar os preceitos regedores de forma estrita*. Imunidade – Exportação – Receita – Lucro. A imunidade prevista no inciso I do § 2º do art. 149 da Carta Federal não alcança o lucro das empresas exportadoras. Lucro – Contribuição Social sobre o Lucro Líquido – Empresas exportadoras. Incide no lucro das empresas exportadoras a Contribuição Social sobre o Lucro Líquido" (Tribunal Pleno, Rel. Ministro Marco Aurélio, RE 564.413, j. 12.8.2010, repercussão geral – mérito, *DJe* 209, divulg. 28.10.2010, public. 3.11.2010, ement. vol. 02423-01, p. 150) (grifos nosso).

Ao julgar o mesmo tema, o Pleno do STF refutou a interpretação teleológica na construção das normas imunizantes, também em 12.8.2010, *in verbis*:

"Recurso extraordinário. Contribuições sociais. Contribuição Social Sobre o Lucro Líquido (CSLL) e Contribuição Provisória Sobre Movimentação ou Transmissão de Valores e de Créditos e Direitos de Natureza Financeira (CPMF). *Imunidade*.

53. Regina Helena Costa, *Imunidades Tributárias: Teoria e Análise da Jurisprudência do STF*, 2ª ed., cit., p. 115.

Receitas decorrentes de exportação. *Abrangência*. A imunidade prevista no art. 149, § 2º, I, da Constituição, introduzida pela Emenda Constitucional n. 33/2001, não alcança a Contribuição Social sobre o Lucro Líquido (CSLL), haja vista a distinção ontológica entre os conceitos de lucro e receita. Vencida a tese segundo a qual a *interpretação teleológica* da mencionada regra de imunidade conduziria à exclusão do lucro decorrente das receitas de exportação da hipótese de incidência da CSLL, pois o conceito de lucro pressuporia o de receita, e a finalidade do referido dispositivo constitucional seria a desoneração ampla das exportações, com o escopo de conferir efetividade ao princípio da garantia do desenvolvimento nacional (art. 3º, I, da Constituição). A norma de exoneração tributária prevista no art. 149, § 2º, I, da Constituição também não alcança a Contribuição Provisória sobre Movimentação ou Transmissão de Valores e de Créditos e Direitos de Natureza Financeira (CPMF), pois o referido tributo não se vincula diretamente à operação de exportação. A exação não incide sobre o resultado imediato da operação, mas sobre operações financeiras posteriormente realizadas. Recurso extraordinário a que se nega provimento" (Tribunal Pleno, Rel. Ministro Gilmar Mendes, RE 474.132, j. 12.8.2010, *DJe* 231, divulg. 30.11.2010, public. 1.12.2010, ement. vol. 2.442-01, p. 26) (grifos nosso).

Ao julgar o alcance da imunidade do ISS ao transporte de minerais, bem como da imunidade tratada no § 5º do art. 184 da Constituição Federal, deferida às operações relativas às transferências de imóveis desapropriados, em 14.3.2006 e 28.9.1999, respectivamente, a 2ª Turma do STF também se pronunciou pela interpretação restritiva, *in verbis*:

"Constitucional. Tributário. ISS. Imunidade. Serviços de transporte de minerais. CF, art. 155, § 3º. Normas constitucionais concessivas de benefício. *Interpretação Restritiva*. Recurso improvido" (2ª T., Rel. Ministro Marco Aurélio, Rel. p/acórdão Ministro Nelson Jobim, RE 170.784, j. 14.3.2006, *DJ* 4.8.2006, p. 78, ement. vol. 2.240-04, p. 658; *RTJ* 201-202/730, 2006; *RB* vol. 18, n. 515, 2006, pp. 36-38; *Lex STF* vol. 28, n. 333, 2006, pp. 250-260; *RDDT* n. 133, 2006, pp. 176-180; *RET* vol. 9, n. 51, 2006, pp. 90-97).

"Recurso extraordinário. Constitucional. Administrativo. Desapropriação. Título da dívida agrária. Imunidade tributária. Extensão ao terceiro possuidor. Impossibilidade. 1. A isenção de tributos de que trata o § 5º do art. 184 da Constituição Federal, deferida às operações relativas às transferências de imóveis desapropriados, há de ser entendida como imunidade e tem por fim não onerar o procedimento expropriatório ou dificultar a realização da reforma agrária, de competência exclusiva da União Federal. 2. Os títulos da dívida agrária constituem moeda de pagamento da justa indenização devida pela desapropriação de imóveis por interesse social e, dado o seu caráter indenizatório, não podem ser tributados. 3. Terceiro adquirente de títulos da dívida agrária. *Imunidade. Extensão. Impossibilidade*. O benefício alcança tão somente o expropriado. O terceiro adquirente, que com ele realiza ato mercantil, em negócio estranho à reforma agrária, não é destinatário da norma constitucional" (2ª T., Rel. Ministro Maurício Corrêa, RE 169.628, j. 28.9.1999, *DJ* 19. 4.2002, p. 59, ement. vol. 2.065-04, p. 734).

Como se vê, ao fixar essa posição, o STF vem refutando qualquer espécie de *equiparação* e/ou *analogia* na aplicação das normas imunizantes, interpretando-as restritivamente e adotando uma interpretação "literal".

4. A imunidade do livro

4.1 Considerações gerais

Como visto, a imunidade do livro decorre do enunciado veiculado na alínea "d" do inciso VI do art. 150 da Constituição de

1988, que também não autoriza a exigência de impostos sobre jornais e periódicos.

Firme nas considerações feitas até aqui, pode-se dizer que essa imunidade é norma jurídica de estrutura (ou de competência) postas em nível constitucional e que demarca negativamente a competência tributária outorgada aos entes políticos, disciplinando a produção e aplicação de normas tributárias infraconstitucionais.

Seguindo as classificações propostas por Regina Helena Costa,[54] trata-se de imunidade (*i*) *geral*, porque dirigida a todos os entes tributantes; (*ii*) *objetiva*, porque outorgada em razão de determinado bem; e (*iii*) *explícita*, porque expressa no texto da Constituição.

Todavia, pode-se dizer que há dúvida quanto à sua eficácia. Será uma imunidade *condicionada*, com eficácia contida, dependente da regulação por Lei Complementar, se assumido a caráter tipológico do signo "livro", hipótese em que se deve reconhecer a legitimidade do legislador complementar na tarefa de conceituá-lo.

Por outro lado, será uma imunidade *incondicionada*, com eficácia plena e imediata independentemente da regulação por Lei Complementar, se assumido que o conceito do signo "livro" está pressuposto na Constituição, nada restando ao legislador complementar neste aspecto.

De todo modo, há unanimidade na doutrina e jurisprudência quanto ao caráter político dessa imunidade, porque outorgada para prestigiar outro princípio constitucional (valor), a saber: liberdade de comunicação e manifestação do pensamento, expressão da atividade intelectual, artística e científica, acesso à informação, difusão da cultura e educação, direito exclusivo dos autores quanto à utilização e publicação/reprodução de suas obras, etc.

É nesse sentido que vem se pronunciando o STF, apesar de reiterar na necessária interpretação restritiva das imunidades tributárias, *in verbis*:

"Recurso extraordinário – Insumos destinados à impressão de livros, jornais e periódicos – Imunidade tributária – Limitação constitucional ao poder de tributar que também se estende a materiais assimiláveis ao papel – Recurso do Estado de São Paulo improvido – Provimento do recurso deduzido pela empresa jornalística. – O Supremo Tribunal Federal, ao *interpretar, restritivamente*, o alcance da cláusula inscrita no art. 150, VI, 'd', da Constituição da República, firmou entendimento no sentido de que a garantia constitucional da imunidade tributária, tratando-se de insumos destinados à impressão de livros, jornais e periódicos, estende-se, apenas, a materiais que se mostrem assimiláveis ao papel, abrangendo, em consequência, para esse efeito, os filmes e papéis fotográficos. Precedentes. – Posição do Relator sobre o tema: o Relator, Ministro Celso de Mello, embora reconhecendo a possibilidade de interpretação extensiva do postulado da imunidade tributária (CF, art. 150, VI, 'd'), ajusta o seu entendimento (pessoal e vencido) à orientação prevalecente no Plenário da Corte (RE 203.859-SP), em respeito ao princípio da colegialidade. – Considerações em torno da imunidade tributária, notadamente daquela estabelecida em favor de livros, jornais, periódicos e papel destinado à sua impressão. Significado e *teleologia* da cláusula fundada no art. 150, VI, 'd', da Constituição da República: proteção do exercício da *liberdade de expressão intelectual* e do *direito de informação*" (2ª T., Rel. Ministro Celso de Mello, RE 327.414 AgR, j. 7.3.2006, *DJe* 27, divulg. 11.2.2010, public. 12.2.2010, ement. vol. 2.389-03, p. 635).

Ademais, em que pese a necessária interpretação restritiva, o STF afirma a imunidade alcança todos os livros independentemente de seu conteúdo, vedado ao aplicador do direito qualquer juízo de valor nesse sentido no intuito de restringir o alcance da norma imunizante, *in verbis*:

54. Idem.

"Constitucional. Tributário. Imunidade. Art. 150, VI, *d*, da CF/1988. 'Álbum de figurinhas'. Admissibilidade. 1. A imunidade tributária sobre livros, jornais, periódicos e o papel destinado à sua impressão tem por escopo evitar embaraços ao exercício da liberdade de expressão intelectual, artística, científica e de comunicação, bem como facilitar o acesso da população à cultura, à informação e à educação. 2. O Constituinte, ao instituir esta benesse, não fez ressalvas quanto ao valor artístico ou didático, à relevância das informações divulgadas ou à qualidade cultural de uma publicação. 3. Não cabe ao aplicador da norma constitucional em tela afastar este benefício fiscal instituído para proteger direito tão importante ao exercício da democracia, por força de um *juízo subjetivo acerca da qualidade cultural ou do valor pedagógico* de uma publicação destinada ao público infanto-juvenil. 4. Recurso extraordinário conhecido e provido" (2ª T., Rel. Ministra Ellen Gracie, RE 221.239, j. 25.5.2004, *DJ* 6.8.2004, p. 61, ement. vol. 2.158-03, p. 597, *RTJ* 193-1, p. 406).

Não se pode afirmar que é a imunidade do livro a única forma assegurar aqueles valores, especialmente a expressão da atividade intelectual, artística e científica, difusão da cultura e educação. Certamente há outras formas de prestigiá-los. O legislador constituinte poderia ter enunciado a imunidade de eventos artísticos e culturais, por exemplo, mas não o fez. Contudo, não se pode negar que essa imunidade configura uma, dentre várias, possíveis, de assegurar tais valores.

O fato é que, diante do entendimento jurisprudencial do STF, a imunidade do livre não pode ser aplicada de tal modo a alcançar tais eventos. Não se admite a *equiparação* ou *analogia* na aplicação da regra imunizante. É por isso que o STF, por exemplo, já decidiu que essa imunidade não alcança os *insumos* utilização na produção de livros, mas somente o papel (e seus assemelhados), por expressa determinação constitucional.

4.2 O sentido do signo "livro"

Diante da evolução tecnológica promovida pelo homem no desenvolvimento e criação de novos suportes físicos para a difusão de textos, em diversas formas e mídias, superando os tradicionais livros impressos em papel, é chegada a hora de identificar o alcance da *imunidade do livro*, para saber se, por exemplo, os *audio-livros* (*audiobooks*) e os *livros eletrônicos* (*e-books*) estão protegidos por essa regra.

Nessa tarefa, deve-se construir um sentido possível e razoável do signo "livro" veiculada na alínea "d" do inciso VI do art. 150 da Constituição de 1988, posto que, ao interpretar o referido dispositivo, é possível construir 3 (três) significações distintas para aquela regra imunizante, a saber:

(*i*) partindo da premissa de que o signo *livro* serve para denotar apenas o objeto *livro impresso em papel*, o legislador constituinte optou por imunizar *somente* esse objeto;

(*ii*) reconhecendo que o signo *livro* serve para denotar um *gênero*, o legislador constituinte optou por imunizar *apenas* o livro impresso em papel, e não as demais espécies;

(*iii*) ainda reconhecendo que o signo *livro* serve para denotar um *gênero*, o legislador constituinte optou por imunizar *todas* as espécies de livro e, quando impresso em papel, *também o papel* utilizado na sua impressão.

Para tanto, Paulo de Barros Carvalho[55] oferece um modelo de percurso de construção do sentido da norma jurídica, divido em 4 (quatro etapas), que parte da literalidade do texto prescritivo (texto da lei), no "plano das significações" ou "plano da expressão" (S_1), onde são analisadas as estruturas gramaticais e morfológicas (palavras isoladamente consideradas), pas-

55. Paulo de Barros Carvalho, *Direito Tributário: Fundamentos Jurídicos da Incidência*, 4ª ed., São Paulo, Saraiva, 2006.

sa, em um segundo momento (S_2), pela construção do conteúdo isolado de significação dessa estrutura, por meio de um estudo semântico (plano semântico), inserido na profundidade do contexto, avançando, no terceiro passo (S_3), para ordenar esses conteúdos de significação em uma entidade completa de significação (plano das significações normativas), devidamente contextualizadas e na forma estrutural de norma jurídica (juízo hipotético-condicional), até alcançar a ultima etapa (S_4), buscando organizar tais normas sob a forma maior de sistema, numa estrutura escalonada, identificando as relações de coordenação e subordinação existente entre elas.

Nesse caminho, se mostra útil o conhecimento produzido pela semiótica, tomada como *filosofia do signo, do sentido e da comunicação*.[56] Ensina Winfried Nöth[57] que, no processo de comunicação, a mensagem se materializa através de *signos*, perceptíveis ao seu receptor, que correspondem a uma coisa ou objeto (*referente* ou *significante*), o que difere da *significação* do signo (*significado*). Portanto, o *signo* corresponde ao suporte físico em que se manifesta a mensagem. O objeto ou coisa referido pelo emissor corresponde ao *referente*. Já a ideia criada na mente do interprete (receptor) corresponde à *significação* ou significado, e o objeto referido pelo emissor da mensagem corresponde ao *referente* ou *significante*.

Na terminologia de Ugo Volli, aqui seguida, esse triângulo semiótico é formado pelo *signo*, *significante* e *significado*. Para ele, o *signo* é "*alguma coisa que é reconhecida por alguém como indicação de algo*" e também o "*elemento mínimo ao qual se atribui uma tal relação de remessa*".[58] Já o *significado* (referido pelo *signo*) corresponde a um *conceito*, e não à referência a um ou mais objetos. Diz ele,[59] *in verbis*: "O significado de uma palavra não corresponde portanto àquelas entidades de caráter objetivo que os semiológicos chama de referentes, nem corresponde, por outro lado, a ideias individuais ou específicas (o que vale apenas para nomes próprios)".

O autor complementa, citando Luis Prieto, que o *significado* corresponde a um *conjunto* ou uma *classe* de "*possíveis conteúdos mentais singulares*", ou seja, "*o conjunto de todos os possíveis sentidos*" que um signo pode ter. E, para ele, estas últimas assertivas também valem para os *significantes*. Diz o autor,[60] *in verbis*:

"“(...). Os *significantes* são exatamente tais entidades, dotados de identidade reconhecível da parte de todos os membros do grupo, logo *realidades psíquicas compartilhadas*, (...).

"Portanto, como o significante de uma palavra deve incluir *todas* as possíveis realizações da parte dos falantes, podemos concebê-lo como um *modelo geral*, ou também – segundo Luis Prieto – como uma *classe abstrata* correspondente ao conjunto inteiro dos possíveis sinais que lhe podem corresponder" (itálico no original).

Nessa análise, Ugo Volli[61] conclui dizendo que um objeto semiótico possui conceito abstrato e geral, isto é, "*o conjunto de todos os objetos que podem ter a mesma utilidade*" e desempenhar o mesmo conjunto de operações. Logo, o que define sua identidade é a sua capacidade de desenvolver um determinado conjunto de *funções*. Um *martelo*, por exemplo, é um objeto que se presta para certos fins. E a palavra "martelo" refere-se não a um único objeto, mas à classe de objetos que se prestam a tais fins.

Mas ele ainda ensina que o processo de atribuir sentido se dá em duas circuns-

56. Cf. Ugo Volli, *Manual de Semiótica* (trad. Silva Debetto C. Reis), São Paulo, Loyola, 2007, p. 13.

57. Winfried Nöth, *Panorama da Semiótica: de Platão a Pierce*, 4ª ed., São Paulo, Annablume, 2003.

58. Ugo Volli, *Manual de Semiótica*, cit., p. 31.

59. Idem, p. 32.

60. Idem, p. 33.

61. Idem, pp. 33-34.

tâncias distintas: (*i*) na comunicação *autêntica*, na qual um emissor envia uma mensagem a um receptor (destinatário), ou (*ii*) no processo de *significação* (comunicação *não autêntica*), no qual o emissor está ausente.[62]

Seguindo esse raciocínio, um bom exemplo da primeira hipótese está no texto escrito. Alguém escreve um livro de autoajuda, veiculando mensagens de aconselhamento. Diante disso, os seus leitores (destinatários) certamente atribuirão sentido a tais signos (palavras), interpretando-as como melhor lhes prouver. Trata-se de signo *simbólico*. Na segunda hipótese, por exemplo, um náufrago, ao caminhar pela ilha, vê uma cortina de fumaça. Atribui sentido a este signo e conclui que ali há fogo e/ou pessoas que poderão lhe ajudar. Trata-se de signo *indicativo*.

Diante disso, pode-se dizer que na comunicação autêntica, a atribuição do sentido parte da análise literal do signo *simbólico* (a palavra escrita, por exemplo) para alcançar a ideia.[63] Já no processo de *significação* (comunicação *não autêntica*), o destinatário busca um signo *simbólico* que represente sua ideia.[64]

Ademais, no processo de *significação* (comunicação *não autêntica*), há ainda que se falar do *interpretante*. Para tanto, Ugo Volli[65] ilustra essa categoria com o seguinte exemplo: ao perceber manchas (signos) na pele do paciente, o médico deduz que ele está acometido por uma moléstia: o sarampo. Com isto, o médico atribui um *significado* ao sinal visualmente percebido, ou seja, aos *signos* (manchas na pela). E, ao relatar suas conclusões ao paciente, o médico se utiliza da palavra "sarampo". A ideia (a moléstia) criada no intelecto do médico consiste no *significado* referente às manchas (*signo*). Já a palavra "sarampo" é o que se chama de *interpretante* do signo *indicativo*. Logo, os signos *simbólicos* (as palavras, por exemplo) também assumem a função de interpretante do signo indicativo na comunicação *não autêntica* (processo de *significação*).

Essas ideias são altamente relevantes para a construção do sentido da norma constitucional tributária que imuniza o *livro*, que pode ser investigado sob as duas perspectivas: da comunicação *autêntica* e do processo de *significação* (comunicação *não autêntica*).

Os enunciados prescritivos que integram a Constituição Federal de 188 foram emitidos pelo legislador constituinte e dirigidos aos diversos aplicadores do direito. Sob esta ótica, da comunicação *autêntica*, tem-se claramente um *emissor*, uma *mensagem* e o *destinatário*. Sob outra perspectiva, do processo de *significação* (comunicação *não autêntica*), pode-se dizer que o *emissor* de tais enunciados está ausente, é virtual ou pode ser considerado como uma projeção do destinatário, hipótese em que este último deve *decidir*, *apostar* ou *considerar* um certo elemento da realidade como mensagem.[66]

Assim, o *livro* referido pelo legislador constituinte (*significante*), ausente ou não, não corresponde a um objeto específico, mas sim a um modelo geral, uma *classe abstrata* correspondente ao conjunto inteiro dos possíveis objetos que lhe podem corresponder. Do mesmo modo, o *significado* (ideia) construído pelo *destinatário* (aplicador do direito) deve corresponder a um *conceito*, um *conjunto* ou uma *classe* de "*possíveis conteúdos mentais singulares*", ou seja, "*o conjunto de todos os possíveis sentidos*". O *significado* não se refe-

62. Idem, p. 31.

63. Ao interpretar a palavra "casa" num discurso de posse de um reitor de uma faculdade qualquer, por exemplo, o destinatário constrói a ideia de "instituição".

64. O náufrago já citado exemplificativamente, ao perceber a fumaça constrói a ideia de "fogo" ou "pessoas". Em seguida, relaciona essa ideia com as palavras "fogo" ou "pessoas".

65. Ugo Volli, *Manual de Semiótica*, cit., pp. 36-37.

66. Ugo Volli, *Manual de Semiótica*, cit., p. 31.

re a um ou mais objetos. O *significado* não corresponde à ideias individuais ou específicas.

É por isto que a única coincidência entre o *significante* (objeto) e o *significado* (ideia) referentes ao *signo* "livro" veiculado na alínea "d" do inciso VI do art. 150 da Constituição de 1988 está no conceito, na classe, e não no objeto específico. Portanto, pode-se classificar como "livro" todo e qualquer objeto ou instrumento, portanto, que possuir determinada utilidade ou desempenhar determinada função/operação.

Mas que utilidade ou função são essas? Para responder tal indagação é indispensável conhecer a história do *livro*.

O primeiro livro impresso com tipos móveis conhecido é a *Bíblia de Gutenberg*, do século XV. Até então, o registro escrito tivera como suporte físico as tábuas de argila da Mesopotâmia, gravadas em escrita em forma de cunha (4.000 a.C.), os papiros escritos em hieróglifos no Egito (3.000 a.C.), os pergaminhos gregos e romanos, as tábuas de madeira e depois a seda com seus dizeres em ideogramas. Só no século II foi inventado o papel, na China. No século IV, o formato em rolo dos pergaminhos grego e romano foi substituído pelo *Códice*, precursor do formato atual do *livro*, no qual o pergaminho era cortado em folhas e estas agrupadas entre duas capas de couro ou de madeira.

Ao longo da história, mesmo ainda quando não impresso em papel, o registro escrito já servia de *referente* do *signo* "livro". Isto é, a palavra "livro" vem sendo utilizada pelos povos para fazer referência à classe de objetos que servem de suporte físico dos registros escritos; em tábua de argila, em papiro, em pergaminho, em madeira, em seda e em papel. É esta é a utilidade e função do livro. E com o passar dos tempos, surgiram novas formas de registro de mensagens, faladas (mídia de áudio) e não escritas novas formas os objetos surgiram.

É por isto que, atualmente, a Lei n. 10.753/2003 (que instituiu a Política do Livro) conceitua o "livro" (art. 2º) como toda e qualquer publicação de textos, em qualquer formato e/ou acabamento, "equiparando" os *livros digitais* aos demais *livros*, *in verbis*:

"Art. 2º. Considera-se livro, para efeitos desta Lei, a publicação de textos escritos em fichas ou folhas, não periódica, grampeada, colada ou costurada, em volume cartonado, encadernado ou em brochura, em capas avulsas, *em qualquer formato e acabamento*.

"Parágrafo único. São equiparados a livro: (...);

"VII – *livros em meio digital*, magnético e ótico, para uso exclusivo de pessoas com deficiência visual;

"(...)."

Como se vê, a palavra "livro" vem sendo utilizada pelos povos para fazer referência à classe de objetos que servem de suporte físico dos registros escritos, e não a um único modelo de livro. O critério considerado na demarcação do conceito do "livro", portanto, há de ser a sua utilidade, sua função, sua finalidade: servir de suporte físico para o registro das mensagens. É nesse mesmo caminho que trilha o pensamento de Carrazza,[67] *in verbis*: "Portanto, é o ***fim*** a que se destina o *livro* – e, não sua forma – que o torna imune aos impostos. Do contrário, para aplicarmos corretamente esta alínea 'd', teríamos que esmiuçar o que é realmente um *livro*, isto é, quando podemos dizer que temos diante de nós um verdadeiro livro" (itálicos e grifo no original).

É bem verdade que alguns autores o critério na demarcação desse conceito deve ser outro. Como exemplo disto, vale citar Regina Helena Costa,[68] que se utiliza do

67. Roque Antonio Carrazza, *Curso de Direito Constitucional Tributário*, 26ª ed., cit., p. 841.

68. Regina Helena Costa, *Imunidades Tributárias: Teoria e Análise da Jurisprudência do STF*, 2ª ed., cit., p. 190.

conteúdo da mensagem veiculada como tal critério. Para ela, se ali houver uma *obra*, tratar-se-á de um "livro", sendo irrelevante o seu meio físico.

Estou convencido que a *utilidade*, *função* e *finalidade* são os melhores critérios a serem considerados. Assim, pode-se dizer que o signo "livro" denota um *gênero* de coisas, e não um objeto específico. Com isto, afasta-se a ideia equivocada de que o signo "livro" denota apenas o objeto *livro impresso em papel*.

Contudo, forte na premissa de que o signo "livro" denota um gênero de objetos, remanesce a seguinte dúvida: a norma imunizante em questão alcança (*i*) *apenas* o *livro* impresso em papel, e não as demais espécies; ou (*ii*) *todas* as espécies de livro e, quando impresso em papel, *também o papel* utilizado na sua impressão?

Ora, se é verdade que o *e-book* e o *audiobook* são espécies de livro, aplicar-lhes a regra tributária imunizante não implica estender ou alargar a imunidade tributária, porque não se verifica aqui qualquer espécie de *equiparação* ou *analogia*.

No direito, *equiparar* é operação que se presta para dispensar o mesmo tratamento jurídico a duas categorias sabidamente distintas. Não é o que se verifica aqui, já que todos os objetos referidos pertencem à classe dos *livros*.

Não há motivo razoável para limitar a regra imunizante a uma única espécie de livro: aquele impresso em papel. Os enunciados imunizantes devem ser interpretados de modo que os valores (fins sociais) ali prestigiados sejam alcançados em sua plenitude, logo, sem restrições, mas também sem *equiparações* ou *analogias*. Logo, deve-se aplicar a regra imunizante à todas as espécies de *livro*. Não se trata de interpretação *teleológica* que busca ampliar o alcance da regras, mas de aplicação de uma norma constitucional que veicula determinado valor.

Desse modo, estou convicto no sentido de que o signo "livro" denota um *gênero* de objetos, e assim também o é na norma tributária imunizante em questão, que alcança a *todas* as espécies de livro e, quando impresso em papel, *também o papel* utilizado na sua impressão.

Portanto, quanto à sua eficácia, trata-se de imunidade *incondicionada*, com eficácia plena e imediata independentemente da regulação por Lei Complementar, já que o conceito do signo "livro" – como classe de objetos – está pressuposto na Constituição, nada restando ao legislador complementar neste aspecto.

4.3 A jurisprudência do STF

Na busca de uma solução possível e razoável para a controvérsia aqui proposta, se mostra relevante a análise da orientação jurisprudencial do Supremo Tribunal Federal quantos aos critérios aceitos para a demarcação do conceito de "livro", já que ele mesmo refuta qualquer espécie de *equiparação* ou *analogia* na aplicação das regras tributárias imunizantes.

Em 4.11.1987, por ocasião do julgamento do RE n. 101.441-RS, o Supremo Tribunal Federal optou pelo critério da *utilidade pública* (em detrimento do argumento da não manifestação de pensamento, opinião ou ideias[69]) para fixar o conceito de *livro*.

Na oportunidade, decidiu sobre o alcance da imunidade da CF/1967 em relação às listas telefônicas, *in verbis*:

"Imunidade tributária (art. 19, III, 'd', da CF). ISS. – Listas telefônicas. A edição de listas telefônicas (catálogos ou guias) é imune ao ISS (art. 19, III, 'd', da CF), Mesmo que nelas haja publicidade paga. Se a norma constitucional visou facilitar a confecção, edição e distribuição do livro, do jornal e dos 'periódicos', imunizando-

69. Argumento levado em conta no julgamento do RE 87.633-SP, em 15.12.1978, para negar o alcance da imunidade, em relação aos periódicos, aos calendários comerciais.

-se ao tributo, assim como o próprio papel destinado a sua impressão, e de se entender que não estão excluídos da imunidade os 'periódicos' que cuidam apenas e tão somente de informações genéricas ou especificas, sem caráter noticioso, discursivo, literário, poético ou filosófico, mas de 'inegável *utilidade pública*', como é o caso das listas telefônicas. Recurso extraordinário conhecido, por unanimidade de votos, pela letra 'd' do permissivo constitucional, e provido, por maioria, para deferimento do mandado de segurança" (Tribunal Pleno, Rel. Ministro Sydney Sanches, RE 101.441, j. 4.11.1987, *DJ* 19.8.1988, pp. 20.262, ement. vol. 1.511-03, p. 466; *RTJ* 126-01/216) (grifo nosso).

Na oportunidade, alguns Ministros[70] também justificaram o alcance da imunidade porque as listas possuem natureza de *veículos de informação*, levando em conta também este critério, apesar da sua não consignação na ementa do julgado.

Desde então, o critério da *utilidade pública* na conceituação do "livro" para fins da imunidade tributária vem sendo mantido no Supremo Tribunal Federal.[71]

Recentemente, apesar de sustentar a interpretação *restritiva* das normas imunizantes, o Supremo Tribunal Federal confirmou o entendimento de que as *listas telefônicas* estão alcançadas pela norma imunizante do "livro". Na oportunidade, disse tratar-se de *extensão* da imunidade, *in verbis*:

"Ementa: Constitucional. Tributário. Imunidade. Livro, jornal, periódico e papel destinado a sua impressão. *Extensão às listas telefônicas*. Processual civil. Agravo regimental. Segundo orientação do Supremo Tribunal Federal, a imunidade do livro, jornal, período e do papel destinado à sua impressão é aplicável às operações com *listas telefônicas*. Agravo regimental ao qual se nega provimento" (2ª T., Rel. Ministro Joaquim Barbosa, AI 663.747 AgR, j. 6.4.2010, *DJe* 76, divulg. 29.4.2010, public. 30.4.2010, ement. vol. 2.399-10, p. 2.176; *Lex STF* vol. 32, n. 377, 2010, pp. 92-94) (grifo nosso).

Ora, se o STF refuta a *equiparação* e a *analogia* na aplicação das imunidades tributárias (do "livro", inclusive), a única justificativa razoável para a proteção das *listas telefônicas* está no fato de reconhecer que tais objetos possuem a natureza de *livro*, apesar de afirmar (equivocadamente) tratar-se de uma *extensão* da regra.

Ademais, como já visto, o Supremo Tribunal Federal já assentou que o *conteúdo* do objeto não pode servir de critério para a conceituação do "livro", quando decidiu pela imunidade dos álbuns de figurinhas, *in verbis*:

"Constitucional. Tributário. Imunidade. Art. 150, VI, 'd' da CF/1988. 'Álbum de figurinhas'. Admissibilidade. 1. A imunidade tributária sobre livros, jornais, periódicos e o papel destinado à sua impressão tem por escopo evitar embaraços ao exercício da liberdade de expressão intelectual, artística, científica e de comunicação, bem como facilitar o acesso da população à cultura, à informação e à educação. 2. O Constituinte, ao instituir esta benesse, não fez ressalvas quanto ao valor artístico ou didático, à relevância das informações divulgadas ou à qualidade cultural de uma publicação. 3. Não cabe ao aplicador da norma constitucional em tela afastar este benefício fiscal instituído para proteger direito tão importante ao exercício da democracia, por força de um *juízo subjetivo acerca da qualidade cultural ou do valor pedagógico* de uma publicação destinada ao público infanto-juvenil. 4. Recurso extraordinário conhecido e provido" (2ª T., Rela. Ministra Ellen Gracie, RE 221.239, j. 25.5.2004, *DJ* 6.8.2004, p. 61, ement. vol. 2.158-03, p. 597; *RTJ* 193-01/406).

Diante desses julgados, fica fácil perceber a orientação jurisprudencial do Supremo Tribunal Federal acerca dos crité-

70. Nesse sentido, votaram os Ministros Célio Borja e Moreira Alves.

71. V. RE ns. 118.380-SP; 118.228-SP; 116.510-RS; 130.012-RS e 134.071-SP.

rios eleitos para a fixação do conceito de "livro", qual seja, a *utilidade pública* e a *veiculação de informação*, não podendo servir de limitação qualquer juízo de valor quanto ao conteúdo.

Assim, aparentemente, o STF reconhece que o signo "livro" denota um *gênero* de coisas, e não um objeto específico. Com isto, afasta-se a ideia equivocada de que o signo livro denota apenas o objeto *livro impresso em papel*.

Todavia, ainda não há pronunciamento do Supremo Tribunal Federal específico sobre o alcance da imunidade em relação aos *e-books* e *audiobooks*. Com isto, ainda não se pronunciou se outras espécies de "livro" também gozam da imunidade.

5. Conclusões

Diante de tudo o que foi exposto ao longo deste trabalho, torna-se possível formular e enunciar as seguintes proposições conclusivas acerca da norma jurídica imunizante que decorre do enunciado prescritivo veiculado na alínea "d" do inciso VI do art. 150 da Constituição Federal de 1988:

5.1 Essa imunidade é norma jurídica de estrutura (ou de competência) postas em nível constitucional e que demarca negativamente a competência tributária outorgada aos entes políticos, disciplinando a produção e aplicação de normas tributárias infraconstitucionais.

Trata-se de imunidade (*i*) *geral*, porque dirigida a todos os entes tributantes; (*ii*) *objetiva*, porque outorgada em razão de determinado bem; e (iii) *explícita*, porque expressa no texto da Constituição.

5.2 E possui forte caráter político, porque outorgada para prestigiar outro princípio constitucional (valor), a saber: liberdade de comunicação e manifestação do pensamento, expressão da atividade intelectual, artística e científica, acesso à informação, difusão da cultura e educação, direito exclusivo dos autores quanto à utilização e publicação/reprodução de suas obras, etc.

5.3 Do ponto de vista semiótico, o signo "livro" denota um *gênero* ou uma classe de objetos.

5.4 A jurisprudência do STF vem se firmando no sentido de que a interpretação das normas tributárias imunizantes deve ser restritiva, não se admitindo qualquer *extensão* ou *ampliação* da regra, nem qualquer *equiparação* ou *analogia*.

É por isso que o STF, por exemplo, já decidiu que essa imunidade não alcança os *insumos* utilização na produção de livros, mas somente o papel (e seus assemelhados), por expressa determinação constitucional.

Porém, reconhece que essa regra prestigia valores constitucionalmente assegurados: a proteção do exercício da *liberdade de expressão intelectual* e do *direito de informação*.

Ao longo da história, o STF vem optando pelo critério da *utilidade pública* (em detrimento do argumento da não manifestação de pensamento, opinião ou ideias) para fixar o conceito de *livro*. Ademais, já assentou que o *conteúdo* do objeto não pode servir de critério para a conceituação do "livro".

5.5 Não há motivo razoável para limitar a regra imunizante a uma única espécie de livro: a aquele impresso em papel. Os enunciados imunizantes devem ser interpretados de modo que os valores (fins sociais) ali prestigiados sejam alcançados em sua plenitude, logo, sem restrições.

5.6 Aplicar a regra imunizante à todas as espécies de *livro* não implica *extensão* ou *ampliação* da regra, nem *equiparação* ou *analogia*. Também não se trata de interpretação *teleológica*, mas de aplicação de uma norma constitucional que veicula determinado valor.

5.7 Se do ponto de vista semiótico, o signo "livro" denota um *gênero* de objetos, o mesmo ocorre na semiótica jurídica. Isto significa dizer que o signo "livro" contido na norma tributária imunizante em questão também corresponde a uma classe de objetos. Logo, ela alcança a *todas* as espécies de livro e, quando impresso em papel, *também o papel* utilizado na sua impressão.

5.8 Quanto à sua eficácia, trata-se de imunidade *incondicionada*, com eficácia plena e imediata independentemente da regulação por Lei Complementar, já que o conceito do signo "livro" – como classe de objetos – está pressuposto na Constituição, nada restando ao legislador complementar neste aspecto.

São Paulo (SP), 1º de janeiro de 2011.

LIMITES CONSTITUCIONAIS PARA A ALTERAÇÃO DAS COMPETÊNCIAS TRIBUTÁRIAS

BRUNO MACIEL DOS SANTOS
Procurador do Estado de São Paulo. Especialista em Direito Tributário pela PUC/SP. Mestrando em Direito Tributário pela USP.

1. Introdução. 2. Competência Tributária: 2.1 Conceito; 2.2 Características da competência tributária; 2.3 Competência tributária negativa; 2.4 Direitos e garantias individuais dos contribuintes como limites à alteração da competência tributária; 2.5 Repartição de competências tributárias. 3. Alterações da competência tributária: 3.1 Criação de competência tributária; 3.2 Supressão de competência tributária. 4. Conclusões.

1. Introdução

A Constituição estabelece em seu art. 1º que o Brasil é uma República Federativa, formada pela união indissolúvel da União, dos Estados, dos Municípios e do Distrito Federal. Assim, fica evidente a forma de governo (república) e de Estado (Estado federado) escolhidos pela Assembleia Constituinte de 1988.

Tal configuração foi elevada pelo poder constituinte originário à condição de decisão política fundamental, passando a compor o núcleo intangível da Constituição, estando, desse modo, protegida de qualquer proposta intentada pelo constituinte derivado tendente à sua abolição (art. 60, § 4º).

Concentrando a atenção no Estado federal, verifica-se que este apresenta como características essenciais: (*i*) a *autonomia federativa*, formada pela auto-organização, autogoverno e autoadministração; (*ii*) a *repartição de competência*, consubstanciada nas parcelas de competências políticas exercitáveis por direito próprio, podendo ser classificadas em político-administrativas, legislativas e tributárias; e (*iii*) a *participação* na formação da vontade nacional.[1]

À luz dessas considerações, tem-se que o Brasil adotou a forma federativa de Estado como decisão política fundamental, a qual, por ser cláusula pétrea, não poderá ser abolida, sendo assegurado à União, aos Estados, ao Distrito Federal e aos Municípios a autonomia e a repartição de competências.

Partindo dessa premissa, o presente estudo focará especificamente nas competências tributárias outorgadas aos entes políticos que compõem a federação brasilei-

1. Cf. Luís Roberto Barroso, *Curso de Direito Constitucional Contemporâneo: os Conceitos Fundamentais e a Construção do Novo Modelo*, 2ª ed., p. 173.

ra, buscando traçar os limites impostos pela Constituição da República à edição de emendas constitucionais que tenham por finalidade a sua alteração.

Isso porque a opção da Constituição da República por um sistema rígido de repartição de competências tributárias foi a solução encontrada para garantir a cada pessoa jurídica de direito público o montante de ingressos necessários à manutenção de sua independência assegurada, de resto, pelo sistema federativo.[2]

Não serão enfrentadas nesta oportunidade questões referentes aos conflitos materiais que possam surgir do exercício da competência tributária pelos entes tributantes. Centrar-se-á o foco na verificação da constitucionalidade das alterações que possam ser promovidas pelo poder constituinte derivado nas normas de outorga de competências tributárias.

Por fim, ainda a título de introdução e delimitação do objeto de estudo, ressalta-se que a posição que tomamos não é incontestada pela doutrina nacional, motivo pelo qual se fez referência às opiniões divergentes nos pontos apresentados.

2. Competência tributária

2.1 Conceito

Competência tributária é a outorga de poderes específicos e limitados aos entes federados para que estes possam inovar a ordem jurídica com a criação de tributos.

Roque Carrazza define a competência tributária como "Normas que autorizam os Legislativos da União, dos Estados, dos Municípios e do Distrito Federal a criarem, *in abstrato*, tributos, bem como a estabelecerem o modo de lançá-los e arrecadá-los, impondo a observância de vários postulados que garantam os direitos do contribuinte".[3]

Nessa linha também é a opinião de Paulo de Barros Carvalho, para quem a competência tributária "é a aptidão de que são dotadas as pessoas políticas para expedir regras jurídicas, *inovando* o ordenamento positivo".[4] Sintetiza o emérito professor estabelecendo que a competência tributária "é uma das parcelas entre as prerrogativas legiferantes de que são portadoras as pessoas políticas, consubstanciada na possibilidade de legislar para a produção de normas jurídicas sobre tributos".[5]

A Constituição da República de 1988 tratou de forma exaustiva e pormenorizada a matéria tributária, tratando expressamente da repartição da competência tributária, além dos requisitos para o seu exercício.

Assim, a competência tributária no direito brasileiro pode ser definida como a demarcação constitucional das hipóteses sobre as quais a União, os Estados, o Distrito Federal e os Municípios poderão legislar criando tributos, respeitados os limites impostos pela própria Constituição, tais como os direitos e garantias dos contribuintes.[6]

As competências tributárias podem ser *cumulativas* ou *comum*, que seriam aquelas que são atribuídas a um ou mais entes políticos, como a que possibilita a cobrança das taxas e das contribuições de melhoria pela União, Estados Distrito Federal e Municípios, (arts. 145, incisos II e III, da CF).[7]

2. Cf. Luís Eduardo Schoueri, *Discriminação de Competências e Competência Residual, Direito Tributário: Estudos em Homenagem a Brandão Machado*, p. 82.

3. Roque Antonio Carrazza, *Curso de Direito Constitucional Tributário*, 26ª ed., p. 328.

4. Paulo de Barros Carvalho, *Curso de Direito Tributário*, 22ª ed., p. 266.

5. Idem (nota 4), p. 267.

6. O STF já decidiu que as garantias individuais dos contribuintes constituem cláusula pétrea (ADI 939-DF, Rel Ministro Sydney Sanches, *DJU* 18.3.1994).

7. Roque Carrazza aponta que a competência será comum apenas no que diz respeito a possibilidade de todos os entes federados legislarem criando

Também encontramos na Constituição a competência *privativa* ou *exclusiva*, que é assim chamada por conferir a outorga legiferante apenas a uma determinada pessoa política, retirando dos demais entes federados a possibilidade de instituir tributos sobre aquela específica materialidade. É o que ocorre nos impostos. Cite-se, como exemplo, o art. 153, inciso III, da Constituição da República, que autoriza somente à União a criar impostos sobre a renda das pessoas físicas e jurídicas.

Por fim, há a competência *residual*, que consiste no poder conferido à União de instituir impostos ou outras fontes de custeio da seguridade social desde que sejam diversos dos já discriminados pela Constituição República de 1988 (arts. 154, inciso I, e 195, § 4º).[8]

Delineado o conceito que se adota de competência tributária, passa-se a se verificar as suas características.

2.2 *Características da competência tributária*

A competência tributária apresenta como características: (*i*) privatividade; (*ii*) indelegabilidade; (*iii*) incaducabilidade; (*iv*) inalterabilidade; (*v*) irrenunciabilidade; e (*vi*) facultatividade de exercício.[9]

Paulo de Barros Carvalho assevera que das seis características da competência tributária acima traçadas, apenas três resistiriam a um estudo crítico mais severo, quais sejam: indelegabilidade, irrenunciabilidade e incaducabilidade.[10] Vejamos cada uma delas, e as críticas apresentadas.

A *privatividade* é corolário da rígida repartição de competência tributária traçada pela Constituição da República como forma de preservação do pacto federativo. Logo, se é outorgado a determinado ente político a competência para criar determinado tributo, a outro tal competência é vedada.[11]

Paulo de Barros Carvalho defende que a privatividade é insustentável, e que a competência residual da União para instituir impostos extraordinários, compreendidos ou não em sua competência tributária (art. 154, inciso II, da CF) seria o suficiente para derrubar tal característica da competência tributária.[12]

Com o devido respeito ao mencionado jurista, a crítica não procede. A exceção trazida pelo art. 154, inciso II da Constituição Federal, muito antes de infirmar, confirma a privatividade como característica da competência tributária, a qual é apenas mitigada pela própria Constituição em situação extrema.

Deveras, a referida atenuação da privatividade decorre do forte abalo causado pela guerra, ou sua iminência, no Estado de Direito, a ponto de permitir situações juridicamente inimagináveis em tempo de paz, como a execução de uma sentença que condene um indivíduo a uma pena de morte, sem que isso implique, de modo algum, dúvida acerca da inviolabilidade do direito à vida (art. 5º, inciso XLVII, alínea *a*, da CF/1988).

taxas e contribuições de melhoria, já que não serão as mesmas taxas, nem as mesmas contribuições de melhoria, as quais serão determinadas a partir da competência administrativa da União, dos Estados, do Distrito Federal e dos Municípios para prestar serviço público, praticar ato de poder de polícia ou realizar obra pública (cf. Roque Antonio Carrazza, ob. cit. (nota 3), p. 637).

8. A outorga da competência tributária residual permitiu que o professor Roque Carrazza considerasse teoricamente infinita a competência da União para a criação de impostos (ob. cit., p. 631).

9. Cf. Roque Antonio Carrazza, ob. cit. (nota 3), pp. 339 e ss.

10. Cf., ob. cit. (nota 4), p. 271.

11. No decorrer deste estudo veremos que a rígida repartição de competência tributária tem como principal objetivo, no atual modelo constitucional, a manutenção do equilíbrio econômico da Federação, já que não se veda a bitributação em relação às contribuições instituídas pela União sobre mesma base de cálculo de impostos dos demais entes federados. Assim, a repartição de competências tributárias apenas evita a bitributação no que diz respeito aos impostos e as taxas.

12. Cf., ob. cit. (nota 4), p. 272.

A *indelegabilidade* é a vedação da transferência da competência tributária entre os entes políticos internos, para que seja preservado o Estado Federal pretendido pela Constituição com a repartição de competências tributárias.[13] A indelegabilidade não pode ser confundida com a *parafiscalidade*, por meio da qual somente se transfere a capacidade tributária ativa, atribuindo-se o dever de arrecadação e fiscalização de tributos aos entes federados ou aos órgãos da administração pública, o que não encontra óbice no ordenamento vigente.

A *incaducabilidade* decorre do fato de a competência tributária não sofrer qualquer consequência jurídica pelo decurso de determinado tempo. A Constituição não estabelece prazo para que os entes federativos legislem, criando ou modificando os tributos que são de sua competência.[14] Roque Carrazza cita como exemplo a não instituição do imposto sobre grandes fortunas pela União, o que não a impediria de criá-lo a qualquer momento, ainda que a inércia do legislativo dure anos a fio.[15]

A *inalterabilidade* é o ponto central de discussão do presente estudo, já que a competência legislativa não pode ser alterada pelo legislador infraconstitucional, e as emendas à Constituição também encontram fortes limitações em razão dos diversos princípios que regem a matéria, os quais serão abordados em outro tópico.

A *irrenunciabilidade* é a impossibilidade de o ente tributante negar expressamente a competência que lhe fora outorgada. Tal característica se assenta nas mesmas características da indelegabilidade acima mencionadas.

Por fim, a *facultatividade* é possibilidade de os entes políticos não legislarem criando tributos de sua competência. Trata-se de uma questão de decisão política que leva em consideração a conveniência, vantagem e utilidade dimensionadas pelos Poderes Legislativo e Executivo, não havendo qualquer previsão de controle externo ou sanção.

Ademais, a não utilização de uma competência tributária por determinada pessoa política não autoriza a qualquer outra dela tomar mão, já que tal usurpação configuraria irreversível inconstitucionalidade.[16]

Não há que se admitir que exista uma sanção na Lei Complementar n. 101/2000 (Lei de Responsabilidade Fiscal), pois apesar de esta lei estabelecer que "Constituem requisitos essenciais da responsabilidade na gestão fiscal a instituição, previsão e efetiva arrecadação de todos os tributos da competência constitucional do ente da Federação", a única consequência prevista no parágrafo único do citado artigo decorre da não instituição de impostos por determinado ente federado, determinando a vedação de transferências voluntárias para o ente inerte.

Ora, se determinado ente político abriu mão de parcela da competência tributária, que lhe fora concedida pela Constituição como forma de garantir o ingresso de recursos financeiros, certo é que estes recursos não lhe são necessários. Assim, não há falar em sanção, mas em mera constatação legal de suficiência financeira do ente federado, impedindo-o, portanto, de se beneficiar com o repasse voluntário de receitas públicas. Mas não se pode considerar que haja a obrigatoriedade de instituição dos tributos de sua competência.

Demais disso, caso este ente federado inerte seja um município, que dependa do repasse obrigatório das receitas tributárias sem que haja realize efetiva atividade tri-

13. Paulo de Barros Carvalho leciona que indelegabilidade e a irrenunciabilidade são ilações imediatas da rígida repartição de competências tributárias (ob. cit., p. 271).

14. Cf. Cristiano Rosa Carvalho, "Sistema, competência e princípios", *Curso de Especialização em Direito Tributário: Estudos Analíticos em Homenagem a Paulo de Barros Carvalho*, p. 866.

15. Cf., ob. cit. (nota 3), p. 653.

16. Cf. Roque Antonio Carrazza, ob. cit. (nota 3), p. 658.

butária, entendemos que o que deva ser ponderado não é a facultatividade das normas de competência, mas sim a viabilidade daquele Município como ente federado dotado de autonomia e igualdade jurídica.

De outro lado, retirando a facultatividade do rol de características da competência tributária, Paulo de Barros Carvalho sustenta que o ICMS, imposto de competência estadual, apresenta caráter nacional, o que impediria que o titular da competência impositiva deixasse de legislar, sob pena de deflagração de verdadeira "guerra fiscal", e consequente abalo ao sistema federativo.[17]

O raciocínio desenvolvido pelo aludido professor é perfeito em suas premissas e conclusões. Todavia, se a marca distintiva entre uma norma que obriga e outra que permite é a consequência decorrente do seu descumprimento, dúvida não há acerca da facultatividade como característica da competência tributária, na medida em que a Constituição Federal não previu qualquer sanção para a inércia do Poder Legislativo, mesmo que a omissão legislativa se desse no exercício da competência tributária, ainda que relativa aos tributos de índole nacional.

Ademais, mesmo que se admita a obrigatoriedade de instituição de ICMS pelos entes federados, certo é que a exceção por si só não infirma a regra.

Por essas razões, considera-se a facultatividade como característica da competência tributária.

2.3 Competência tributária negativa

A competência tributária negativa, também conhecida como imunidade tributária, é formada pelas regras constitucionais que impedem a instituição de tributos sobre determinados sujeitos, bens ou atividades.

Muito já se discutiu na doutrina acerca do conceito de imunidade,[18] havendo certa predominância no sentido de ser a imunidade a previsão constitucional de incompetência entes políticos para a produção legislativa criadora de tributos.

Paulo de Barros Carvalho tece uma análise crítica sobre algumas das concepções tradicionais de imunidade, afastando-as, para definir a imunidade tributária como sendo as regras de estrutura contidas no texto constitucional que estabelecem a incompetência das pessoas jurídicas de direito constitucional interno para expedir regras instituidoras de tributos que alcancem determinadas situações.

Defende o referido jurista ser improcedente a alegação de que as imunidades seriam "limitações constitucionais às competências tributárias", alegando inexistir uma cronologia entre a atribuição de competência e, posteriormente, sua limitação por uma norma de imunidade. Da mesma forma, sustenta que o fenômeno jurídico é sincrônico, de modo a impossibilitar que a imunidade seja uma norma de "exclusão ou supressão do poder tributário", na medida em que "a competência para legislar, quando surge, já vem com as demarcações que os preceitos constitucionais fixaram". Por essas razões, afirma ainda a impossibilidade de se classificar a imunidade como uma "hipótese de não incidência constitucionalmente qualificada", na medida em que as regras de imunidade são normas de estrutura e não preceitos de conduta, que poderão ou não incidir em determinada hipótese.[19]

17. Cf., ob. cit. (nota 4), pp. 274-278.

18. Algumas proposições doutrinárias para o conceito de imunidade: "forma qualificada de não-incidência que decorre da supressão da competência impositiva sobre certos pressupostos na Constituição" (Mizabel Derzi, *Direito Tributário, Direito Penal e Tipo*, p. 206), "supressão (interna) de uma parcela do poder de tributar por meio de norma constitucional" (Humberto Ávila, *Sistema Constitucional Tributário*, p. 214), "blindagem constitucional à incidência da norma impositiva tributária" (Alexandre Rossato da Silva Ávila, *Curso de Direito Tributário*, p. 147).

19. Cf. Paulo de Barros Carvalho, *Curso de Direito Tributário*, 16ª ed., pp. 168 a 183.

A Constituição Federal traz em seu texto imunidades genéricas e específicas.

As imunidades genéricas estão previstas no art. 150, inciso VI da Constituição, sendo elas: (*i*) imunidade recíproca (art. 150, VI, *a*, e §§ 2º e 3º) – traz como fundamentos o pacto federativo e princípio da autonomia municipal; (*ii*) imunidade dos templos (art. 150, VI, *b*, e § 4º) – tem por finalidade garantir a liberdade religiosa (art. 5º, VI); (*iii*) imunidade dos partidos políticos e suas fundações (art. 150, VI, *c*, e § 4º) – forte nos princípios democrático e do pluralismo partidário; (*iv*) imunidade das entidades sindicais de trabalhadores (art. 150, VI, *c*, e § 4º) – objetiva a garantia da liberdade sindical; (*v*) livros, jornais, periódicos e o papel destinado à sua impressão (art. 150, VI, *d*) – busca salvaguardar a liberdade de comunicação, de manifestação do pensamento, da expressão da atividade intelectual, artística, científica, permitindo o acesso à informação e à difusão da cultura e da educação; e (*vi*) imunidade das entidades de educação e de assistência social (art. 150, VI, *c*, e § 4º) – tem como fundamentos constitucionais o art. 205 da Constituição, que estabelece o direito à educação e o art. 203 que traz os contornos da assistência social, sendo ambas atividades essenciais do Estado.

Já as imunidades específicas estão dispersas em todo o texto da Carta Republicana, dentre as quais citamos a que impossibilita a criação de impostos federais, estaduais e municipais sobre as operações de transferência de imóveis desapropriados para fins de reforma agrária (art. 184, § 5º), a qual apresenta como fundamento constitucional a erradicação da pobreza e marginalização, e a redução das desigualdades sociais e regionais.

Após essa breve exposição sobre as imunidades tributárias, tendo em vista o objeto do presente estudo, o que se deve fixar é o fato de que a apreciação da constitucionalidade de uma emenda que altere uma norma de competência tributária deve ser realizada não apenas pela análise das regras de competência anteriormente vigentes, sendo imprescindível a consideração das normas de incompetência tributária (imunidades), especificamente aquelas que têm por finalidade a concretização de direitos fundamentais, e representam escolhas constitucionais integrantes do núcleo intangível da Constituição, nos termos do seu art. 60, § 4º.

Portanto, aquilo que o constituinte originário entendeu ser de agigantada importância para o ordenamento jurídico, a ponto de ser elevado à condição de imutável, não poderá ser alterado pelo constituinte derivado. Ou seja, se há a proteção constitucional para que determinada pessoa, serviço ou bem não sejam tributados, seja por não revelarem capacidade contributiva ou por concretizarem direitos fundamentais, tal limitação deverá ser respeitada pelo constituinte derivado.

Logo, os limites à alteração das outorgas de competência tributária são determinados também pelas normas de incompetência tributária, além dos direitos e das garantias individuais dos contribuintes que passamos a analisar.

2.4 Direitos e garantias individuais dos contribuintes como limites à alteração da competência tributária

A Constituição Federal estabelece limitações constitucionais ao poder de tributar que se apresentam como direitos e garantias dos contribuintes (arts. 150 a 152 da CF), também protegidos por cláusula pétrea (art. 60, § 4º, inciso IV, da CF).[20]

Não obstante a importância de todos os princípios constitucionais tributários que exprimem direitos e garantias aos contribuintes, a nossa atenção será direcionada aos princípios que entendemos diretamente relacionados com a limitação à alte-

20. Conforme já mencionado, o STF entende que tais direito e garantias individuais dos contribuintes constituem cláusula pétrea (ADI 939-DF, Rel. Ministro Sydney Sanches, *DJU* 18.3.1994).

ração da repartição de competências tributárias, quais sejam: (*i*) o da vedação da utilização de tributo com efeito de confisco e (*ii*) o da capacidade contributiva (art. 145, parágrafo único, da CF).

De fato, referidos princípios, somados às hipóteses de incompetência tributária (imunidades) e ao Princípio Federativo, delimitam o campo de atuação do constituinte derivado no que diz respeito à alteração do desenho constitucional de repartição de competências tributárias.

O *princípio da capacidade contributiva* é um critério de justiça fiscal que fundamenta o tratamento tributário diferenciado de acordo com a capacidade econômica de cada contribuinte, norteando, além disso, toda a tributação, do legislador ao aplicador da legislação tributária.[21]

Apesar de estar apenas positivado como princípio orientador dos impostos (art. 145, parágrafo único, da CF), adota-se a tese de que o mencionado princípio seja de observância obrigatória em todos os tributos que tragam na sua hipótese de incidência critério revelador de capacidade contributiva, quais sejam, os impostos, necessariamente, os empréstimos compulsórios e, eventualmente, as contribuições. Já em situações extremadas (preservação do mínimo existencial e vedação do confisco), será o princípio da capacidade contributiva aplicado a todas as espécies tributárias, inclusive aos tributos que tenham o fato jurídico tributário descrito na hipótese de incidência ligado a uma atividade estatal.[22]

Assim, qualquer que seja a alteração no desenho das competências tributárias, principalmente nos casos de outorga de nova de competência, deverá o princípio da capacidade contributiva ser observado, sob pena de inconstitucionalidade da alteração pretendida.

21. Cf. Leandro Paulsen, *Curso de Direito Tributário*, 1ª ed., p.78.

22. Ob. cit. (nota 21), p. 80

No mesmo sentido é a limitação imposta pelo *princípio do não confisco*, o qual impede a tributação de forma excessiva a ponto de absorver a própria fonte tributada, seja comprometendo o direito de propriedade, ou ainda o exercício da atividade econômica.[23]

Desse modo, as escolhas feitas pelo constituinte originário ao repartir as competências tributárias devem ser respeitadas, pois ao mesmo tempo em que garantem a autonomia econômica de um ente federado, restringem as investidas lícitas feitas ao patrimônio do contribuinte.[24]

2.5 Repartição de competências tributárias

Delineado o conceito de competência tributária, suas características e principais limites à sua alteração, cabe agora apresentar a repartição das competências tributárias atualmente prevista Constituição Federal de 1988.[25]

Aos *Estados-membros* a Constituição Federal outorgou a possibilidade de instituírem impostos sobre: (*i*) a transmissão *causa mortis* e doação, de quaisquer bens ou direitos; (*ii*) operações relativas à circulação de mercadorias e sobre prestações de serviços de transporte interestadual e intermunicipal e de comunicação, ainda que as operações e as prestações se iniciem no exterior; e (*iii*) propriedade de veículos automotores (art. 155, incisos I a III).

Demais disso, há a previsão de instituição de contribuição para o custeio do

23. Idem (nota 21), p. 100.

24. Nesse sentido, leciona Roque Carrazza: "os contribuintes (pessoas físicas e jurídicas) têm o direito constitucional subjetivo de só serem tributados pela pessoa jurídica competente e, ainda, desde que observe a regra-matriz exacional, pré-qualificada no próprio Texto Supremo" (in *Impostos Sobre a Renda (Perfil Constitucional e Temas Específicos)*, p. 33).

25. A competência tributária para a instituição de contribuição de melhoria e de taxa é cumulativa, sendo a esta última delimitada pelas regras de competência administrativa de cada ente político, conforme já apresentado.

regime previdenciário dos servidores públicos estaduais (art. 149, § 1º, da CF).

Aos *Municípios* a Constituição outorgou a possibilidade de criação de impostos sobre: (*i*) a propriedade predial e territorial urbana; (*ii*) transmissão "inter vivos", a qualquer título, por ato oneroso, de bens imóveis, por natureza ou acessão física, e de direitos reais sobre imóveis, exceto os de garantia, bem como cessão de direitos a sua aquisição; e (*iii*) serviços de qualquer natureza, que não os de competência dos Estados-membros (art. 156, incisos I a III).

Também foi deferida aos Municípios a instituição de contribuição para o custeio do regime previdenciário dos servidores, quando houver regime próprio de previdência (art. 149, § 1º, da CF).

Por fim, poderão os Municípios instituir contribuição para o custeio da iluminação pública (art. 149-A da CF).

Ao *Distrito Federal* é assegurada a competência tributária dos Estados-membros e dos Municípios (arts. 32, § 1º, 147, 149, § 1º, 149-A e 155, da CF).

O Distrito Federal é um ente federado de natureza peculiar, podendo ser considerado como Estado-membro, apesar de não se confundir com os Estados e os Municípios. É colocado ao lado dos Estados, pois, apesar de não possuir Ministério Público, Poder Judiciário, Defensoria, Polícia Militar e Corpo de Bombeiros próprio, como os Estados, tem competências legislativas tipicamente estaduais, inclusive no que diz respeito à possibilidade de legislar concorrentemente com a União. Ademais, assim como os Estados elegem três senadores, e seus governadores e mesa da assembleia têm legitimidade para ajuizar ação direta de inconstitucionalidade perante o Supremo Tribunal Federal.[26]

Deste modo, justifica-se a competência tributária híbrida a ele outorgada pela Constituição.

À *União*, a Constituição da República (art. 153, inciso I a VII) outorgou a competência para a instituição de impostos sobre: (*i*) importação de produtos estrangeiros; (*ii*) exportação, para o exterior, de produtos nacionais ou nacionalizados, (*iii*) renda e proventos de qualquer natureza; (*iv*) produtos industrializados, (*v*) operações de crédito, câmbio e seguro, ou relativas a títulos ou valores mobiliários; (*vi*) propriedade territorial rural e (*vii*) grandes fortunas. Demais disso, poderá a União instituir impostos não previstos dentre os ora apresentados, desde que não cumulativos e que não tenham fato gerador e base de cálculo próprios dos discriminados na Constituição – competência residual (art. 154, inciso I, da CF), além de impostos extraordinários na iminência ou na hipótese de guerra externa declarada, compreendidos ou não em sua competência tributária, os quais serão suprimidos, gradativamente, cessadas as causas de sua criação (art. 154, inciso II, da CF).

Também compete à União a instituição de empréstimos compulsórios (art. 148 da CF) e contribuições sociais, de intervenção no domínio econômico e de interesse das categorias profissionais ou econômicas, como instrumento de sua atuação nas respectivas áreas (ar. 149 da CF).

Assim, nos termos do art. 149 da Constituição Federal teremos as contribuições: (a) sociais *stricto sensu*; (b) de intervenção no domínio econômico; ou (c) de interesse das categorias profissionais ou econômicas. As sociais *stricto sensu*, por sua vez, podem ser sociais gerais ou destinadas à Seguridade Social.

A Constituição Federal restringe o exercício da competência tributária referente à instituição das referidas contribuições à afetação do produto da arrecadação do tributo às despesas que lhe deram origem.[27]

26. Cf. Gilmar Ferreira Mendes, Inocêncio Mártires Coelho e Paulo Gustavo Gonet Branco, *Curso de Direito Constitucional*, p. 866.

27. Cf. Paulo Ayres Barreto, *Contribuições: Regime Jurídico, Destinação e Controle*, 1ª ed., p. 171.

Essa é a atual repartição constitucional das competências tributárias.

3. *Alterações da competência tributária*

Definida a competência tributária, adentrar-se-á ao objetivo do presente estudo, que é estabelecer os limites impostos ao constituinte derivado no que tange à alteração do desenho constitucional das competências tributárias.

Não se adotará a posição de que seria inalterável o arranjo das competências tributárias, sob a alegação de que qualquer modificação tenderia à abolição da forma federativa de Estado, o que, por sua vez, encontraria óbice na limitação material de reforma imposta pelo art. 60, § 4º, inciso I, da Constituição Federal.

A uma porque já houve alterações no modelo proposto pelo constituinte originário, o que se constata da simples leitura das Emendas à Constituição ns. 3/1993[28] e 39/2002,[29] sem que estas fossem julgadas inconstitucionais pelo Supremo Tribunal Federal. E a duas porque à forma federativa não se deve dar uma interpretação tão restritiva que impeça qualquer alteração da repartição de competência tributária, na medida em que a proteção constitucional não significa intangibilidade literal.

Nessa linha é a opinião de Luís Roberto Barroso que ao analisar a locução "tendente a abolir", prevista no art. 60, § 4º, determina que sua interpretação deverá ser realizada com equilíbrio, apontando que "Por um lado, ela deve servir para que se impeça a erosão do conteúdo substantivo das cláusulas protegidas. De outra parte, não deve prestar-se a ser uma inútil muralha contra o vento da história, petrificando determinado *status quo*".[30]

Nesse sentido, o que pretende a rígida repartição de competências tributárias é assegurar a substância do Estado federal idealizado pelo constituinte originário, resguardando o seu núcleo essencial,[31] representado pela divisão dos entes federados em União, Estados, Distrito Federal e Municípios, todos autônomos e juridicamente iguais.

Portanto, resta evidente que não há impeditivo à edição de emendas com a finalidade de alteração das competências tributárias. O que há são limites na sua alteração, para que o elemento conceitual da federação originalmente concebido seja preservado.[32]

Concluindo esse ponto, Luís Roberto Barroso ensina que "para que seja válida a vulneração do limite material ao poder de reforma, uma emenda precisará afetar o núcleo essencial do princípio federativo, esvaziando o ente estatal de competências substantivas, privando-o de autonomia ou impedindo sua participação na formação da vontade federal".[33]

Assim, a limitação material imposta pelo art. 60, § 4º, inciso I, da Constituição Federal não impede a alteração do desenho constitucional das competências tributárias, mas a condiciona à preservação do núcleo essencial da forma federativa, a qual se consubstancia na estrutura formada pelo conjunto indissolúvel da União, dos Estados, do Distrito Federal e dos Municípios, todos autônomos economicamente, sendo tal autonomia assegurada pela repartição de competência tributária.

Daí a rigidez da repartição de competências tributárias à luz do sistema federati-

28. Suprimiu a competência dos Estados e do Distrito Federal para a criação do adicional sobre o imposto de renda, bem como a dos Municípios para a instituição do imposto sobre vendas a varejo de combustíveis líquidos e gasosos – IVV.

29. Criou a competência tributária dos Municípios para a instituição de contribuição para custeio da iluminação pública.

30. Ob. cit. (nota 1), p. 169.

31. Nesse sentido é a jurisprudência do STF: MS 23.047, Rel. Ministro Sepúlveda Pertence, *DJU* 14.11.2003 e ADI-MC 2.024-DF, Rel. Ministro Sepúlveda Pertence, *DJU* 1.12.2000.

32. Cf. José Afonso Silva, *Curso de Direito Constitucional Positivo*, p. 67.

33. Ob. cit. (nota 1), p. 173

vo previsto na Constituição atual, a qual não mais é voltada principalmente a evitar bitributações jurídicas (superposição de competências tributárias), ou mesmo conflito de competência, mas sim a assegurar a autonomia financeira das pessoas políticas.

A rigidez da repartição das competências tributárias como meio eficaz de se evitar a bitributação, nos termos da Constituição Federal de 1988, só é possível para os impostos.[34] Ou seja, os entes federados não podem criar impostos de competência de outro ente federado, salvo a hipótese excepcional do art. 154, inciso II, da Constituição Federal.

Com efeito, no que se refere às contribuições de competência da União verifica-se que, ao contrário do que sucede com os impostos, por exemplo, em que a arrecadação não pode estar vinculada a uma atividade estatal, o valor vertido ao erário com o recolhimento dos tributos já deve ter destinação previamente definida.

Justamente por não se aplicar às contribuições a totalidade das regras estabelecidas para os impostos, há entendimento sedimentado na jurisprudência do Supremo Tribunal Federal no sentido de que a regra do art. 154, inciso I, da Constituição, que proíbe a instituição de impostos com a mesma base de cálculo dos já previstos no texto constitucional, não se aplica às contribuições, o que, em última análise, representa verdadeira chancela à sobreposição de contribuições incidentes sobre a mesma riqueza.[35]

Contudo, tal situação não desnatura a rigidez da repartição das competências tributárias, apenas retira parte de suas funções, impedindo a bitributação apenas para os impostos, mas preservando a sua função de mantenedora do equilíbrio econômico da federação.

Não pode, portanto, ser considerado bitributante, já que para as taxas e impostos não é possível a superposição de competências tributárias. E nos casos em que há a bitributação (contribuições e impostos), incidirão como fatores limitantes os princípios da capacidade contributiva e da vedação dos tributos com efeito de confisco.

Ademais, conforme dito alhures, a rigidez da repartição de competências tributárias decorre do fato de sua alteração, não obstante limitada, ser possível apenas com a edição de uma emenda à Constituição.

Desse modo, parece equivocada a assertiva de Adelmo da Silva Emerenciano que defende que "o sistema constitucional brasileiro atual é essencialmente bitributante e flexível, não mais podendo ser classificado como rígido".[36]

Vejamos as hipóteses de alteração das competências tributárias

3.1 Criação de competência tributária

A criação de competência tributária não encontrará óbice se a nova previsão não apresentar qualquer ponto de intersecção no plano constitucional com as competências tributárias já existentes, pois não representará ofensa ao princípio federativo, nem aos demais princípios que limitam as alterações das competências tributárias, salvo se hipótese se tratar de uma imunidade tributária.

Houve situação de criação competência tributária nos moldes acima expostos

34. O STF há muito consolidou o entendimento de que a União poderia instituir contribuições sobre as materialidades de impostos previstos na Constituição, ainda que de competência estadual (RE 228.321, Rel. Ministro Carlos Velloso, j. 1.1.1998).

35. No caso de superposição de competências tributárias, os limites serão ditados pela incidência dos princípios da capacidade contributiva e da vedação dos tributos com efeito de confisco

36. Adelmo da Silva Emerenciano, "Modificação da competência tributária por emenda constitucional. A contribuição para o Serviço de Iluminação Pública – Emenda Constitucional 39/2002", *Curso de Especialização em Direito Tributário: Estudos Analíticos em Homenagem a Paulo de Barros Carvalho*, p. 912.

com a edição da Emenda Constitucional n. 12/1996, que incluiu o art. 74 ao Ato das Disposições Constitucionais Transitórias, conferindo à União autorização para instituir Contribuição Provisória sobre Movimentações Financeiras – CPMF.

Outra modificação dessa natureza foi observada com a promulgação da Emenda Constitucional n. 39/2002, que permitiu aos Municípios instituírem contribuições para custeio do serviço de iluminação pública, inserindo o art. 149-A no texto constitucional, haja vista que tal tributo não estava na esfera de competência tributária dos demais entes da federação,[37-38] nem era hipótese de imunidade.

O problema que pode desencadear a outorga de nova competência é a superposição de competências tributárias.

Na hipótese de superposição de competências tributárias de impostos, a alteração estará maculada de inconstitucionalidade por violação ao princípio federativo (art. 60, § 4º, inciso II, da CF), já que a rigidez da repartição de competências para a instituição de impostos também tem como finalidade evitar a bitributação, tendo em vista a privatividade da competência tributária.

Ou seja, o imposto que incida sobre determinada materialidade só poderá ser de competência de um ente político, salvo a já citada competência extraordinária da União (art. 154, inciso II, da CF).

De outro lado, se a superposição de competências tributárias tiver origem na criação de uma contribuição cuja materialidade se identifique com a de um imposto de competência já discriminada na constituição, a constitucionalidade dessa emenda deverá ser aferida sob a perspectiva do contribuinte.

Com efeito, a verificação de violação à Constituição se dará em relação ao princípio da capacidade contributiva, dimensionado a partir da nova investida no patrimônio do contribuinte, levando-se em consideração o percentual da riqueza atingida pelo imposto já existente, além de eventual efeito confiscatório decorrente dessa nova contribuição.

Superadas essas barreiras, a nova competência tributária será considerada constitucional.

3.2 *Supressão de competência tributária*

No que tange à supressão de competência tributária, não será necessário, por óbvio, analisar a constitucionalidade da emenda que alterou a competência tributária sob o enfoque do contribuinte (princípio da capacidade contributiva e do não confisco).

Deveras, a análise da constitucionalidade será pautada na autonomia econômica e reserva de um mínimo de competência tributária que deve ser assegurada ao ente tributante.

Isso porque, ainda que se admita a supressão de competência tributária, esta será necessariamente parcial, jamais integral, o que violaria o princípio federativo, que apresenta como uma de suas características essências a outorga de competência tributária.

Com efeito, mesmo a supressão parcial de competência tributária para ser considerada constitucional deverá manter o mínimo de autonomia financeira do ente federado.

Destarte, será chapada a inconstitucionalidade de uma emenda que pretenda

37. A competência exclusiva de criação de impostos sobre a energia elétrica prevista no art. 155, § 3º da Constituição Federal, leva em consideração a energia elétrica como mercadoria, bem de consumo, o que não se confunde com o custeio do serviço de iluminação pública. Da mesma forma, não há identidade com a competência municipal para a instituição de imposto sobre a propriedade territorial urbana, apenas identidade de sujeito passivo. Por fim, ressaltamos que entendemos a contribuição para custeio da iluminação pública como espécie tributária distinta dos impostos e das contribuições de competência da União.

38. Nesse sentido: Paulsen, ob. cit. (nota 21), p. 54.

suprimir completamente a competência tributária de qualquer ente federado, pois esbarraria na limitação material imposta pelo art. 60, § 4º, inciso II, da Constituição Federal, na medida em que a forma federativa petrificada pela Carta Republicana é a composta pela União, Estados, Distrito Federal e Municípios, todos detentores de competências tributárias e autonomia financeira.

Daí se entender não ser possível a supressão total da competência tributária vinculada à obrigatoriedade da repartição da receita da receita tributária. Pois se de um lado a autonomia financeira estará resguardada, de outro a autonomia política e administrativa estará completamente comprometida, em manifesta violação ao art. 18, *caput*, da Constituição da República, que assim estabelece: "a organização político-administrativa da República Federativa do Brasil compreende a União, os Estados, o Distrito Federal e os Municípios, todos autônomos, nos termos desta Constituição".

De longa data, os constitucionalistas averbam que essa autonomia "caracteriza-se pela denominada tríplice capacidade de auto-organização e normatização própria, autogoverno e autoadministração".[39]

Alexandre de Moraes é enfático nesse sentido: "(...) os Estados-membros se auto-administram no exercício de suas competências administrativas, legislativas e tributárias definidas constitucionalmente. Saliente-se que está implícito no exercício da competência tributária, a existência de um mínimo de recursos financeiros, obtidos diretamente através de sua própria competência tributária".[40]

O Supremo Tribunal Federal já reconheceu expressamente que o federalismo pressupõe a autonomia dos entes federativos no âmbito tributário, conforme se infere de passagem do RE 572.762-SC, Rel. Ministro Ricardo Lewandowski: "provavelmente, a característica mais relevante do Estado Federal – pelo menos a que apresenta maiores consequências de ordem prática –, ao lado da questão da distribuição de competências, seja a atribuição de rendas próprias às unidades federadas. Com efeito, é indispensável que o partícipe da federação, que exerce a sua autonomia dentro de uma esfera de competências própria, seja contemplado com a necessária contrapartida financeira para fazer face às obrigações decorrentes do exercício pleno de suas atribuições".

Sendo assim, uma vez que as Unidades da Federação são entes juridicamente iguais entre si e possuem autonomia, inclusive no seu campo de competência tributária, esta deve ser ao menos parcialmente preservada, para que seja possível o ingresso de recursos que garantam a sua autonomia.

Não é por outro motivo que a Constituição Federal veda a concessão de isenções heterônomas (art. 151, inciso III[41]), pois tanto a autonomia financeira, como a autonomia política são constitucionalmente protegidas.

Decorre disso a baliza a ser seguida na supressão parcial de competência tributária, pois esta somente será constitucional se a parcela de competência tributária retirada do ente federado não representar a própria garantia da sua autonomia financeira, como o ICMS para os Estados e o ISSQN para os Municípios.

Por essas razões não houve inconstitucionalidade nas supressões da competência tributária dos Estados e Municípios realizadas pela Emenda Constitucional n. 3/1993.[42]

Ressalta-se que o não exercício de competência tributária não justificaria a supressão da outorga, haja vista a incadu-

39. Alexandre Moraes, *Direito Constitucional*, 13ª ed., p. 270.

40. Ob. cit., p. 273.

41. "É vedado à União: (...) instituir isenções de tributos da competência dos Estados, do Distrito Federal ou dos Municípios."

42. V. nota 27.

cabilidade e facultatividade dos exercícios das competências tributárias.

Por fim, conforme dito alhures, o fato de um Município eventualmente não auferir recursos suficientes para a sua manutenção com a atividade tributária, vivendo às custas dos repasses de receitas, não justifica a supressão de sua competência tributária, mas sim uma revisão da sua viabilidade como Município.

4. Conclusões

Diante do quanto exposto, podemos concluir que:

(*i*) O Brasil adotou a forma federativa de Estado como decisão política fundamental, a qual é protegida pela cláusula pétrea prevista no art. 60, § 4º, inciso II, da Constituição Federal;

(*ii*) O modelo federativo brasileiro que recebe a proteção da cláusula pétrea é composto pelos seguintes entes: União, Estados, Distrito Federal e Municípios, aos quais se assegura a (a) *autonomia federativa*, formada pela auto-organização, autogoverno e autoadministração; (b) a *repartição de competência*, sendo elas: político-administrativas, legislativas e tributárias; e (c) a *participação* na formação da vontade nacional;

(*iii*) O sistema rígido de repartição de competências tributárias previsto na Constituição Federal tem como objetivo garantir o ingresso de receitas necessárias à manutenção da autonomia dos entes políticos, assegurada, de resto, pelo sistema federativo;

(*iv*) A repartição de competências tributárias, apesar de rígida, pode ser alterada, desde que observados os limites constitucionais;

(*v*) Para a outorga de novas competências tributárias deverão ser respeitados o princípio federativo, as imunidades tributárias e os princípios da capacidade contributiva e do não confisco; e

(*vi*) A supressão de competências tributárias só poderá ser realizada parcialmente, dede que respeitada a manutenção da autonomia financeira do ente federado.

5. Referências bibliográficas

ÁVILA, Alexandre Rossato da Silva. *Curso de Direito Tributário*. Porto Alegre, Verbo Jurídico, 2006.

ÁVILA, Humberto. *Sistema Constitucional Tributário*. São Paulo, Saraiva, 2006.

BARRETO, Aires, e BARRETO, Paulo Ayres. *Imunidades Constitucionais: Limitações Constitucionais ao Poder de Tributar*. 2ª ed. São Paulo, Dialética, 2001.

BARRETO, Paulo Ayres. *Contribuições: Regime Jurídico, Destinação e Controle*. 1ª ed. São Paulo, Noeses, 2006.

BARROSO, Luís Roberto. *Curso de Direito Constitucional Contemporâneo: os Conceitos Fundamentais e a Construção do Novo Modelo*. 2ª ed. São Paulo, Saraiva, 2010.

CARRAZZA, Antonio Roque. *Curso de Direito Constitucional Tributário*. 26ª ed. São Paulo, Malheiros Editores, 2010.

______. *Impostos Sobre a Renda (Perfil Constitucional e Temas Específicos)*. São Paulo, Malheiros Editores, 2005, p. 33.

CARVALHO, Cristiano Rosa. "Sistema, competência e princípios", in *Curso de Especialização em Direito Tributário: Estudos Analíticos em Homenagem a Paulo de Barros Carvalho*. Rio de Janeiro, Forense, 2005.

CARVALHO, Paulo de Barros. *Curso de Direito Tributário*. 16ª ed. São Paulo, Saraiva, 2004.

______. *Curso de Direito Tributário*. 22ª ed. São Paulo, Saraiva, 2010.

______. *Direito Tributário, Linguagem e Método*. 3ª ed. São Paulo, Noeses, 2009.

COSTA, Regina Helena. *Imunidades Tributárias – Teoria e Análise da Jurisprudência do STF*. São Paulo, Malheiros Editores, 2001.

DERZI, Mizabel. *Direito Tributário, Direito Penal e Tipo*. São Paulo, Ed. RT, 1988.

EMERENCIANO, Adelmo da Silva. "Modificação da competência tributária por emenda constitucional. A contribuição para o Serviço de Iluminação Pública – Emenda Constitucional 39/2002", in *Curso de Especialização em Direito Tributário: Estudos Analíticos em Homenagem a Paulo de Barros Carvalho*. Rio de Janeiro, Forense, 2005.

GAMA, Tácio Lacerda. *Competência Tributária: Fundamentos para uma Teoria da Nulidade*. São Paulo, Noeses, 2009.

GRECO, Marco Aurélio. *Contribuições (Uma Figura "Sui Generis")*. São Paulo, Dialética, 2000.

MENDES, Gilmar Ferreira, COELHO, Inocêncio Mártires, e BRANCO, Paulo Gustavo Gonet. *Curso de Direito Constitucional*. 4ª ed. São Paulo, Saraiva, 2009.

MORAES, Alexandre. *Direito Constitucional*. São Paulo, Atlas, 2003.

PAULSEN, Leandro. *Curso de Direito Tributário*. Livraria do Advogado Editora, 2008.

SCHOUERI, Luís Eduardo. *Discriminação de Competências e Competência Residual, Direito Tributário: Estudos em Homenagem a Brandão Machado*. São Paulo, Dialética, 1998.

________. "A imunidade tributária dos cemitérios: templos de qualquer culto", in COSTA, Alcides Jorge, SCHOUERI, Luís Eduardo, e BONILHA, Paulo Celso Bergstrom (coords.). *Revista de Direito Tributário Atual* 21. São Paulo, Dialética, 2007.

SILVA, José Afonso. *Curso de Direito Constitucional Positivo*. São Paulo, Malheiros Editores, 2009.

POLÍTICAS PÚBLICAS, CONTROLE SOCIAL E ORÇAMENTO PARTICIPATIVO

EMERSON AFFONSO DA COSTA MOURA
Bacharel em Direito pela Universidade Federal do Rio de Janeiro. Especialista em Direito da Administração Pública pela Universidade Federal Fluminense. Advogado no Rio de Janeiro.

1. Considerações iniciais. 2. Políticas públicas e controle. 3. Controle social e participação. 4. Orçamento e participação. 5. Conclusão.

1. Considerações iniciais

Uma das mudanças de paradigma que marcam o constitucionalismo contemporâneo é o reconhecimento da força normativa da Constituição.[1] A concepção da lei fundamental como documento político que veicula um convite à atuação dos poderes públicos é substituída pela atribuição do *status* de norma jurídica que impõe limites e deveres de atuação para o Estado.[2]

Na nossa experiência constitucional antes restrita a Constituições garantistas que tutelavam as liberdades formais como repositórios de promessas vagas[3] o fenômeno ocorre com a promulgação de uma Constituição dirigente voltada à promoção social[4] e pela crescente preocupação doutrinária com a aplicabilidade direta e imediata de seus preceitos.[5]

1. Uma das obras percussoras sobre o tema é *A Força Normativa da Constituição*, de Konrad Hesse, extraída de sua aula inaugural na cátedra da Universidade de Freiburg. Segundo o autor, a norma constitucional não tem existência autônoma em face da realidade, mas tão pouco se limita ao reflexo das condições fáticas. Sua essência reside na pretensão de eficácia, ou seja, de sua concretização na realidade imprimindo-lhe ordem e conformação (Konrad Hesse, *A Força Normativa da Constituição*, pp. 14-15).

2. Sobre as transformações do direito constitucional contemporâneo, consulte-se por todos: Luís Roberto Barroso, "Neoconstitucionalismo e constitucionalização do direito: o triunfo tardio do direito constitucional no Brasil", in Cláudio Pereira de Souza Neto e Daniel Sarmento (orgs.), *A Constitucionalização do Direito: Fundamentos Teóricos e Aplicações Específicas*, pp. 203-250.

3. Não é incomum a existência formal de Constituições que invocam o que não está presente, afirmam o que não é verdade e prometem o que não será cumprido. Como, *e.g.*, a Constituição de 1969 que garantia os direitos à integridade física e a vida, com as prisões ilegais, a tortura e o desaparecimento de pessoas na ditadura (Luís Roberto Barroso, *O Direito Constitucional e a Efetividade de suas Normas*, 7ª ed., p. 61).

4. Embora a Constituição de 1988 seja o resultado de forças políticas antagônicas que participaram da constituinte, materializando uma constante tensão entre a ideologia liberal e a perspectiva social, denota-se um grande avanço na disciplina dos direitos sociais em relação às Constituições anteriores. Para uma visão geral sobre a evolução histórica, v.: Marcelo Nóbrega da Câmara Torres, *Direitos Sociais*, 1ª ed., 1987.

5. Isto ocorreu, em especial, através da doutrina brasileira da efetividade, um movimento jurídico-acadêmico que procurou elaborar as categorias

Por efeito, interrompe-se o ciclo inicial de *baixa normatividade* das disposições constitucionais que veiculavam os direitos fundamentais, em especial, das normas que declaravam os direitos sociais, antes remetidas à esfera programática de meras linhas diretoras aos poderes públicos e, tidas como dotadas de eficácia meramente limitada.[6]

Os direitos sociais enquanto veiculado por normas constitucionais gozam de exequibilidade plena, permitindo sejam os bens e interesses que tutelam exigíveis perante o Estado.[7] Em razão disto, observa-se uma tendência progressiva de reconhecimento de sua dimensão subjetiva de forma a garantir a sua concretização no mundo dos fatos e tutela perante o Poder Judiciário.[8]

Não obstante, o sistema de separação de poderes, com o epicentro em uma Constituição formal atribui em razão da especialização funcional e independência orgânica ao Poder Legislativo e Executivo funções cujo exercício, que ocorre de forma preponderante e sem interferência, correspondem em último grau à realização das normas constitucionais.

Cabem, portanto, aos poderes públicos na concretização dos preceitos fundamentais, observadas as possibilidades das regras e princípios constitucionais e limitados aos seus respectivos campos de conformação ou discricionariedade, decidirem sobre as questões políticas definindo quais são capazes de atender as necessidades do grupo social.[9]

Embora o Poder Judiciário exerça na sua função contramajoritária o controle dos atos políticos de forma a garantir à proteção dos bens e interesses veiculados pela Constituição em face do interesse da maioria, no sistema representativo o campo adequado para o debate sobre a conveniência da decisão política é o controle exercido na seara social.[10]

Através do controle exercido diretamente pela sociedade sobre os poderes públicos permite-se a correção de *transparência*, *legitimidade* e *eficiência* na persecução do interesse público contribuindo na superação das desigualdades sociais através da redistribuição de rendas e na adjudicação de bens e serviços necessá-

dogmáticas da normatividade constitucional e superar dentre outras questões a insinceridade normativa que vigia no país. Consulte-se por todos: Luís Roberto Barroso, *O Direito Constitucional*..., ob. cit.

6. A aplicabilidade restrita das normas de natureza programática decorreria da fluidez de suas disposições e da inexistência de instrumentos jurídico-processuais capazes de garantir sua concretização (Paulo Bonavides, *Curso de Direito Constitucional*, 13ª ed., pp. 564-565). Compreendendo que as relações econômico-sociais são disciplinadas apenas por normas programáticas, v.: José Afonso da Silva, *Aplicabilidade das Normas Constitucionais*, 7ª ed., Capítulo IV.

7. As normas constitucionais tenham caráter imediato ou prospectivo como regras de conduta emanadas do Estado são dotadas de eficácia jurídica. Assim, incidem e regem as situações de vida produzindo os seus efeitos próprios, e, diante da sua inobservância espontânea deflagram mecanismos de aplicação coativa (Luís Roberto Barroso, *Interpretação e Aplicação da Constituição*, 6ª ed., pp. 248 e 274).

8. Compreende desde a tese da máxima eficácia e prevalência dos direitos sociais, da realização progressiva ao máximo dos recursos disponíveis, da aplicabilidade imediata apenas das normas definidoras de direitos sociais até a restrição de sua exigibilidade a um núcleo essencial formado pelas condições mínimas indispensáveis para uma existência digna. Sobre o tema, v.: Emerson Affonso da Costa Moura, *Do Controle Jurídico ao Controle Social das Políticas Públicas: Parâmetros à Efetividade dos Direitos Sociais*, pp. 6-14.

9. Isto não importa, todavia, na intangibilidade do conteúdo do ato do Poder Público. O princípio da razoabilidade tem sido utilizado para aferir à adequação entre os motivos, os meios e os fins empregados, permitindo a invalidação dos atos *inadequados*, *desnecessários* ou *excessivos* em relação aos valores vigentes da sociedade. Sobre o tema: Fábio Corrêa Souza de Oliveira, *Por uma Teoria dos Princípios: o Princípio Constitucional da Razoabilidade*, 2003.

10. Sobre as técnicas de participação formais e informais da sociedade na atividade estatal no campo político-administrativo e a sua atuação como instrumentos de legitimação do poder do Estado consulte-se por todos: Diogo de Figueiredo Moreira Neto, *Direito da Participação Política*, 1992.

rios a *proteção* e *promoção* dos direitos sociais.[11]

Neste sentido, exerce peculiar importância os instrumentos *financeiros* de controle social, que incidem sobre a atividade estatal de obtenção e gestão dos recursos públicos indispensáveis à implementação dos programas, planos e diretrizes de ação governamental capaz de garantir a fruição dos bens e interesses socialmente almejados por seus titulares.

Sob este prisma, busca o presente trabalho auxiliar na construção de mecanismos jurídicos capazes de atribuir maior efetividade ao controle social exercido mediante participação popular sobre o planejamento e execução do orçamento público, contribuindo na promoção dos bens e interesse sociais e na construção de uma cidadania fiscal.

De início, abordam-se as políticas públicas sob os seus variados momentos de modo a definir com a exteriorização do planejamento, execução e avaliação da ação governamental nas esferas administrativas e financeiras, a delimitação do espaço decisório exercido pelos poderes públicos e a sua respectiva sujeição às variadas formas de controle.

A seguir a análise concentra-se na definição do controle social sobre a gestão estatal, com foco na investigação dos instrumentos informais e formais de participação da sociedade, bem como, sua importância e limites, de forma a determinar o campo de incidência dos mecanismos políticos, administrativos e financeiros sobre as políticas públicas.

Por fim, o exame compreende a definição das formas, momentos e efeitos do controle social exercido sobre o orçamento público e apresentadas as premissas necessárias ao debate, volta-se acerca da existência de sujeição dos poderes públicos no planejamento e execução às deliberações promovidas no âmbito do orçamento participativo.

2. *Políticas públicas e controle*

A concretização dos direitos sociais reclama em um maior grau a realização de sua dimensão positiva, mediante adjudicações de prestações pelo Estado de natureza participativa, normativa, e em especial, material, com a criação e colocação à disposição de seus titulares os bens materiais e imateriais necessários a fruição dos bens e interesses sociais tutelados.[12]

Isto ocorre através da articulação pelos poderes públicos de programas, planos e diretrizes de ação governamental que coordenam a alocação da estrutura, bens e agentes disponíveis, harmonizando as atividades estatais e privadas, os variados atores e múltiplos interesses envolvidos na realização destes objetivos socialmente relevantes e politicamente determinados.[13]

As políticas públicas, portanto, compreende além da colocação a disposição dos recursos de forma a garantir a prestação imediata de serviços públicos pelo Estado, a atuação normativa, reguladora e de fomento que combinadas de forma efi-

11. Demonstra-se através da participação dos destinatários da atuação estatal no processo de deliberação pública e de fiscalização (*legitimidade*); nos argumentos e informações obtidos com a dialética promovida pelos atores envolvidos (*racionalidade*), do conhecimento das razões utilizadas como fundamentos da decisão estatal (*transparência*), e da escolha por consenso das medidas mais eficazes para alcançar os resultados almejados (*eficiência*).

12. Isto não importa desconhecer que a concretização dos direitos sociais também depende da sua realização na dimensão negativa ou que possuem uma eficácia em relação aos particulares, impondo restrições aos direitos e liberdades ou determinando o cumprimento de dadas prestações como ocorre com as contribuições sociais (Jorge Miranda, *Manual de Direito Constitucional*, t. IV – *Direitos Fundamentais*, pp. 341-342).

13. Sob este foco, correspondem a instrumentos de ação de governo utilizados para alcançar as metas e objetivos coletivos, que redireciona o eixo da atuação estatal e da organização do governo das leis *government by law* para as políticas *government by polices* (Maria Paula Dallari Bucci, *Direito Administrativo e Políticas Públicas*, pp. 241-244 e 252-253).

ciente conduzem os esforços da esfera pública e privada, na consecução dos fins almejados pela Constituição e a sociedade.[14]

De certo modo, há uma complexidade na apreensão do tema, pois a exteriorização dos programas governamentais não se apresenta com um padrão uniforme facilmente apreensível pelo sistema jurídico. Se por um lado, há uma visível proximidade com os planos ou processo, as políticas públicas antes englobam do que resumem os atos que as conformam.[15]

Aprioristicamente restringem-se a função política do Governo como atos decisórios que implicam na fixação de metas, diretrizes ou planos governamentais.[16] Todavia, conforme insertas no quadro dinâmico de ação estatal, informadas por elementos de *expertise* e dependentes da *estrutura burocrática*, também alçam a esfera da função administrativa.[17]

Não obstante, a dificuldade na definição de sua natureza, as políticas públicas podem ser exteriorizadas em um ciclo que compreende a delimitação das metas e prioridades com o *planejamento* dos programas de atuação estatal, a alocação dos recursos públicos na *execução* destes planos e a *avaliação* dos impactos da ação governamental no oferecimento dos bens e serviços sociais.[18]

De início, o planejamento compreende o processo dialético construído a partir das demandas sociais *inputs* e apoios políticos e burocráticos *withimputs*, que resulta na escolha racional e coletiva das metas e prioridades públicas, imprimindo na gestão estatal a direção geral da política adotada pelo governo e a satisfação das necessidades sociais.[19]

Neste tocante, envolve a *prévia identificação* dos interesses em conflito oriundo dos distintos segmentos sociais, a *avaliação* dos fatores subjacentes – econômicos, técnicos, políticos e afins – pelo seu gabinete e a *formulação* das possíveis soluções que permitam a *tomada de decisão* pelo agente eleito das ações necessárias para o atendimento das demandas.

Consolida-se no campo *político-administrativo* através dos *planos e programas*

14. Predomina em sua natureza, a intervenção cogente do Estado na realização dos bens e valores sociais, razão pelo qual, não englobam os programas realizados em associação com a sociedade civil, através de mecanismos e instrumentos institucionais ou não (Ana Paula de Barcellos, "Constitucionalização das políticas públicas em matéria de direitos fundamentais: o controle político-social e o controle jurídico no espaço democrático", in *Revista de Direito do Estado* 3/18 e 22).

15. As políticas públicas, portanto, distinguem-se das categorias das normas e atos jurídicos, embora compreenda esses elementos. Sob este foco, aproxima-se do conceito de atividade, enquanto conjunto organizado dessas normas e atos tendentes à realização de um objetivo determinado (Maria Paula Dallari Bucci, ob. cit., pp. 251-257).

16. Trata-se de função política do Estado uma vez que corresponde à atividade dos órgãos estatais com a finalidade de conservação da sociedade política e da definição e prossecução do interesse geral mediante a escolha dentre as soluções possíveis exteriorizada em planos ou programas (Marcello Caetano, *Manual de Ciência Política e de Direito Constitucional*, p. 172).

17. A Administração Pública exerce um papel relevante não apenas na execução das políticas públicas, mas influencia a ação governamental auxiliando no desenho institucional do programa governamental ou subsidiando as complexas questões envolvidas na sua formulação, mediante o conhecimento e a *expertise* de seus agentes. Sobre o tema: Emerson Affonso da Costa Moura, *Agências, "Expertise" e Profissionalismo: o Paradigma da Técnica na Administração Pública*, p. 12.

18. As políticas públicas possuem uma configuração cíclica e não de um processo linear, uma vez que suas fases não atuam de formas isoladas e ordenadas, porém, *conexas*, *sobrepostas* e *abertas* a elementos externos, que torna possível surgir na avaliação a verificação de novas demandas ou na execução a necessidade simultânea de reformulação dos planos (Ives Meny e Jean Claude Thoenig, *Las Políticas Públicas*, 1992).

19. Sobre a experiência brasileira de planejamento e as estratégias definidas para equacionar as dificuldades surgidas, v.: Milton Coelho Neto, "A transparência e o controle social como paradigmas para a gestão pública no estado moderno", in Carlos Maurício Figueiredo e Marcos Nóbrega, *Administração Pública: Direito Administrativo, Financeiro e Gestão Pública: Prática, Inovações e Polêmicas*, 2002.

de caráter geral ou setorial criados pelo governo, com a definição das diretrizes, metas e objetivos almejados e delineamento dos projetos, ações e atividades a ser implementados a médio ou curto prazo para alcançá-los mediante o oferecimento dos bens e serviços públicos.

No âmbito *financeiro-orçamentário* importa na orientação da alocação prévia e abstrata dos recursos estatais destinados aos planos e programas de governo no orçamento público através das *leis orçamentárias*, com a delimitação das unidades orçamentárias responsáveis e a sua compatibilização com as metas fiscais e as receitas públicas disponíveis.[20]

Embora o espaço decisório na formulação das ações governamentais, esteja precipuamente circunscrito a seara do jogo político – em razão do princípio democrático e da especialização funcional explicitadas na reserva de administração veiculada pela Constituição – isto não significa que a sua materialização nos instrumentos orçamentários ocorra de forma livre.

Isto porque, existem fins esperados e exigíveis das políticas públicas, exteriorizado nos bens e interesses tutelados pela Constituição, inclusive, com o estabelecimento de prioridades e a definição de matérias e dispêndio de recursos públicos, que vinculam os poderes públicos no planejamento construindo no espaço da decisão política limites objetivos invioláveis.[21]

Ademais, sua legitimidade decorre da observância do consenso obtido na deliberação pública acerca da diretiva político-administrativa almejada pela sociedade para a gestão pública, de forma que os programas governamentais propostos pelo agente político durante a plataforma eleitoral e ratificados pelos cidadãos no processo eletivo não podem ser ignorados no exercício do poder.[22]

Por efeito, é possível identificar na formulação das políticas públicas um núcleo intangível para deliberação política, que corresponde aos *objetivos* e *fins* coincidentes com a diretiva política traçada pela Constituição e escolhida pelo processo majoritário e um campo adstrito a atividade política, que abrange *como serão alcançadas* essas diretrizes na tomada de decisão pelo governo.[23]

A execução das políticas públicas compreende o conjunto de ações que permitam a concretização dos bens e interes-

20. Compreende o planejamento, portanto, em um primeiro estágio, a criação do plano geral de governo (art. 84, inciso XI) e dos planos nacionais, regionais ou setoriais de ordenação do território e de desenvolvimento econômico e social (arts. 21, inciso IX; 174, § 1º; 214; 180; 225 e outros). Em um segundo momento, abrange a expressão orçamentária das políticas públicas no plano plurianual (art. 165, inciso I) e nas leis de diretrizes orçamentárias (art. 165, inciso II) e orçamentos anuais (art. 165, inciso III, todos da Constituição da República).

21. Há casos em que a Constituição consagra de forma explícita os fins esperados das políticas públicas, como ocorre com o oferecimento obrigatório de educação fundamental gratuita (art. 208) ou determina o dispêndio mínimo dos recursos para estes, inclusive, com a vinculação das receitas oriundas do imposto, como acontece com a saúde (arts. 167, inciso IV; e 198, § 2º), produzindo resultados esperados e exigíveis das políticas públicas. Também neste sentido: Ana Paula de Barcellos, ob. cit., p. 37.

22. O crescente distanciamento entre as propostas veiculadas no âmbito da propaganda eleitoral e a condução da gestão pública, que não raro elegem políticas públicas incompatíveis com as reais expectativas da sociedade – como custeio de obras faraônicas ou propagandas dispendiosas apesar da deficiência na prestação de serviços públicos, contribui para ampliação do déficit de legitimidade das instituições representativas e a crise de governança das instituições políticas, erigindo a necessidade de instrumentos para controle dos programas governamentais pela sociedade (Maria Goretti Dal Bosco, *Discricionariedade em Políticas Públicas*, p. 251).

23. Nos instrumentos financeiros, corresponde à vinculação da elaboração do orçamento público em consonância com as prioridades constitucionais e os planos governamentais, de forma a permitir a realização dos direitos fundamentais e garantir a segurança jurídico-orçamentária aos cidadãos, impedindo gastos irrazoáveis com propagandas, festas e obras faraônicas. Neste sentido: Harrison Ferreira Leite, "Segurança jurídica e elaboração do orçamento público", *Revista Tributária e de Finanças Públicas* 86/113 e 147-148.

ses socialmente almejados, através da alocação de estrutura, recursos e agentes de acordo com as metas e prioridades previamente estabelecidas nos planos e programas de direção da ação governamental visando à realização dos preceitos constitucionais.

Realiza-se, portanto, notadamente no campo *administrativo* através da *programação executiva* dos planos de governo aprovados, em um conjunto de processos que importam no emprego dos recursos administrativos, materiais e humanos pelos sujeitos estatais e não estatais resultando no oferecimento dos bens e serviços a sociedade *output*.

Na esfera *financeira*, abrange a execução *orçamentária* com a utilização dos créditos ordinários e adicionais consignados no orçamento que definem a quantidade de dispêndio dos recursos financeiros para o atendimento das despesas públicas e *financeiras* com o efetivo emprego destes pelas unidades orçamentárias no atendimento das políticas públicas.

Trata-se de processo *dinâmico* que demanda constante *adaptação* no desenho institucional das políticas públicas, *inovação* na implementação das respectivas ações estatais e *monitoramento* das estratégias empregadas, de forma a garantir a superação das questões complexas surgidas e a obtenção de resultados dotados de celeridade e eficiência.[24]

Sobressai a atuação da Administração Pública no complexo de operações realizadas que coordenam os diversos vetores aos resultados esperados, reservando-se aos centros de comando estatais a função de monitoramento do processo, dimensionando a execução às dificuldades operacionais e políticas surgidas da realidade subjacente.

Del tal sorte, observa-se que o espaço decisório dos poderes públicos na execução dos programas governamentais também não é limitado, em decorrência da inexistência de *liberdade absoluta* no domínio da discricionariedade administrativa, enquanto faculdade de escolha dentre os indiferentes jurídicos na esfera de atribuição concedida pela norma jurídica.

A implementação das políticas públicas deve ocorrer mediante ações, programas e projetos *adequados* ao atendimento das prioridades – expressa nos objetivos e fins socialmente almejados – e às vinculações – estatuída na alocação e execução dos recursos públicos – traçados pela Constituição e pelos planos políticos nas respectivas leis materiais e formais.

Sob esta égide, o campo de decisão política ou administrativa na execução dos programas governamentais compreende uma *livre* eleição, todavia, *dentre os meios e atividades que sejam capazes de atender com eficiência* as metas, objetivos e diretrizes que ordenam a ação estatal, garantindo sejam alcançados os resultados esperados das políticas públicas.[25]

24. Em grande medida, a implementação das políticas públicas corresponde a uma *formulação em processo*, uma vez que não se encontra inserida em um ambiente onde há informação perfeita sobre o conteúdo dos programas de ação governamental ou problemas previamente conhecidos, mas sujeitas a superação de dificuldades como por *e.g.*, a falta de acesso a informações, inviabilidade dos programas, limitações de tempo e de recursos, linhas múltiplas de comando, as contingências da sociedade e influências políticas no processo dentre outras (Pedro Luiz Barros Silva e Marcus André Barreto de Melo, "O processo de implementação de políticas públicas no Brasil: características e determinantes da avaliação de programas e projetos", *Caderno do Núcleo de Estudos de Políticas Públicas da Unicamp* 48/8).

25. Corresponde, portanto, a sujeição a limites que garantam a eleição de *meios* capazes de alcançar os *fins* esperados dos programas governamentais. Isto porque, de nada adiantaria, por *e.g.*, a Constituição ordenar a promoção de políticas públicas que garantam acesso universal e igualitário à medicina preventiva, curativa e de urgência (art. 196), se houver na execução escolha de ações de eficácia limitada ou nula, como por exemplo, utilização de terapias alternativas sem comprovação científica no tratamento médico de urgência ou se na execução orçamentária for utilizado constantemente as transferência entre rubricas e contingenciamento dos recursos públicos.

No emprego dos recursos financeiros a discricionariedade administrativa, permite contingências nas dotações buscando promover o equilíbrio da gestão orçamentária e atender o interesse público superveniente, porém, adstrito a observância da *eficiência* na sua alocação e dispêndio, capaz de garantir uma persecução dos fins e interesses socialmente almejados.[26]

Por fim, a avaliação das políticas públicas envolve a correlação causal entre o programa promovido e o resultado alcançado, de forma a extrair os efeitos e impactos na promoção dos direitos sociais, identificando as ações eficientes ou promovendo o desenho de alternativas que permitam alcançar os fins socialmente desejados.

Compreende a avaliação *concomitante* dos processos de execução das políticas públicas ou *posterior* dos resultados da ação governamental, mediante o controle da efetividade dos programas propostos, da validade das estratégias utilizadas na sua implementação e o *monitoramento* da eficiência gerencial e operacional obtida pela ação estatal.

Baseia-se nos dados objetivos alcançados mediante a enunciação dos elementos determinantes e indicadores das ações utilizadas no planejamento e execução das políticas públicas, que permitem a criação de estudos avaliativos capazes de diagnosticar a eficiência dos processos e resultados no oferecimento dos bens e interesses socialmente almejados.

Esta verificação e análise dos resultados competem precipuamente aos órgãos políticos, como forma de garantir maior transparência e eficiência na gestão pública, qualificando a intervenção dos atores envolvidos e viabilizando com o acesso às informações e os dados obtidos, os mecanismos de controle social e de responsabilização política.[27]

Da mesma forma como o planejamento e a execução sujeitam-se a limites que visam a preservar a legitimidade da ação estatal – aferidas na identidade dos fins e na adequação dos meios escolhidos com os objetivos traçados na Constituição e no processo eleitoral – inexiste na avaliação das políticas públicas um espaço decisório amplo para os poderes públicos.[28]

Orienta-se a avaliação pela dialética formada entre os resultados *obtidos* mediante os projetos e ações implementadas e aqueles que eram *legitimamente esperados* das políticas públicas, alcançados mediante a promoção dos bens e serviços públicos, dentro das razoáveis expectativas da sociedade que concorreu com os recursos estatais e a eleição dos agentes.[29]

26. Esta discricionariedade administrativa tem sido mitigada pelo ingresso de novos atores e procedimentos na prática orçamentária, *e.g.*, em razão das titulações ou criações de direitos subjetivos fixados pela legislação e o Poder Judiciário, os tributos finalísticos e outros. Sobre o tema, consulte: Ricardo Lobo Torres, *Tratado de Direito Constitucional, Financeiro e Tributário: o Orçamento na Constituição*, 3ª ed., pp. 457-458.

27. Ademais, com a análise e avaliação das políticas públicas, completa-se o círculo legitimador, uma vez que os resultados alcançados justificam a preservação dos meios utilizados ou a sua reconfiguração de forma a garantir os fins desejados, prevenindo a consolidação de uma atuação ineficaz ou a falta de continuidade na prestação dos bens ou serviços públicos (Vanice Lirio do Valle, "Direito fundamental a boa administração, políticas públicas eficientes e a prevenção do desgoverno", *Revista Interesse Público* 48).

28. Inexistindo liberdade plena dos agentes políticos na definição dos programas de ação governamentais – diante dos *fins* esperados e dotações determinadas pela Constituição – e de sua execução – em razão da necessária relação de adequação dos *meios* empregados aos objetivos necessários – resulta que tão pouco na avaliação – com a definição dos *resultados* alcançados e da análise da eficácia dos projetos propostos e das medidas utilizadas – haja um espaço decisório que permitam sejam traçadas ou mantidos ações que não permitam a realização eficiente daqueles fins.

29. Disto decorre que não basta serem garantido processos legítimos e eficientes no planejamento e execução das políticas públicas, mas resultados concretos e materializados em uma boa e justa atribuição de bens e serviços aos cidadãos que permitam sua utilização eficiente (Diogo de Figueiredo Moreira Neto, *Quatro Paradigmas do Direito Administrativo Pós-Moderno*, pp. 135-136).

Por esta razão, o processo de avaliação das políticas públicas, que resulta na decisão pelos poderes públicos sobre a *manutenção*, *correção* ou *exclusão* dos planos governamentais propostos e das ações estratégicas implementadas é condicionado ao grau de eficiência obtida na concretização dos fins e interesses socialmente almejados.[30]

De modo que, erige-se como parâmetro de avaliação dos planos, programas e diretrizes governamentais, determinante de sua continuidade, redimensionamento ou substituição, o resultado qualificado pela eficiência ou ineficiência obtido pela ação estatal na realização dos objetivos traçados pela Constituição e escolhidos pelo processo majoritário.

De todo exposto, observa-se que as políticas públicas correspondem a instrumentos de efetivação dos direitos sociais, que permitem através de um complexo de ações político-administrativas coordenadas, quando observado os eventuais limites nos espaços decisórios, uma prestação dos bens e serviços públicos dotada de eficiência e legitimidade.

Todavia, não se podem ignorar os dados trazidos pela realidade. A gestão pública é marcada por uma estrutura deficitária, desperdício de recursos, desvios de verbas e ineficiência dos agentes estatais, que resultam na precariedade dos serviços prestados na promoção dos direitos sociais e tornam necessária a definição de controle de políticas públicas.[31]

O controle político dos programas de ação governamental realizado pelo Poder Legislativo no seu âmbito administrativo-financeiro, embora dotado de instrumentos jurídicos eficientes para fiscalização[32] têm se demonstrado incapaz de atribuir responsabilidade aos agentes públicos e garantir a correção na persecução dos interesses sociais.[33]

Em um contexto, onde se verifica uma redução do processo democrático às deliberações majoritárias, a gestão e controle das políticas públicas no âmbito da esfera política são marcadas por *corrupção*, *ineficiência* e *clientelismo*, que geram o atendimento precário dos interesses públicos e o deslocamento da atribuição da responsabilidade aos agentes para o controle judicial.[34]

30. Em razão disto, não é possível a manutenção de uma política pública ineficiente ou a exclusão de ações governamentais que possuem eficácia comprovada, ao menos sem a sua substituição por outra hábil a alcançar resultados idênticos ou superiores. Neste ponto, entra em contato com o princípio da proibição de vedação do retrocesso social, que veda supressão da norma jurídica definidora de direitos sociais ou de sua consequente concretização por meio de atos normativos ou executivos que impeçam a fruição dos bens e interesses sociais sem que sejam criados mecanismos equivalentes ou compensatórios (Felipe Derbli, "Proibição de retrocesso social: uma proposta de sistematização à luz da Constituição de 1988", in Luís Roberto Barroso (org.), *A Reconstrução Democrática do Direito Público no Brasil*, pp. 494-495).

31. Isto resta exemplificado na pesquisa que aponta que os recursos destinados à área social dos três níveis federativos em todas as regiões do país, em 1995, eram três vezes maior que o volume de recursos necessários para a erradicação da pobreza no Brasil (Ricardo Paes Barros, Ricardo Henriques e Rosane Mendonça, *A Estabilidade Inaceitável: Desigualdade e Pobreza no Brasil*, p. 723).

32. Compreende dentre outros a sustação de atos e contratos do Executivo (art. 49 inciso V e 71, § 1º), julgamentos de suas contas (arts. 49, inciso IX; 51, inciso II; e 57) autorização ou aprovação do Congresso para atos concretos do Executivo (art. 49, incisos I, XII, XIII, XVI e XVII), instalação de Comissão Parlamentar de Inquérito (art. 58, § 3º), a suspensão e destituição do Presidente e ministros por crimes de responsabilidade (arts. 85 e 86, todos da Constituição).

33. Observa-se ainda uma deficiente fiscalização das políticas públicas no controle parlamentar, na atribuição de responsividade aos agentes ou correção de seus atos. Como exemplo, a constante aprovação das contas públicas federais realizadas fora do prazo e desconsideradas as recomendações dos relatórios técnicos ou as manobras políticas que ocorrem nas Comissões Parlamentares de Inquérito que não resultam na atribuição de responsabilidade (Farlei Martins Riccio de Oliveira, "Controle de legitimidade das políticas públicas: limites e possibilidades", *Revista de Direito Administrativo* 247/72-73).

34. Por efeito, há o desperdício no emprego dos recursos públicos nas políticas públicas, sem que se alcance bons resultados na promoção dos

Sob um ângulo encontra-se superada a tese que considerava o Poder Judiciário sem competência para imiscuir sobre questões políticas e exercer o controle sobre a atuação dos agentes eleitos, por considerar os programas de ação governamental identificados apenas como atos de governo, reservadas suas responsabilidades à seara democrática do controle político.[35]

Por outro prisma, todavia, verifica-se certa dificuldade do controle judicial na definição de uma justa medida entre *ativismo* e *autocontenção*, capaz de garantir a efetividade dos direitos sociais sem que importe na subtração da tomada de decisão das arenas democráticas ou resulte na inaplicabilidade das normas constitucionais ignorando sua força normativa.[36]

Neste sentido, o controle social surge como alternativa eficaz que permite atribuir mediante a participação dos cidadãos no processo de deliberação que resulta nas escolhas e decisões governamentais, um acréscimo no grau de *legitimidade*, *racionalidade* e *neutralidade* das políticas públicas, garantindo a efetividade dos direitos sociais.[37] Este é o objeto do estudo a seguir.

3. Controle social e participação

Compreende o controle social, um conjunto de instrumentos empregados pela sociedade, capaz de induzir a conformação das pessoas às normas de comportamento que a caracteriza, ordenando a sua atuação no ambiente social e estabelecendo as condições necessárias para que sejam alcançados os fins e objetivos almejados pelo grupo social.[38]

Exterioriza-se em duas esferas de normatização distinta, conforme opere em um ambiente *externo*, mediante a utilização de mecanismos de *constrição* pela própria sociedade por instituições formais ou não – penas e obrigações judiciais, reprovação e admoestação social entre outros – ou *interno* conforme sujeita a mecanismos de coerção psíquica realizada pela pessoa.[39]

direitos sociais e das condições da sociedade participar de forma adequada no processo democrático. Diante da constante troca de favores políticos que não permite uma apuração das responsabilidades, transfere-se para o Poder Judiciário o controle da ação estatal, que representa mais um paliativo do que uma medida capaz de sanar essas dificuldades (Ana Paula de Barcellos, ob. cit., p. 27).

35. A Constituição consagra um conjunto de valores e objetivos que traduzem um compromisso com a transformação social e não permite que os poderes constituídos disponham livremente dos referidos bens, gerando o esvaziamento da eficácia de suas normas a título de suposto exercício da democracia. Assim, embora os atos políticos sejam dotados de grau de liberdade não formam uma categoria jurídica autônoma destituída de controle judicial, mas sujeitam-se aos limites estabelecidos na Constituição. Sobre o tema, v.: Oswaldo Luiz Palu, *Controle dos Atos de Governo pela Jurisdição*, pp. 150-171.

36. Embora reconheça que o Poder Judiciário não possa atuar como um *poder constituinte permanente*, moldando a Constituição de acordo com as suas preferências políticas sem a devida legitimidade e responsabilidade política, por outro lado não se pode deslegitimar o importante papel do controle judicial na proteção e promoção dos direitos sociais, tornando-se necessária a criação de parâmetros que preservem a legitimidade das instâncias democráticas e garantam a efetividade dos direitos sociais. Sobre o tema, v.: Emerson Affonso da Costa Moura, *Do Controle Jurídico...*, ob. cit.

37. A participação dos cidadãos nas ações estatais permite a captação política imediata dos interesses da sociedade, gerando despolitização das decisões, evitando escolhas prejudiciais ou ineficazes, além de estimular a inovação nas práticas administrativas e o senso de responsabilidade entre os agentes públicos, ao trazer o cidadão de volta ao eixo da atuação estatal (Maria Goretti Dal Bosco, ob. cit., p. 251, e Farlei Martins Riccio de Oliveira, ob. cit., pp. 70 e 93).

38. Trata-se o controle social, portanto, da capacidade de autorregulação de um grupo social baseada na reiteração dos comportamentos necessários ou úteis para alcançar seus objetivos globais, obtidos mediante o *consenso* ou *coerção* dos indivíduos (Noberto Bobbio, Nicola Matteucci e Gianfranco Pasquino, *Dicionário de Política*, pp. 283-284).

39. Embora possa repousar a constrição no predomínio da *força* – mediante a utilização de instrumentos de coerção, como as penas institucionalizadas pela ordem *jurídica* – repousa a legitimidade

Os instrumentos e extensão do controle social variam conforme as demandas advindas das questões políticas, econômicas, morais e afins extraídas da realidade subjacente, que importam em maior ou menor grau de inserção na *esfera* de autonomia das pessoas, gerando consequentes restrições na sua atuação externa independente sejam entes *naturais* ou *fictícios*.

Sob tal égide, sendo o Estado à expressão formal da organização político-jurídico do grupo social em dado território com objetivo de garantir sua soberania e os fins e objetivos propostos, ao qual é atribuído o exercício do poder político para a persecução destes interesses prospectivos, sua atuação igualmente se sujeita a um controle exercido pela sociedade.[40]

Mediante o controle social do poder se garante a cooperação entre os atores estatais e não estatais na coordenação dos múltiplos e complexos interesses, auxiliando na formação de um espaço público que baseado na *negociação* e *consenso* atribui um maior grau de *legitimidade*, *transparência*, *racionalidade* e *eficiência* à persecução dos fins sociais.[41]

Importa na construção entre a sociedade e os poderes públicos de um vínculo de *compromisso* e *responsabilidade* acerca das decisões estatais, que contribui no aprimoramento dos mecanismos de exercício da cidadania, além de coibir os desvios de legalidade, garantindo *previsibilidade* e *segurança* nas relações jurídico-públicas.

Em um modelo estatal vigente, marcado pela coexistência de duas forças antagônicas – a *ideologia liberal* – exteriorizada na liberdade da iniciativa privada e a autorregulação da economia – e a *perspectiva social* – traduzida na intervenção do Estado na busca do desenvolvimento social, o controle social corresponde à importante instrumento também na *proteção* e *promoção* dos direitos sociais.[42]

Ademais, em razão da evidente *ineficiência* e *déficit de legitimidade* dos programas governamentais na adjudicação das prestações referentes aos bens e interesses sociais, o controle social torna-se o campo adequado para permitir a correção da atuação estatal – contribuindo na busca pela efetividade das políticas públicas – e na atribuição de responsabilidade dos agentes políticos.[43]

De certo, não se ignora as dificuldades na efetivação da participação dos cidadãos na gestão pública. Observa-se atual-

do controle social, enquanto compromisso valorativo voltado à redução da coerção e alcance das metas sociais, no *consenso* – através do reconhecimento da necessidade da prática da conduta para a realização dos fins sociais, pela utilização de debates, compromissos e outros meios (Roberto Bergalli, "Controle social: suas origens conceituais e usos instrumentais", in *Revista Brasileira de Ciências Instrumentais* 3/33-34).

40. Revestindo-se o poder político de atributo que o Estado concentra e exerce sob a sociedade organizada apenas como um instrumento a serviço dos seus fins supera-se a concepção da posição de supremacia dos poderes públicos nas relações com os indivíduos, para compreender que sendo a sociedade titular do poder político é a atividade estatal que se encontra subordinada aos seus interesses do grupo social e, portanto, sujeita ao seu controle.

41. Demonstra-se através da participação dos destinatários da atuação estatal no processo de deliberação pública e de fiscalização (*legitimidade*); nos argumentos e informações obtidos com a dialética promovida pelos atores envolvidos (*racionalidade*), do conhecimento das razões utilizadas como fundamentos da decisão estatal (*transparência*), e da escolha por consenso das medidas mais eficazes para alcançar os resultados almejados (*eficiência*).

42, Decorre da consagração pela Constituição da dignidade da pessoa humana e da livre iniciativa como valores fundamentais da ordem jurídica (art. 1º, incisos III e IV). Neste tocante, embora se verifique avanços na ordem econômico-financeira com crescentes índices de exportação e receitas públicas, tão pouco se ignora o atraso na promoção dos direitos sociais, perceptível no triste retrato da miséria e pobreza nos grandes bolsões dos centros urbanos.

43. A eficiência do planejamento e implementação das políticas públicas encontra-se, em grande medida, associada à participação dos indivíduos no controle realizado pela sociedade do desempenho da atividade administrativa e da qualidade dos serviços públicos prestados (Marianne Nassuno, "O controle social nas organizações sociais no Brasil", in L. C. B. Pereira e N. C. Grau (orgs.), *O Público Não Estatal na Reforma do Estado*, p. 344).

mente, dificuldades no controle social em razão do persistente desinteresse e apatia da sociedade pelo debate político,[44] bem como, da atuação burocrática, autoritária e hierarquizada dos poderes estatais na gestão político-administrativa dos interesses públicos.[45]

Neste tocante, erige-se a necessidade de uma *otimização* da publicidade dos atos estatais, de modo a viabilizar com a transparência na gestão pública o debate político,[46] a utilização de mecanismos de fortalecimento sociocultural da cidadania e fomento da participação popular,[47] bem como, o aperfeiçoamento da gestão estatal[48] e dos instrumentos jurídicos de controle social.[49]

Isto não importa, todavia, em desconsiderar a centralidade assumida pelo controle social na fiscalização dos poderes públicos, em especial, no que se concerne às limitações das arenas políticas e jurídicas em se tratando de controle da *legitimidade* e *eficiência* dos programas governamentais e de atribuição de responsabilidade política aos agentes estatais.

Exterioriza apenas a necessidade de *aprimoramento* do controle social, mediante a garantia das condições necessárias e promoção de meios capazes de ampliar a participação dos atores sociais na deliberação política estatal e a negociação com os poderes públicos nas decisões públicas, na construção de uma gestão pública comunicativa.[50]

O controle social pode ser exercido de forma *direta* pelo grupo social, através de instrumentos *formais* – de natureza *política*, *administrativa* ou *financeira* concedidos pela ordem jurídica e exercidos exclusivamente na esfera pública estatal – ou

44. Trata-se de fenômeno com fundamentos diversos, que variam desde a impossibilidade de participação devido às condições de pobreza extrema e baixo nível de educação de grande parte da população, da dificuldade de acesso às informações sobre as questões políticas e a falta de tempo para debater e manifestar sobre tais assuntos, até mesmo a descrença de que sua participação seja capaz de influenciar na ação pública (Ana Paula de Barcellos, "Papéis do direito constitucional no fomento do controle social democrático: algumas propostas sobre o tema da informação", in *RDE* 12/82-84).

45. O comportamento autoritário e endógeno dos poderes instituídos, que consideram existir uma autossuficiência gerencial e política em relação à sociedade, dificulta o exercício do controle social, criando uma relação artificial e de distanciamento entre os poderes constituídos e a comunidade que deveriam servir (Rogério Leal, "O controle social dos serviços públicos no Brasil como condição de sua possibilidade", *Revista de Direito Administrativo e Constitucional* 13/158).

46. Apenas com o conhecimento das informações referentes à elaboração e execução dos planos governamentais, bem como, da estrutura e modo de atuação dos órgãos político-administrativos envolvidos é capaz de ser realizado o controle social permitindo que os cidadãos possam influir na ação estatal (Helio Saul Mileski, "Controle social: um aliado do controle oficial", *Interesse Público* 36/87).

47. Trata-se de medidas que busquem um exercício *pleno* da cidadania ativa necessária para o controle social, através de investimentos na educação que permitam a conscientização política e social dos cidadãos, na ampliação dos espaços públicos de atuação participativa e o desenvolvimento de uma cultura política baseada na ética (Francisco Carlos da Cruz Silva, "Controle social: reformando a administração para a sociedade", in *Perspectivas para o Controle Social e a Transparência da Administração Pública*, pp. 51-55).

48. Pressupõe o controle social a superação do perfil burocrático Estatal, que permita mediante a *descentralização* e *profissionalização* da gestão administrativo-financeira, um efetivo espaço de participação da sociedade na gestão dos interesses públicos e controle da atuação estatal (Milton Coelho Neto, ob. cit., pp. 316-321).

49. Torna-se necessária a construção de instrumentos *jurídicos* de controle social que permitam a vinculação da atuação estatal às decisões promovidas no âmbito da deliberação pública – definidas no processo eletivo e na participação na gestão estatal – e a atribuição de responsabilidade pelos desvios de eficiência e legitimidade promovidos pelos agentes públicos na persecução dos interesses públicos.

50. Neste sentido, as políticas públicas coordenadas por agentes com a participação democrática e em respeito às redes sociais, garantem os arranjos institucionais adequados e a deliberação popular nas decisões, viabilizam o desenvolvimento da sociedade. Sobre o tema, v.: João Pedro Schmidt, "Capital social e políticas públicas", in Rogerio Gesta Leal e Luiz Ernane Boresso de Araujo, *Direitos Sociais e Políticas Públicas: Desafios Contemporâneos*, t. II; em especial pp. 446-456.

informais – não institucionalizados e promovidos no campo privado ou público não estatal.[51]

Sob a égide informal compreende a mobilização organizada dos indivíduos em grupos de caráter *permanente* – associações, entidades e afins – ou *temporário* – passeatas, protestos ou outros – que buscam mediante a expressão de *opinião* ou *reivindicação* influenciar na atuação dos poderes públicos ou fomentar o debate político na sociedade.[52]

Ocorre através dos processos de *deliberação* e *negociação* que resultam na consolidação dos interesses do grupo social, das atividades de *informação* que buscam a *formação* e *mobilização* da opinião pública, bem como, do emprego de mecanismos de *pressão* ou *persuasão* política que tendem a interferir na tomada de decisão pública.[53]

Assume especial relevo no controle das políticas públicas, ao contribuir com a *transparência* pela divulgação das informações relativas ao planejamento, execução e resultados obtidos pela ação estatal, bem como, a *legitimidade* e *eficiência* pela expressão de aprovação ou reprovação que influi na avaliação pelos poderes públicos sobre a manutenção dos programas governamentais.[54]

Sob o prisma *formal*, o controle social abrange os instrumentos *políticos* decorrentes do *status* de cidadania, que permitem a participação *direta* da sociedade no exercício do poder político e na formação dos atos de governo ou a intervenção *indireta* na atuação política do Estado mediante a representação e fiscalização político-partidária.[55]

Corresponde, portanto, à ingerência dos cidadãos no processo político e na organização governamental, através do direito do sufrágio – expresso na *alistabilidade* e *elegibilidade* a cargos políticos – e de agremiação em grupos voltados à atividade política – exteriorizado na *constituição, organização e participação dos partidos políticos*.[56]

Consubstancia, também, a participação da sociedade na organização e ativida-

51. Adota-se como objeto de estudo, o controle social *puro* ou *natural*, ou seja, aquele exercido diretamente pela sociedade sobre o Estado através dos instrumentos mencionados. Não se ignora, todavia, a existência de um controle *não puro* ou *institucional* exercido indiretamente pela sociedade através de entidades e órgãos públicos, como, *e.g.*, Ministério Público, Procons e outros, mediante instrumentos administrativos e judiciais sobre a ação estatal. Sobre a distinção: Ana Paula de Barcellos, *Papéis do Direito Constitucional...*, ob. cit., pp. 82-83.

52. A mobilização dos grupos e forças que formam a sociedade civil e exercem desde a pequena ação comunitária local – impedindo a poda excessiva de árvores – até a influência sobre a opinião e atividade pública – evitando a instalação de empresa industrial cuja atividade comprometeria a qualidade de vida de uma cidade – demonstra seu importante papel na fiscalização da ação estatal e na efetividade das normas constitucionais (Luís Roberto Barroso, *O Direito Constitucional...*, ob. cit., pp. 129-134).

53. Embora não seja um controle institucionalizado a ordem jurídica garante o seu exercício mediante a consagração dos direitos fundamentais de liberdade de pensamento nos aspectos de crença e expressão (art. 5º, incisos IV e VI), de acesso à informação (art. 5º, inciso XIV), bem como, nos direito de reunião (art. 5º, inciso XVI) e associação (art. 5º, inciso XVII, todos da Constituição) dentre outros.

54. Denota-se, portanto, a importância do controle realizado pelas organizações representativas (organizações não governamentais, associações de moradores, ouvidorias independentes...) que propiciam a captação imediata dos interesses sociais pelos poderes políticos na formulação das políticas públicas e o controle de sua atuação na execução (arts. 29, incisos X, XII; 204, inciso II; e 227, § 1º, todos da Constituição).

55. Neste vértice, o controle social coincide com os direitos políticos, ou seja, o complexo de direitos públicos subjetivos que investe seus titulares no *status actives civitatis* e permite sua participação ativa no processo político e na organização político-administrativa do Estado (André Luiz Nogueira da Cunha, *Direitos Políticos*, 1ª ed., p. 21).

56. Abrange a capacidade eleitoral expressa no direito de votar (art. 14, §§ 1º e 2º, da Constituição) e de ser votado (art. 14, §§ 3º e ss., da Constituição), bem como, no direito de criação, fusão, incorporação e extinção dos partidos políticos (art. 17 da Constituição, e arts. 8 a 11, e 27 a 29 da Lei 9.096/1995) e de filiação partidária (art. 16 da Lei 9.096/1995).

de do poder estatal exercida mediante a *iniciativa popular* no âmbito do processo legislativo, a *consulta popular* na orientação ou ratificação dos atos normativos, políticos ou administrativos de governo e a tutela pela *ação popular* dos interesses da coletividade.[57]

Reveste-se de importância no controle dos programas governamentais, ao garantir a *correção do planejamento e execução* através da exteriorização da diretiva política almejada pela sociedade na *iniciativa* e *consulta popular*, bem como, a *avaliação* da ação estatal mediante a *responsabilização política* dos agentes no processo eletivo pelas políticas públicas implementadas.[58]

O controle social compreende, ainda, instrumentos *administrativos* que permitem a intervenção da sociedade na persecução dos interesses públicos e o controle da atuação estatal, em um espectro que envolve desde a *participação* na gestão pública até *a colaboração e a avaliação* na promoção dos bens e serviços públicos pela Administração Pública.[59]

Em um contexto marcado pela crescente multiplicidade e complexidade dos interesses públicos, envolve a aferição pela Administração Pública das legítimas expectativas dos grupos sociais acerca da atuação estatal, através da *coleta de opinião*, do *debate público* ou das *audiências públicas* lastreando de *legitimidade* e *impessoalidade* a ação administrativa.[60]

Alcança as deliberações coletivas promovidas no âmbito dos órgãos estatais *permanentes* ou *transitórios*, com fins de *consulta* ou de *decisão*, como os *colegiados públicos*, os *conselhos, comitês e comissões de Estado*,[61] que formados na sua composição por representantes da sociedade, permitem a participação da coletividade na formação da decisão pública.[62]

57. Compreende o plebiscito (art. 14, inciso I), o referendo (art. 14, inciso II), a iniciativa popular (arts. 14, inciso III; 27, § 4º; e 61, § 2º), e ainda, a ação popular (art. 5º, inciso LXXIII, todos da Constituição) instrumento que pode ser exercido por qualquer *cidadão* para a anulação de qualquer ato estatal lesivo aos interesses da sociedade.

58. Observa-se, portanto, que através desses instrumentos políticos erige-se a cidadania ativa elemento condicionante da ação estatal: por meio da *iniciativa popular* de leis e *plebiscito* orientam-se os poderes públicos acerca das políticas públicas que almejadas pela sociedade devem ser implantadas; com o *referendo* define-se a adesão ou exclusão dos programas governamentais executados, mediante a concessão ou não de eficácia aos atos de governo; e por fim, as *eleições competitivas*, impõem a responsabilidade política pelos planos estatais executados e os resultados obtidos.

59. Compreende, portanto, o exercício da cidadania no processo de promoção dos direitos sociais nos níveis de distribuição dos bens materiais e imateriais indispensáveis a sociedade, de forma a atribuir racionalidade, legitimidade e eficiência à gestão dos interesses sociais (Wallace Paiva Martins Junior, *Transparência Administrativa, Publicidade, Motivação e Participação Popular*, pp. 298, 304 e 331).

60. Distinguem-se as formas de consulta pública quanto à eficácia produzida na discricionariedade administrativa. Assim, a *coleta de opinião* busca recolher mediante a utilização de *canais de informação* as *tendências* e *interesses* dos grupos sociais e o *debate público* (art. 31 da Lei 9.784/1999) tende a aferir mediante a dialética dos grupos sociais em *reunião pública* as distintas *posições acerca de uma proposta*, como atos preparatórios, facultativos e, em regra, não vinculativos da decisão administrativa. A *audiência pública* (art. 58, § 2º, inciso II, da Constituição; e art. 32 da Lei 9.784/1999), todavia, é deliberação pública que permite a exposição dos interesses, preferências e opções dos grupos sociais e vincula a ação pública pelos seus resultados (Diogo de Figueiredo Moreira Neto, *Direito da Participação...*, ob. cit., pp. 125-129).

61. Como, *e.g.*, os colegiados públicos na gestão administrativa da seguridade social (art. 194, inciso VII), da saúde (art. 198, inciso III), da assistência social (art. 204, inciso II), do ensino público (art. 206, inciso VI), da fixação de política agrícola (art. 187), ou os conselhos estatais, tal qual o Conselho da República (art. 89, inciso VII), Conselho Nacional de Justiça (art. 103-B, inciso XIII), Conselho Nacional do Ministério Público (art. 130-A, inciso VI, todos da Constituição) dentre outros.

62. Não obstante, a participação popular nos órgãos de consulta e decisão represente importante instrumento de controle social, observa-se na prática uma falta de *real* representatividade dos membros escolhidos, uma vez que não são eleitos pela sociedade e geralmente integram o próprio poder público (Maria Sylvia Zanella Di Pietro, "Participa-

Do mesmo modo, abrange a atuação coordenada da sociedade e do ente estatal na *gestão colaborada* dos bens e serviços públicos, mediante o fomento das atividades privadas na função estatal pela celebração de *convênios*, *termos de parceria*, *ajustes*[63] e outros, e na *direção* dos entes da Administração Pública, através da *cogestão de paraestatal* e demais.[64]

Perfaz-se, também, pela utilização de instrumentos administrativos que permitem a provocação dos órgãos de controle interno e externo, como os *processos e recursos administrativos* interpostos perante órgãos de revisão ou fiscalização da Administração Pública, as *denúncias* promovidas no âmbito do Ministério Público e outros órgãos.[65]

No que se refere aos programas governamentais, mediante a aferição das expectativas sociais no planejamento da ação estatal e a participação dos cidadãos nos processos decisórios na execução destes planos, se garante a correção da *legitimidade* da ação estatal, assim como, um maior grau de *neutralidade* e *racionalidade* nas decisões públicas.[66]

Com o consenso administrativo no planejamento e execução das políticas públicas se permite, através da harmonia e conjugação das atividades estatais e privadas, a obtenção dos elementos necessários para a garantia do atendimento das demandas sociais com a ampliação do grau de *eficiência* no oferecimento dos respectivos bens e serviços públicos.[67]

A partir dos instrumentos de informação administrativa e provocação dos órgãos de controle interno e externo da atuação estatal, orienta-se a avaliação das políticas públicas, garantindo a *transparência e correção de legalidade* dos programas de governo, bem como, a responsabilização dos agentes estatais contribuindo para o aprimoramento da ação pública.[68]

Por fim, o controle social envolve instrumentos *financeiros* que incidem sobre a

ção popular na administração pública", *Revista de Direito Administrativo* 191/35).

63. Os contratos de gestão e os termos de parceria firmados entre o poder público e as organizações sociais ou sociedades civis de interesse público respectivamente exercem importante papel nas políticas de promoção dos direitos sociais (educação, saúde, cultura...), estão sujeitos, também, a controle realizado pelos demais segmentos da sociedade (art. 20, inciso III, da Lei 9.637/1998, e art. 11, *caput* e § 3º, da Lei 9.790/1999).

64. Ocorre mediante a composição por representantes populares nos órgãos de gestão e direção das paraestatais – como diretorias ou conselhos responsáveis – cuja técnica de escolha e investidura variará conforme a natureza destas entidades de índole executiva de atividades sociais ou econômicas do Estado (Diogo de Figueiredo Moreira Neto, *Direito da Participação...*, ob. cit., p. 133).

65. O controle social abrange, ainda, outros instrumentos administrativos como o direito de petição (art. 5º, inciso XXXIV, alínea *a*, da Constituição), de informação (art. 5º, incisos XIV e XXXIII, da Constituição; e art. 14, § 6º, da Lei 11.079/2004), de fiscalização e reclamação dos serviços públicos (art. 58, § 2º, inciso IV, da Constituição; arts. 3º, 29, inciso XII, e 30, parágrafo único, da Lei 8.987/1995; e art. 33 da Lei 9.074/1995), a assessoria externa, delegação atípica dentre outros. Sobre o tema, v.: Adriana da Costa R. Schier, *A Participação Popular na Administração Pública: o Direito de Reclamação*, 2002.

66. A participação de sujeitos que possam trazer diferentes perspectivas de resolução, por vezes, com conhecimentos específicos sobre o tema, melhora a qualidade das decisões administrativas pela melhor compreensão da *dimensão* e *possíveis soluções* do problema, além de permitir com a abertura do processo decisório aos vários atores sociais, maior facilidade de aceitação pelos seus destinatários (Vasco Manuel Pascoal Pereira da Silva, *Em Busca do Acto Administrativo Permitido*, p. 402).

67. A utilização de formas consensuais na ação administrativa, em especial, nas atividades de planejamento e execução, garante maior grau de agilidade, elasticidade e adaptabilidade na dialética dos interesses que orientam a ação administrativa, ampliando a transparência e eficiência na superação negociada dos conflitos destes interesses (Patrícia Baptista, *Transformações do Direito Administrativo*, pp. 270 e 267).

68. Denota-se, portanto, a importância dos instrumentos de *publicidade*, que permitem a transparência de todo o ciclo da política pública e avaliação da relação de conformidade entre as propostas e os programas implementados, as expectativas sociais e os resultados efetivamente alcançados e as consequentes correções da ação estatal (Vanice Lirio do Valle, ob. cit., p. 104).

alocação prévia e abstrata dos recursos públicos nas *leis orçamentárias* e seu dispêndio na execução promovida pelas unidades orçamentárias, de forma a assegurar a *transparência financeiro-orçamentária*, a *gestão responsável* dos recursos e a *responsabilidade fiscal*.

Compreende a exigência de *clareza e simplicidade das leis* instituidoras de tributos, de feitura do orçamento e controle de sua execução, bem como, o *dever de otimização de publicidade* das informações fiscais, que permitem o desenho da estrutura e política financeira adotada pelo governo viabilizando o monitoramento dos gastos públicos.[69]

Abrange a participação da sociedade no âmbito do processo financeiro, exteriorizada na *consulta popular* ou *deliberação pública* promovida durante o planejamento orçamentário, e na *gestão colaborada dos recursos financeiros* dentre outros capazes de garantir uma atuação responsável e democrática dos poderes públicos voltada ao atendimento dos *reais* interesses do grupo social.[70]

Exerce-se, ainda, o controle financeiro-orçamentário pela comunidade mediante a fiscalização popular das contas públicas, a propositura da *ação popular* e as denúncias de irregularidade aos Tribunais de Contas, que permitem a correção das medidas implementadas aos resultados esperados da política fiscal e a responsabilização dos agentes públicos.[71]

Guarda peculiar importância no que tange as políticas públicas, uma vez que através da atividade financeira exercida pelo Estado são obtidos e geridos os recursos indispensáveis à fruição dos bens e interesses sociais e com a previsão das respectivas despesas nas leis orçamentárias são programados os dispêndios necessários para a promoção dos bens e serviços públicos.[72]

Neste tocante, a participação da sociedade no campo da elaboração e execução do orçamento público, surge como forma de controle social capaz de atribuir maior grau de transparência, legitimidade e eficiência na aplicação dos recursos financeiros e implementação das políticas públicas, auxiliando na efetividade dos direitos sociais. Este é o objeto do estudo a seguir.

4. Orçamento e participação

Para atingir os fins e objetivos socialmente almejados, o ente estatal promove

69. Através da ampla comunicação dos dados acerca da arrecadação e gastos públicos (art. 165, § 6º, da Constituição), da ação estatal (art. 1º, § 1º, da Lei de Responsabilidade Fiscal), do conteúdo da legislação tributária (art. 150, § 5º, da Constituição), bem como, dos atos orçamentários, relatórios e balancetes periódicos (art. 31, § 3º, da Constituição) garante-se a transparência fiscal necessária para o controle das renúncias e receitas, a declaração de direito dos contribuintes e o combate à corrupção (Ricardo Lobo Torres, *O Princípio da Transparência e o Direito Financeiro*, p. 9, Mundo Jurídico, disponível em *http://www.mundojuridico.adv.br/sis_artigos/artigos.asp?codigo=162*, acesso 25.5.2010).

70. Como, *e.g.*, a realização de audiências públicas, durante os processos de elaboração e discussão das leis orçamentárias (art. 48, parágrafo único, da Lei de Responsabilidade Fiscal; e art. 2º, inciso VII, do Decreto 5.019/2004), a gestão dos Fundos de Pobreza por entidades que contenham a participação da sociedade civil (art. 82 dos Atos das Disposições Constitucionais Transitórias) e a participação popular na elaboração, definição e execução do orçamento (art. 116, § 1º, da Lei Orgânica do Município de Porto Alegre e outros) no chamado orçamento participativo.

71. Abrange o ciclo orçamentário no seu vértice o controle da execução da política financeira que não compreende apenas o orçamento, mas o balanço patrimonial e outros documentos e a apreciação das contas que não envolve somente o parecer do Tribunal de Contas ou julgamento pelo Congresso Nacional, mas também a *accountability* promovida pela sociedade (arts. 31, § 3º, e 74, § 2º, da Constituição, dentre outros). Aliomar Baleeiro, *Uma Introdução a Ciência das Finanças*, 16ª ed., pp. 412 e 445.

72. Neste sentido, as leis orçamentárias não devem ser compreendidas apenas como peças de natureza contábil que contém a programação das receitas previstas e despesas autorizadas, porém, a exteriorização dos programas ou planos de atuação governamental e diretiva política da sociedade, que busca suprir as demandas sociais e regular a esfera econômico-social (José Afonso da Silva, *Orçamento-Programa no Brasil*, pp. 1-3 e 40).

um conjunto de ações que permitem a obtenção dos necessários recursos financeiros e a realização dos respectivos dispêndios, de acordo com a programação governamental consubstanciada no instrumento formal de previsão das receitas e autorização dos investimentos e despesas públicas.

Exterioriza o orçamento, portanto, a intervenção político-financeira do Estado no substrato socioeconômico, por certo período e de forma específica, mediante a previsão de arrecadação da receita fiscal e patrimonial, a fixação dos investimentos públicos e autorização das entregas das prestações relativas à fruição dos bens e interesses sociais.[73]

Na ordem jurídica vigente, o planejamento orçamentário decompõe-se no *plano plurianual*, na *lei de diretrizes orçamentárias* e na *lei orçamentária anual*, que integrados de forma harmônica e em consonância aos planos econômicos e sociais do governo viabilizam o substrato necessário para atuação da Administração Pública na concretização das políticas públicas.[74]

O plano plurianual corresponde a instrumento de planejamento *conjuntural* do governo que estabelece os programas, metas e diretrizes de ação estatal para longo prazo com objetivo de promoção do desenvolvimento econômico e redução dos desequilíbrios regionais, em adequação aos programas nacionais, regionais e setoriais previstos na Constituição.[75]

Compreende, portanto, além da definição das políticas públicas, a regionalização das metas e dos gastos governamentais, a integração de suas atividades com as dos demais entes federativos, a previsão das despesas de capital e de custeio e orientação da alocação dos recursos nos orçamentos anuais, imprimindo a diretiva financeira na persecução do interesse público.

A lei de diretrizes orçamentárias é o plano prévio que fundado nas considerações econômicas e sociais, consolida as metas e prioridades da ação governamental para o exercício financeiro subsequente mediante a execução dos programas e ações previstos no plano plurianual, além de estabelecer as regras que orientam a ulterior elaboração da lei orçamentária anual.[76]

Dispõe, ainda, sobre as alterações na legislação tributária, a política de aplicação das agências financeiras de fomento, além dos critérios de contingenciamento e as condições para transferência de recursos, normas relativas ao controle de custos e à avaliação dos resultados dos programas financiados com recursos dos orçamentos dentre outros.[77]

73. Tem por finalidade controlar a atuação administração mediante a adstrição da execução das despesas aos períodos e limites estabelecidos pelo Legislativo, orientar a promoção do desenvolvimento econômico, bem como, garantir o equilíbrio da economia e da redistribuição de rendas e riquezas (Ricardo Lobo Torres, *Tratado...*, cit., pp. 76-77).

74. Os direitos sociais demandam para a sua fruição uma maior disponibilidade de prestações positivas e, portanto, uma série de recursos necessários à sua efetividade dentre eles dinheiro obtido através da vertente fiscal principalmente pelo aporte dos contribuintes (Stephen Holmes e Cass Sustein, *The Cost of Rights – Why Liberty Depends on Taxes*, pp. 15 e 40).

75. Assim, deve guardar compatibilidade com os programas nacionais, regionais e setoriais (art. 165, § 4º) como aqueles concernentes a ordenação do território e desenvolvimento econômico e social (art. 21, inciso X), às diretrizes e bases do desenvolvimento econômico equilibrado (art. 174, § 1º), aqueles relativos à educação (art. 214), turismo (art. 180), meio ambiente (art. 225, todos da Constituição), dentre outros.

76. É impossível ignorar, todavia, que na experiência brasileira as leis de diretrizes orçamentárias não têm atendido as exigências de metas fiscais e prioridades nas ações governamentais, deixando de atuar como o necessário elo de ligação entre os planos de médio e longo prazo e o orçamento atual (José Serra, *Orçamento no Brasil: as Raízes da Crise*, p. 55).

77. Amplia-se com o advento da Lei de Responsabilidade Fiscal (Lei Complementar 101/2000) as funções da lei de diretrizes orçamentária, que deve ser acompanhada do anexo de metas e riscos fiscais (art. 4, §§ 1º e 3º), de modo a estabelecer as metas anuais relativas às receitas, despesas e redução da dívida pública, a avaliação do cumprimento destas metas relativas ao ano anterior, a previsão

A lei orçamentária anual veicula as estimativas de receitas e autorização das despesas públicas para o respectivo exercício financeiro, de modo a concretizar as metas físicas e financeiras de ação governamental em consonância com os objetivos traçados pelo plano plurianual na forma das diretivas eleitas pela lei de diretrizes orçamentárias para aquele período.[78]

Abrange o orçamento *fiscal* dos poderes do ente federativo incluindo os entes que compõem a Administração Pública Direta e Indireta, de *investimento* das empresas públicas e da *seguridade social* – dos órgãos, entes e pessoas que executem ações na saúde, previdência e assistência social, bem como, os fundos e fundações instituídas e mantidas pelo poder público.

No planejamento orçamentário, o controle social exerce-se mediante a participação da sociedade na elaboração e aprovação das leis orçamentárias com a incorporação das propostas da comunidade no projeto de lei de iniciativa do Poder Executivo ou na sua votação pelo Poder Legislativo atribuindo *transparência, legitimidade e eficiência* na alocação dos recursos públicos.[79]

Através do orçamento participativo, amplia-se a transparência no exercício do poder político com a publicização da atividade financeira pela instituição compartilhada dos programas governamentais e a gestão conjunta na alocação dos respectivos recursos públicos, além de estimular e fortalecer o exercício da cidadania ativa local.[80]

Importa, ainda, na correção do déficit de legitimidade das instituições democráticas, mediante a aferição e atendimento das legítimas expectativas da sociedade acerca dos bens e serviços públicos almejados e das esperadas prioridades no dispêndio dos limitados recursos públicos na persecução dos múltiplos interesses sociais.[81]

Ademais, com a dialética promovida pela inserção dos atores sociais na deliberação orçamentária permite se ampliar a *objetividade* no processo de escolha e de *racionalidade* e *neutralidade* nas decisões políticas, com a eleição por consenso da concretização das políticas públicas mais producentes para a sociedade ampliando o grau de eficiência da gestão financeira.[82]

dos riscos capazes de afetar as contas públicas dentre outros.

78. Reforça o constituinte mediante a exigência de adequação do processo de elaboração dos orçamentos anuais com as regras estatuídas pela lei de diretrizes orçamentárias e em compatibilidade com o plano plurianual, a mútua adequação dos instrumentos orçamentários e a importância do planejamento na persecução do interesse público em um sistema de orçamento-programa (Carlos Valder do Nascimento, *Finanças Públicas e Sistema Constitucional Orçamentário*, pp. 66-67).

79. O controle social exercido mediante a ampla e elucidativa participação no processo orçamentário propicia a tutela adequada da ação estatal nas vertentes ética e eficiência, garantindo maior acerto na escolha e hierarquização das prioridades comunitárias no dispêndio dos recursos públicos (Juarez Freitas, "O controle social do orçamento público", *Revista Interesse Público* 11/13).

80. Ao viabilizar o monitoramento pela sociedade da captação e emprego dos recursos públicos, a participação popular no orçamento verte-se, em importante instrumento de proteção da democracia e de promoção da cidadania, que estimula a participação da comunidade na definição dos interesses locais e das prioridades na ação estatal, viabilizando a conexão do Estado com a realidade cotidiana dos cidadãos (Sergio Assoni Filho, *Transparência Fiscal e Democracia*, pp. 80-83).

81. Através da participação da sociedade não apenas na fiscalização do processo orçamentário, mas na discussão e aprovação das leis orçamentárias, que se permite reduzir a perniciosa influência política e corrupção que marcam a gestão financeira do Estado, garantindo a distribuição mais justa dos recursos públicos escassos em uma sociedade ainda tão desigual (Dalton Cesar Cordeiro de Miranda, "Orçamento participativo federativo: uma proposta de elaboração", *Revista Tributária e de Finanças Públicas* 38/162-163).

82. Apenas a gestão democrática dos recursos públicos, mediante o controle da aplicação dos tributos arrecadados e a participação da sociedade na definição das prioridades dos gastos públicos, é capaz de garantir que sua reversão em bens e serviços públicos ocorra com eficiência (Antônio Henrique Lindemberg Baltazar, "Direito tributário e controle social", *Direito Público* 29/14-15).

Não convém, todavia, ignorar as dificuldades da participação direta da sociedade no planejamento orçamentário. O enfraquecimento da representação política, o risco do monopólio por grupos organizados, a necessidade de conhecimentos técnicos para sua manipulação e a limitação na apreciação global dos fatores socioeconômicos representam óbices, todavia, superáveis.[83]

A expansão do exercício do poder pela sociedade não importa em um processo de esvaziamento da democracia representativa, porém, a ocupação dos seus espaços democráticos, antes dominados pelo campo da sociedade política – organizações políticas e sociais burocráticas – pela sociedade civil em suas variadas manifestações.[84]

O emprego de redes associativas ou grupos organizados viabiliza a ampla participação popular no processo decisório financeiro-orçamentário, além de contribuir na neutralização das práticas clientelistas e das influências perniciosa realizada por grupos políticos, sociais, econômicos e afins descomprometidos com o interesse da sociedade no orçamento público.[85]

A necessidade de conhecimentos técnicos no âmbito da discussão e formulação de propostas orçamentárias denota a necessidade do oferecimento *relevante* e *inteligível* das informações e estudos financeiros de forma a reduzir o volume e complexidade dos dados, permitindo a apreensão pela sociedade e a posterior captação pelos agentes especializados dos poderes públicos.[86]

A apreciação global dos fatores socioeconômicos com a projeção financeira das demandas e a respectiva previsão das receitas, despesas e investimentos necessária, é ampliada mediante o controle social-orçamentário que permite a aferição imediata e concreta pelos poderes públicos dos interesses sociais impedindo desvios na consecução de suas finalidades.[87]

Assume ponto nodal, todavia, a inexistência de mecanismos jurídicos capazes de gerar a vinculação dos poderes públicos às decisões promovidas no âmbito da participação popular no orçamento, que associados à concepção predominante acerca da natureza das leis orçamentárias, limitam a eficácia deste instrumento de controle social-orçamentário.[88]

83. Concorrem, ainda, outras razões que dificultam a participação no processo orçamentário, como a existência perniciosa do lobby das grandes corporações, os constantes ajustes orçamentários, a conduta ainda unilateral e hierarquizada dos poderes públicos. Para uma análise do tema, v.: Gilberto Tristão, "Dificuldades na democratização do orçamento público", *Revista de Informação Legislativa* 104/124-130.

84. Insere-se, portanto, na compreensão de que a esfera política encontra-se inserida no campo amplo da sociedade, de forma que não existe decisão política, ou seja, qualquer deliberação acerca do interesse coletivo, que não esteja condicionada ou até mesmo determinada por aquilo que acontece na sociedade civil (Noberto Bobbio, *O Futuro da Democracia: uma Defesa das Regras do Jogo*, 5ª ed., pp. 54-55).

85. Exerce, portanto, o associativismo relativo papel na ampliação da participação popular na gestão pública, uma vez que além de perfazer legítima influência no processo decisório governamental contribui na mobilização dos cidadãos em grupo e na construção de um senso de responsabilidade coletiva (Sergio Assoni Filho, ob. cit., pp. 98-101).

86. Trata-se da apresentação de conteúdo *relevante* – dentro do universo amplo de dados, aquelas informações que possam esclarecer de modo adequado – e *inteligível* – dentro das possíveis formas de linguagem e apresentação da informação, aqueles meios que possam ser tão compreensível quanto possível para os seus destinatários, na definição do destino real dos recursos públicos (Ana Paula de Barcellos, *Papéis do Direito...*, pp. 86-105).

87. Em um contexto onde não é raro os poderes públicos sob a égide de uma análise de macro-justiça elegerem planos e programas de ação governamental que pouco condizem com as demandas sociais, tende o controle estatal exteriorizar os desvios na consecução das suas finalidades, mitigando a tendência burocratista das instituições e contribuindo para a correção de racionalidade, legitimidade e eficiência das decisões políticas (Maurício Godinho Delgado, *Democracia e Justiça*, p. 24).

88. Embora as decisões aprovadas em pesquisas, consultas, audiências públicas e demais no processo orçamentário não sejam vinculantes, essas formas de participação popular constituem obri-

Na ordem jurídica atual, a participação popular no âmbito orçamentário embora irradie do princípio democrático exterioriza-se através da edição de regras infraconstitucionais pelos entes federativos, que se submetem, portanto, a adequabilidade a um complexo de normas constitucionais que regulam o processo legislativo financeiro-orçamentário.[89]

Deste modo, inexistindo a iniciativa popular quanto à elaboração das leis orçamentárias e diante da competência exclusiva do Chefe do Poder Executivo na proposta do orçamento, embora garantida a participação popular no processo de planejamento financeiro, não haveria vinculação à aceitação e incorporação das propostas da comunidade no projeto de lei orçamentária.[90]

No mesmo sentido, a deliberação pública promovida no âmbito das demais fases do processo legislativo orçamentário, como a discussão e aprovação da proposta pelo Poder Legislativo e sua posterior sanção pelo Poder Executivo, também, não adstringiria os poderes públicos na definição dos programas governamentais e a respectiva alocação abstrata dos recursos públicos.

Coaduna com o modelo de democracia *formal*, onde a *tomada das decisões públicas* na gestão dos interesses da sociedade é proferida por *titular* devidamente investido pelo grupo social de acordo com o *processo* estipulado em regras prévias do jogo político, ou seja, na ordem jurídica atual, a agentes escolhidos no processo eletivo através do exercício da representação.[91]

Não obstante, é notória a crise do processo político majoritário em razão da redução do processo democrático ao processo eletivo e da predominância perniciosa da ineficiência, corrupção e clientelismo na gestão estatal, que conduz a um crescente déficit *de legitimidade das* instâncias representativas e *ineficiência* na persecução do interesse público.[92]

Disto decorre, uma necessária conjugação da democracia de um modelo *representativo* – onde a legitimidade das instituições públicas é aferida na *investidura* dos governantes de acordo com processo político regular – e um perfil *deliberativo* – em que a validade da atuação estatal é verificada no *exercício* mediante a *participação* da sociedade e a *eficiência* do desempenho.

No primeiro vértice, o processo democrático deve ser construído, a partir de

gação legal a serem realizadas durante os debates relativos ao projeto de lei orçamentária pelo Poder Executivo e durante o seu trâmite nas casas legislativas (Mathias Haroldo Muller, "A democracia participativa na legislação brasileira", *Revista Interesse Público* 38/289).

89. Tem previsão, a rigor, na lei nacional de Responsabilidade Fiscal (Lei Complementar 10.257/2001) que impõe a realização de audiências públicas e outras formas de participação popular durante o processo de elaboração e deliberação das leis orçamentárias (art. 48, parágrafo único, inciso I) de todos os entes federativos e seus poderes (art. 1º, §§ 2º e 3º), bem como, no Estatuto da Cidade (Lei Ordinária 10.257/2001) que garante a gestão orçamentária participativa (art. 4º, inciso III, alínea *b*) e a realização de audiências públicas como condição obrigatória para a aprovação das leis orçamentárias (art. 44).

90. Embora a Constituição consagre a iniciativa popular na elaboração das leis (art. 61), no que se refere às leis orçamentárias estabelece a iniciativa exclusiva pelo Poder Executivo (art. 165), e, portanto, discricionariedade ampla na proposta, como também, na gestão do orçamento. Neste sentido: Ricardo Lobo Torres, *Tratado*..., cit., pp. 126-127 e 457.

91. Corresponde a uma definição mínima de democracia a possibilidade de um grande número de cidadãos participarem direta ou indiretamente da tomada de decisões coletivas, a existência de regras de procedimento que estabeleçam quais indivíduos encontram-se autorizados a tomar as decisões e a existência de alternativas reais de escolha e a condição de poder tomá-las (Noberto Bobbio, ob. cit., p. 20).

92. A crise das instituições da democracia formal e representativa aliada às novas configurações da própria atividade administrativa do Estado denuncia a questão da falta de legitimidade democrática dos poderes públicos, sobretudo no domínio da atividade normativa e discricionária, impondo a necessidade de participação popular (Patrícia Baptista, ob. cit., p. 126).

um contexto aberto, livre e igualitário de deliberação pública, onde todos os cidadãos tenham a possibilidade de participar com iguais capacidades para influenciar e persuadir nas decisões *políticas*, garantindo maior legitimidade e racionalidade na gestão pública.[93]

Na atividade financeira estatal, compreende a participação popular no processo legislativo orçamentário, de forma a garantir a tomada de decisão compartilhada entre a sociedade e os poderes públicos na definição dos bens e interesses socialmente almejados e das políticas governamentais necessárias mediante a alocação dos recursos públicos.[94]

No segundo vértice, a legitimidade dos poderes públicos é aferida pelos resultados produzidos no exercício da atividade estatal, a partir da necessária coincidência entre as decisões públicas obtidas no âmbito da deliberação com a sociedade e o desempenho eficiente dos seus agentes na persecução destes respectivos interesses.[95]

No campo do controle social-orçamentário, importa na observância das prioridades alocativas eleitas pela sociedade na elaboração e execução das leis orçamentárias pelos poderes públicos, de modo a preservar a *legitimidade* das decisões proferidas no âmbito da deliberação pública e a *eficiência* do exercício do poder político pelos agentes estatais.[96]

Por efeito, as decisões obtidas no âmbito da deliberação público-financeira mediante a participação popular no processo legislativo orçamentário, vinculam os poderes públicos na propositura e aprovação das leis orçamentárias,[97-98] de forma que sua não observância importa no desvio de legitimidade dos respectivos atos e a responsabilização política dos seus agentes.[99]

93. Isto porque, a troca de argumentos e contra-argumentos racionaliza e legitima a gestão da *res publica*, pois se determinada política consegue superar as críticas formuladas pelos demais participantes da deliberação, de início pode ser considerada legítima e racional. Sobre o tema, v.: Cláudio Pereira de Souza Neto, *Teoria Constitucional e Democracia Deliberativa*, em especial Capítulo III.

94. Em um contexto de escassez de recursos públicos diante da multiplicidade e complexidade das demandas sociais, a definição das alocações orçamentárias mediante juízos deliberativos tende a produzir resultados mais eficientes e legítimos na gestão estatal financeira, ao permitir que os diversos segmentos da sociedade participem do processo de decisão definindo quais necessidades serão atendidas e em qual extensão (Eduardo Mendonça, "alguns pressupostos para um orçamento público conforme a Constituição", in Luís Roberto Barroso, *A Reconstrução Democrática do Direito Público no Brasil*, pp. 646-648).

95. A legitimidade de qualquer sistema juspolítico baseia-se na sua eficiência na satisfação dos interesses do seu grupo social. Na Administração Pública, onde a discricionariedade administrativa representa resíduo dessa legitimidade, as opções legítimas traduzem-se no dever de boa administração, ou seja, na escolha dos meios que produzam *melhores resultados* em atendimento do interesse público (Diogo de Figueiredo Moreira Neto, *Legitimidade e Discricionariedade*, 3ª ed., pp. 25-26 e 76).

96. Nesta vertente, o controle social representa instrumento que viabiliza a concretização do princípio da eficiência, uma vez através da participação popular no orçamento contribui-se além da limitação da discricionariedade dos poderes públicos, no equilíbrio fiscal e o acréscimo de economicidade e eficiência na gestão financeira (Juarez Freitas, cit., p. 25).

97. Os recursos estatais devem ser investidos, portanto, conjugando as prioridades de alocação eleitas pela sociedade no orçamento público apenas com a viabilidade técnico-econômica e jurídica indispensáveis ao seu respectivo atendimento. Também, neste sentido: Boaventura de Souza Santos, "Orçamento participativo em Porto Alegre: para uma democracia redistributiva", in Boaventura de Souza Santos (org.), *Democratizar a Democracia: os Caminhos da Democracia Participativa*, p. 467.

98. Rompe-se, portanto, com a compreensão inadequada de um ilimitado espaço de conformação e discricionariedade dos poderes públicos no campo financeiro-orçamentário, uma vez que, o exercício do poder político encontra-se condicionado a limites objetivos e invioláveis, traçados pelos seus titulares no âmbito do exercício do poder no processo político constituinte e eleitoral, mediante a diretiva política eleita pela sociedade nos bens e interesses tutelados pela Constituição e nas metas e propostas escolhidos pela eleição dos agentes políticos, inclusive, no que se refere à alocação e dispêndio dos recursos públicos.

99. Isto porque, de nada adianta a existência da participação popular no processo orçamentário se não houver a existência de mecanismos de *political accountability* e de sanções legais capazes de coibir a inobservância pelos agentes públicos das decisões

Compreende o ciclo orçamentário, ainda, um conjunto de processos que importam no dispêndio dos recursos financeiros pelas unidades orçamentárias de acordo com os programas e atividades estabelecidas na proposta aprovada do orçamento, de forma a alcançar os objetivos traçados pela diretiva política almejada pelo governo e eleita pela sociedade.[100]

Abrange desde a *programação* das despesas públicas necessárias à realização dos programas de governo pela unidade coordenadora até as operações relativas à *execução* das receitas públicas – de seu lançamento a liquidação – e despesas públicas – do seu empenho ao pagamento – pela unidade executora para a implementação das políticas.[101]

Na execução orçamentária, o controle social ocorre através da participação da sociedade no monitoramento da aplicação dos recursos públicos e avaliação dos resultados obtidos, mediante a obrigatoriedade de prestação de contas pelos poderes públicos, garantida a possibilidade de denúncia de irregularidades ao Tribunal de Contas.[102]

Neste tocante, outro óbice a efetividade do controle social-orçamentário é a questão da natureza das leis orçamentárias, em debate que exerce peculiar relevância no que se refere à criação de direitos subjetivos para terceiros e a obrigatoriedade de realização das despesas previstas nas leis financeiras pelo Poder Executivo durante a execução orçamentária.

Dada teoria, concebe o orçamento como lei *formal*, que veicula mera *previsão* das receitas e *autorização* dos gastos a ser exercida nas funções administrativas cometidas aos poderes públicos. Não inova, portanto, na ordem jurídica de forma a alterar as leis financeiras ou tributárias e tão pouco criar direitos subjetivos para terceiros.[103]

Por conseguinte, amplia-se a discricionariedade administrativa na gestão financeira, permitindo que o Poder Executivo não tenha a obrigatoriedade de realização das despesas previamente definidas na elaboração do orçamento participativo, ignorando as prioridades no dispêndio de recursos públicos eleitas pela sociedade e dificultando a promoção eficiente dos direitos sociais.[104]

coletivas promovidas no planejamento e execução da ação governamental. Neste sentido, as sanções impostas pela Lei de Responsabilidade Fiscal pelo descumprimento das obrigações referentes à gestão financeira estatal e o papel do Tribunal de Contas no controle de legitimidade dos atos públicos podem exercer importantes papéis neste controle (Sergio Assoni Filho, cit., pp. 108-109).

100. Não se esgota o ciclo orçamentário na execução das leis orçamentárias desdobra-se, ainda, no controle desta execução com parecer final sobre as contas pelo Tribunal de Contas e o julgamento das contas pelo Congresso, com a possibilidade de sua recusa e instauração de crime de responsabilidade do Chefe do Poder Executivo (Aliomar Baleeiro, cit., pp. 445-446).

101. Embora a execução orçamentária envolva autoridades e órgãos administrativos, trata-se de atividade eminentemente financeira, uma vez que tem por conteúdo e objetivo a obtenção dos meios financeiros necessários à sua aplicação na realização de programas destinados à satisfação das necessidades coletivas (José Afonso Silva, *Orçamento...*, cit., pp. 234 e 306-307).

102. Tem-se, por *e.g.*, a disponibilização das contas do município durante sessenta dias anualmente para exame e apreciação de qualquer contribuinte (art. 31, § 3º), denúncia de irregularidades ou ilegalidades perante o tribunal de contas (art. 74, § 2º, da Constituição), a disponibilização das contas de todos os poderes públicos durante todo exercício financeiro para acesso a qualquer cidadão (art. 49 c/c art. 56 da Lei de Responsabilidade Fiscal).

103. O orçamento público, portanto, embora veiculado por uma lei, tem por conteúdo um plano de gestão e não enunciando regras jurídicas. Esta teoria predomina na doutrina, embora tenha sido enfraquecida pelas vinculações de receitas públicas e despesas públicas pelas reformas constitucionais, a criação de tributos vinculados e de despesas necessárias pela Lei de Responsabilidade Fiscal. Como adeptos deste entendimento neste sentido: Ricardo Lobo Torres, ob. cit., pp. 95-96; Aliomar Baleeiro, ob. cit., p. 417; Amílcar de Araújo Falcão, *Introdução ao Direito Tributário*, p. 39.

104. Enquanto tido como instrumento autorizativo a execução orçamentária é caracterizada por ampla discricionariedade do Poder Executivo na liberação das dotações inicialmente previstas, com frequentes transferências entre rubricas e con-

Sob outra vertente, o orçamento é tido como lei *material*, que *vincula* com a previsão do ingresso de receitas e do dispêndio das despesas a atuação estatal na gestão financeira. Deste modo, inova na ordem jurídica modificando as leis financeiras e tributárias, além de ser capaz de gerar para os titulares dos interesses em jogo direitos subjetivos.[105]

Sob tal égide, contém-se a discricionariedade administrativa na gestão financeira, vinculando o Poder Executivo às prioridades eleitas pelo grupo social durante o planejamento orçamentário, garantindo o dispêndio legítimo e eficiente dos recursos públicos no oferecimento dos bens e serviços estatais e contribuindo na otimização da promoção dos direitos sociais.[106]

Embora o orçamento público exteriorize um instrumento de planejamento governamental, de conteúdo predeterminado e processo legislativo especial, trata-se de ato emanado do exercício *típico* da função legislativa que gera a disciplina jurídica da atividade financeira estatal e do qual extrai sua eficácia substancial possuindo, portanto, um inegável caráter material.[107-108]

Coaduna este entendimento, com o imperativo de segurança jurídica no processo orçamentário, que corresponde às legítimas expectativas de que seja elaborado de acordo com as prioridades definidas pela Constituição e escolhidas pela sociedade no processo eletivo, bem como, tenha a maior previsibilidade possível evitando alterações, inclusive, quanto ao destino dos seus recursos.[109]

Não importa no esvaziamento da discricionariedade administrativa, porém, na preservação da deliberação democrática acerca dos planos, programas e diretrizes governamentais com as prioridades na alocação dos recursos públicos, garantida a liberdade de conformação na aferição concreta das necessidades específicas na

tingenciamento das previsões orçamentárias que o dotam de um caráter aleatório que dificulta o oferecimento dos bens e serviços públicos necessários à promoção dos direitos sociais (Eduardo Mendonça, "Da faculdade de gastar ao dever de agir: o esvaziamento contramajoritário das políticas públicas", *Revista de Direito do Estado* 9/286-288; Ana Paula de Barcellos, *Constitucionalização...*, cit., pp. 36-37).

105. O orçamento público é emanado por lei como instrumento de conteúdo jurídico e não plano contábil, de modo a ser fonte de direitos e obrigações para Administração e produzindo efeito em relação aos particulares. Como adeptos deste entendimento neste sentido: José Afonso da Silva, *Orçamento...*, ob. cit., p. 269; Francisco Campos, "Orçamento: natureza jurídica", *Revista de Direito Administrativo* 324/335; Nélson de Souza Sampaio, *O Processo Legislativo*, p. 107.

106. Embora todos os direitos fundamentais demandem para sua fruição a eficiência na prestação dos bens e serviços públicos, nos direitos sociais que exerce especial papel a discricionariedade exercida pela Administração Pública na execução orçamentária, por dependerem da entrega de subvenções sociais e econômicas, realização de obras públicas e atendimento de postulações da cidadania (Ricardo Lobo Torres, *Tratado...*, cit., pp. 431-432).

107. As leis orçamentárias enquanto emanadas mediante processo legislativo constitucional e sendo dotada de caráter coativo e imperativo, de normatização das condutas da Administração Pública e dos cidadãos, corresponde a norma formal e material, que possui procedimento específico (iniciativa exclusiva do chefe do poder executivo e limitação do espaço de conformação do poder legislativo na emenda do projeto orçamentário) apenas devido a sua transcendência econômica e política (Álvaro Rodriguez Bereijo, *El Presupuesto del Estado*, pp. 163-164).

108. Compete a Administração Pública cumprir as metas orçamentárias nos termos e limites fixados pelo orçamento, de forma que não pode deixar de cumprir as atividades e projetos constantes no instrumento sem justificativa ou com a simples justificativa de que não eram obrigados a executá-los. Senão faltaria sentido a obrigatoriedade que o Executivo prestasse contas da execução da lei orçamentária ao Legislativo (José Afonso da Silva, *Orçamento...*, cit., p. 272).

109. Corresponde, portanto, ao cumprimento do orçamento dentro da legítima expectativa oriundo do conteúdo na sua criação, o que importa em observância nos rigorosos critérios de sua elaboração, diligência na sua aprovação e respeito na sua criação enquanto lei emanada do Estado (Harrison Ferreira Leite, *Segurança Jurídica e Elaboração do Orçamento Público*, cit., pp. 133 e 151-152).

execução das respectivas políticas públicas.[110-111]

Contribui, ainda, no fortalecimento de uma cultura orçamentária, ao não restringir o exercício da cidadania fiscal à obrigação de pagamento de tributos necessário para a persecução do interesse público pelo Estado, mas na definição efetiva do emprego dos escassos recursos estatais obtidos na promoção dos bens e serviços necessários à fruição dos direitos sociais.[112]

Extrai-se, portanto, que os poderes públicos encontram-se na execução orçamentária, vinculados às decisões obtidas mediante participação popular no âmbito do processo legislativo orçamentário, de forma que sua não observância importa no desvio de legalidade das respectivas leis com a responsabilização jurídica dos seus agentes.[113]

Conclusão

Nosso constitucionalismo representa o paradigma da tensão entre o influxo ideológico *liberal* – exteriorizado na persecução do progresso econômico e busca pela inserção no sistema de negócios globais – e *social* – materializado na exigência de superação das desigualdades sociais através da redistribuição de rendas e adjudicação de bens e serviços.[114]

Neste tocante, embora notável os avanços na ordem econômico-financeira, com índices crescentes de receitas, investimentos e despesas promovida nas últimas gestões públicas, tão pouco se ignora o evidente atraso social, exteriorizado no retrato triste da miséria, pobreza e violência dos grandes bolsões nos centros urbanos.[115]

A partir deste dualismo, sobressai a preeminência da promoção eficiente dos direitos sociais, alcançada precipuamente através do controle exercido diretamente pela sociedade na gestão estatal, de forma a garantir a correção de legitimidade e eficiência das decisões política referentes

110. Trata-se de uma efetiva passagem do orçamento entendido como mero *registro contábil* que atribui uma discricionariedade ampla ao poder executivo sem balizas jurídicas e permite uma flexibilização dos atos do poder legislativo, para um *orçamento-programa* que veicula as decisões democráticas fundamentais sobre alocação dos recursos, definindo objetivos e linhas de ação (Eduardo Mendonça, *Alguns Pressupostos...*, cit., p. 658).

111. Como, *e.g.*, determinado no âmbito da deliberação orçamentária com participação popular a alocação de recursos públicos para as políticas públicas voltadas à saúde preventiva, na execução orçamentária não caberia a sua não atribuição às unidades orçamentárias, apenas a definição de como será empregado nas atividades e projetos de implementação destes programas.

112. Corresponde ao exercício da cidadania fiscal no âmbito orçamentário, uma vez que as leis orçamentárias sintetizam as políticas de governo e as necessárias escolhas trágicas que devem ser realizadas sobre o destino dos recursos públicos, de modo que a deliberação popular evita o trágico sacrifício dos direitos sociais e de sua promoção para as populações carentes em face dos interesses econômicos de outra origem (Ricardo Lobo Torres, *O Orçamento na Constituição*, pp. 36-37).

113. Nesta égide, o controle social apresenta-se como direito de participação, que assume feições vinculativas aos poderes públicos, uma vez que não é razoável supor que o agente público possa desconsiderar a provocação adequada da cidadania. Assim, ainda para aqueles que não consideram que o controle social em matéria orçamentária vincule os poderes públicos, as legítimas hierarquizações efetivadas pela participação popular devem ser voluntariamente acatadas pelos agentes estatais investidos de representatividade em matéria de orçamento (Juarez Freitas, cit., pp. 16-17).

114. É comum das próprias sociedades pluralistas, onde a ordem constitucional tende a refletir sob as convergências e divergências das forças políticas e sociais uma carta compromissória que veicula sob o manto de um pluralismo ideológico, aparentes conflitos entre interesses inicialmente tidos como inconciliáveis, porém, solucionáveis pela interpretação constitucional (J. J. Gomes Canotilho, *Direito Constitucional e Teoria da Constituição*, 7ª ed., pp. 218-219).

115. A miséria e o desemprego, retratos tristes da desigualdade social, são desafios inadiáveis para os poderes públicos e a sociedade organizada, observando-se uma crescente preocupação entre os organismos internacionais, juristas e economistas sobre a questão da pobreza absoluta e o direito as condições mínimas de existência humana digna. Sobre o tema: Ricardo Lobo Torres, *O Direito ao Mínimo Existencial*, pp. 14-25.

aos bens e serviços públicos, com a respectiva atribuição da responsabilidade dos agentes.

Sob esta égide, exercem peculiar relevância os instrumentos financeiros de controle social, que incidem sobre o orçamento público permitindo a eleição das prioridades acerca das políticas públicas almejadas e as prioridades no dispêndio dos recursos públicos, mediante a participação no processo legislativo orçamentário e na sua execução pelos poderes públicos.

O presente trabalho buscou auxiliar na construção de mecanismos jurídicos hábeis a garantir um acréscimo de efetividade no controle social exercido através do orçamento participativo, permitindo a promoção eficiente dos bens e interesse sociais, o emprego racional dos recursos públicos e a construção de uma cidadania fiscal na implementação das políticas públicas.

Para tanto, observou-se que embora a formulação das ações governamentais, esteja precipuamente circunscrito a seara do jogo político é possível identificar na um núcleo intangível para deliberação política, que corresponde aos *objetivos* e *fins* coincidentes com a diretiva política traçada pela Constituição e escolhida pela sociedade no processo eletivo.

No campo financeiro, corresponde à vinculação da elaboração do orçamento público em consonância com as prioridades constitucionais e os planos governamentais, de forma a permitir a realização dos direitos fundamentais e garantir a segurança jurídico-orçamentária aos cidadãos, impedindo gastos irrazoáveis com propagandas, festas e obras faraônicas.

Da mesma forma, que o espaço decisório dos poderes públicos na execução das políticas públicas também não é limitado, em decorrência da inexistência de *liberdade absoluta* no domínio da discricionariedade administrativa, enquanto faculdade de escolha dentre os indiferentes jurídicos na esfera de atribuição concedida pela norma jurídica.

A implementação dos planos governamentais deve ocorrer mediante ações, programas e projetos *adequados* ao atendimento das prioridades – expressa nos objetivos e fins socialmente almejados – e às vinculações – estatuída na alocação e execução dos recursos públicos – traçados pela Constituição e pelos planos políticos nas respectivas leis.

Constatou-se, ainda, que na avaliação das políticas públicas da mesma forma como o planejamento e a execução sujeitam-se a limites que visam a preservar a legitimidade da ação estatal – aferidas na identidade dos fins e na adequação dos meios escolhidos com os objetivos traçados na Constituição e no processo eleitoral – inexiste um espaço decisório amplo para o Estado.

Isto impõe no processo que resulta na decisão pelos poderes públicos sobre a *manutenção*, *correção* ou *exclusão* dos planos governamentais propostos e das ações estratégicas implementadas seja condicionado ao grau de eficiência obtida na concretização dos fins e interesses sociais aferida na racionalidade e economicidade no dispêndio dos recursos públicos.

Todavia, sendo a gestão pública marcada por uma estrutura deficitária, desperdício de recursos materiais e financeiros, desvios de verbas e ineficiência dos agentes estatais, que resultam na precariedade dos serviços prestados na promoção dos direitos sociais, esses limites no espaço decisório das políticas públicas devem ser objeto de controle.

Tendo o controle político dos programas de ação governamental realizado pelo Poder Legislativo e a intervenção jurídico das políticas públicas pelo Poder Judiciário demonstrado se incapaz de garantir a correção na persecução dos interesses sociais, o controle social surge como alternativa eficaz que permite atribuir *legitimidade*, *racionalidade* e *neutralidade* as ações governamentais.

Auxilia na formação de um espaço público baseado na *negociação* e *consen-*

so, importando na construção entre a sociedade e os poderes públicos de um vínculo de *compromisso* e *responsabilidade* acerca das decisões estatais, contribuindo na efetividade das políticas públicas e atribuição de responsabilidade dos agentes políticos.

Constatou-se que este controle pode ser exercido de forma *direta* pelo grupo social, através de instrumentos *formais* – de natureza *política*, *administrativa* ou *financeira* concedidos pela ordem jurídica e exercidos exclusivamente na esfera pública estatal – ou *informais* – não institucionalizados e promovidos no campo privado ou público não estatal.

Os instrumentos *financeiros* incidem sobre o planejamento e execução orçamentária, assegurando a *transparência financeiro-orçamentária*, a *gestão responsável* dos recursos e a *responsabilidade fiscal*, principalmente, a correção de legitimidade e eficiência no dispêndio dos recursos públicos, necessária a promoção a adequada dos direitos sociais.

No planejamento orçamentário, exerce-se mediante a participação da sociedade na elaboração e aprovação das leis orçamentárias com a incorporação das propostas da comunidade no projeto de lei de iniciativa do Poder Executivo ou na sua votação pelo Poder Legislativo atribuindo *transparência*, *legitimidade* e *eficiência* na alocação dos recursos públicos.

Na execução orçamentária, ocorre através da participação da sociedade no monitoramento da aplicação dos recursos públicos e avaliação dos resultados obtidos, mediante a obrigatoriedade de prestação de contas pelos poderes públicos, garantida a possibilidade de denúncia de irregularidades ao Tribunal de Contas.

Não se ignora as dificuldades na participação direta da sociedade nas etapas do ciclo orçamentário, a maioria dos óbices são aparentes – como o enfraquecimento da representação política e o risco do monopólio por grupos organizados – ou superáveis – como a necessidade de conhecimentos técnicos para sua manipulação e apreciação global dos fatores socioeconômicos.

Centraliza-se a problemática, todavia, na inexistência de mecanismos jurídicos capazes de gerar a vinculação dos poderes públicos às decisões promovidas no âmbito da participação popular no orçamento, que associados à concepção predominante acerca da natureza das leis orçamentárias, limitam a eficácia deste instrumento de controle social-orçamentário.

Verificou-se que diante crise do processo político majoritário, o processo de tomada de decisão no âmbito do processo legislativo orçamentário quanto às políticas governamentais necessárias e as preferências na alocação dos recursos públicos, não se adstringe aos poderes públicos, porém depende para a sua legitimidade da *participação* da sociedade e a *eficiência* do desempenho.

Razão pelas quais as decisões obtidas no âmbito da deliberação público-financeira mediante a participação popular no processo legislativo orçamentário, vinculam os poderes públicos na propositura e aprovação das leis orçamentárias, de forma que sua não observância importa no desvio de legitimidade dos respectivos atos e a responsabilização política dos seus agentes.

Ademais, compreendeu-se que a concepção do orçamento como lei *formal*, que veicula mera *previsão* das receitas e *autorização* dos gastos amplia a discricionariedade administrativa na gestão financeira, permitindo que o Poder Executivo desconsidere as prioridades no dispêndio de recursos públicos eleitas pela sociedade, dificultando a promoção eficiente dos direitos sociais.

Considerar o orçamento como lei *material*, que *vincula* com a previsão do ingresso de receitas e do dispêndio das despesas a atuação estatal na gestão financeira, coaduna com o imperativo de segurança jurídica no processo de planejamento e execução orçamentário, além de promover o fortalecimento da cidadania fiscal pela tomada de decisão responsável e compartilhada.

Em última medida, garante a efetividade do orçamento participativo com a preservação da deliberação democrática acerca das prioridades na alocação dos recursos públicos, bem como, a liberdade de conformação dos poderes públicos na aferição concreta das necessidades específicas na concretização das respectivas políticas públicas.

Bibliografia

ASSONI FILHO, Sergio. *Transparência Fiscal e Democracia*. Porto Alegre, Nuria Fabris Editora, 2009.

BALEEIRO, Aliomar. *Uma Introdução a Ciência das Finanças*. 16ª ed., Rio de Janeiro, Forense, 2004.

BALTAZAR, Antônio Henrique Lindemberg. "Direito Tributário e controle social", *Direito Público* 29, set.-out./2009.

BAPTISTA, Patrícia. *Transformações do Direito Administrativo*. Rio de Janeiro, Renovar, 2003.

BARCELLOS, Ana Paula de. "Constitucionalização das políticas públicas em matéria de direitos fundamentais: o controle político-social e o controle jurídico no espaço democrático", *Revista de Direito do Estado* 1, Ano 1, 2006.

______. "Papéis do direito constitucional no fomento do controle social democrático: algumas propostas sobre o tema da informação", *RDE* 12, Ano 3, out.-dez./2008.

BARROS, Ricardo Paes, HENRIQUES, Ricardo, e MENDONÇA, Rosane. *A Estabilidade Inaceitável: Desigualdade e Pobreza no Brasil*. Rio de Janeiro, IPEA, 2001.

BARROSO, Luís Roberto. *O Direito Constitucional e a Efetividade de suas Normas*. 7ª ed., Rio de Janeiro, Renovar, 2003.

______. *Interpretação e Aplicação da Constituição*. 6ª ed., Rio de Janeiro, Saraiva, 2006.

______. "Neoconstitucionalismo e constitucionalização do direito: o triunfo tardio do direito constitucional no Brasil", in SOUZA NETO, Cláudio Pereira de, e SARMENTO, Daniel (orgs.). *A Constitucionalização do Direito: Fundamentos Teóricos e Aplicações Específicas*. Rio de Janeiro, Lumen Juris, 2007.

BEREIJO, Álvaro Rodriguez. *El Presupuesto del Estado*. Madri, Editorial Tecnos, 1970.

BERGALLI, Roberto. "Controle social: suas origens conceituais e usos instrumentais", *Revista Brasileira de Ciências Instrumentais* 3, jul.-set./1993.

BOBBIO, Noberto. *O Futuro da Democracia: uma Defesa das Regras do Jogo*. 5ª ed., Rio de Janeiro, Paz e Terra, 1986.

BOBBIO, Noberto, MATTEUCCI, Nicola. e PASQUINO, Gianfranco. *Dicionário de Política*. Brasília, Ed. UnB, 1986.

BONAVIDES, Paulo. *Curso de Direito Constitucional*. 13ª ed., São Paulo, Malheiros Editores, 2003.

BUCCI, Maria Paula Dallari. *Direito Administrativo e Políticas Públicas*. São Paulo, Saraiva, 2002.

CAETANO, Marcello. *Manual de Ciência Política e de Direito Constitucional*. Coimbra, Almedina, 2003.

CAMPOS, Francisco. "Orçamento: natureza jurídica", *Revista de Direito Administrativo* 324.

CANOTILHO, J. J. Gomes. *Direito Constitucional e Teoria da Constituição*. 7ª ed., Coimbra, Livraria Almedina, 2003.

COELHO NETO, Milton. "A transparência e o controle social como paradigmas para a gestão pública no estado moderno", in FIGUEIREDO, Carlos Maurício, e NÓBREGA, Marcos. *Administração Pública: Direito Administrativo, Financeiro e Gestão Pública: Prática, Inovações e Polêmicas*. São Paulo, Ed. RT, 2002.

CUNHA, André Luiz Nogueira da. *Direitos Políticos*. 1ª ed., São Paulo, Juarez de Oliveira, 2004.

DAL BOSCO, Maria Goretti. *Discricionariedade em Políticas Públicas*. Curitiba, Juruá, 2007.

DELGADO, Maurício Godinho. *Democracia e Justiça*. São Paulo, LTr, 1993.

DERBLI, Felipe. "Proibição de retrocesso social: uma proposta de sistematização à luz da Constituição de 1988", in BARROSO, Luís Roberto (org.). *A Reconstrução Democrática do Direito Público no Brasil*. Rio de Janeiro, Renovar, 2007.

DI PIETRO, Maria Sylvia Zanella. "Participação popular na administração pública", *Revista de Direito Administrativo* 191, jan.-mar./2003.

FALCÃO, Almícar de Araújo. *Introdução ao Direito Tributário*. Rio de Janeiro, Forense, 1987.

FREITAS, Juarez. "O controle social do orçamento público", *Revista Interesse Público* 11, 2001.

HESSE, Konrad. *A Força Normativa da Constituição*. Porto Alegre, Sergio Antonio Fabris Editor, 1991.

HOLMES, Stephen, e Sustein, Cass. *The Cost of Rights – Why Liberty Depends on Taxes*. Nova York, W. W. Norton and Co., 1999.

LEAL, Rogério. "O controle social dos serviços públicos no Brasil como condição de sua possibilidade", *Revista de Direito Administrativo e Constitucional* 13, Belo Horizonte, jul.-set,/2003.

LEITE, Harrison Ferreira. "Segurança jurídica e elaboração do orçamento público", *Revista Tributária e de Finanças Públicas* 86, mai.-jul./2009.

MARTINS JUNIOR, Wallace Paiva. *Transparência Administrativa, Publicidade, Motivação e Participação Popular*.

MENDONÇA, Eduardo. "Alguns pressupostos para um orçamento público conforme a Constituição", in BARROSO, Luís Roberto. *A Reconstrução Democrática do Direito Público no Brasil*. Rio de Janeiro, Renovar, 2007.

______. "Da faculdade de gastar ao dever de agir: o esvaziamento contramajoritário das políticas públicas", *Revista de Direito do Estado* 9, jan.-mar./2000.

MENY, Ives, e Thoenig, Jean Claude. *Las Políticas Públicas*. Barcelona, Ariel, 1992.

MILESKI, Helio Saul. "Controle social: um aliado do controle oficial", *Interesse Público* 36, mai.-abr./2006.

MIRANDA, Dalton Cesar Cordeiro de. "Orçamento participativo federativo: uma proposta de elaboração", *Revista Tributária e de Finanças Públicas* 38, mai.-jun./2001.

MIRANDA, Jorge. *Manual de Direito Constitucional*. t. IV – *Direitos Fundamentais*. 2ª ed., Coimbra, Almedina, 1998.

MOREIRA NETO, Diogo de Figueiredo. *Direito da Participação Política*. Rio de Janeiro, Renovar, 1992.

______. *Legitimidade e Discricionariedade*. 3ª ed., Rio de Janeiro, Forense, 1998.

______. *Quatro Paradigmas do Direito Administrativo Pós-Moderno*. Belo Horizonte, Fórum, 2008.

MOURA, Emerson Affonso da Costa. *Agências, "Expertise" e Profissionalismo: o Paradigma da Técnica na Administração Pública*. Mimeografado.

______. *Do Controle Jurídico ao Controle Social das Políticas Públicas: Parâmetros à Efetividade dos Direitos Sociais*. Mimeografado.

MULLER, Mathias Haroldo. "A democracia participativa na legislação brasileira", *Revista Interesse Público* 38, jul.-ago./2006.

NASCIMENTO, Carlos Valder do. *Finanças Públicas e Sistema Constitucional Orçamentário*. Rio de Janeiro, Forense, 1995.

NASSUNO, Marianne. "O controle social nas organizações sociais no Brasil", in Pereira, L. C. B., e GRAU, N. C. (orgs.). *O Público Não Estatal na Reforma do Estado*. Rio de Janeiro, FGV, 1999.

OLIVEIRA, Farlei Martins Riccio de. "Controle de legitimidade das políticas públicas: limites e possibilidades", *Revista de Direito Administrativo* 247, jan.-abr./2008.

PALU, Oswaldo Luiz. *Controle dos Atos de Governo pela Jurisdição*. São Paulo, Ed. RT, 2004.

SANTOS, Boaventura de Souza. "Orçamento participativo em Porto Alegre: para uma democracia redistributiva", in SANTOS, Boaventura de Souza (org.). *Democratizar a Democracia: os Caminhos da Democracia Participativa*. Rio de Janeiro, Civilização Brasileira, 2002.

SCHMIDT, João Pedro. "Capital social e políticas públicas", in LEAL, Rogerio Gesta, e ARAUJO, Luiz Ernane Boresso de. *Direitos Sociais e Políticas Públicas: Desafios Contemporâneos*. t. II. Santa Cruz do Sul, Edunisc, 2003.

SERRA, José. *Orçamento no Brasil: as Raízes da Crise*. São Paulo, Atual, 1994.

SILVA, Francisco Carlos da Cruz. "Controle social: reformando a administração para a sociedade", in *Perspectivas para o Controle Social e a Transparência da Administração Pública*. Brasília, Tribunal de Contas da União, Instituto Serzedello Corrêa, 2002.

SILVA, José Afonso da. *Aplicabilidade das Normas Constitucionais*. 7ª ed., São Paulo, Malheiros Editores, 2008.

______. *Orçamento-Programa no Brasil*. São Paulo, ed. RT, 1973.

SILVA, Pedro Luiz Barros, e MELO, Marcus André Barreto de. "O processo de implementação de políticas públicas no Brasil: características e determinantes da avaliação de programas e projetos", *Caderno do Núcleo de Estudos de Políticas Públicas da Unicamp* 48, p. 8.

SILVA, Vasco Manuel Pascoal Pereira da. *Em Busca do Acto Administrativo Permitido*. Coimbra, Almedina, 1998.

SOUZA NETO, Cláudio Pereira de. *Teoria Constitucional e Democracia Deliberativa*. Renovar, Rio de Janeiro, 2006.

TORRES, Marcelo Nóbrega da Câmara. *Direitos Sociais*. 1ª ed., Brasília, Senado Federal, 1987.

TORRES, Ricardo Lobo. *O Direito ao Mínimo Existencial*. Rio de Janeiro, Renovar, 2009.

______. *O Orçamento na Constituição*. Rio de Janeiro, Renovar, 1995.

______. *O Princípio da Transparência e o Direito Financeiro*. Mundo Jurídico, p. 9. Disponível em *http://www.mundojuridico.adv.br/sis_artigos/artigos.asp?codigo=162*, acesso 25.5.2010.

______. *Tratado de Direito Constitucional, Financeiro e Tributário: o Orçamento na Constituição*. 3ª ed., Rio de Janeiro, Renovar, 2008.

TRISTÃO, Gilberto. "Dificuldades na democratização do orçamento público", *Revista de Informação Legislativa* 104, out.-dez./1989.

VALLE, Vanice Lirio do. "Direito fundamental a boa administração, políticas públicas eficientes e a prevenção do desgoverno", *Revista Interesse Público* 48, mar.-abr./2007.

PRINCÍPIO DA NÃO CUMULATIVIDADE DO PIS E DA COFINS E O CONCEITO SEMÂNTICO DE INSUMO

ANDRÉ FELIX RICOTTA DE OLIVEIRA
Mestre em Direito Tributário pela Pontifícia Universidade Católica de São Paulo – PUC/SP. *Master of Business Administration* (MBA) em Direito Empresarial pela Fundação Getúlio Vargas – FGV/RJ. Especialista em Direito Tributário pela PUC/SP. Juiz Contribuinte do Tribunal de Impostos e Taxas da Secretaria da Fazenda do Estado de São Paulo. Advogado.

1. Introdução. 2. Da contribuição ao PIS e a COFINS. 3. A não cumulatividade prevista na Constituição. 4. Da não cumulatividade instituída para o PIS e a COFINS e as normas constitucionais. 5. Dos requisitos legais da não cumulatividade do PIS e da COFINS. 6. Conclusões. 7. Bibliografia.

1. Introdução

O presente trabalho objetiva analisar, estudar e conceituar as normas jurídicas, verificar algumas teorias sobre da norma jurídica, tendo em vista os ensinamentos do Prof. Paulo de Barros Carvalho que a norma jurídica é ponto de referência para importantes construções interpretativas do direito,[1] para que assim possamos tecer considerações a respeito da não cumulatividade do PIS e da COFINS, qual a sua sistemática, qual o conceito de insumo e quais os custos e serviços podem ser deduzidos da base de cálculo das contribuições.

Como dispõe o citado Professor Titular da Pontifícia Universidade Católica de São Paulo e da Faculdade de Direito do Largo São Francisco "se o direito é tomado como conjunto de normas válidas, num determinado território e num preciso momento do tempo histórico, tudo dentro dele serão normas, em homenagem ao princípio epistemológico da uniformidade do objeto".[2]

Ora, conforme lecionou o Prof. Paulo de Barros Carvalho é "imprescindível a investigação estrutural das unidades do sistema, vale dizer, as normas jurídicas, nas instâncias semióticas a que já me referi. A doutrina atual do Direito Tributário vive, abertamente, esse momento histórico de sua evolução: começou, tendo por núcleo de sustentação a chamada 'obrigação tributária'; em seguida, ocupou-se do 'fato gerador'; e agora encontrou na norma jurídica a fonte de especulações".[3]

Assim, passamos a análise das contribuições em tela que tem os seus arquéti-

1. *Direito Tributário, Linguagem e Método*, 2008, p. 126.

2. Cit., p. 144.

3. Cit., p. 127.

pos tributários traçados e delimitados pela Constituição Federal.

2. *Da contribuição ao PIS e a COFINS*

No regular exercício das atividades empresarias, econômicas e mercantis, as pessoas jurídicas encontra-se obrigadas a recolherem a Contribuição Social para o Financiamento da Seguridade Social – COFINS e a contribuição ao Programa de Integração Social – PIS mensalmente.

A COFINS, nos termos do art. 195, I, da Constituição Federal de 1988, foi instituída pela Lei Complementar n. 70/1991 e estabeleceu em seu art. 2º, a alíquota e a base de cálculo da contribuição, *in verbis*: "Art. 2º. A contribuição de que trata o artigo anterior será de dois por cento e incidirá sobre o faturamento mensal, assim considerado a receita bruta das vendas de mercadorias e serviços e de prestação de serviço de qualquer natureza".

Percebe-se que a norma supra ao eleger o faturamento como base de cálculo da COFINS ainda o conceituou como sendo a receita bruta das vendas e mercadorias e serviços de qualquer natureza.

Por sua vez, o PIS foi instituído mediante a edição da Lei Complementar n. 7/1970 e recepcionado pelo art. 239 da atual Carta Política. Aludida contribuição destinava-se a promover a integração do empregado na vida e no desenvolvimento das empresas.

O parágrafo único do art. 6º da Lei Complementar n. 7/1970, definiu como base de cálculo da contribuição ao PIS, com referencia às empresas, o faturamento dos seis meses anteriores ao período de apuração.

Sendo assim, depreende-se que as duas contribuições elegeram o faturamento como base de cálculo somente diferenciando-se no modo de apuração.

Por oportuno, destaquemos que a legislação que instituiu a COFINS sofreu posteriores alterações pelas Leis ns. 9.718/1998 e 10.833/2003. De igual sorte, a legislação que disciplinava o PIS foi alterada pelas Leis ns. 9.715/1998 e 10.637/2002, que ampliaram a base de cálculo das contribuições, bem como modificaram a sistemática de recolhimento.

Insta salientar que o Sistema Jurídico Tributário Brasileiro tem uma peculiaridade, qual seja, tem toda sua estrutura, princípios, competência e arquétipos tributários previstos na Constituição Federal e por isso denomina-se Sistema Constitucional Tributário.

Nesse diapasão, a Constituição Federal de 1988, em seu Título VI – Da Tributação e do Orçamento – Capítulo I, estabeleceu o Sistema Tributário Nacional. Com isso o ordenamento jurídico brasileiro, tornou rígida a matéria da tributação e sendo obrigatória a sua observância pelo legislador ordinário ao instituir tributos ou alterar a legislação tributária.

No Brasil vigoram os princípios constitucionais da legalidade e da tipicidade de tributação. Isto significa dizer que a cobrança do tributo deve ser sempre calcada em lei. Por outro lado, a referida lei deve descrever taxativamente o tributo criado, atentando para a materialidade da hipótese de incidência definida na Constituição Federal como forma de repartição de competência tributária.

Como Sistema, podemos entender o conjunto de porções que se vinculam sobre a referência de um princípio unitário ou como a composição de partes orientadas por um vetor comum. Todo conjunto de elementos relacionados entre si e aglutinados perante uma referência determinada é considerado sistema.

Ressalte-se que o texto constitucional serviu-se da técnica de referir-se ao critério material da regra-matriz de incidência tributária – o objeto/fato tributável – para o fim de proceder à repartição de competência tributária impositiva.

A Constituição toma o espectro total das possibilidades de criação de tributos e o reparte em três compartimentos inconfundíveis, segundo critérios material e territorial, outorgando-os à União, Estados, Distrito Federal e Municípios.

Assim, todos os aspectos e princípios obrigatórios para instituição e exigência da COFINS e PIS estão na Constituição Federal.

Com efeito, urge alvitrar que a contribuição ao PIS foi instituída anteriormente a promulgação da Constituição Federal de 1988, através da Lei Complementar n. 7/1970.

Posteriormente, a Lei n. 9.718/1998 uniformizou as regras aplicáveis à contribuição ao PIS e COFINS, mas especificamente quanto as base de cálculo e as alíquotas, fixadas em 3% (três por cento) a da COFINS e 0,65% (zero vírgula sessenta e cinco por cento) a do PIS.

As duas contribuições vêm sempre recebendo profundas alterações, por incidir sobre o faturamento, o total das receitas auferidas pelas pessoas jurídicas, sendo assim um tributo de grande importância para os interesses da União, em razão de que a sociedade empresarial em atividade e operando, sempre terá que recolher independente do aferimento de lucro ou obtenção de prejuízos. Destarte, são tributos que incidem em todos os setores da economia e em todas as fases da cadeia produtiva, considerados tributos oneradores da atividade empresarial e incidentes sobre cascata.

Sob o falso manto da diminuição da carga tributária e da desoneração da cadeia produtiva, em 2.002 foi editada a Lei n. 10.637 que instituiu o regime da não cumulatividade para a contribuição ao PIS, nos termos do seu art. 3º. Ei-lo:

"Art. 3º. Do valor apurado na forma do art. 2º a pessoa jurídica poderá descontar créditos calculados em relação a:

"I – bens adquiridos para revenda, exceto em relação às mercadorias e aos produtos referidos: *(Redação dada pela Lei n. 10.865, de 2004)*

"a) nos incisos III e IV do § 3º do art. 1º desta Lei;

"b) no § 1º do art. 2º desta Lei;

"II – bens e serviços, utilizados como insumo na prestação de serviços e na produção ou fabricação de bens ou produtos destinados à venda, inclusive combustíveis e lubrificantes, exceto em relação ao pagamento de que trata o art. 2º da Lei no 10.485, de 3 de julho de 2002, devido pelo fabricante ou importador, ao concessionário, pela intermediação ou entrega dos veículos classificados nas posições 87.03 e 87.04 da TIPI; *(Redação dada pela Lei n. 10.865, de 2004)*

"III – (*vetado*);

"IV – aluguéis de prédios, máquinas e equipamentos, pagos a pessoa jurídica, utilizados nas atividades da empresa;

"V – valor das contraprestações de operações de arrendamento mercantil de pessoa jurídica, exceto de optante pelo Sistema Integrado de Pagamento de Impostos e Contribuições das Microempresas e das Empresas de Pequeno Porte – SIMPLES; *(Redação dada pela Lei n. 10.865, de 2004)*

"VI – máquinas, equipamentos e outros bens incorporados ao ativo imobilizado, adquiridos ou fabricados para locação a terceiros ou para utilização na produção de bens destinados à venda ou na prestação de serviços. *(Redação dada pela Lei n. 11.196, de 21.11.2005)*

"VII – edificações e benfeitorias em imóveis de terceiros, quando o custo, inclusive de mão-de-obra, tenha sido suportado pela locatária;

"VIII – bens recebidos em devolução, cuja receita de venda tenha integrado faturamento do mês ou de mês anterior, e tributada conforme o disposto nesta Lei.

"IX – energia elétrica e energia térmica, inclusive sob a forma de vapor, consumidas nos estabelecimentos da pessoa jurídica.

"§ 1º. O crédito será determinado mediante a aplicação da alíquota prevista no *caput* do art. 2º desta Lei sobre o valor:

"I – dos itens mencionados nos incisos I e II do *caput*, adquiridos no mês;

"II – dos itens mencionados nos incisos IV, V e IX do *caput*, incorridos no mês;

"III – dos encargos de depreciação e amortização dos bens mencionados nos incisos VI e VII do *caput*, incorridos no mês;

"IV – dos bens mencionados no inciso VIII do *caput*, devolvidos no mês."

A lei alterou a alíquota do PIS para 1,65% (um vírgula sessenta e cinco por cento) e estabeleceu que para o levantamento da base de cálculo da contribuição poderiam ser deduzidos os pagamentos feitos na aquisição de insumos necessários para a produção, comercialização e prestação de serviços, mediante a aplicação da alíquota.

Posteriormente, foi editada a Lei n. 10.833/2003, que também estabeleceu o regime da não cumulatividade para a COFINS e alterou a alíquota para 7,6% (sete vírgula seis por cento), nos termos do seu art. 3º, II, alterada pela Lei n. 10.865/2004, *in verbis*:

"Art. 3º. Do valor apurado na forma do art. 2º a pessoa jurídica poderá descontar créditos calculados em relação a:

"I – bens adquiridos para revenda, exceto em relação às mercadorias e aos produtos referidos:

"a) no inciso III do § 3º do art. 1º; e

"b) no § 1º do art. 2º desta Lei;

"II – bens e serviços, utilizados como insumo na prestação de serviços e na produção ou fabricação de bens ou produtos destinados à venda, inclusive combustíveis e lubrificantes, exceto em relação ao pagamento de que trata o art. 2º da Lei n. 10.485, de 3 de julho de 2002, devido pelo fabricante ou importador, ao concessionário, pela intermediação ou entrega dos veículos classificados nas posições 87.03 e 87.04 da TIPI;"

As duas legislações supracitadas foram ainda sofreram alterações pelas Leis ns. 10.865/2004, 10.925/2004, 11.051/2004, 11.196/2005, 11.307/2008, 11.727/2008, 11.898/2009 e 11.945/2009, para atender determinados interesses de setores da economia e delegar competências para o Poder Executivo, vedadas pela Constituição Federal.

Atualmente, a contribuição ao PIS e a COFINS têm a mesma hipótese de incidência, base de cálculo e estão sujeitas ao mesmo regime da não cumulatividade, distinguindo-se apenas nas alíquotas que são de 1,65% (um vírgula sessenta e cinco por cento) e 7,6% (sete vírgula seis por cento) respectivamente.

3. *A não cumulatividade prevista na Constituição*

Primeiramente importante tecer alguns comentários sobre o princípio da não cumulatividade previstos na Constituição Federal.

A Carta Magna previu a não cumulatividade nos arts. 154, inc. I, 153, § 3º, 155, § 2º, todos com o objetivo de desonerar a cadeia produtiva para que os tributos não incidam sobre cascatas.

O princípio da não cumulatividade tem forte valor axiológico advindo de interesses econômicos para não elevar o custo da cadeia produtiva e das mercadorias, como também assevera Paulo Celso Bergstrom Bonilha que "assegura, portanto, a diretriz da não cumulatividade fins precipuamente econômicos, traduzindo-se em normas que constituem diretrizes da política fiscal".[4]

Paulo de Barros Carvalho estabelece que apesar de seu forte valor axiológico advindo da justiça tributária ou fiscal, da capacidade contributiva e da uniformidade da distribuição da carga tributária, o princípio da não cumulatividade é um limite objetivo que via diminuir o impacto da

4. *IPI e ICM – Fundamentos da Técnica Não Cumulativa*, 1979, p. 140.

percussão tributária e o efeito da incidência em cascata:

"O princípio da não cumulatividade dista de ser um valor. É um 'limite objetivo', mas que se volta, mediante, à realização de certos valores, como o da justiça da tributação, o do respeito à capacidade contributiva do administrado, o da uniformidade na distribuição da carga tributária.

"Apresenta-se como técnica que opera sobre o conjunto das operações sobre o conjunto das operações econômicas entre os vários setores da vida social, para que o impacto da percussão tributária não provoque certas distorções já conhecidas pela experiência histórica, como a tributação em cascata, com efeitos danosos na apuração dos preços e crescimentos estimulado na aceleração inflacionária. E entre as possibilidades de disciplina jurídicas neutralizadoras daqueles desvios de natureza econômica, nosso constituinte adotou determinado caminho, mediante a estipulação de um verdadeiro limite objetivo."[5]

O art. 154, inciso I, da CF dispõe que "a União poderá instituir mediante lei complementar, impostos não previstos no artigo anterior, desde que sejam não cumulativos e não tenham fato gerador ou base de cálculo próprios dos discriminados nesta Constituição".

O art. 153, § 3º, inc. II, e art. 155, § 2º, determinam a aplicabilidade do princípio da não cumulatividade, respectivamente, para o Imposto sobre Produtos Industrializados – IPI e para o Imposto sobre operações relativas à circulação de mercadoria e sobre prestações de serviços de transporte interestadual e intermunicipal e de comunicação – ICMS, *in verbis*:

"Art. 153. Compete à União instituir impostos sobre:

"(...);

IV – produtos industrializados;

"(...).

"§ 3º. O imposto previsto no inciso IV:

"(...);

"II – será não cumulativo, compensando-se o que for devido em cada operação com o montante cobrado nas anteriores;"

"Art. 155. Compete aos Estados ao Distrito Federal instituir impostos sobre:

"(...);

"II – operações relativas à circulação de mercadorias e sobre prestações de serviços de transporte interestadual e intermunicipal e de comunicação, ainda que as operações e as prestações se iniciem no exterior;

"(...).

"§ 2º. O imposto previsto no inciso II atenderá ao seguinte:

"I – será não cumulativo compensando-se o que for devido em cada operação relativa à circulação de mercadorias ou prestação de serviços o montante cobrado nas anteriores pelo mesmo ou outro Estado ou pelo Distrito Federal;"

Percebe se que o princípio da não cumulatividade previsto para IPI e para ICMS objetiva o encontro de contas entre a diferença do imposto devido na saída de mercadorias ou produtos industrializados e o pago na entrada de produtos no estabelecimento.

Ou seja, tem como corolário abater no momento da apuração do imposto devido, o montante pago a título de imposto na aquisição ou entrada de bens, do quanto é incidente na saída de bens produzidos ou comercializados pelo contribuinte.

Para definir a não cumulatividade do IPI e do ICMS existe a metodologia do crédito financeiro e do crédito físico, sendo que pela primeira se considera que todo e qualquer bem adquirido pela sociedade empresarial que tenha sido tributado pelo imposto dá direito ao crédito correspondente. Pela outra, somente se confere direito ao crédito do imposto a entrada de bens desti-

5. "Isenções tributárias do IPI, em face do princípio da não cumulatividade", *Revista Dialética de Direito Tributário* 33/156.

nados a integrar fisicamente produto industrializado e comercializado.

Geraldo Ataliba e Cléber Giardino estão entre os maiores defensores da Teoria do Crédito Financeiro e ensinam que "as disposições constitucionais dos chamados 'créditos de IPI e ICM têm eficácia plena e aplicabilidade imediata, na classificação consagrada por José Afonso da Silva', eficácia normativa plena significa aptidão incondicional para produzir imediatos efeitos jurídicos, quando cabível a incidência do preceito. De nenhuma lei depende a eficácia do sistema de abatimentos".[6]

E concluem os nobres doutrinadores:

"a) o direito de crédito, tanto de IPI, é constitucional;

"b) como tal, não emerge da lei, nem dela depende;

"c) por isso mesmo, o legislador não pode condicionar o seu exercício;

"d) esse direito surge com a realização de operação tributável em benefício do adquirente;

"e) este (adquirente) passa a deter o título jurídico (crédito) que poderá ser usado para abatimento de imposto a pagar (forma de pagamento – total ou parcial – de débito de ICM ou IPI);

"f) o crédito e o débito são entidades distintas e inconfundíveis, emergentes de fatos diversos, submetidos a regimes autônomos."[7]

A Teoria do Crédito Físico advêm de uma interpretação restritiva do princípio da não cumulatividade e da disposição constitucional prevista no o art. 155, § 2º, inc. XII, alínea *c*, da CF.

Quando o inc. I do § 2º do art. 155 da CF estabelece que "compensando o que for devido em cada operação relativa à circulação de mercadorias ou prestações de serviços com o montante cobrado", seria na verdade que a compensação dá-se entre o imposto devido na saída da mercadoria, com o imposto anteriormente cobrado requerente àquela mercadoria ou seus insumos. Estando o direito ao crédito do ICMS vinculado ao destino ou fim dado a mercadoria ou serviço prestado.[8]

O Egrégio Supremo Tribunal Federal entende que o princípio da não cumulatividade visou evitar a bitributação na cadeia produtiva, por isso impera o sistema do crédito físico, conforme se pode observar no julgamento do RE 195.894-RS, Rel. Ministro Marco Aurélio, *in verbis*:

"*Imposto de circulação de mercadorias e serviços – Princípio da não cumulatividade – Objeto*. O princípio da não cumulatividade visa a afastar o recolhimento duplo do tributo, alcançando hipótese de aquisição de matéria-prima e outros elementos relativos ao fenômeno produtivo. A evocação é imprópria em se tratando de obtenção de peças de máquinas, aparelhos, equipamentos industriais e material para a manutenção" (2ª T., Rel. Ministro Marco Aurélio, RE 195.894-RS, j. 14.11.2000, *DJ* 16.2.2001, p. 140).

Desta feita, a sistemática da não cumulatividade do IPI e do ICMS é uma mistura do primado da tributação sobre o valor agregado, referentes ao aproveitamento dos créditos relativos à mesma mercadoria que for objeto de posterior operação de industrialização e/ou mercantil. Sendo "imposto sobre imposto", das aquisições de mercadorias e serviços que estejam diretamente ligados com o bem produzido ou para saída ou comercializado na operação subsequente.

Portanto, no regime da não cumulatividade aplicado no IPI e no ICMS adota-se o primado da tributação sobre o valor agregado, a sistemática do "imposto sobre imposto".

6. "ICM e IPI. Direito de crédito, produção e mercadorias isentas ou sujeitas à alíquota zero", *Revista de Direito Tributário* 46/79.

7. Idem, p. 80.

8. André Felix Ricotta de Oliveira, *A Regra-Matriz do Direito ao Crédito de ICMS*, 2010.

Outro regime da não cumulatividade é o da "base sobre base", que é utilizado nos casos dos tributos que não têm conexão com operação com produtos ou mercadorias e sim a atividade empresarial toda, que objetiva evitar o acúmulo de tributos sobre o total ou parte das operações das sociedades empresariais.

Percebemos que, em verdade, a fórmula de aplicação da não cumulatividade do IPI e do ICMS deve ser efetuada de forma diversa da que recai sobre o PIS/COFINS. Trata-se de tributos diferentes que, por assim ser, reclamam tratamento diferenciado.

Por outro giro, o que buscamos demonstrar é que o legislador, em última análise, pegou um modelo já feito e aplicou na modalidade de cumulação em voga.

Lembremos, porém, que a não cumulatividade de um tributo tem o fito de evitar a tributação que, em linguagem desapegada à técnica, se denomina "cascata". Noutro dizer, deverá ocorrer, apenas, uma incidência do tributo em cada operação.

Posto isto, passemos a tratar da não cumulatividade do PIS e da COFINS em tópico específico.

4. Da não cumulatividade instituída para o PIS e a COFINS e as normas constitucionais

A previsão da não cumulatividade do PIS teve como origem o disposto na Medida Provisória n. 66, de 29.8.2002, posteriormente convertida na Lei n. 10.637/2002, conforme já explanado.

Por sua vez, o regime da não cumulatividade da COFINS foi instituído pela Medida Provisória n. 135/2003, convertida na Lei n. 10.833/2003, conforme dispõe seu art. 3º, inc. II, que, embora já gravado no presente instrumento, pedimos a devida vênia para trazê-lo à baila novamente: "II – bens e serviços, utilizados como insumo na prestação de serviços e na produção ou fabricação de bens ou produtos destinados à venda, inclusive combustíveis e lubrificantes, exceto em relação ao pagamento de que trata o art. 2º da Lei n. 10.485, de 3 de julho de 2002, devido pelo fabricante ou importador, ao concessionário, pela intermediação ou entrega dos veículos classificados nas posições 87.03 e 87.04 da TIPI".

Percebe-se que a redação de ambas as normas que tratam da não cumulatividade do PIS e da COFINS são muito semelhantes e tem como característica estabelecerem as despesas realizadas pelo contribuinte que podem ser deduzidas da base de cálculo das contribuições em epígrafe.

A Lei n. 10.833/2003 além de estender a não cumulatividade para a COFINS também majorou as alíquotas das exações em tela de 3% (três por cento) para 7,6% (sete vírgula seis por cento) e de 0,65% (zero vírgula sessenta e cinco por cento) para 1,65% (um vírgula sessenta e cinco por cento) para o PIS, ressalta-se, estabelecendo o direito do contribuinte de deduzir créditos relativos aos bens e serviços adquiridos das bases de cálculos das contribuições.

O regime da não cumulatividade do PIS e da COFINS foi estabelecido apenas para as empresas no lucro real e tentou seguir a regra aplicada ao IPI e ao ICMS, do crédito físico, consoante estabelecido no art. 3º supracitado, que somente permite o aproveitamento dos créditos advindos da aquisição "bens e serviços, utilizados como insumo na prestação de serviços e na produção ou fabricação de bens ou produtos destinados à venda, inclusive combustíveis e lubrificantes".

No entanto, conforme já salientado o PIS e a COFINS tem como hipótese de incidência e base de cálculo o faturamento, sendo este um fenômeno individual de cada contribuinte, não havendo uma relação com a cadeia produtiva ou ciclo econômico como ocorre nos casos do IPI e do ICMS, considerados também impostos multifásicos.

A Constituição Federal elegeu o princípio da tipologia tributária que é traçado pelo binômio hipótese de incidência e base de cálculo que delimitam o alcance e a espécie tributária, nos termos do art. 154, I, determinando que "a União poderá instituir impostos desde que seja não cumulativos e não tenham fato gerador ou base de cálculo dos próprios discriminados nesta Constituição" e no art. 154, § 2º, dispondo que "as taxas não poderão ter base de cálculo própria de imposto".

O festejado Prof. Paulo Barros Carvalho ensina que "o tipo tributário é definido pela integração lógico-semântica de dois fatores: hipótese de incidência e base de cálculo. Ao binômio, o legislador constitucional outorgou a propriedade de diferençar as espécies tributária entre si, sendo também operativo dentro das próprias subespécies".[9]

Desse modo, como as contribuições ao PIS e COFINS que tem no binômio hipótese de incidência e base de cálculo o faturamento, o regime da não cumulatividade de destas exações tem que estar atrelado e em consonância com as necessidades, gastos e investimentos que o contribuinte faz para auferir e atingir sua receita bruta.

Neste ponto surge a diferença entre a não cumulatividade das contribuições incidentes sobre o faturamento e a dos impostos incidentes sobre a cadeia produtiva e circulação de mercadoria, tendo em vista que o regime das primeiras tem que ser "base sobre base" e a dos últimos "imposto sobre imposto".

Com a finalidade de dar ar de constitucionalidade ao regime criado, foi promulgada, em 19.12.2003, a Emenda Constitucional n. 42, que acrescentou no art. 195 da Constituição Federal o § 12, cujo condão foi conferir ao poder legislativo a competência para definir os setores da atividade econômica a COFINS será não cumulativa, *in verbis*:

"Art. 195. (...).

"(...).

"§ 12. A lei definirá os setores de atividade econômica para os quais as contribuições incidentes na forma dos incisos I, *b*; e IV do *caput* serão não cumulativas."

Tal norma constitucional não é permissiva para que institua o regime da não cumulatividade do PIS e da COFINS na forma de valor agregado ou de "imposto sobre imposto", devendo sempre estar atrelado ao faturamento.

Neste sentido leciona Marco Aurélio Grego que "o referencial das regras legais que disciplinam a não cumulatividade de PIS/COFINS são eventos que dizem respeito ao processo formativo que culmina com a receita e não eventos que digam respeito ao processo formativo de determinado produto".[10]

Ora, o empresário, o administrador ou o gerente somente contratam serviços e fazem despesas com objetivo de atingir melhor resultado e aumentar o faturamento da sociedade empresarial, com efeito, devem ser estas deduzidas da base de cálculo do PIS e da COFINS todas as despesas necessárias para otimizar o resultado, manter a atividade empresarial e melhorar o empreendimento.

Portanto, a não cumulatividade do PIS e da COFINS deve seguir o princípio da tipologia tributária destas contribuições que incidem sobre o faturamento, devendo assim ser aplicada na forma de dedução "base sobre base". Desta feita, deve ser obtida a base de cálculo das exações através da dedução de todas as despesas necessárias para o alcance do resultado econômico e faturamento do contribuinte.

Ademais, vedar o creditamento de todas as despesas necessárias para a produção faturamento e alcance do resultado final da atividade empresarial desrespeita a não cumulatividade constitucional do PIS

9. Paulo de Barros Carvalho, *Curso de Direito Tributário*, 18ª ed., p. 171.

10. Marco Aurélio Grego, *A Não Cumulatividade no PIS e na COFINS* (prelo).

e da COFINS e o próprio conceito de faturamento.

5. *Dos requisitos legais da não cumulatividade do PIS e da COFINS*

Primeiramente importante salientar que nem todas as pessoas jurídicas estão sujeitas ao regime da não cumulatividade, as que apuram o imposto de renda com base no lucro presumido, às microempresas e empresas de pequeno porte optantes pelo simples nacional, as imunes aos tributos federais nos termos do art. 150, inc. VI, alíneas *b* e *c*, da CF, instituições financeiras, empresas de seguro privado e capitalização, entidades de previdência privada, empresas de securitização de crédito, operadoras de plano de saúde, empresas de vigilância e transportes de valore e sociedades cooperativas exceto as de consumo e agropecuárias.

Também existem as hipóteses das receitas que não estão sujeitas ao regime da não cumulatividade, embora auferidas por pessoas jurídicas tributadas pelo lucro real, como as sujeitas ao regime de substituição tributária, de construção por empreitada entre outras.

Os regimes da não cumulatividade do PIS e da COFINS disciplinados, respectivamente, pelas Leis ns. 10.637/2002, 10.833/2003 e alterações dadas pelas leis posteriores, estabelecem que da base de cálculo das contribuições, taxam uma série de despesas que podem ser descontadas da base de cálculo das exações e dispõem que se pode descontar créditos advindos de bens e serviços, utilizados como insumos na prestação de serviços e na produção ou fabricação de bens ou produtos destinados à venda.

As legislações que disciplinam a não cumulatividade do PIS e da COFINS, listam ainda algumas situações e operações que geram créditos para abater da base de cálculo das contribuições e que não geram o direito a crédito, como, por exemplo, desta última o valor da mão-de-obra pago a pessoa física.

O art. 17 da Lei n. 11.033/2004 estabeleceu ainda que as saídas efetuadas com suspensão, isenção, alíquota 0 (zero) ou não incidência do PIS e da COFINS não impedem a manutenção pelo contribuinte, dos créditos vinculados a estas operações.

Quanto ao direito de abater do PIS e da COFINS os créditos advindos das compras de insumos a Secretaria da Receita Federal do Brasil editou a Instrução Normativa n. 404/2004 que define insumo como:

"I – utilizados na fabricação ou produção de bens destinados à venda:

"a) a matéria-prima, o produto intermediário, o material de embalagem e quaisquer outros bens que sofram alterações, tais como o desgaste, o dano ou a perda de propriedades físicas ou químicas, em função da ação diretamente exercida sobre o produto em fabricação, desde que não estejam incluídas no ativo imobilizado;

"b) os serviços prestados por pessoa jurídica domiciliada no País, aplicados ou consumidos na produção ou fabricação do produto;

"II – utilizados na prestação de serviços:

"a) os bens aplicados ou consumidos na prestação de serviços, desde que não estejam incluídos no ativo imobilizado; e

"b) os serviços prestados por pessoa jurídica domiciliada no País, aplicados ou consumidos na prestação do serviço."

Dentro deste contexto legal ter-se-ia uma ideia restritiva ao aproveitamento de créditos na sistemática da não cumulatividade do PIS e da COFINS das empresas comerciais, que estariam impossibilitadas de aproveitar gastos como a divulgação de produtos, serviços, *marketing*, administração de cartão de crédito para dedução da base de cálculo do PIS e da COFINS, bem como estes conceitos foram retirados da legislação do IPI e do ICMS.

Porém, este entendimento seria uma interpretação restritiva e literal do art. 3º das leis que disciplinam a não cumulatividade do PIS e da COFINS o que não se assevera como a forma mais correta e justa para a formação do juízo da norma. Se assim fosse o intérprete e o aplicador do Direito apenas deveria dominar conceitos gramaticais, ou seja, ser um estudioso da língua portuguesa.

É sabido que a forma de interpretação mais correta do alcance das normas é a sistemática, não podendo a norma jurídica ser analisada separadamente deixando de lado todo o contexto e o ordenamento jurídico.

Para interpretar os discursos prescritivos presentes no ordenamento jurídico é preciso analisar os planos da sintática, semântica e da pragmática.

No plano sintático está presente a relação entre as normas, tanto de forma vertical como horizontal, como por exemplo, a relação entre a Constituição e uma lei ordinária ou o vínculo entre uma norma que prescreve o dever e outra que prevê a sanção.

Já o plano da semântica as normas guardam correlação aos fatos e comportamento tipificados e, por sua vez, no plano pragmático encontram-se as maneiras que os sujeitos utilizam as linguagens jurídicas na comunidade.

Paulo de Barros Carvalho tem a concepção da norma como "hilética", que toma as unidades normativas de modo semelhante às proposições, conforme os significados linguísticos de seus prescritivos. Só observação do conteúdo semântico das relações jurídicas pode-se formar e estabelecer o objeto.

De outro lado, existem os métodos de interpretação das normas jurídica, a interpretação literal, o método lógico, o histórico, o teleológico e o sistemático.

Os métodos de interpretação se dividem nos três planos da investigação linguística. Estando a método literal e o lógico no plano sintático; os métodos históricos e o teleológico utilizam-se tanto da semântica como da pragmática, enquanto o método sistemático, o qual parte da visão geral do direito e privilegia compreender a lei como algo relativo a toda ordem jurídica, envolve os três planos, esgota toda a linguagem do direito, e, por isso, é considerado o método de interpretação por excelência.

Pelo que já foi exposto, o regime da não cumulatividade do PIS e da COFINS tem de admitir o aproveitamento de todas as despesas referentes à realização da atividade econômica, a partir de uma visão bem mais ampla do conceito de insumo previsto nas leis em comento, para não desrespeitar as determinações constitucionais.

Desse modo, somente uma interpretação sistemática e extensiva da expressão insumo como geradora do direito de abater da base de cálculo das contribuições em tela, para que seja compatível com o regime da não cumulatividade prevista constitucionalmente para o PIS e a COFINS incidentes sobre o faturamento.

Ou seja, não é juridicamente possível e constitucionalmente admitido qualquer interpretação restritiva do conceito insumo que restrinja a não cumulatividade na modalidade "base sobre base" e que implique cumulatividade às contribuições ao PIS e a COFINS.

Ademais, o conceito de insumo não pode ser atrelado à ideia de matéria-prima, produtos intermediários, materiais de embalagem e demais bens aplicados ou consumidos na produção de bens e prestação de serviço.

Se fosse assim, as pessoas jurídicas do setor comercial não teriam como utilizar-se do direito ao crédito no regime da não cumulatividade e, consequentemente, com o advento das Leis ns. 10.637/2002 e 10.833/2003, as empresas deste setor tiveram uma majoração do PIS e da COFINS com os aumentos das alíquotas respectivamente de 0,65% para 1,65% e de 3% para 7,6% indevidamente.

Caso isto ocorresse as sociedades empresariais do setor comercial estariam recolhendo mais PIS e COFINS que as empresas dos demais setores da economia, desrespeitando o princípio da isonomia, o que é vedado pelo art. 150, inc. II, da Constituição Federal e de, que dispõe que:

"Art. 150. Sem prejuízo de outras garantias asseguradas ao contribuinte, é vedado à União, aos Estados, ao Distrito Federal e aos Municípios:

"(...);

"II – instituir tratamento desigual entre contribuintes que se encontrem em situação equivalente, proibida qualquer distinção em razão de ocupação profissional ou função por ele exercida, independentemente da denominação jurídica dos rendimentos, títulos ou direitos."

A única forma de exigir tributo de forma diferenciada das empresas comerciais seria em consonância com o princípio da capacidade contributiva previsto no art. 145, § 1º, da CF, *in verbis*:

"Art. 145. (...).

"§ 1º. Sempre que possível, os impostos terão caráter pessoal e serão graduados segundo a capacidade contributiva, facultado a administração tributária, especialmente para conferir efetividade a esses objetivos, identificar, respeitados os direitos individuais e nos termos da lei, o patrimônio, os rendimentos e as atividades econômicas do contribuinte."

O que resta evidente não é o caso, as mesmas simplesmente serão prejudicadas caso se faça uma interpretação errada em dissonância com todos os ditames constitucionais já expostos.

Assim, não podem alterar os conceitos de insumo para prejudicar os direitos e garantias do contribuinte que para a economia é considerado o trabalho, matérias e bens de capitais.

Para as empresas de atividade comercial devem ser considerados insumos todos os custos e despesas que contribuam para geração de receita, e o art. 187, § 1º, da Lei das S/A considera custos e despesas são os encargos relacionados para gerar as receitas e rendimentos gerados pela sociedade, *in verbis*:

"Art. 187. (...).

"§ 1º. Na determinação do resultado do exercício serão computados:

"a) as receitas e os rendimentos ganhos no período, independentemente da sua realização em moeda; e

"b) os custos, despesas, encargos e perdas, pagos ou incorridos, correspondente a essas receitas e rendimentos."

Ademais, havemos, por apego a exatidão dos termos, de nos ater a amplitude significativa do vocábulo insumo. Este, o insumo (em inglês: *input*), é um termo técnico, usado nas ciências econômicas para referir-se a bens de consumo utilizados na produção de um outro bem. O indigitado termo, por seu turno, é substituído, imprecisamente, pelo termo matéria-prima. Notemos que a nomenclatura insumo se mostra controvertida até mesmo nas ciências econômicas.

Há quem considere insumo todas as despesas e investimentos que contribuem para um resultado, ou para a obtenção de uma mercadoria ou produto, até o consumo final.

Nesta seara, percebemos que, num breve e apertado resumo, insumo é tudo aquilo que entra (*input*), em contraposição ao produto (*output*), que é o que sai.

Numa acepção mais ampla, insumo é a combinação de fatores de produção, diretos (matérias-primas) e indiretos (mão-de-obra, energia, tributos), que adentram na elaboração de certa quantidade de bens ou serviços

Neste átimo, pedimos permissão para trazer à lume as prédicas palavras de Pedro Guilherme Accorsi Lunardelli[11] que, como veremos, confirma nossa ideia supra desenvolvida. Ouçamo-lo:

11. Pedro Guilherme Accorsi Lunardelli, "Não cumulatividade da contribuição ao PIS", in *Revista Dialética de Direito Tributário* 95/123.

"(...) não devemos pensar que *insumo* utilizado na *fabricação* de *produto*, como se refere o inciso II, do art. 3º da Lei n. 10.637/2002, enseja a necessária conclusão da existência de um efetivo processo industrial, eliminando, assim, a probabilidade de pessoas jurídicas prestadoras de serviços apropriar crédito da contribuição ao PIS, como sustentado pelo ADI SRF n. 2, de 2003.

"A duas, porque a palavra *produto* também não restringe à significação de um objeto físico, mas sim à de *resultado de qualquer atividade humana*, comportando, portanto, quer o resultado tangível, quer o *intagível* que, neste ponto, identifica-se com a noção de *serviço*" (grifos postos).

Quer nos parecer, então, superada a questão no que pertine aos prestadores de serviços.

Sendo assim, deve ser garantido a todos os contribuintes sujeitos ao regime da não cumulatividade o direito ao crédito do PIS e COFINS referentes aos gastos incorridos com a aquisição de bens, serviços e direitos necessários para o desenvolvimento e alcance do resultado da atividade empresarial.

6. Conclusões

Após essa análise da Constituição Federal e legislação pertinente referente ao PIS e a COFINS, passamos as conclusões alcançadas.

1ª. Como dito, nossa Constituição Federal, prestigia a não cumulatividade, especificamente esculpida nos arts. 154, inciso I, 153, § 3º e 155, § 2º, com o fim precípuo de desonerar a cadeia produtiva de sorte que, assim sendo, os tributos não incidam sobre cascatas.

Alertamos, também, que há de se atentar ao princípio da não cumulatividade especialmente previsto para IPI e para ICMS que, em última análise, busca encontrar contas entre a diferença do imposto devido na saída de mercadorias ou, de igual sorte, produtos industrializados e o pago na entrada de produtos no estabelecimento.

Esta modalidade de tributação locupleta-se da metodologia do crédito financeiro e do crédito físico. Na primeira modalidade, se considera que todo e qualquer bem adquirido pela sociedade empresarial que tenha sido tributado pelo imposto gera direito ao crédito que o corresponde. À segunda, em contranota, somente é conferido direito ao crédito do imposto a entrada de bens destinados a integrar fisicamente produto industrializado e comercializado.

Trata-se da sistemática do "imposto sobre imposto", como, de igual sorte, já noticiamos.

Trouxemos à baila o regime da não cumulatividade da "base sobre base". Este é utilizado nos casos dos tributos que não têm conexão com operação com produtos ou mercadorias, mas sim a atividade empresarial toda, que procura evitar que se acumulem tributos sobre o total ou parte das operações das sociedades empresariais.

Urge alvitrar, por se fazer mister, que a fórmula de aplicação da não cumulatividade do IPI e do ICMS há, necessariamente, de ser efetuada de forma diversa da utilizada para o PIS/COFINS. São tributos diversos que, naturalmente, exigem tratamento diverso.

Cremos serem estes os supedâneos para que se explique, a contento, os motivos pelos quais não há de se falar em cumulatividade do PIS e da COFINS.

2ª. Percebemos que para entender sobre as despesas necessárias pra atingir o resultado na atividade empresarial, bem como para definir insumo, é importante lembrar da amplitude semântica que envolve as palavras; os vocábulos.

Numa breve síntese, semântica, derivado de sema; sinal refere-se ao estudo do significado, em todos os sentidos do termo. Desta sorte, dependendo da concepção de significado que se tenha, têm-se diferentes semânticas. A semântica formal, a semântica da enunciação ou argumentativa e a semântica cognitiva, por exemplo, estudam o mesmo fenômeno, mas com conceitos e enfoques diferentes.

E, relembrando os ensinamentos de Pedro Guilherme Accorsi Lunardelli, que, aliás, também utiliza-se da semântica para explicitar seu posicionamento acerca do tema, insumo não é somente produtos tangíveis utilizados na fabricação de produtos, como se, numa análise apressada, sugere o inciso II do art. 3º da Lei n. 10.637/2002.

Havemos de lembrar que produto não se atém à significação de um objeto físico, como ressalta o autor, mas sim à de "*resultado de qualquer atividade humana*" (grifos postos).

Daí, então, concluímos que todos gastos incorridos com a aquisição de bens, serviços e direitos necessários para o desenvolvimento e alcance do resultado da atividade empresarial, podem, deveras, ser deduzidos da base de cálculo do PIS e da COFINS.

7. *Bibliografia*

BOBBIO, Norberto (2003). *Teoria da Norma Jurídica*. 2ª ed. Bauru, Edipro.

CARRAZZA, Roque Antonio (2001). *Curso de Direito Constitucional Tributário*. 19ª ed. São Paulo, Malheiros Editores.

CARVALHO, Paulo de Barros (2006). *Direito Tributário: Fundamentos Jurídicos da Incidência*. São Paulo, Saraiva.

_____ (2007). *Curso de Direito Tributário*. São Paulo, Saraiva.

_____ (2008). *Direito Tributário, Linguagem e Método*. São Paulo, Noeses.

FERRAZ Jr., Tércio Sampaio (2002). *Introdução ao Estudo do Direito: Técnica, Decisão e Dominação*. 3ª ed. São Paulo, Atlas.

GREGO, Marco Aurélio (prelo). *A Não Cumulatividade no PIS e na COFINS*.

HART, Hebert L. A. (1994). *O Conceito de Direito*, 3ª ed. Lisboa, Fundação Calouse Gulbekian.

KELSEN, Hans (1999). *Teoria Pura do Direito*. São Paulo, Martins Fontes.

LUHMANN, Niklas (2005). *El Derecho de la Sociedad*. 2ª ed., México, Herder/Universidad Iberoamericana.

_____. "Direito como generalização congruente", in *Sociologia do Direito*.

LUNARDELLI, Pedro Guilherme Accorsi. "Não cumulatividade da contribuição ao PIS", *Revista Dialética de Direito Tributário* 95. Editora Dialética.

MOREIRA, André Mendes (2010). *A Não Cumulatividade dos Tributos*. Noeses.

MÜLLER, Friedrich (2000). *Métodos de Trabalho do Direito Constitucional*. 2ª ed. São Paulo, Max Limonad.

NEVES, Marcelo (1988). *Teoria da Inconstitucionalidade das Leis*. São Paulo, Saraiva.

OLIVEIRA, André Felix Ricotta de (2010). *A Regra-Matriz do Direito ao Crédito de ICMS*. Dissertação para obtenção do Título de Mestre em Direito Tributário na Faculdade de Direito da Pontifícia Universidade Católica de São Paulo. São Paulo.

TOMÉ, Fabiana Del Padre (2005). *A Prova no Direito Tributário*.

ESTUDOS & COMENTÁRIOS

A LEI INTERPRETATIVA À LUZ DA TEORIA COMUNICACIONAL DO DIREITO: UMA ANÁLISE DO ART. 3º DA LC N. 118/2005

RODRIGO LEAL GRIZ
Mestrando em Direito Tributário pela PUC/SP. Advogado.

1. Delimitação do problema. 2. Teoria comunicacional do direito. 3. O processo interpretativo: 3.1 Enunciado, proposição e norma; 3.2 Evento, fatos e fato jurídico; 3.3 Interpretação. 4. A lei interpretativa no direito tributário: 4.1 O art. 106, I, do CTN; 4.2 Sobre o necessário teor prescritivo das leis interpretativas; 4.3 Atribuição de sentido ao termo "lei interpretativa"; 4.4 A retroatividade das leis interpretativas benéficas. 5. Análise da Lei Complementar n. 118/2005: 5.1 Lançamento por homologação; 5.2 Extinção da obrigação tributária no lançamento por homologação; 5.3 O direito à repetição do indébito tributário; 5.4 A contagem do prazo prescricional da repetição do indébito tributário em lançamento por homologação; 5.5 A LC n. 118/2005. 6. Conclusões.

1. Delimitação do problema

O art. 3º da Lei Complementar (LC) n. 118, de 9 de fevereiro de 2005, declara, expressamente, seu teor *interpretativo*, dispondo:

"Art. 3º. Para efeito de interpretação do inciso I do art. 168 da Lei no 5.172, de 25 de outubro de 1966 – Código Tributário Nacional, a extinção do crédito tributário ocorre, no caso de tributo sujeito a lançamento por homologação, no momento do pagamento antecipado de que trata o § 1º do art. 150 da referida Lei".

Mas afinal, o que é uma lei interpretativa? O alcance deste tipo de norma, se é que realmente existe, é deveras controverso. O presente estudo tem por objeto realizar uma análise da chamada *lei interpretativa*, determinando sobre a possibilidade e forma de sua existência. Caso a resposta seja positiva, pretende-se estabelecer as consequências da introdução, pelo Poder Legislativo, de tais enunciados prescritivos no ordenamento jurídico. A Lei Complementar n. 118/2005 apresenta-se como excelente material para conferir a utilidade das premissas levantadas para uma análise pragmática da teoria.

Utilizaremo-nos, para atingir estes objetivos, das categorias da Semiótica e da Linguística que muito facilitam e esclarecem complexidades do estudo do direito, guiados sempre pela Teoria Comunicacional do Direito.

2. Teoria comunicacional do direito

A Teoria Comunicacional do Direito é uma escola que defende o estudo e a interpretação do direito como um fenômeno comunicacional. Segundo seu criador, Gregorio Robles, "Mi propuesta concreta de Teoría del Derecho se basa en contemplar este último como un *sistema de comunicación* entre los hombres cuya misión inmanente es dirigir la acción humana. Como sistema de comunicación consiste en un sistema de *signos*".[1]

Paulo de Barros Carvalho também entende ser o direito um sistema de comunicação e como tal deve ter observadas e exploradas suas unidades comunicativas. Afirma, então, que o aprofundamento do estudo do direito impõe a consideração do emitente, da mensagem, do canal e do receptor, todos integrados no processo dialético do acontecimento.[2]

Entendemos, nestes termos, que o direito positivo apenas é susceptível de manifestação em linguagem. E como extrato de linguagem emitido por um agente competente por meio de procedimento adequado, os enunciados prescritivos são recebidos e interpretados pelos membros da comunidade para que compreendam as condutas a que estão obrigados, proibidos ou permitidos. O direito, consequentemente, é um meio de comunicação.

Segundo Roman Jakobson,[3] existem seis elementos imprescindíveis para que se constitua a comunicação: (1) o remetente ou emissor, que é fonte e codificador da mensagem; (2) a mensagem, conteúdo do ato de fala do emissor; (3) o receptor ou destinatário, sujeito que recebe e decodifica a mensagem; (4) o código ou repertório, total ou parcialmente comum ao remetente e ao receptor – a língua, por exemplo; (5) o contato, formado pelo suporte físico pelo qual transita a mensagem, chamado de canal, e pela conexão psicológica que se estabelece entre emissor e receptor; e (6) o contexto, circunstância em que estão imersos os sujeitos.

É possível, se o direito é comunicação, aplicar cada um destes critérios à realidade jurídica, estudando-a conforme a proposta da Teoria Comunicacional.

Os órgãos públicos, ao produzirem enunciados prescritivos, como um decreto presidencial (Executivo), uma sentença (Judiciário) ou uma lei (Legislativo), realizam o papel de emissor. Também executa esta tarefa o particular ao firmar contratos ou realizar atos de lançamento "por homologação". É o legislador em sentido amplo que exerce esta função.

As normas jurídicas são entendidas como produto da construção interpretativa e existem no intelecto do exegeta: perfazem o papel da mensagem, ou seja, são o conteúdo da comunicação.

Os destinatários são aqueles a quem se destina o enunciado produzido. Podem ser, portanto, todos os cidadãos quando se tratar de ato do legislativo; um particular no caso de um contrato regido pelo direito privado; os funcionários públicos afetos à respectiva autoridade, quando se tratar de uma instrução normativa; o sujeito passivo no lançamento tributário *etc.*

O direito positivo se apresenta como código. Os enunciados prescritivos válidos em um determinado ordenamento são a língua ou conjunto de signos e regras gramaticais que permitem transmitir a mensagem do emissor ao receptor.

O canal do ordenamento jurídico é o meio oficial de tornar pública, de comunicar, os enunciados: o Diário Oficial para leis; a juntada da sentença aos autos públicos em um processo judicial; o registro do nome de uma criança no cartório competente. Enfim, o canal é o meio juridicamente adotado para fins de formalizar a comunicação.

A conexão psicológica é facilmente perceptível. No caso dos contratantes, será

1. Gregorio Robles, *Teoría del Derecho (Fundamentos de Teoría Comunicacional del Derecho)*, 2ª ed., Madri, Civitas, 2008, p. 152.

2. Paulo de Barros Carvalho, *Direito Tributário, Linguagem e Método*, 3ª ed., rev. amp., São Paulo, Noeses, 2009, p. 164.

3. Roman Jakobson, *Linguística e Comunicação*, 22ª ed., São Paulo, Cultrix, 2010, p. 156.

o caráter sinalagmático consciente que persegue as partes durante o firmamento do contrato. Em uma lei haverá o reconhecimento do cidadão quanto ao seu dever de cumpri-la etc. Por meio desta conecta-se o emissor ao receptor.

Por sua vez, o contexto jurídico pode ser visto de duas formas: (i) subjetivamente, a cultura em que estão mergulhados emissor e receptor, o momento histórico, social e político, isto é, aquilo que formou (e forma) os homem em determinados espaço e tempo, permitindo-o emitir juízos de valor; (ii) objetivamente, o próprio direito posto, pois não é cabível interpretar específicos enunciados prescritivos sem, contudo, olhar o plexo jurídico que envolve estes enunciados.

Por essas razões, reiteramos a necessidade de observar o direito como fenômeno comunicacional, o que nos permite adotar os avanços interpretativos da linguística e da semiótica para auxiliar no aprofundamento da hermenêutica jurídica.

3. O processo interpretativo

3.1 Enunciado, proposição e norma

Observar o direito pelos olhos da Teoria Comunicacional permite-nos evitar várias confusões, tornando possível reduzirmos a complexidade de nosso objeto de estudo mediante o uso de certos temos precisos e já triviais na Semiótica e na Linguística, como o enunciado e a proposição, mas que ainda não foram tão absorvidos pelos juristas.

Enunciado ou frase, é uma sequência de termos ordenada de acordo com as regras gramaticais de um determinado código linguístico que permite ao intérprete construir algum significado, ou seja, "consubstancia a mensagem expedida pelo sujeito emissor para ser recebida pelo destinatário, no contexto da comunicação".[4]

O enunciado jurídico, ressalte-se, sempre terá como significado a regulação de uma conduta específica: tem teor prescritivo. E este significado é a ele relacionado por uma atividade mental que denominamos de *proposição* ou significação, isto é, a ideia que o intérprete constrói ao se deparar com determinado texto linguístico. A proposição, logo, não é composta por palavras, porém é o conteúdo do enunciado,[5] o resultado da atividade interpretativa.

Lembramos também que um enunciado possibilita a construção de várias proposições. Basta termos em mente a obra de Chico Buarque de Hollanda para encontrarmos diversos exemplos. Músicas como "Apesar de você", que fala sobre um suposto amor que não deu certo, e "Meu caro amigo", que canta uma correspondência para alguém distante, adquirem novos sentidos quando são analisadas em contextos distintos. Foi deste modo, retratando o cotidiano de forma ambígua, que este cantor e compositor conseguiu driblar a censura e se tornar um símbolo de resistência ao Regime Militar.

O contrário também é admissível, pois de vários enunciados pode-se obter uma única proposição: "O presidente do Brasil eleito em 2002 e 2006" e "O metalúrgico que ascendeu à presidência do Brasil", sem dúvida, remontam a Luiz Inácio Lula da Silva.

No direito positivo, o enunciado prescritivo acrescentado ao ordenamento pelo legislador[6] tem como objeto a regulação de uma determinada conduta, cuja construção proposicional, na mente do intérprete, é chamada de norma jurídica. Separamos, neste ponto, texto escrito (enunciado prescritivo) – lei, lançamento, contrato, artigos – de norma jurídica (proposição).

4. Paulo de Barros Carvalho, *Direito Tributário: Fundamentos Jurídicos da Incidência*, 6ª ed. rev., São Paulo, Noeses, 2008, p. 22.

5. Delia Teresa Echave, María Eugenia Urquijo e Ricardo A. Guibourg, *Lógica, Proposición y Norma*, Buenos Aires, Astrea, 1995, pp. 36-37.

6. "Legislador" será adotado em sentido amplo, abrangendo tanto os atos do Poder Legislativo, quanto os atos dos Poderes Judiciário e Executivo e dos particulares, sempre que autorizados por lei.

Norma jurídica, pois, é o produto da interpretação construída pelo intérprete a partir do contato com os enunciados prescritivos do direito posto. Contudo, para atingir o mínimo do deôntico e efetivamente regular condutas, não basta proposições isoladas. Faz-se necessário interpretar vários enunciados para atingir a estrutura lógica do condicional H → C, que se lê: dada a hipótese, então deve ser o consequente. É a norma jurídica em sentido estrito.

3.2 Evento, fatos e fato jurídico

Em razão da experiência, o homem tende a utilizar o tempo e o espaço como categorias *a priori* do conhecimento.[7] A possibilidade de expressar linguisticamente que houve uma ocorrência no tempo e no espaço é enunciar um *fato*. Aquilo que o fato relata é um *evento*. Esta é uma distinção de extrema utilidade adotada tanto por Paulo de Barros Carvalho[8] quanto por Tércio Sampaio Ferraz Jr.[9] ao se referirem ao relato linguístico de uma ocorrência no tempo e no espaço como *fato*, enquanto aquilo que o fato narra é o *evento*, ou, mais precisamente, uma parte do evento escolhida pelo narrador.

Por ser um objeto da experiência, o evento não pode ser captado em todas as suas vertentes. Uma vez ocorrido, não se pode mais apreendê-lo, apenas sendo passíveis de verificação os relatos daqueles sujeitos que o presenciaram ou as marcas que remanesceram de sua ocorrência.

Ademais, Tércio Sampaio Ferraz Júnior leciona que "'Fato' não é, pois, *algo* concreto, sensível, mas um elemento linguístico capaz de organizar uma situação existencial como realidade".[10] E na organização desta realidade, deve-se voltar, sempre, para o passado: é um relato daquilo que aconteceu, excluindo-se, pois, o futuro.[11]

É assim que de um evento pode-se construir fatos jurídicos, fatos sociais, fatos econômicos, fatos políticos. O resultado dependerá dos detalhes da ocorrência escolhidos pelo observador para o relato, *v.g.*, o nascimento de uma criança será um fato social quando os pais informarem aos familiares e amigos; será um fato sociológico, ao constar em pesquisas referentes à taxa de natalidade; será um fato jurídico se registrado em cartório, porque esta é a linguagem competente prevista pelo direito. Pode-se dizer que se predica o fato mediante o foco dado ao relato linguístico de um evento.

Cinde-se, portanto, a realidade jurídica e a realidade social. A primeira é constituída pelo direito positivo, produzindo fatos jurídicos; a última, pelas relações inter-subjetivas, produzindo fatos sociais.

Relevante para a constituição do fato jurídico é a teoria das provas exatamente por permitir a constituição destes enunciados prescritivos. Fato jurídico sem prova ou não suficientemente provado é fato viciado, anulável, pois requer, *sempre*, linguagem competente, ou seja, linguagem das provas. Apenas pelas provas em direto admitidas ter-se-á por ocorrido o fato jurídico.[12]

Conclusivamente, definimos fato jurídico como o relato em linguagem competente conforme previsão do direito positivo, ou seja, deve ser produzido por autori-

7. Estas são as formas *a priori* da sensibilidade de Immanuel Kant (*Crítica da Razão Pura*, trad. Manuela Pinto dos Santos e Alexandre Fradique Morujão, Lisboa, Fundação Calouste Gulbenkian, 2001, p. 12).

8. Paulo de Barros Carvalho, *Direito Tributário: Fundamentos Jurídicos da Incidência*, 6ª ed., cit., p. 101.

9. Tércio Sampaio Ferraz Júnior, *Introdução ao Estudo do Direito: Técnica, Decisão, Dominação*, 6ª ed., rev. amp., São Paulo, Atlas, 2008, p. 244.

10. Idem, ibidem.

11. Paulo de Barros Carvalho, *Direito Tributário: Fundamentos Jurídicos da Incidência*, 6ª ed., cit., p. 103.

12. Fabiana Del Padre Tomé, *A Prova no Direito Tributário*, 2ª ed., São Paulo, Noeses, 2008, p. 35.

dade e procedimento adequados e em consonância com a teoria das provas.[13]

3.3 Interpretação

Interpretar é conhecer, é atribuir sentido a determinadas manifestações. O contato com as marcas de tinta impressas no Diário Oficial permite que o sujeito cognoscente lhas atribua certos significados, determinando certa conduta como obrigatória, proibida ou permitida. Assim, dos enunciados prescritivos o intérprete constrói a norma jurídica. Nas palavras de Eros Roberto Grau: "A interpretação, pois, é um processo intelectivo através do qual, partindo de *fórmulas linguísticas* contidas nos *textos*, *enunciados*, *preceitos*, *disposições*, alcançamos a determinação de um *conteúdo normativo*. Atividade voltada ao discernimento de enunciados semânticos veiculados por *preceitos* (*enunciados*, *disposições*, *textos*). O intérprete desvencilha a *norma* do seu invólucro (*o texto*); neste sentido, o intérprete *produz a norma*".[14]

Já vimos que a um enunciado é possível relacionar uma ou várias significações. Contudo, qual o sentido *verdadeiro* daquele enunciado? Conforme a escola do Constructivismo Lógico-Semântico desenvolvida pelo pernambucano Lourival Vilanova, qualquer que seja o objeto cognoscível, ele será sempre transcendental e o homem não pode compreendê-lo em sua plenitude.[15] A depender do horizonte cultural do intérprete, ou seja, do seu repertório que se alarga com a experiência, reconstrói-se o objeto e produzem-se novos enunciados ou novas proposições a partir dos enunciados antigos. E, consequentemente, temos outras verdades.

Inexiste, pois, uma verdade única ou absoluta: esta muda com o passar do tempo e não se mantém em lugares diversos; é extremamente dependente da cultura e sua evolução e não passa de um enunciado que tem a pretensão de relatar um evento. Em outras palavras, a verdade é relativa porque o conhecimento pleno é impossível.

Relevante neste ponto o papel do dialogismo na interpretação jurídica. Para Bakhtin, ensina José Luiz Fiorin, "cada vez que se produz um enunciado o que se está fazendo é participar de um diálogo com outros discursos". Não basta conhecer o significado individual de cada palavra ou de certas frases. É preciso ir além e interpretar o significado de tais enunciados em relação ao conjunto de enunciados que influencia e é influenciado. Dialogismo é, em suma, as relações de possíveis sentidos que se estabelecem entre dois enunciados relevantes entre si.

Ora, o direito não pode ser estudado com a cisão de enunciados prescritivos, tomando-os aparte dos demais. O direito é um plexo de normas – em pleno dialogismo – e uma sem a outra descumpre o seu fim. Não podemos ler um artigo do Código Tributário Nacional (CTN) sem levarmos em consideração os enunciados da Constituição Federal (CF), de outras leis complementares, de leis ordinárias, de decretos, de resoluções, de decisões judiciais.

É assim que um enunciado permite mais de uma proposição. Podemos dizer que esta relação dependerá sempre de dois fatores, quais sejam as experiências do intérprete – que incutem-lhe determinados valores – e o contexto dialógico em que se situa o enunciado.

Indo além: a partir de um texto do direito positivo é possível construir uma ou mais normas jurídicas. Kelsen, inclusive, afirmava que o direito forma "uma moldura dentro da qual existem várias possibilidades de aplicação, pelo que é conforme ao Direito todo ato que se mantenha dentro deste quadro ou moldura, que preencha esta

13. Paulo de Barros Carvalho, *Direito Tributário: Fundamentos Jurídicos da Incidência*, 6ª ed., cit., p. 105.

14. Eros Roberto Grau, *Ensaio e Discurso sobre a Interpretação/Aplicação do Direito*, 5ª ed., rev. amp., São Paulo, Malheiros Editores, 2009, p. 83.

15. Fabiana Del Padre Tomé, *A Prova no Direito Tributário*, 2ª ed., cit., p. 16.

moldura em qualquer sentido".[16] Como, então, se resolvem as divergências – conflitos – entre os intérpretes?

Apenas há conflito juridicamente relevante a partir de interpretações divergentes e contraditórias em um caso concreto que leve a um impasse. Nesta hipótese, uma decisão deve solucionar o conflito, independentemente de quantas normas jurídicas harmônicas com o sistema possam ser construídas a partir dos enunciados regentes de uma conduta. Esta é chamada de *norma de decisão*,[17] cujo escopo é estabelecer a norma jurídica que rege o fenômeno, determinando os respectivos direito e deveres. Dentro da moldura normativa, escolhe-se aquela que melhor deve reger o caso e esta competência foi atribuída ao Poder Judiciário.

4. A lei interpretativa no direito tributário

4.1 O art. 106, I, do CTN

O CTN, na dicção do art. 106, inciso I, prescreve que as leis retroagem, em qualquer caso, quando expressamente interpretativa, exceto se for referente à aplicação de penalidade a infrações.[18]

Sacha Calmon Navarro Coêlho salienta que a "lei interpretativa (interpretação autêntica, feita pelo órgão que a gerou com ambiguidade) *traduz e esclarece* a lei interpretada, mas da interpretação fica excluída a aplicação de penalidade às supostas infrações dos dispositivos interpretados".[19]

Usando a expressão "interpretação autêntica" não no sentido kelseniano,[20] mas como a interpretação realizada pelo próprio enunciador da lei objeto de interpretação – no caso, o próprio Legislativo –, lei interpretativa seria aquela produzida pelo intérprete autêntico e que tratasse de lei anterior para melhor lhe definir os limites e os alcances. No direito brasileiro, a princípio, isto seria permitido em função do teor do art. 106 do CTN, retroagindo a lei interpretativa às ocorrências anteriores à sua edição quando não resultar em penalidade.

Paulo de Barros Carvalho, ao ferir o tema, sustenta que as leis interpretativas são peculiares por não visar a criar novas regras de conduta para a sociedade, pois se cingem a esclarecer dúvidas levantadas pelos termos da linguagem da lei interpretada.[21] Estas leis, portanto, explicitariam a forma "correta" dos sujeitos praticarem as condutas intersubjetivas.

4.2 Sobre o necessário teor prescritivo das leis interpretativas

O direito, como conjunto de enunciados voltados à regulação de condutas humanas, permite, caso descumprido, uma coerção externa e privativa de posse (vida, liberdade, propriedade) do indivíduo que o violou por outro indivíduo por ele estabelecido.[22] Se o enunciado carecer, em seu discurso, de qualquer um destes elementos, não encontraremos o direito.

As leis jurídicas, portanto, introduzem enunciados prescritivos no ordenamento: determinam como *devem ser* as condutas.

16. Hans Kelsen, *Teoria Pura do Direito*, trad. João Baptista Machado, 7ª ed., São Paulo, Martins Fontes, 2006, p. 390.

17. Eros Roberto Grau, *Ensaio e Discurso sobre a Interpretação/Aplicação do Direito*, 5ª ed., cit., p. 103.

18. "Art. 106. A lei aplica-se a ato ou fato pretérito: I – em qualquer caso, quando seja expressamente interpretativa, excluída a aplicação de penalidade à infração dos dispositivos interpretados."

19. Sacha Calmon Navarro Coêlho, *Curso de Direito Tributário Brasileiro*, 10ª ed., rev. atual., Rio de Janeiro, Forense, 2009, p. 598.

20. Segundo Kelsen o intérprete autêntico é o juiz. "Da interpretação através de um órgão aplicador do Direito distingue-se toda e qualquer outra interpretação pelo fato de não ser autêntica, isto é, pelo fato de não criar Direito" (*Teoria Pura do Direito*, 7ª ed., cit., p. 395).

21. Paulo de Barros Carvalho, *Curso de Direito Tributário*, 21ª ed., São Paulo, Saraiva, 2009, p. 94.

22. Hans Kelsen, *Teoria Geral do Direito e do Estado*, São Paulo, Martins Fontes, 2005, p. 29.

Para tanto, devem ser enunciadas por autoridade competente mediante procedimento adequado conforme previsão do próprio direito. E é a norma fundamental pressuposta estabelecida como limite que possibilita o direito; é a hipótese-limite, a norma fundante não positiva que confere fechamento ao sistema e permite a Constituição positiva.[23]

A lei interpretativa, portanto, antes de ser interpretativa, deve ser lei, levando-se à conclusão lógica da exigência de que acrescente, efetivamente, enunciados prescritivos jurídicos no sistema. Caso contrário, não se deve reconhecer tal lei como prescritiva, pois não valeria para o passado, por ferir a segurança jurídica, e não valeria para o futuro, pois não possuiria comando normativo a inovar a ordem jurídica.[24]

Destarte, após sua entrada em vigor, o utente do direito se deparará com mais textos para determinar a forma pela qual a conduta deve ser cumprida. Utilizar-se-á, então, dos enunciados interpretados (já no sistema) em conjunto com os enunciados interpretativos (introduzidos pela lei interpretativa).

Percebemos que esta situação é muito semelhante àquela que se depara o exegeta quando a lei não é interpretativa. Esta acrescenta enunciados prescritivos no ordenamento, excluindo ou não (revogação) texto anterior. Assim, o intérprete observa o novo texto em conjunto com outros enunciados prescritivos e identifica – a partir da vigência da nova lei – quais condutas são obrigatórias, proibidas ou permitidas. Este é o dialogismo jurídico.

Cabe aqui um breve comentário relativo à definição pela a diferença específica ou *per genus et differrentia*. Determinemos inicialmente que um gênero é uma classe ampla e a espécie é uma classe desta classe maior, ou seja, uma subclasse. Assim, uma definição pode ser caracterizada pelo gênero próximo seguido da diferença específica, isto é, do termo que estabelece a espécie. Irving M. Copi explica que a "possibilidade de definir termos por gênero e diferença depende do fato de algumas propriedades serem complexas, no sentido de que são redutíveis a outras duas ou mais propriedades".[25] Exemplificativamente, existe a antiga definição de ser humano como *animal racional*, tomando-se *animal* por gênero cuja subclasse unitária é *racional*: em vista de não haver outro animal racional que não seja o homem, a especificidade resta caracterizada. Demos um passo adiante: se quisermos falar apenas das mulheres, excluindo os homens, é possível acrescentar mais uma diferença específica: animal racional fêmeo.

N'outro sentido, o termo *predicado* pode ser definido como a característica ou propriedade conferida a um indivíduo.[26] Podemos tomá-lo, analogamente, como um sinônimo para diferença específica: ao se predicar, estabelece-se uma diferença. Quanto mais se fala de algo, quanto mais palavras, maior será a diferença e mais subclasses são criadas.

Transponhamos o raciocínio para o tema em análise. Se a lei introduz novas palavras, então impõe novos predicados (novas espécies) e reduz a área de atuação do intérprete por alterar o objeto a que se refere: *efetivamente impedirá a construção das mesmas normas jurídicas*. Se por outro lado impõe sinônimos para os termos que já compõem os antigos textos de lei, cin-

23. Lourival Vilanova, "Teoria da norma fundamental (comentários à margem de Kelsen)", in *Escritos Jurídicos e Filosóficos*, vol. 1, São Paulo, Axis Mvndi e IBET, 2003, p. 313.

24. Sacha Calmon Navarro Coêlho e Valter Lobato, "Reflexões sobre o art. 3º da Lei Complementar 118. Segurança jurídica e a boa-fé como valores constitucionais. As leis interpretativas no direito tributário brasileiro", in *Revista Dialética de Direito Tributário* 117/122-123.

25. Irwing M. Copi, *Introdução à Lógica*, trad. Álvaro Cabral, São Paulo, Mestre Jou, 1981, p. 128.

26. Paulo de Barros Carvalho, *Direito Tributário, Linguagem e Método*, 3ª ed., cit., p. 98.

gir-se-á a repetir o teor dos enunciados anteriores, sendo irrelevante e inútil.

Atribuindo aos enunciados de uma lei caráter de prescritividade, eles efetivamente alteram o sistema e as condutas reguladas, motivo pelo qual não pode a lei ser chamada de *interpretativa*. Porém, se a lei não inova o ordenamento, então resta carente de teor deôntico, razão pela qual sequer entra no sistema e não alcança *status* de direito positivo.

Segundo José Luiz Fiorin, "A lei da informatividade exige que, numa dada situação de comunicação, se se deseja mesmo transmitir informações ao parceiro e não apenas manter uma conversação, só se enunciem coisas que a pessoa a quem se fala não conheça".[27] Se esta lei, na linguística, é utilizada apenas para enunciações assertivas, nada impede que a utilizemos, por analogia, aos enunciados prescritivos. Assim, podemos dizer que, pela lei da prescritividade, exige-se que, numa dada situação de comunicação, se se deseja mesmo transmitir prescrições ao enunciatário, só se enunciem coisas que a pessoa a quem se fala não conheça.

O STF já se posicionou quanto ao tema na Ação Direta de Inconstitucionalidade (ADI) n. 3.166, ajuizada pelo governador de São Paulo contra a Lei n. 10.872/1991-SP, ao afirmar que "Não obstante os bons propósitos da lei estadual, o art. 1º nada diz. O dispositivo é absolutamente inócuo porque repete que, no Estado de São Paulo, não será tolerada desigualdade".[28]

4.3 Atribuição de sentido ao termo "lei interpretativa"

Como vimos, não existe lei interpretativa no sentido de enunciados que não alteraram o sistema jurídico. Ou é lei e o altera ou não o altera e por isso não é lei. Então, qual a norma que pode ser construída a partir dos enunciados do art. 106, I, do CTN? O que é uma lei interpretativa?

De início, é importante ressaltar que o Legislativo tem por função típica regular as condutas enquanto ao Judiciário atribui-se a função típica de completar a dinâmica jurídica ao neutralizar as condutas que se desviam das normas. O termo "norma", neste ponto, deve ser entendido como a *interpretação* dos enunciados prescritivos construída pelos julgadores.

Por outro lado, pode o Legislativo, ao reconhecer que as condutas estão reguladas de forma insatisfatória, exercer sua atividade constitucional e introduzir no sistema novos enunciados prescritivos para alterar a regulação. Isto significa, possivelmente, modificar a norma de decisão. Não obstante posicionamentos contrários,[29] entendemos esta atividade como constitucional, inclusive quando resulte em sentido diametralmente oposto (contrário) ao que a jurisprudência apresente.

Quando o Judiciário escolhe uma determinada norma para reger específica conduta, pacificando conflitos, cabe ao Legislativo, entendendo diferentemente, produzir novos enunciados jurídicos que resultarão em nova interpretação/aplicação pelo Judiciário.

A construção de sentido pelo intérprete passa necessariamente pela produção de mais de uma possibilidade de resultado. Várias são as normas jurídicas possíveis de construção a partir dos textos de lei em

27. José Luiz Fiorin, *As Astúcias da Enunciação: as Categorias de Pessoa, Espaço e Tempo*, 2ª ed., São Paulo, Ática, 2010, p. 34.

28. Decisão do Pleno do STF nos autos da ADI n. 3.166, Rel. Ministro Cezar Peluso, publicada no *DJ* 178, em 23.9.2010.

29. Cf. Sacha Calmon Navarro Coêlho: "a lei interpretativa deve ser submetida ao crivo do Poder Judiciário. Se a interpretação é dada pelo Poder Judiciário, no âmbito de sua competência jurisdicional, o Poder Executivo não pode interferir, sob pena – aí sim – de usurpar a competência atribuída constitucionalmente ao Poder Judiciário (no caso, a Superior Tribunal de Justiça), abrindo perigoso precedente para, quando os demais Poderes da República entenderem que o Judiciário não caminha no sentido que desejavam, promulgarem nova lei, dando a interpretação que lhes aprouver" (*Curso de Direito Tributário Brasileiro*, 10ª ed., cit., p. 600).

harmonia com o sistema. Quando o legislador insere uma lei interpretativa, ele está pondo novos enunciados prescritivos que se apresentam ao lado dos enunciados interpretados. O resultado não pode ser outro senão restringir a possibilidade de construção de normas jurídicas em conformidade com o sistema: quanto mais predicados se apresentam, maior especialidade e menor extensão de objetos abarcados por tal definição.

Situação inaceitável é o Congresso Nacional pretender estipular que o Poder Judiciário interpretou equivocadamente o direito positivo, produzindo enunciados interpretativos ê para impô-los retroativamente a condutas já consumadas. Este procedimento fere o art. 5º, XXXVI, da CF/1988, pelo qual a lei não prejudicará o direito adquirido, o ato jurídico perfeito e a coisa julgada.

Entendemos, conclusivamente, que as possibilidades que estão ao alcance do Poder Legislativo, são, portanto, duas: (*i*) regular novas condutas, isto é, condutas que ainda não eram normativamente previstas ou (*ii*) alterar a prescritividade relativa a condutas já reguladas, o que pode ser realizado com revogação ou acréscimo de enunciados para obrigar condutas que antes eram permitidas ou proibidas, proibir condutas antes permitidas ou obrigatórias ou permitir condutas antes obrigatórias ou proibidas.

Destarte, aquilo que o CTN no art. 106, inciso I, chama de lei interpretativa nada mais é senão a *nova regulação de uma conduta sem revogação de texto que reduz a moldura normativa e limita o espectro de interpretação dos utentes do direito*.

4.4 A retroatividade das leis interpretativas benéficas

As leis chamadas interpretativas, isto é, aquelas leis que limitam o espectro de interpretação de certos enunciados, podem retroagir no tempo e alcançar ocorrências anteriores à sua vigência. Porém, uma exceção se impõe à retroatividade desta nova regulação: penalizar ou aumentar a pena de quem tenha descumprido a norma.

A lei interpretativa benéfica, como o nome já indica, é aquela que agracia o contribuinte, reduzindo ou excluindo penalidades ao minimizar a conotação dos fatos ilícitos. Por esta razão, fundamenta Paulo de Barros Carvalho que "as possibilidades de retroação que o art. 106 consagra acabam por beneficiar o contribuinte, preservando a segurança das relações entre Administração e Administrados".[30]

Pelo art. 106, I e II, do CTN, aplica-se a lei a ato ou fato pretérito quando for expressamente interpretativa – exceto para aplicar penalidade à infração dos dispositivos interpretados – ou, se não tiver sido o ato definitivamente julgado, quando deixar de defini-lo como infração ou de tratá-lo como contrário a qualquer exigência de ação ou omissão, desde que não tenha sido fraudulento e não tenha implicado em falta de pagamento de tributo ou, enfim, quando lhe estipular penalidade menos severa que a prevista na lei vigente ao tempo da sua prática.

Deste modo, os indigitados dispositivos devem ser lidos como prescritivos da retroatividade das *leis exclusivamente benéficas*, nunca atingindo ocorrências em momento anterior à vigência da lei senão para diminuir ou extinguir a imposição de *penalidades*, favorecendo o contribuinte.

5. Análise da Lei Complementar n. 118/2005

Propusemos algumas ideias que permitem interpretar o referido art. 106, I, do CTN e mantê-lo no ordenamento pátrio. Passemos, pois, à análise da LC n. 118/2005, em busca de uma comprovação da tese tecida. Esta legislação dispõe-se a interpretar certos dispositivos do CTN que findaram na alteração do momento inicial

30. Paulo de Barros Carvalho, *Curso de Direito Tributário*, 21ª ed., cit., 95.

para a contagem do prazo de prescrição de direitos dos contribuintes.

5.1 Lançamento por homologação

O lançamento por homologação, previsto no art. 150 do CTN, autoriza que o particular introduza enunciados prescritivos no sistema, constituindo ambos fato jurídico e obrigação tributária. Estes enunciados são então analisados pelo Fisco para determinar sua retificação, mediante lançamento tributário substitutivo na modalidade *ex officio*, ou homologação, seja de maneira expressa ou, após cinco anos contados do evento ("fato gerador", nos termos do art. 116 do CTN), tácita.

Paulo de Barros Carvalho, especificamente ao tratar do lançamento por homologação, sustenta que "em substância nenhuma diferença existe, *como atividade*, entre o ato praticado por agente do Poder Público e aquele empreendido pelo particular".[31] Ambos resultam em novos enunciados jurídicos.

5.2 Extinção da obrigação tributária no lançamento por homologação

A obrigação tributária se constitui com a inclusão de enunciados prescritivos no ordenamento mediante uma das modalidades do lançamento. Cinco são seus elementos: sujeito ativo; sujeito passivo; direito subjetivo do sujeito passivo a exigir a prestação (crédito) e dever jurídico do sujeito passivo em realizar a prestação (débito); objeto da prestação (a quantia em dinheiro). A extinção, por sua vez, se opera mediante a inclusão de outros enunciados jurídicos que impliquem o desaparecimento de ao menos um destes elementos.[32]

Percebe-se que a obrigação tributária é o todo do qual o crédito tributário é apenas uma parte, razão pela qual é ontologicamente impossível separá-los. É de se entender, logo, que o art. 156 do CTN ao se referir tão somente a "crédito tributário" em verdade trata da extinção da própria obrigação tributária.

5.2.1 *Decadência do direito de lançamento do Fisco (homologação tácita)*

Relevante para o presente estudo é a homologação tácita ou decadência do prazo do direito do Fisco de realizar o lançamento tributário em substituição ao lançamento por homologação.

Tomamos decadência como a constituição linguística produzida por órgão competente, seguindo procedimento específico previsto em norma geral e abstrata que constitui o decurso de certo trato de tempo sem o exercício de um direito pelo seu titular, impedindo-se sua realização doravante.[33] Em outras palavras, o titular perde o direito de realizar uma conduta.

Nos tributos sujeitos à produção da norma jurídica que constitui a obrigação tributária pelo particular, o prazo para a homologação é decadencial por traduzir a perda do direito do Fisco de produzir o ato de controle da atividade do particular.[34] Duas são as situações no lançamento por homologação que exigem a produção do lançamento de ofício como ato de controle: o particular não realiza o ato que lhe cabe ou o realiza o em desacordo com o direito.

No primeiro caso, a legislação atribui ao sujeito passivo a obrigação de produzir o ato de aplicação do direito. Se por alguma razão este não é produzido, cabe ao Fisco realizar o lançamento de ofício nos termos do art. 173, I, do CTN. O termo *a quo* para o exercício deste direito tem início no primeiro dia do exercício seguinte àquele em que o lançamento por homolo-

31. Idem, p. 287.
32. Idem, pp. 224-225.
33. Idem, pp. 234-235.
34. José Souto Maior Borges, *Lançamento Tributário*, 2ª ed., rev. atual., São Paulo, Malheiros Editores, 1999, p. 398.

gação poderia ter sido efetuado ou da data em que se tornar definitiva a decisão que houver anulado, por vício formal, o lançamento anteriormente efetuado (caso de interrupção do prazo decadencial).

No segundo, trata-se da possibilidade da Administração realizar lançamento tributário de ofício para constituir fatos jurídicos omitidos pelo particular, implicando nova obrigação tributária, ou rever os cálculos por ele elaborados. Este direito também decairá em cinco anos e o prazo inicial da contagem é a data da ocorrência do evento passível de tributação (art. 150, § 4º, CTN).[35] Decorrido o prazo decadencial, considerar-se-á "homologado tacitamente"[36] o lançamento realizado pelo contribuinte e extinta a obrigação tributária.

5.3 O direito à repetição do indébito tributário

O direito à repetição do indébito tributário é o direito do sujeito passivo de receber, corrigido, o valor decorrente de um pagamento indevido em razão de uma obrigação tributária constituída com erro de fato ou de direito. O art. 165 do CTN trata das hipóteses que autorizam a restituição do tributo indevido.

Pago indevidamente o tributo, tem o sujeito passivo o direito à restituição deste valor corrigido. Mas a constituição deste indébito tributário depende, sempre, da anulação do lançamento anterior pela Administração ou pelo Judiciário: uma norma apenas sai do sistema mediante outra norma. É admissível também autorização legal para que o próprio sujeito passivo constitua o indébito, estando passível de fiscalização e ulterior homologação pela autoridade administrativa,[37] como na retificação da declaração anual do Imposto sobre a Renda.

5.3.1 *A prescrição do direito à repetição do indébito tributário*

A prescrição impede que o titular do direito subjetivo já consolidado obtenha a tutela jurisdicional para fazer cumprir a conduta desobedecida. No caso em estudo, impede que o Judiciário obrigue a Fazenda ao pagamento, mediante a expedição de precatório para efetivar a repetição do indébito tributário a que tem direto o sujeito passivo ou, se preencher os requisitos da lei, compensação. De acordo com o art. 168, I, do CTN,[38] extingue-se o direito de pleitear judicialmente a restituição com o decurso do prazo de cinco anos, com início a partir "da data da extinção do crédito tributário".

No lançamento de ofício, conta-se o prazo inicial da prescrição do direito de repetição do indébito tributário a partir da data do pagamento, da compensação, da conversão de depósito em renda ou da dação em pagamento, ou seja, das situações que extinguem a obrigação tributária.

A celeuma se instaura, todavia, quanto ao início do prazo prescricional referente ao lançamento por homologação. O art. 156 do CTN, ao tratar das formas de extinção do crédito, prevê o pagamento antecipado e a homologação do lançamento. Impõe-se, salientamos, que se entenda a compensação, a conversão de depósito em renda ou a dação em pagamento, para todos os fins, como modalidades de pagamento.

35. Eurico Marcos Diniz de Santi, *Decadência e Prescrição no Direito Tributário*, São Paulo, Max Limonad, 2000, p. 179.

36. Ressaltamos ser imprecisa a expressão homologação "tácita": apenas invadem o ordenamento aqueles relatos em linguagem competente por agente e procedimento adequados. Utilizaremos a expressão "homologação tácita" para nos referirmos à decadência do direito do Fisco de expedir o ato de lançamento tributário.

37. Cf. Paulo de Barros Carvalho, *Direito Tributário, Linguagem e Método*, 3ª ed., cit., p. 547.

38. "Art. 168. O direito de pleitear a restituição extingue-se com o decurso do prazo de 5 (cinco) anos, contados: I – nas hipóteses dos incisos I e II do art. 165, da data da extinção do crédito tributário."

A questão que emerge é referente à necessidade de, além do pagamento, haver a homologação para que se tenha por extinta a obrigação tributária. Em outras palavras, considera-se extinta a obrigação com o pagamento ou apenas com a homologação, expressa ou tácita, pelo sujeito ativo? Esta resposta interfere no início da contagem do prazo prescricional relativo à repetição de indébito tributário.

5.4 *A contagem do prazo prescricional da repetição do indébito tributário em lançamento por homologação*

5.4.1 *A extinção da obrigação tributária pela homologação*

Uma norma apenas perde sua aptidão para reger condutas com a edição de uma norma posterior, de igual ou superior hierarquia. Então, o sujeito passivo, nos casos de lançamento por homologação, constrói a norma individual e concreta que constitui sua obrigação e põe no sistema novos enunciados prescritivos. Com o pagamento "antecipado" do valor calculado, põe-se uma segunda norma individual e concreta: aquela que extingue a relação tributária por desfazer um de seus cincos elementos, qual seja o objeto da obrigação ao cumprir o dever jurídico e satisfazer, ao mesmo tempo, o direito subjetivo de crédito do sujeito ativo.

Nada impede, ressalte-se, que o Fisco reconheça de ofício equívocos na produção da norma produzida pelo particular e formule uma terceira norma individual e concreta – o lançamento substitutivo – idêntica àquela pela qual a Administração revê de ofício seus próprios atos, revogando-os ou anulando-os. Esta terceira norma cria novos deveres e direitos.

Se o pagamento "antecipado" do particular em razão do lançamento por homologação extingue a relação obrigacional jurídico-tributária, também extingue, por óbvio, *o crédito tributário* (art. 156, VII, CTN), satisfazendo a exigência do art. 168, I, do CTN, independentemente de haver a possibilidade da Administração sobre ele se pronunciar.

Desta premissa decorre, inevitavelmente, que o prazo prescricional de cinco anos para pleitear perante o Judiciário a repetição de indébito tributário se inicia com o pagamento "antecipado" e indevido.[39] Esta não foi, contudo, a posição jurisprudencial e outra norma foi construída e reiteradamente aplicada pelos tribunais, senão vejamos.

5.4.2 *A tese dos cinco mais cinco*

Tese bastante defendida[40] fundamenta-se na soma dos (*i*) cinco anos decadenciais do direito do Fisco de realizar a retificação do lançamento expedido pelo sujeito passivo, sob o argumento de que apenas a homologação, mesmo que tácita, implica a efetiva extinção da obrigação tributária, com (*ii*) os cinco anos do prazo prescricional que o sujeito passivo tem para requerer a repetição do indébito tributário. Isto porque o pagamento seria "antecipado" em razão de inexistir lançamento propriamente dito, fazendo-se necessário o ato homologatório pela Administração.

Destarte, o prazo para o sujeito propor ação de repetição de indébito tributário resultaria, na maioria dos casos, em um total de dez anos (cinco mais cinco), cujo *dies a quo* de sua contagem seria a inclusão no sistema jurídico do ato de pagamento, ou, de forma mais precisa, cinco anos a contar da homologação.

O argumento, entretanto, não se restringe à homologação tácita. Sua denominação de "tese dos cinco mais cinco" é apenas indicativa e não exaure completa-

39. Cf. Luciano Amaro, *Direito Tributário Brasileiro*, 15ª ed., São Paulo, Saraiva, 2009, p. 427.

40. Neste sentido, cf.: Paulo de Barros Carvalho, *Curso de Direito Tributário*, 21ª ed., cit., pp. 513-514; Sacha Calmon Navarro Coêlho, *Curso de Direito Tributário Brasileiro*, 10ª ed., cit., pp. 761-762; Hugo de Brito Machado, *Curso de Direito Tributário*, 29ª rev., atual. amp., São Paulo, Malheiros Editores, 2008, p. 206.

mente as possibilidades de sua aplicação conquanto pode impor prazo menor do que dez anos para a repetição do indébito. Isto porque o prazo prescricional na homologação expressa teria início apenas com o ato administrativo que ratificasse o lançamento por homologação, o que extinguiria "definitivamente" a obrigação tributária.

Assim, o prazo prescricional teria início com a soma do tempo que levou a Administração para homologar o ato do particular somado aos cinco anos prescricionais. Ademais, em caso de retificação com manutenção dos valores constantes do lançamento por homologação, o prazo prescricional se inicia na data do lançamento de ofício, que possui força de homologação para os valores já declarados.

O Superior Tribunal de Justiça (STJ) encampou a tese do cinco mais cinco e firmou o entendimento segundo o qual, no silêncio da Administração (homologação tácita), o prazo prescricional apenas tem início cinco anos após a ocorrência do evento, quando caduca o direito de homologar ou retificar a obrigação constituída. Observe-se o seguinte julgado, proferido menos de dois meses antes da publicação da LC n. 118/2005:

"Tributário. Agravo Regimental no Recurso Especial. Repetição de indébito. Contribuição previdenciária. Prescrição. Tese dos 'cinco mais cinco'. Nova orientação firmada pela 1ª Seção no julgamento do EREsp 435.835-SC.

"1. (...). 2. A decisão agravada está de acordo com o mais recente posicionamento firmado no julgamento do EREsp 435.835-SC, pois declara que, nos tributos sujeitos a lançamento por homologação, o prazo para pleitear a compensação ou a restituição do que foi indevidamente pago somente se opera quando decorridos cinco anos da ocorrência do fato gerador, acrescido de mais cinco, contados a partir da homologação tácita."[41]

Não obstante a pacificação do entendimento pelo STJ, foi editada a LC n. 118/2005 com fins a supostamente interpretar os arts. 168, I, 150, § 4º, e 156, VII, do CTN.

5.5 A LC n. 118/2005

A LC n. 118/2005 foi introduzida no ordenamento para alterar e acrescentar dispositivos ao CTN, bem como *dispor "sobre a interpretação do inciso I do art. 168 da mesma Lei*". Nosso interesse, logo, recai sobre sua segunda parte com o escopo de elucidar as consequências de uma lei interpretativa e cotejá-las com a tese urdida.

A indigitada lei, em seu art. 3º, estabelece expressamente sua função interpretativa ao determinar que, no caso de lançamento por homologação, a extinção do crédito ocorre no momento do pagamento antecipado de que trata o § 1º do art. 150 do CTN.[42]

Pretende-se, portanto, diferentemente da norma construída pelo STJ, que a extinção da obrigação tributária nos casos de lançamento por homologação ocorra com o pagamento realizado pelo sujeito passivo a partir dos dados que ele apresentar ao Fisco, independentemente de homologação. O prazo prescricional para o pleito de restituição do indébito tributário, ao invés de dez anos (cinco mais cinco), será de cinco anos.

É fato que a LC n. 118/2005 acrescenta novos enunciados prescritivos no ordenamento, sendo inevitável utilizá-la para a construção de sentido dos demais textos legais, principalmente os referentes à extinção da obrigação tributária que altera a

41. 1ª T. do STJ nos autos do AgRg no Resp n. 669.106-MG, Rela. Ministra Denise Arruda, j. 16.12.2004, *DJ* 1.2.2005. Ainda AgRg no Ag 630.956-SP; REsp 672.028-SE. A 2ª T. decidiu em consonância: REsp 659.989-DF; REsp 541.034-PA; REsp 524.343-SP. A 1ª Seção também se pronunciou: EREsp 289.033-DF.

42. Art. 150, § 1º: "O pagamento antecipado pelo obrigado nos termos deste artigo extingue o crédito, sob condição resolutória da ulterior homologação ao lançamento".

contagem do prazo prescricional da repetição de indébito.

5.5.1 *O ordenamento jurídico pós-LC n. 118/2005*

O dispositivo introduzido pela referida lei complementar, se analisado com cuidado, não altera em nenhuma vertente a interpretação do art. 168, I, do CTN. Ora, o termo *a quo* para a contagem do prazo prescricional da repetição do indébito tributário permanece com início a partir da *extinção da obrigação tributária* e continua a ser de cinco anos.

Os enunciados do referido dispositivo conjugam-se, entretanto, a outros enunciados, quais sejam o art. 150, § 4º, e 156, VII, do CTN:

"Art. 150. O lançamento por homologação, que ocorre quanto aos tributos cuja legislação atribua ao sujeito passivo o dever de antecipar o pagamento sem prévio exame da autoridade administrativa, opera-se pelo ato em que a referida autoridade, tomando conhecimento da atividade assim exercida pelo obrigado, expressamente a homologa.

"(...).

"§ 4º. Se a lei não fixar prazo a homologação, será ele de cinco anos, a contar da ocorrência do fato gerador; expirado esse prazo sem que a Fazenda Pública se tenha pronunciado, considera-se homologado o lançamento e definitivamente extinto o crédito, salvo se comprovada a ocorrência de dolo, fraude ou simulação."

"Art. 156. Extinguem o crédito tributário:

"(...);

"VII – o pagamento antecipado e a homologação do lançamento nos termos do disposto no art. 150 e seus §§ 1º e 4º."

Com a vigência desta nova lei, a extinção da obrigação tributária, ao contrário do que o Judiciário havia consolidado, não ocorre com a *homologação do pagamento* realizado pelo sujeito passivo em casos de lançamento por homologação, *mas com o próprio pagamento*. Esta foi a inovação que reduziu em cinco anos a grande maioria dos casos de prescrição em repetição de indébito tributário ao subtrair o tempo da homologação.

De outra forma, podemos dizer que o Poder Legislativo entendeu que as condutas não estavam bem reguladas. É irrelevante se esta má regulação tem fundamento na redação das leis produzidas anteriormente pelo próprio Legislativo ou em função da interpretação posteriormente realizada pelo Judiciário. O importante é que a conduta, conforme estava regulada, sofreu valoração pré-jurídica (negativa), implicando sua reformulação (jurídica) pelo legislador dentro de um padrão constitucionalmente aceito. Entendeu-se que dez anos para pleitear repetição de indébito era prazo demasiadamente longo.

Conclui-se, nesta linha, que a LC n. 118/2005 não interpretou dispositivos legais e definitivamente não é inócua porque inovou o ordenamento: acrescentou enunciados prescritivos que alteraram as condutas. Sob esta perspectiva, é impossível predicar esta lei como "meramente interpretativa": houve efetiva redução da moldura normativa.

O argumento ganha força quando ressaltamos o art. 4º da referida Lei Complementar que estabelece, contraditoriamente, cento e vinte dias de *vacatio legis*. Ora, se o art. 3º é "meramente interpretativo" e deve reger as ocorrências anteriores à sua vigência, então não deveria ter força apenas a partir de uma data futura, mas ser recebida como se no ordenamento sempre estivesse. Esta é a própria dicção do art. 106, I, do CTN. Aliás, sua vigência deveria ter início com a publicação (validade) da própria Lei Complementar, impondo retroativamente sua interpretação à data da vigência da lei interpretada. Contudo, não há leis meramente interpretativas e o ordenamento realmente sofreu alterações relevantes.

5.5.2 *A irretroatividade da LC n. 118/2005*

Tomando a referida lei complementar como lei interpretativa no sentido proposto neste estudo, ou seja, leis que alteram a prescritividade relativa a condutas já reguladas sem revogação de texto anterior, limitando a interpretação dos operadores do direito, podemos atribuir-lha a qualidade de "interpretativa". Qualidade esta que não a diferenciará muito de qualquer outra lei "não interpretativa", é verdade. Contudo, permite a mantença do art. 106, I, do CTN.

Neste caso, o ordenamento jurídico é diverso quando construídas as normas antes e após a LC n. 118/2005. Sendo a regulação inovadora, veda-se a retroatividade da norma por não ser admissível esperar do sujeito passivo o cumprimento de determinada conduta de forma diversa daquela prevista quando da ocorrência do evento. É um contrassenso surpreendê-lo. A retroatividade desta lei complementar imporia automaticamente a prescrição para repetir indébito aos contribuintes que já tivessem atingido cinco anos mais um dia a contar do pagamento quando esperavam ter, naquele dia, ou seja, a partir da homologação, cinco anos, ao total arrepio da CF/1988.

O dispositivo legal, ao modificar o início do prazo prescricional, é incluso no ordenamento de forma a prejudicar o contribuinte, tolhendo-lhe um direito. Ocorre que a retroatividade apenas é admitida em casos benéficos para o cidadão.

O STJ já foi instado a se pronunciar sobre a inovação trazida pelo art. 3º da LC n. 118/2005 para determinar se há a retroatividade destes enunciados, isto é, para decidir se os casos anteriores serão regidos pela tese do cinco mais cinco ou se devem ter o prazo prescricional contado cinco anos após o efetivo pagamento. O posicionamento foi firme:

"Recurso Especial representativo de controvérsia. Art. 543-C, do CPC. Processual Civil. Correção monetária. Inexistência de pedido expresso do autor da demanda. Matéria de ordem pública. Pronunciamento judicial de ofício. Possibilidade. Julgamento *extra* ou *ultra petita*. Inocorrência. Expurgos inflacionários. Aplicação. Princípio da isonomia. Tributário. Art. 3º, da Lei Complementar 118/2005. Prescrição. Termo inicial. Pagamento indevido. Art. 4º, da LC 118/2005. Determinação de aplicação retroativa. Declaração de inconstitucionalidade. Controle difuso. Corte Especial. Reserva de Plenário. Julgamento do Recurso Especial representativo de controvérsia (REsp 1.002.932-SP).

"(...).

"6. O prazo prescricional para o contribuinte pleitear a restituição do indébito, em se tratando de pagamentos indevidos efetuados antes da entrada em vigor da Lei Complementar 118/2005 (9.6.2005), nos casos dos tributos sujeitos a lançamento por homologação, continua observando a cognominada tese dos cinco mais cinco, desde que, na data da vigência da novel lei complementar, sobejem, no máximo, cinco anos da contagem do lapso temporal (regra que se coaduna com o disposto no art. 2.028, do Código Civil de 2002."[43]

A decisão, acertada sob o foco apresentado neste estudo, foi no sentido de irretroatividade da lei, devendo atingir apenas pagamentos ocorridos após o período do *vacatio legis* (cento e vinte dias após 9 de fevereiro de 2005). No entanto, não obstante emanar de órgão plenário, trata-se de declaração de inconstitucionalidade em controle difuso pelo STJ. Deve-se, portanto, aguardar posicionamento definitivo do STF, em que já foi reconhecida, em 8.11.2007, a repercussão geral da matéria no RE 561.908[44] sob a relatoria do Ministro Marco Aurélio.

43. Decisão da Corte Especial do STJ nos autos do REsp 1.112.524-DF, Rel. Ministro Luiz Fux, j. 1.9.2010, *DJ* 30.9.2010.

44. A ementa da decisão assim dispõe: "*Tributo – Repetição de indébito – Lei Complementar n. 118/2005 – Repercussão geral – Admissão.* Surge com repercussão geral controvérsia sobre a inconstitucionalidade, declarada na origem, da expressão

6. Conclusões

As ideias apresentadas no presente estudo permitem algumas conclusões a respeito das chamadas leis interpretativas:

1. Se a lei é meramente interpretativa e, portanto, não acrescenta no sistema prescritividade alguma ao manter as condutas reguladas da forma que eram, então a lei – inócua – sequer entra no sistema por falta de caráter deôntico: não é direito positivo.

2. Atribuindo aos enunciados de uma lei caráter de prescritividade, eles efetivamente alteram o sistema e as condutas reguladas. Não podem são, portanto, *meramente* interpretativos.

3. A lei chamada de interpretativa efetivamente reduz a área de atuação do intérprete, limitando a moldura normativa ao impor novos predicados e, consequentemente, impede a construção de normas jurídicas que eram anteriormente possíveis.

4. Apresentados estes conceitos, com os devidos descontos que a imprecisão do nome impõe, pode-se definir as chamadas leis interpretativas como aquelas que alteram a regulação de uma conduta sem revogação de texto legal anterior, atingindo a moldura normativa dos enunciados interpretados.

5. As leis interpretativas, neste novo contexto, podem retroagir no tempo e alcançar ocorrências anteriores à sua vigência tão somente se benéficas ao contribuinte.

6. É assim que o art. 3º da LC n. 118/2005 altera a regulação de uma conduta sem revogação de texto legal anterior, reduzindo a moldura normativa e impedindo a construção da tese dos "cinco mais cinco". É, portanto, uma lei interpretativa. Contudo, não pode retroagir no tempo por não ser lei benéfica ao contribuinte ao reduzir o prazo para a proposição da competente ação de repetição de indébito tributário.

"observado, quanto ao art. 3º, o disposto no art. 106, inciso I, da Lei n. 5.172, de 25 de outubro de 1966 – Código Tributário Nacional", constante do art. 4º, segunda parte, da Lei Complementar n. 118/2005".

CONFLITOS APARENTES ENTRE ENUNCIADOS NORMATIVOS TRIBUTÁRIOS DE DIFERENTE HIERARQUIA VERTICAL SOB A PERSPECTIVA DA ESTRUTURA CIRCULAR DO SISTEMA DE FONTES DO DIREITO

TIAGO JOSÉ AGOSTINI
Especialista em Direito Tributário pela Escola de Direito de São Paulo da Fundação Getúlio Vargas. Advogado.

1. Introdução. 2. Estruturas do sistema de fontes do direito sob uma perspectiva semiótica: 2.1 Noção sobre a Semiótica; 2.2 O sistema de fontes de direito e suas estruturas. 3. Conflitos aparentes entre enunciados normativos tributários de diferente hierarquia vertical: 3.1 Principais soluções aplicadas pela estrutura piramidal: supremacia da Constituição e princípio da legalidade; 3.2 Incapacidade da estrutura piramidal para a resolução dos problemas complexos atuais; 3.3 Proposta de utilização/consideração da estrutura circular como método para resolução de conflitos tributários entre lei e atos infralegais. 4. Considerações finais. 5. Referências.

1. Introdução

O tema a ser tratado nesta pesquisa refere-se às relações de validade material entre normas tributárias de diferentes graus hierárquicos verticais no sistema de fontes do direito.

Especificamente, busca-se investigar sobre a validade material, no ramo do direito tributário, de enunciados normativos inferiores que interpretam os textos legais superiores que lhes dão fundamento de validade, mas acabam criando novas normas não previstas no enunciado normativo superior, que, na maioria das vezes, seria a única fonte de direito competente para instituir regra de conduta sobre determinado ato.

O tema será investigado sob uma perspectiva semiótica, com base na estrutura circular do sistema do ordenamento jurídico proposta por Ferraz Jr. (2003b), ou da estrutura hierárquica entrelaçada referida por Neves (2007), fazendo-se o contraponto com a estrutura piramidal proposta por Kelsen (2003).

Dessa forma, propõe-se a seguinte pergunta-problema:

Tendo-se como base a estrutura circular do sistema do ordenamento jurídico proposta por Ferraz Jr. (2003b) e a estrutura hierárquica entrelaçada proposta por Neves (2007), o sistema jurídico tem conseguido resolver, no ramo do direito tributário, os conflitos normativos em que o texto legal hierarquicamente inferior interpreta ou tenta interpretar o texto superior?

Esta pesquisa justifica-se pela elevada ocorrência de problemas concretos na esfera tributária envolvendo suposta antinomia aparente entre fontes de direito inferiores/regulamentares (decretos, portarias, instruções normativas, resoluções, atos declaratórios, atos interpretativos, etc.) e superiores (texto constitucional ou legal), sendo, portanto, de grande relevância prática. O objetivo proposto é contribuir para o aprimoramento da consistência do sistema jurídico, em especial o tributário.

Em grande parte destes problemas, os textos inferiores, ao menos em princípio, são editados para regulamentar ou detalhar o texto superior, mais geral e abstrato. Todavia, dada a natural ambiguidade presente na linguagem jurídica, tais textos regulamentares interpretativos, aparentemente, acabam criando nova regra de conduta não prevista na norma superior. Desta situação surgem diferentes posições, que podem ser resumidas nas seguintes: a) o texto não criou norma nova, apenas interpretou o superior, explicitando seu conteúdo; b) o enunciado criou nova norma, que não seria competente para tanto.

Os parâmetros tradicionais para a resolução deste problema têm sido o entendimento do sistema de fontes do ordenamento jurídico em uma estrutura piramidal, da forma como proposta por Kelsen (2003), e o *princípio da legalidade*. Sob tal estrutura, em linhas gerais, discute-se no caso concreto se a norma inferior possui ou não fundamento de validade na norma superior e se aquela ofendeu ou não o enunciado do *princípio da legalidade*.

Todavia, com base em soluções judiciais dadas para os embates do gênero, entende-se que estes não devem ser os únicos parâmetros para a análise destas situações problemas.

Nesse sentido, propõe-se considerar o ordenamento jurídico como um sistema em estrutura circular, da forma como proposta por Ferraz Jr. (2003b), ou sob uma hierarquia entrelaçada, como refere Neves (2007), e não somente como uma estrutura de pirâmide com uma (única) unidade, para colaborar na solução de tais situações.

Sem se pretender um enquadramento tipológico puro e rigoroso aos métodos tradicionais, a pesquisa será realizada através de análise bibliográfica e jurisprudencial, sob um olhar crítico.

2. Estruturas do sistema de fontes do direito sob uma perspectiva semiótica

2.1 Noção sobre a Semiótica

Diversas perspectivas do estudo da teoria geral do direito o fazem com base na *semiótica*, a teoria dos signos linguísticos, que será uma das premissas para o contraponto das estruturas do sistema de fontes.

Em linhas gerais, a semiótica concebe o Direito como comunicação e analisa os signos linguísticos sobre três prismas: o sintático, o semântico, e o pragmático.

A relação entre os signos é denominada de sintática e, no plano jurídico implica na análise da relação das normas entre si, de forma a se verificar a compatibilidade e/ou coordenação entre elas (Ferraz Jr., 2003b).

A relação de um signo com um objeto ou situação objetiva normada (normas com fatos) é uma relação semântica. Busca-se aqui referência à situação objetiva disciplinada pela norma (Ferraz Jr., 2003b).

A relação entre a norma e os valores e fins que a subjazem é entendida como *pragmática* (interação da norma com finalidades e com valores). Fala-se então da relação que existe entre um signo e outro signo idêntico, levando-se em conta o cometimento ou o modo como se expressa (Ferraz Jr., 2003b).

Enfim, esta divisão semiótica remonta à distinção entre signo (sintática), objeto (semântica) e interpretante (pragmática) (Neves, 2007, p. 86).

2.2 *O sistema de fontes de direito e suas estruturas*

O estudo das relações entre as diversas normas jurídicas é tão importante quanto o estudo da própria norma jurídica. Segundo Ferraz Jr. (2003b), "a validade da norma não é uma qualidade intrínseca" (Ferraz Jr., 2003b, p. 175), mas depende do contexto, de sua relação com as demais normas, do *ordenamento* na qual está inserida.

Considerando-se a enorme gama de normas jurídicas, seja no modelo legislado, costumeiro ou jurisdicional, chamadas de fontes de direito, e a diversidade de centros emanadores de tais normas, vem se tentando organizá-las de forma sistemática.

Para melhor compreensão do sistema de fontes do direito, é importante mencionar a distinção entre *estrutura* e *repertório* (Ferraz Jr., 2003b); sendo este o conjunto de elementos normativos e não normativos (critérios de classificação, definições, preâmbulos, exposições oficiais de motivos, etc.), enquanto aquele seria um conjunto de *regras* que determinam as relações entre os elementos (Ferraz Jr., 2003b).

A estrutura e o repertório compõem o *ordenamento*, que possui caráter de *sistema*, permitindo a integração das normas num conjunto e possibilitando a identificação das normas jurídicas como válidas. A ideia de sistema permite que sejam traçados mecanismos que permitam a identificação acerca da validade ou não de uma determinada norma (Ferraz Jr., 2003b).

O sistema de fontes pode possuir diversas estruturas. Não se constitui como objetivo deste trabalho efetuar uma descrição exaustiva de todos os modelos e estruturas já desenvolvidas. Interessa à presente pesquisa tão somente o contraponto entre o sistema tradicionalmente aplicado de hierarquia piramidal de normas com o sistema de hierarquia entrelaçada ou circular, especificamente na situação em que uma norma define o conteúdo de termos relevantes da outra.

2.2.1 *A estrutura hierárquica escalonada e piramidal*

A mais tradicional e conhecida estrutura do sistema de fontes de direito é a chamada de *hierárquica*, *piramidal* ou *escalonada*. Embora não tenha sido desenvolvida por Kelsen, consolidou-se e tornou-se famosa por meio de sua obra (Vilanova, *apud* Ascensão, 2001).

Esta estrutura tem dominado o pensamento jurídico desde o fenômeno da positivação do direito e do surgimento da noção de ato jurídico enquanto mecanismo em que o direito é posto por diferentes centros emanadores, cada um com sua força de imposição. Considerando-se tais atos como a única fonte, são agrupados em sistematização hierárquica, cuja principal característica é a relação de subordinação entre superior e inferior (Ferraz Jr., 2003a, p. 65).

Segundo esta estrutura, o *fundamento de validade* de cada norma é atribuído por outra superior, que atribui competência à autoridade competente para instituir norma inferior, o que Kelsen (2003) denomina de *construção escalonada supra-infra-ordenada*. Nas suas próprias palavras, "[u]ma norma jurídica não vale porque tem um determinado conteúdo, quer dizer, porque o seu conteúdo pode ser deduzido pela vida de um raciocínio lógico do de uma norma fundamental pressuposta, mas porque é criada por uma forma determinada – em última análise, por uma forma fixada por uma norma fundamental pressuposta. Por isso, e somente por isso, pertence ela à ordem jurídica cujas normas são criadas de conformidade com essa norma fundamental" (Kelsen, 2003, p. 221).

No topo do sistema, que é ilustrado como uma pirâmide em que cada norma encontra-se em um degrau, está a *norma fundamental*, que fundamenta todo o sistema (Kelsen, 2003), cujo enunciado pode ser simplificado sob o título *obedeça as demais normas do sistema*.

A norma fundamental, concebida como a constituição no sentido lógico-jurídico, é a fonte comum de validade de todas as outras normas pertencentes a um ordenamento. Ela é pressuposta, pois para que fosse posta precisaria ser emanada por uma autoridade cujo fundamento residira em outra norma (Kelsen, 2003).

Sob a perspectiva semiótica, esta construção de Kelsen pode ser encarada como *sintática*, conforme clara explicação de Ferraz Jr. (2003): "Podemos entender, nesse sentido, a explicação kelseniana de validade: uma norma vale em relação a outra norma, que a antecede hierarquicamente. Podemos dizer que sua concepção é sintática: a norma é um signo, meio para outro signo, e a relação signo/signo, norma/norma, é uma relação de validade. Identificar a validade de uma norma significa, pois, verificar sua relação de subordinação em face de outra norma. Por exemplo, a validade de uma norma legal verifica-se por sua conformidade de subordinação em face da norma constitucional, das normas procedimentares para sua edição, etc." (Ferraz Jr., 2003b, p. 183).

Portanto, segundo a estrutura piramidal do sistema jurídico, da forma como proposta por Kelsen (2003), verifica-se se um ato normativo é ou não lícito (válido) "consoante houver ou não regra contrária em título hierarquicamente superior" (Ascensão, 2001, p. 653), isto é, se possuir *fundamento de validade* no ato normativo superior.

2.2.2 *A estrutura hierárquica entrelaçada ou circular*

Esta pesquisa tem como embasamento teórico o ponto de vista *pragmático* proposto por Ferraz Jr. (2003b) sobre a unidade ou coesão do ordenamento com base na *norma fundamental* ou *norma origem*.

Sob uma ótica *pragmática*, o sistema jurídico possui uma complexidade tal que não possui uma única norma fundamental que lhe dá unidade e coerência, mas sim várias normas fundamentais e várias hierarquias, sem deixar de possuir o caráter sistemático (Ferraz Jr., 2003b).

Assim, o sistema do ordenamento jurídico não teria estrutura de pirâmide (conforme tradicionalmente se defende), com uma única norma fundamental e hierarquia escalonada ou linear (de cima para baixo), mas sim "uma estrutura circular de competências referidas mutuamente, dotada de coesão" (Ferraz Jr., 2003b, p. 189).

Esta visão pode ser relacionada com a de Marcelo Neves (2007) sobre a estrutura entrelaçada das fontes de direito em um sistema, o outro embasamento teórico desta pesquisa: "A propósito, é de se observar que também numa perspectiva semiótica a supremacia normativa hierárquica da Constituição deve ser relativizada. A separação completa entre metalinguagem e linguagem-objeto tem sido apenas no plano sintático. Na dimensão semântico-pragmática condicionam-se reciprocamente metalinguagem e linguagem-objeto. Por outro lado, embora o texto constitucional atue como metalinguagem em relação à 'concretização constitucional', as decisões interpretativas da Constituição representam metalinguagem com respeito ao texto constitucional (linguagem-objeto). Se se atenta para a característica do texto constitucional de ser simultaneamente metalinguagem e linguagem-objeto com relação à linguagem concretizadora, então se pode, sob o ponto de vista semiótico, compreender mais claramente tanto a distinção entre norma e texto constitucional quanto a insustentabilidade da concepção tradicional da supremacia hierárquica da Constituição" (Neves, 2007, pp. 89-90).

Dentro deste contexto, entende-se *metalinguagem* como uma linguagem utilizada para descrever algo sobre outra linguagem, que é *linguagem-objeto*.

A concretização normativa do texto legal é compreendida na obra de Marcelo Neves como "[a] eficácia da lei, abrangendo situações as mais variadas – observância, execução, aplicação e uso do direito" (Neves, 2007, p. 46). Os processos de *in-*

terpretação, *subsunção* e *aplicação* estão contidos na concretização, mas esta neles não se esgota. Também não se restringe aos órgãos estatais de aplicação da norma, mas abrange o "público" de forma geral (Neves, 2007, p. 91), ponto que o Autor relaciona com a interpretação (constitucional) pluralista de Haberle (1980 *apud* Neves, 2007, pp. 72 e 91).

A concretização ou seu processo são considerados, portanto, como a introdução efetiva da norma à realidade, em especial por meio de atos normativos de menor abstração e maior concretude e da própria ação executora. Os termos *concretização constitucional* e *linguagem concretizadora* são utilizados neste sentido.

As teorias de Ferraz Jr. (2003b) e Neves (2007) estão especialmente relacionadas no ponto em que sustentam a referência mútua entre as normas até então vistas sob diferentes planos hierárquicos verticais. Assim, além de a norma superior atribuir fundamento de validade à inferior, esta, de alguma forma – ainda que com diferente força, também constitui a validade da norma superior.

Sob a perspectiva *semiótica*, classifica-se esta proposta especialmente em uma dimensão *pragmática*, na medida em que foca a norma, o signo linguístico, em relação ao sujeito, ao intérprete. Além disso, as ideias de Neves (2007) também podem ser encaradas como *semânticas*, pois focam o conteúdo da norma enquanto signo linguístico.

Portanto, em sentido parecido ao proposto por Ferraz Jr. (2003b), Marcelo Neves (2007) elucida a insustentabilidade da concepção tradicional da supremacia hierárquica da Constituição, pois as decisões que interpretam seu texto (linguagem-objeto), constituindo-se como metalinguagem, acabam dizendo o seu significado. Ao enunciar o conteúdo do texto superior, a decisão interpretativa (inferior), em última análise, prevalece sobre o ato interpretado. Ferraz Jr. (2003b) exemplifica esta situação com clareza: "Por exemplo, o Supremo Tribunal Federal recebe do *poder constituinte originário* sua competência para determinar em última instância o sentido normativo das normas constitucionais. Desse modo, seus acórdãos ou norma cuja validade decorre de uma norma constitucional de competência, configurando uma subordinação do STF ao *poder constituinte originário*. No entanto, como o STF pode determinar o sentido de validade da própria norma que lhe dá aquela competência, de certo modo, a validade da norma constitucional de competência do STF também depende de seus acórdãos (norma), configurando uma subordinação do poder constituinte originário ao STF" (Ferraz Jr., 2003b, pp. 189-190).

O exemplo acima pode ser aprofundado com base em Neves (2007): "Entretanto, é de se observar que o sistema constitucional também é capaz de reciclar-se em relação ao que ele mesmo prescreve. Esse caráter cognitivo do sistema constitucional expressa-se explicitamente através do procedimento específico de reforma constitucional, mas também se manifesta no decorrer do processo de concretização constitucional. Não se trata, por conseguinte, de uma hierarquização absoluta. Principalmente as leis ordinárias e as decisões dos tribunais competentes para questões constitucionais, que em uma abordagem técnico-jurídica constituem direito infraconstitucional, determinam o sentido e condicionam a validade das normas constitucionais. A circularidade é mantida, pelo menos na 'relação de mistura' entre criação e aplicação do direito" (Neves, 2007, p. 72).

Entende-se que as conclusões de Neves (2007) acerca da relativização da supremacia hierárquica da constituição sob uma perspectiva semiótica podem ser aplicadas nas relações entre as demais normas do sistema jurídico, pois tanto a estrutura das próprias normas quanto das relações entre elas são semelhantes.

Esta concepção do sistema de fontes do direito parte da análise de Luhmann

(1987 *apud* Neves, 2007), para quem "[pode] haver diferenças de influência, hierarquias, assimetrizações, mas nenhuma parte do sistema pode controlar outras sem submeter-se, por sua vez, ao controle; e, nessas circunstâncias, é possível, antes altamente provável em sistemas orientados no sentido, que cada controle seja exercido em antecipação do controle inverso" (Luhmann, 1987 *apud* Neves, 2007, p. 72).

Luhmann (1983 *apud* Neves, 2007) concebe e estrutura escalonada do sistema exclusivamente como um *relação de mistura* entre criação e aplicação do direito (Neves, 2007). Daí deriva esta expressão utilizada por Neves (2007). O sociólogo alemão vai além ao estabelecer tal relação como circular. Em suas palavras: "Um passo além disso seria conceituar a relação de criação/aplicação do direito em cada grau como circular, portanto, como autorreferencial. Então, a estrutura escalonada seria uma decomposição e hierarquização da autorreferência fundamental do sistema" (Luhmann, 1983 *apud* Neves, 2007, p. 72).

Desta forma, interpreta-se que na efetiva solução de um conflito jurídico não basta a identificação da hierarquia estabelecida, que é realizada no plano sintático. É necessário, além disso, a referência mútua ao conteúdo das normas de diferente hierarquia para verificação de compatibilidade destas no sistema, em um plano semântico-pragmático.

Esta situação pode ser relacionada com uma especificidade do processo de compreensão da norma denominado por Karl Larenz (1997) de *estrutura circular do compreender* ou *círculo hermenêutico*.

Larenz (1997, pp. 285-287) elucida que a interpretação de um texto não resulta somente da soma do significado de cada uma das palavras, mas também da conexão entre elas. Por tal razão, é necessário, no processo de compreensão do sentido, que o intérprete estabeleça o significado da palavra no conjunto da frase e, a partir de então, sempre que surjam dúvidas, retorne ao significado da palavra inicialmente atribuído, conferindo ou não sua coerência. Este caminho de ida e retorno pode em seu decorrer alterar o sentido tanto da palavra quanto do texto. Ainda quando, após este processo, o intérprete confirma a hipótese que havia inicialmente conjecturado, o faz um novo estágio de compreensão, uma vez que aquilo que inicialmente se tinha como suposição passa a ser certeza.

Deve-se, assim, verificar a compatibilidade do significado da palavra com o texto até que chegue a uma concordância plena de sentido (Larenz, 1997, pp. 285-286).

Em consequência, para Larenz (1997), "[o] processo do compreender tem o seu curso, deste modo, não apenas em *uma* direcção, 'linearmente', como uma demonstração matemática ou uma cadeia lógica de conclusões, mas em passos alternados, que têm por objectivo o esclarecimento recíproco de um mediante o outro (e, por este meio, uma abordagem com o objectivo de uma ampla segurança)" (Larenz, 1997, p. 287).

Portanto, o processo de compreensão não é exclusivamente sintático, e não se restringe a operações silogísticas e de subsunção, nem a uma cadeia de produção normativa estritamente baseada em operações lógicas como a norma superior atribuindo fundamento de validade à inferior.

O sistema é circular em razão de ser dotado de referências mútuas entre as normas. Adverte Larenz (1997, p. 286), todavia, que nada obstante a imagem do círculo, não se trata de ir e voltar a um mesmo ponto de partida, mas sim de elevar a compreensão do texto a um novo patamar.

Considerando justamente este ponto, Hassemer (1968 *apud* Larenz, 1997, p. 287) ilustra o processo de compreensão como uma *espiral*, e não como um círculo. No mesmo sentido, Weinberger (1988 *apud* Larenz, 1997, p. 287), "fala de um 'proceder em forma de espiral da análise do significado'". Embora se concorde que a espiral ou mesmo o helicóide representem com maior precisão a estrutura do sistema de fontes, prefere-se utilizar a figura do círculo, por ser mais conhecida.

Esta observação de Larenz (1997) deve ser relacionada com a lição de Ferraz Jr. (2003b, p. 190) no sentido de que, ainda que se fale em estrutura circular do sistema, há um ponto inicial e um final no processo de concretização, isto é, a série não é infinita.

Relacionando-se com as diversas sérias de início e fim do sistema, um elemento fulcral da estrutura circular é a postulação de existência de diversas normas-origem, cuja imperatividade advêm das demais regras estruturais ou de calibração, que imprime ao sistema o caráter dinâmico, mantendo-se operante tanto na alteração do ordenamento quanto das situações fáticas (Ferraz Jr., 2003b, p. 190).

A proposta de Ferraz Jr. (2003a, p. 66) de existência de diversas normas-origem a partir de situações concretas altera a tradicional visão de unidade do sistema, mas não lhe retira a coesão, em razão das demais regras estruturais (Ferraz Jr., 2003b, p. 190) e da organização dos diversos centros concatenados sob critérios pragmáticos com base em situações concretas, com vistas à solução dos conflitos.

Assim, a estrutura circular, em última análise, configura um *agrupamento problemático de normas*, em que a hierarquia passa a ser secundária como um modo de representação da ordem normativa, e não exclusiva ou única, porque o direito não se produz em um só caminho e sentido, "pois as normas agrupadas têm seu sentido potenciado umas pelas outras, nas mais diferentes funções" (Ferraz Jr., 2003a, p. 66).

3. *Conflitos aparentes entre enunciados normativos tributários de diferente hierarquia vertical*

Não raras vezes, as mais diversas normas do sistema jurídico sob o mesmo âmbito normativo possuem disposições conflitantes entre si, o que é chamado de *antinomia* (Ferraz Jr., 2003).

Para a solução de tais conflitos, foram historicamente desenvolvidas diversas regras, que podem ser resumidas nos critérios *hierárquicos* (lei superior derroga a inferior), de especialidade (lei especial derroga a geral) e cronológico (lei posterior derroga a anterior) (Ferraz Jr., 2003). O direito brasileiro inseriu os dois últimos critérios em seu sistema de fontes legislado no art. 2º da Lei de Introdução ao Código Civil (LICC), bem como nas disposições da Lei Complementar n. 95/1998.

Interessa aqui apenas os conflitos entre normas de diferente hierarquia vertical (Otto, 1987), isto é, entre norma superior e inferior, com relação de subordinação (Ferraz Jr., 2003a), tradicionalmente solucionados pelo critério hierárquico, que considera a estrutura piramidal do sistema de fontes do direito na forma como proposta por Kelsen (2003).

Ferraz Jr. (2003) classifica a *antinomia jurídica* como *real* na hipótese em que a posição do aplicador da norma "é insustentável porque não há *critérios* para sua solução, ou porque entre os critérios existentes há conflito" (2003, p. 212). Nas demais situações, em especial na existência de critérios dentro do próprio sistema jurídico para a solução do conflito, a *antinomia* é classificada como *aparente*. Esta distinção é utilizada neste trabalho no sentido de que existem critérios no sistema jurídico para a solução de conflitos entre normas de diferente hierarquia, que seriam, portanto, *aparentes*.

3.1 Principais soluções aplicadas pela estrutura piramidal: supremacia da Constituição e princípio da legalidade

O tipo de conflito normativo em estudo tem como tradicional método de resolução o critério baseado na estrutura piramidal segundo o qual uma norma superior derroga norma que lhe seja inferior. Isto porque a norma inferior que não possui fundamento de validade na superior não é admitida pelo sistema e considerada como inválida, sendo que tal qualidade implica, em linhas gerais, a nulidade da norma inferior.

A histórica noção de supremacia da constituição insere-se nesta premissa. Desta maneira, norma inferior (Lei, Decreto, etc.) que contrarie norma constitucional é tida como inválida.

O chamado *princípio da legalidade* também tem como pressuposto o sistema escalonado de fontes. Assim, limitação a direito individual ou norma restritiva que não tenha sido criada por lei em sentido estrito é considerada inválida. A mesma pena de nulidade em razão da invalidade vale para norma inferior (Portaria, Instrução Normativa, Resolução, Ato Declaratório, decisão judicial, etc.) que contrarie o conteúdo da lei.

Esta perspectiva de solução pode ser exemplificada em trecho da obra de Machado (2001): "Diz-se que são normas 'complementares' porque se destinam a completar o texto das leis, dos tratados e convenções internacionais e decretos. Limitam-se a 'completar'. Não podem 'inovar' ou de qualquer forma modificar o texto da norma que complementam" (Machado, 2001, p. 75).

Ainda como exemplo, veja-se abaixo trecho de Acórdão do Supremo Tribunal Federal (1990) envolvendo conflito entre lei e instrução normativa: "As instruções normativas, editadas por órgão competente da administração tributária, constituem espécies jurídicas de caráter secundário, cuja validade e eficácia resultam, imediatamente, de sua estrita observância dos limites impostos pelas leis, tratados, convenções internacionais, ou decretos presidenciais, de que devem constituir normas complementares. Essas instruções nada mais são, em sua configuração jurídico-formal, do que provimentos executivos cuja normatividade está diretamente subordinada aos atos de natureza primária, como as leis e as medidas provisórias, a que se vinculam por um claro nexo de acessoriedade e dependência. Se a instrução normativa, editada com fundamento no art. 100, I, do Código Tributário Nacional, vem a positivar em seu texto, em decorrência de má interpretação de lei ou medida provisória, uma exegese que possa romper a hierarquia normativa que deve manter com estes atos primários, viciar-se-á de ilegalidade" (Brasil, STF, Mello, 1990, p. 2).

Sob essa perspectiva, foram elaborados importantes estudos pela doutrina administrativista e tributária, tais como a questão do excesso de poder regulamentar ou da inovação da norma hierarquicamente inferior em relação ao conteúdo da norma superior, discutindo-se, em síntese, se a norma inferior inovou ou apenas explicitou ou regulamentou o que a norma superior já dizia.

3.1.1 *Aplicação do princípio da legalidade: o caso das alíquotas diferenciadas de IRPJ e CSLL para "serviços hospitalares"*

Os tribunais brasileiros analisaram diversos casos na seara do direito tributário que remontam ao conflito entre textos normativos de diferente hierarquia. No conflito entre *Lei* e *Instrução Normativa* da Receita Federal do Brasil, por exemplo, alega-se, via de regra, o *princípio da legalidade*, cuja potencial ofensa por meio do excesso de poder regulamentar é costumeiramente analisada pela jurisprudência nacional.

Como exemplo de aplicação do *princípio da legalidade* e da estrutura hierárquica do sistema de fontes do direito, e, em capítulo adiante, como pano de fundo para o questionamento sob o ângulo pragmático acerca da eficácia por si só de tais mecanismos, analisou-se o julgamento pelo Superior Tribunal de Justiça (STJ) do Recurso Especial (REsp) n. 951.251-PR.

Neste julgamento, discutiu-se, em síntese, a definição da expressão "*serviços hospitalares*" para fins de aplicação de redução da base de cálculo do Imposto de Renda para pessoas jurídicas (IRPJ) sob o regime de lucro presumido (de 32% para 8% da *receita bruta*) previsto no art. 15, § 1º, III, *a*, parte final, da Lei n. 9.249/1995, citado abaixo:

"Art. 15. A base de cálculo do imposto, em cada mês, será determinada mediante a aplicação do percentual de oito por cento sobre a receita bruta auferida mensalmente, observado o disposto nos arts. 30 a 35 da Lei n. 8.981, de 20 de janeiro de 1995.

"§ 1º. Nas seguintes atividades, o percentual de que trata este artigo será de:

"(...);

"III – trinta e dois por cento, para as atividades de:

"a) prestação de serviços em geral, exceto a de serviços hospitalares."

Ressalte-se que não serão analisados neste trabalho todos os argumentos e discussões enfrentados pelo STJ no julgamento do REsp 951.251-PR, mas apenas aqueles entendidos como definidores da controvérsia e relacionados ao tema deste trabalho. Assim, para uma visão completa sobre este julgamento, remete-se à leitura do inteiro teor do Acórdão do STJ e do originário proferido pelo TRF da 4ª Região.

A discussão ocorreu porque tão somente os serviços da ciência da medicina considerados como *hospitalares* teriam direito à aplicação da base de cálculo do IRPJ de 8% sobre a receita bruta. Todos os demais deveriam aplicar a base de cálculo de 32%.

Desta situação surgiu o conflito: ao Estado (União Federal), de um lado, enquanto Sujeito Ativo da relação jurídico-tributária, com vistas ao aumento de sua arrecadação, interessava primariamente restringir a noção de serviço hospitalar, para aumentar o número de contribuintes cuja base de cálculo do IRPJ – Lucro Presumido – seria 32% de sua receita-bruta. Aos contribuintes (especialmente as clínicas médicas e radiológicas no presente caso), de outro lado, na busca pela redução de seus custos, interessava a ampliação do conceito, para que um número maior de atividades pudesse ser considerado como *hospitalar* e ter como base de cálculo 8% de sua receita-bruta.

Nesse contexto, foram editadas sucessivas Instruções Normativas (INs) da Receita Federal, especificamente a 306/2003, a 480/2004 e a 539/2005, que buscaram atribuir *interpretação oficial* para a expressão *serviços hospitalares*.

A IN n. 539/2005, a última a ser editada, mesclou os conceitos e requisitos das INs anteriores e entendeu como *hospitalares* determinados serviços listados, conforme sua natureza. Além disso, "exigiu que a realização dessas atividades fosse feita por contribuinte que possuísse estrutura física capaz de internar pacientes" (Brasil, STJ, Meira, 2009, p. 21).

Os contribuintes entendiam, em suma, que o conceito expresso na IN restringiu em demasia o conceito legal, acabando por contrariá-lo.

A União Federal alegou em sua defesa que o conceito de *serviços hospitalares* seria exatamente aquele definido pela IN, ou, em outros termos, que a IN apenas explicitou o que já se podia depreender da própria lei. Enfim, não alegou que a IN seria hígida por si só, mas que o conteúdo normativo da lei seria exatamente aquele expresso na IN.

Em confirmação, pode-se observar no Relatório do Acórdão do STJ analisado que a ofensa ao dispositivo legal alegada pela União Federal perpetrada pelo Acórdão do TRF da 4ª Região decorreu justamente em razão de o Recorrido não possuir a estrutura física de um hospital, inclusive para a internação de pacientes, sendo que este é um dos principais requisitos da IN editada pela Receita Federal.

Na discussão na origem, o Tribunal Regional Federal (TRF) da 4ª Região, entendeu em resumo que "[a] IN/SRF n. 539/2005, no propósito de regulamentar o art. 15, inc. III, alínea *a*, da Lei n. 9.249/1995, extrapolou os limites que lhe são impostos, ao exigir o cumprimento de requisitos estranhos ao conceito de serviços hospitalares" (Brasil, TRF da 4ª Região, Soares, 2006).

No julgamento perante o STJ em sede de Recurso Especial foram considerados diversos elementos para a formação do entendimento da Corte. Entre eles, foi referida a questão do *princípio da legalidade*, e da supremacia da Lei sobre a Instrução Normativa, conforme se pode depreender dos trechos abaixo:

"Ora, o excesso é evidente. Como visto, o benefício instituído pela Lei 9.249/1995 teve em consideração o serviço prestado. A IN 480/2004, a pretexto de regulamentá-la, deixou em segundo plano as atividades a serem realizadas e preocupou-se em estabelecer condições a serem preenchidas pelos contribuintes (Brasil, STJ, Meira, REsp 951.251-PR, 2009, p. 20).

"(...).

"Assim, tendo em vista que a Lei 9.249/1995 não fez nenhuma exigência referente ao contribuinte que presta serviços hospitalares, não pode ato infralegal passar a exigi-lo. A pretexto de realizar-se uma interpretação restritiva da norma, não se pode transformar o benefício em subjetivo quando foi instituído em termos objetivos" (Brasil, STJ, Meira, REsp 951.251-PR, 2009, p. 25).

Ao final, em especial no que tange a este ponto da pesquisa, o STJ entendeu que: "De qualquer modo, as atividades que sejam consideradas serviços hospitalares para efeitos da tributação aqui tratada não se identificarão necessariamente com o que venha a ser dito pela Receita Federal em suas Instruções Normativas. Se assim o fosse a função constitucional do STJ de interpretar a lei federal estaria usurpada" (Brasil, STJ, Meira, REsp 951.251-PR, 2009, p. 26).

Nesse sentido, identifica-se neste Acórdão típico exemplo de construção no sentido de afastar a validade de uma Instrução Normativa (IN), em razão de divergência com o conteúdo normativo de uma Lei, norma superior. Como afirmado, esta solução toma como dogma a estrutura hierárquica piramidal do sistema de fontes, na forma como sintetizada por Kelsen (2003), e o *princípio da legalidade*, que se adota neste trabalho, de forma simplificada, como decorrência de tal sistema de fontes.

3.2 Incapacidade da estrutura piramidal para a resolução dos problemas complexos atuais

A interpretação de um texto normativo dito superior por um inferior integra o fenômeno da concretização (Ascensão, 2001), sem que se altere, em tese, o conteúdo do diploma hierarquicamente superior.

De forma geral, atribui-se vinculatividade do texto normativo inferior (uma instrução normativa ou mesmo uma sentença) que define/interpreta o conteúdo do superior (uma lei), sem prescindir da verificação de constitucionalidade e legalidade (Ascensão, 2001). Ainda que este ato inferior não possua o mesmo status hierárquico da fonte de direito interpretada, supostamente reduzindo sua força normativa, a definição e a interpretação por este ato lhe atribui grande efetividade fática.

Não se pode ignorar ainda a frequência legislativa em que o diploma superior prevê a possibilidade de ser interpretado pelo diploma inferior. A pirâmide kelseniana funciona abstratamente de forma perfeita nesta situação: o texto inferior busca seu fundamento de validade no superior, ou, sob outro ângulo, o texto superior atribui fundamento de validade ao inferior.

Esta profusão de normas de diferente grau, todavia, não se limita aos casos de delegação legislativa, pois não raras vezes os atos normativos inferiores definem conceitos presentes no superior, independentemente de autorização expressa.

Ainda assim, tenha ocorrido ou não delegação legislativa expressa, como aferir se o texto inferior é válido diante do superior? Tradicionalmente seria dito que o ato normativo é válido se estiver fundamentado no superior, ou se não contrariar seu conteúdo.

Entretanto, como apurar se o texto inferior contrariou ou não o superior, em especial na hipótese em que interpreta ou define o conceito de termos do ato superior?

A proposição fundamental deste trabalho é a incapacidade da estrutura piramidal para responder esta pergunta, pois a existência ou não de disposições divergentes entre as normas é o próprio conflito. Em outros termos, a teoria escalonada funciona de forma eficaz quando a contrariedade entre os textos normativos de diferente grau é flagrante. Todavia, é incapaz de solucionar conflitos em que se tem dúvida até mesmo da ofensa ou não da norma superior pela inferior, em razão de não se ter certeza nem mesmo do conteúdo de qualquer destas normas.

Quer-se dizer, portanto, que na solução de problemas de maior complexidade, a hierarquia das fontes pouco ajuda (Ascensão, 2001).

Toma-se trecho da obra de Neves (2007) como base para investigação da causa desta constatação: "Os aspectos semânticos e pragmáticos relacionam-se, porém, mutuamente: a ambiguidade e a vagueza da linguagem constitucional levam ao surgimento de expectativas normativas diferentes e contraditórias perante os textos normativos; por outro lado, as contradições de interesses e de opiniões ente expectantes e agentes constitucionais fortificam a variabilidade da significação do texto constitucional. Somente sob as condições de uma unidade de interesse e concepção do mundo, as questões constitucionais perderiam sua relevância semântico-pragmática, para se tornarem primariamente questões sintáticas, orientadas pelas regras da dedução lógica e da subsunção. Mas tal situação é seguramente incompatível com a complexidade da sociedade moderna" (Neves, 2007, p. 87).

Relacionando-se a passagem citada acima com o objeto desta pesquisa, entende-se que a causa da incapacidade das pretendidas soluções tradicionalmente aplicadas para a solução de um problema concreto, em especial na situação que tem como elemento o conflito entre normas de diferente grau em que a inferior interpreta ou tenta interpretar a superior, é justamente em razão de a solução com base na teoria escalonada ser procedimentalmente realizada sob viés exclusivamente sintático, que acaba recaindo em discussões meramente linguísticas.

A solução jurídica, em especial nos conflitos normativos, não é capaz de ser encontrada exclusivamente por meio de processos lógicos do tipo "a instrução normativa X decorreu ou não da lei Y", porquanto o conflito é o próprio significado e o conteúdo do ato interpretado.

Assim, pouco adianta avaliar sob uma ótica exclusivamente *sintática* se determinada lei ou instrução normativa é inválida em razão de não possuir fundamento de validade na norma hierarquicamente superior sem que se investigue e se conclua acerca de seu próprio conteúdo, o que deve ser realizado sob uma perspectiva *semântico-pragmática*.

A *metalinguagem*, que pode ser tanto uma decisão judicial quanto outra norma, é efetivamente relevante no processo de concretização da *linguagem objeto* (Neves, 2008).

Portanto, embora ajude (a norma superior, em tese, prevalecerá), a estrutura hierárquica piramidal, da forma como posta por Kelsen (2003) não consegue solucionar a questão objeto deste trabalho de modo eficaz.

Em verdade, coloca-se em xeque a própria estrutura piramidal do sistema da forma como atualmente posta. Embora seja bastante relevante para manter a coesão do sistema, ela não mais dá conta da complexidade da legislação e da sociedade atual. A respeito, vale mencionar Ferraz Jr. (2003b), segundo o qual, nada obstante o princípio da legalidade, colocado como regra estrutural do sistema, tem se notado que:

"Apesar disso, é conhecido o problema do moderno Estado-gestor que, em face da complexa celeridade das transformações econômicas, acaba por contrariar aquela restrição, produzindo, no rol das normas regulamentadoras, prescrições que ou são incompatíveis ou extrapolam as limitações legais. Isto, ademais, não ocorre apenas com os decretos, mas também com outros atos normativos do Executivo, como as portarias (atos administrativos ministeriais que estabelecem normas, em princípio, de eficácia individual e apenas para órgãos da administração), instruções (atos administrativos internos que vinculam no âmbito de órgãos) etc.

"Na verdade, o advento e o crescimento do Estado-gestor tornou muito mais complexa a legislação como fonte do direito. Se no início ela pôde-se restringir à produção de leis, hoje abarca um rol enorme de atos, como resoluções, regimentos, instruções normativas, circulares, ordens de serviço, etc. que, em tese (liberal), deveriam estar subordinados às leis enquanto expressão da vontade do povo, mas que, na prática, implodem a chamada estrutura hierárquica de fontes" (Ferraz Jr., 2003b, p. 236).

Conforme se notou supra na explicitação da estrutura circular (Ferraz Jr., 2003b) ou de hierarquia entrelaçada (Neves, 2007) do sistema de fontes do direito, estabelecida sob um prisma eminentemente *pragmático*, o fato é que os Tribunais de modo geral (STF, STJ, etc.), ao definirem o conceito, ao interpretarem, acabam constituindo as normas individuais e concretas por ele emitidos com a qualidade de *metalinguagem*, que, ao definir o conteúdo da *linguagem-objeto* (Constituição, Leis, etc.), acabam tendo força hierárquica superior à norma superior que interpretaram.

O mesmo raciocínio pode, em linhas gerais, ser aplicado ao Poder Executivo, abrangendo todo o feixe de normas por ele emanadas, lembrando-se que, segundo a estrutura escalonada do sistema de fontes, todas estas normas estão em grau hierárquico inferior à Constituição ou à legislação ordinária.

Com efeito, por meio da interpretação atribuída à norma superior pelo regulamento, em fórmula com estrutura do tipo "*para os fins previstos na expressão X do art. Y da Lei A, considera-se como X aquele que Z*", tal como regularmente utilizada em Instruções Normativas (INs) da Receita Federal do Brasil, inclusive as INs 306/2003, 480/2004 e 539/2005, o Executivo, da mesma forma, transforma o texto superior em *linguagem-objeto* em relação às suas normas (*metalinguagem*), invertendo faticamente a hierarquia abstratamente concebida.

Ainda que o cidadão (contribuinte) sinta-se lesado com a significação imposta pelo Executivo, e recorra ao Poder Judiciário, a incapacidade da estrutura escalonada restará mantida, uma vez que não ocorrerá a coerção da vontade da norma superior pelo Judiciário, mas sim a imposição pelo Judiciário do que entende como significado desta norma (*linguagem-objeto*).

Portanto, a hierarquia escalonada entre as diversas classes de normas perde sentido, pois, embora normas regulamentadoras e decisões judiciais estejam vinculados aos enunciados legislativos (Constituição e Lei, por exemplo), "é evidente que a interpretação-aplicação jurisdicional e a execução rearticulam o sentido do texto legislativo" (Neves, 2008, p. 187).

3.2.1 *Exemplo/constatação desta incapacidade no caso das alíquotas diferenciadas de IRPJ e CSLL para "serviços hospitalares"*

O próprio julgamento pelo STJ do REsp 951.251-PR, analisado em item acima pode ser tomado como um exemplo da ineficácia da estrutura piramidal para a solução de conflitos semelhantes a este.

Mostrou-se propositalmente este julgamento como exemplo de aplicação de um dos principais mecanismos existentes com base na estrutura hierárquica escalonada: o princípio da legalidade.

Entretanto, a análise aprofundada do inteiro teor deste Acórdão mostra que, nada obstante a utilidade da afirmação do princípio da legalidade, em especial para atestar a norma válida a ser aplicável ao caso (a Lei n. 9.249/1995, e não suas Instruções Normativas), o ponto central para a solução do conflito pelo STJ foi o raciocínio interpretativo circular feito por seus julgadores, embora a teoria exposta nesta pesquisa não tenha sido referida no julgado.

O foco daquela discussão foi essencialmente o conteúdo e o alcance da expressão "*serviços hospitalares*", presente no art. 15, § 1º, III, *a*, parte final, da Lei n. 9.249/1995, na redação anterior à Lei n. 11.727, de 23 de junho de 2008.

A União Federal (Fazenda Nacional) defendeu que o conceito de serviços hospitalares seria exatamente aquele disposto na Instrução Normativa n. 480/2004, com redação alterada pela IN n. 539/2005. Este é um claro exemplo de entrelaçamento de hierarquia. Conquanto a Lei n. 9.249/1995 seja hierarquicamente superior, a IN n. 480/2004, por definir o conteúdo e alcance de suas expressões, acabou por lhe fazer as vezes. Reitere-se, novamente, que este tipo de regulamento possui algum grau de vinculação, ainda que fático, pois orienta a autoridade competente para efetuar e rever o lançamento tributário.

A ofensa legal apontada pela União Federal neste Recurso Especial foi, em verdade, ofensa ao conteúdo da Instrução Normativa, já que argumentou que os conteúdos são idênticos.

O Superior Tribunal de Justiça, por outro lado, atribuiu seu próprio conceito à expressão legal "*serviços hospitalares*". Vide, por exemplo, trecho do Voto do Ministro Relator Castro Meira (2009): "Em conclusão, por serviços hospitalares compreendem-se aqueles que estão relacionados às atividades desenvolvidas nos hospitais, ligados diretamente à promoção da saúde, podendo ser prestados no interior do estabelecimento hospitalar, mas não havendo esta obrigatoriedade. Deve-se, por certo, excluir do benefício simples prestações de serviços realizadas por profissionais liberais consubstanciadas em consultas médicas, já que essa atividade não se identifica com as atividades prestadas no âmbito hospitalar, mas, sim, nos consultórios médicos" (STJ, Meira, REsp 951.251-PR, 2009, p. 25).

A Ministra Eliana Calmon (2009, pp. 45 e 46) também definiu seu conceito para *serviços hospitalares*, que, no geral, assemelha-se ao proposto pelo Ministro Castro Meira.

O voto-vista da Ministra Eliana Calmon é especialmente útil para ilustrar a correspondência da estrutura circular do sistema de fontes à realidade, pois não foi construída uma decisão judicial por meio de um processo de concretização linear e unidirecional. Ao contrário, verificou-se em sua argumentação a existência de vários centros produtores de direito, organizados a partir de situação concreta e concatenados por critérios pragmáticos (Ferraz Jr., 2003a, p. 66).

Para descrever o conteúdo e sentido da expressão legal "*serviços hospitalares*", construindo a norma para o caso concreto, a Ministra Eliana Calmon utilizou-se de norma até então estranha à discussão, mas intimamente relacionada ao conteúdo discutido, que foi a Resolução da Agência Nacional de Vigilância Sanitária (Anvisa) do Ministério da Saúde n. 50, de 21 de fevereiro de 2002.

Observou-se, aqui, portanto, uma norma inferior não relacionada diretamente ou linearmente com o caso auxiliando na definição de expressão legal pelo órgão judiciário. Assim, à semelhança do que é trabalhado na teoria da interpretação (Bustamante, 2005), o texto legal é apenas o ponto de partida para a construção do sentido da norma.

Além disso, para enfatizar a inexistência de degraus estanques ou mesmo o entrelaçamento hierárquico, vale ressaltar que o STJ também fundamentou sua decisão com base em norma constitucional (superior).

Larenz (1997, p. 287) menciona o grande alcance deste tipo de pensamento sob uma estrutura circular na jurisprudência. Embora utilizado, não é tematizado como tal (Ferraz Jr., 2003a, p. 66).

3.3 Proposta de utilização/consideração da estrutura circular como método para resolução de conflitos tributários entre lei e atos infralegais

Admitindo-se o sistema de fontes do direito sob uma estrutura circular ou de hierarquia entrelaçada, importa considerar que, sem se negar a subordinação do texto legal inferior (*v.g.*, regulamentos ou decisões judiciais) ao superior (Constituição e lei, por exemplo), este também se subordina àquele na exata medida em que lhe é atribuída interpretação do que até então era um texto, e não uma norma (Neves, 2008, p. 191).

Assim, considerando-se a relativização da hierarquia escalonada ou piramidal, propõe-se que a busca pela solução no caso concreto se dê por meio da autorreferência de conteúdo.

Dito de outro modo, há que se verificar a compatibilidade entre os dois diplomas aparentemente conflituosos investigando-se tanto o conteúdo do texto superior quanto do texto inferior, utilizando-se da *"estrutura circular" do compreender*, tal como proposta por Larenz (1997, p. 286).

Não se pretende aqui institucionalizar a subversão da hierarquia. Apenas se propõe que a verificação de validade considere o conteúdo dos textos conflituosos, ultrapassando-se de critérios meramente sintáticos para que sejam desenvolvidos métodos semântico-pragmáticos.

Em última análise, com a necessidade de configuração de uma nova estrutura normativa, depreende-se que os textos normativos inferiores não têm sido utilizados de forma eficaz, possibilitando o avanço de sua força normativa. O aprimoramento da estrutura circular pode contribuir para o desenvolvimento de novos meios de controle de tais enunciados normativos.

4. Considerações finais

Conforme se pode notar por todo o trabalho, responde-se à pergunta problema objeto desta pesquisa no sentido de que o sistema hierárquico piramidal ou escalonado por si só não tem conseguido solucionar de modo eficaz os conflitos normativos em que a norma inferior interpreta ou tenta interpretar a norma superior.

Desta forma, com base nestas ideias, infere-se que o processo de concretização não pode ser efetivado sob um prisma meramente sintático, em especial na hipótese em que diversos enunciados normativos são relevantes para a solução de um conflito. A solução jurídica não é desenvolvida como se fosse um processo lógico, linear e unidirecional (do maior para o menor, do abstrato para o concreto, do superior para o inferior, etc.), mas sim com base na análise/interpretação do próprio conteúdo posto em discussão.

Portanto, entende-se como adequada a proposta de utilização da estrutura circular ou de hierarquia entrelaçada do sistema do ordenamento jurídico como instrumento de colaboração para a resolução deste tipo de problema.

A consideração da estrutura circular implica, em síntese, em um sistema dinâmico, com várias normas fundamentais, e de referência mútua entre os conteúdos das normas de diferente grau. Em especial nos conflitos normativos, tais características significam a verificação circular do conteúdo de todas as normas relacionadas ao problema posto.

Assim, embora óbvia, a proposição de verificação do sentido dos textos normativos postos em conflito é relevante, pois, embora o sistema do ordenamento jurídico seja melhor representado por uma estrutura circular, ainda carece de métodos eficazes de controle normativo, que não têm sido eficazmente instituídos sob uma estrutura piramidal.

Com efeito, restou evidente a subordinação do texto interpretado (superior) à norma que o interpreta (inferior). Tendo como base a estrutura circular, propõe-se que o sentido seja aferido considerando tanto o conteúdo do texto superior quanto do inferior, sem que isso implique em institucionalização da subversão da hierarquia. Vale muito mais como aferição do sentido.

Deste modo, é compreensível a referência circular às diversas normas do sistema no processo de concretização. Mas há que se fazer isto de forma clara, com método eficaz de controle.

Entretanto, não se desenvolveu neste trabalho um procedimento metodológico pronto, o que é um desdobramento futuro para outras pesquisas com base nesta.

Emerge, desta forma, a importância desta pesquisa, que é justamente sua utilidade prática. É importante o reconhecimento de como efetivamente acontece para melhor sistematização e regulamentação, criando-se parâmetros metodológicos para que o processo de concretização sob uma estrutura circular não se configure em abuso de poder daqueles não legitimados para tal.

5. *Referências*

ASCENSÃO, José de Oliveira (2001). *O Direito: Introdução e Teoria Geral*. 2ª ed. Rio de Janeiro, Renovar.

BRASIL. Tribunal Regional Federal da 4ª Região (2ª Turma). Apelação em Mandado de Segurança n. 2005.70.01.005630-0-PR. Rel. Desembargador Federal Dirceu de Almeida Soares, j. 20.6.2006, *DJe* 19. 7.2006. Inteiro teor disponível em *http://www.trf4.gov.br/trf4/processos/visualizar_documento_gedpro.php?local=trf4&documento=1263756&hash=b70438afe7b0bced00979e01a69b44eb*, acesso 25.6.2010.

______. Superior Tribunal de Justiça (1ª Seção). Recurso Especial n. 951.251-PR. Rel. Ministro Castro Meira, j. 22.4.2009, *DJe* 3.6.2009, ed. n. 376, pp. 542-543. Votos-vistas dos Ministros Eliana Calmon, Denise Arruda e Teori Albino Zavascki. Inteiro teor disponível em *https://ww2.stj.jus.br/revistaeletronica/ita.asp?registro=200701102360&dt_publicacao =03/06/2009*, acesso 5.5.2010.

______. Supremo Tribunal Federal (Tribunal Pleno). Agravo Regimental na Ação Direta de Inconstitucionalidade n. 365. Rel. Ministro Celso de Mello, j. 7.11.1990, *DJ* em 15.3.1991, p. 2.645, ementário vol. 1.612-01, p. 17. Voto-vista do Ministro Marco Aurélio. Inteiro teor disponível em *http://redir.stf.jus.br/paginador/paginador.jsp?docTP=AC&docID=363403*, acesso 23.8.2010.

BUSTAMANTE, Thomas da Rosa de (2005). *Argumentação* ***Contra Legem***: *a Teoria do Discurso e a Justificação Jurídica nos Casos Mais Difíceis*. Rio de Janeiro: Renovar.

CARRAZZA, Roque Antonio (1981). *O Regulamento no Direito Tributário Brasileiro*. São Paulo, Ed. RT.

FERRAZ JR., Tercio Sampaio (2003a). *A Ciência do Direito*. 2ª ed. São Paulo, Atlas.

______ (2003b). *Introdução ao Estudo do Direito*. 4ª ed. São Paulo, Atlas.

JUSTEN FILHO, Marçal (2010). *Curso de Direito Administrativo*. 5ª ed. São Paulo, Saraiva.

KELSEN, Hans (2003). *Teoria Pura do Direito*. Trad. João Baptista Machado. 6ª ed. São Paulo, Martins Fontes.

LARENZ, Karl (1997). *Metodologia da Ciência do Direito*. 3ª ed. Trad. José Lamego. Lisboa, Fundação Calouste Gulbenkian.

MACHADO, Hugo de Britto (2001). *Curso de Direito Tributário*. 19ª ed. São Paulo, Malheiros Editores.

MELLO, Celso Antônio Bandeira de (2010). *Curso de Direito Administrativo*. 27ª ed. São Paulo, Malheiros Editores.

NEVES, Marcelo (2007). *A Constitucionalização Simbólica*. 2ª ed. São Paulo, Martins Fontes.

______ (2008). *Entre Têmis e Leviatã: uma Relação Difícil: o Estado Democrático de Direito a Partir e Além de Luhmann e Habermas*. 2ª ed. São Paulo, Martins Fontes.

OTTO, Ignacio de (1987). *Derecho Constitucional – Sistema de Fuentes*. Barcelona, Ariel.

ESTUDOS & COMENTÁRIOS

A META-INTERDISCIPLINARIDADE

LUCIANO DE ALMEIDA PEREIRA

Mestre em Direito Tributário pela PUC/SP. Especialista em Direito Tributário pelo IBET. Especialista em Teoria Geral do Direito pelo IBET. Conselheiro Julgador do Conselho de Tributos e Multas de São Bernardo do Campo – CTM (Secretaria de Finanças) desde 2006. Membro efetivo da Comissão de Direito Tributário da OAB/SP. Professor de Direito Tributário do Curso de Pós-Graduação *lato senso* da PUC/SP. Professor de Direito Tributário do Curso de Pós-Graduação *lato senso* do IBET. Professor de Direito Tributário e Lógica Jurídica da Universidade São Francisco. Advogado Tributarista em São Paulo.

Introdução. 1. Metaciência. 2. A meta-interdisciplinaridade: uma concatenação de ciências maiores: 2.1 Linguagem; 2.2 Semiótica; 2.3 Teoria dos Valores; 2.4 A fusão entre a Semiótica/Semântica e a Teoria dos valores. 3. Teoria dos Sistemas. 4. Teoria do Caos. 5. Conclusão.

Introdução

A produção científica é resultado de uma vontade. Opera-se na medida em que o cientista se interessa por um elemento cultural, metafísico, ideal ou real[1] e, a partir de então, passa a estudá-lo.

Com isso o ser cognoscente, que já escolhera seu objeto de estudo, faz um corte metodológico[2] e arbitrário[3] delimitando-o e dando-lhe a exata amplitude dos resultados que pretende colher após perlustrar seu caminho de estudo.

Justamente neste átimo emerge a importância do tema. Notamos que quando o labor do exegeta tem início, uma gama de disciplinas de sobrenível se concatena de forma automática e infalível na psique deste. Isto se dá sem que este se aperceba de tal processo e, independentemente do caminho metodológico escolhido, a meta-interdisciplinaridade mostrar-se-á presente. Vejamos por que:

1. Metaciência

Em brevíssima síntese, *metaciência*[4] é signo utilizado para se referir às ciências de sobrenível; ciências de supina hierarquia que, por assim serem, se postam acima de todas as demais.

Nesse diapasão, influenciam diretamente todo ramo do saber espraiando suas

1. Paulo de Barros Carvalho, *Direito Tributário – Linguagem e Método*, Noeses, p. 15.

2. O corte metodológico é resultado de uma metodologia de trabalho. Lembremos, por oportuno, que metodologia, consoante dicionários de nosso vernáculo, se traduz na aplicação de um método.

3. Se a aplicação do método investigativo é inata a cada ser cognoscente, deve este ser necessariamente arbitrário, porquanto, neste contexto, o símbolo assuma a tradução do livre arbítrio investigativo.

4. Trata-se de nomenclatura por nós escolhida por entender que, didaticamente, supre os anseios explicativos que o tema suscita.

cargas axiológicas ainda que o ser cognoscente não note sua ação.

Há de se atentar, no entanto, que metaciência é vocábulo utilizado para dirigir-se não a um ramo científico em especial, mas para todos aqueles que se postem em patamar excelso. Daí, então, asseverar que são de sobrenível.

A Teoria da Linguagem, que inspira o Construtivismo Lógico Semântico, nos dá a noção de que o mundo se manifesta irrefragavelmente por intermédio da linguagem.[5] Nesta seara, nota-se que a linguagem divide-se, também, em níveis; ocupam patamares. Uma metaciência manifesta-se por intermédio de uma metalinguagem, considerando metalinguagem, neste contexto, uma linguagem que fala de outra linguagem; sempre terá, portanto, uma linguagem objeto. Daí surge, então, a assertiva de que ocupa lugar de nível superior.

Depreende-se dessa reflexão, que qualquer evento do mundo social, que como já explicitado manifestar-se-á através de linguagem, terá uma linguagem apta a lhe relatar (*metalinguagem*) de sorte que, por assim ser, esta será linguagem objeto daqueloutra.

Esse processo repetir-se-á (*linguagem objeto sendo descrito ou investigado pela metalinguagem*) até que se chegue ao nível máximo de linguagem: a linguagem da Filosofia, ou por outro giro, a linguagem cujo Filosofia se utiliza para se manifestar.

Paulo de Barros Carvalho,[6] no seu famigerado *Curso de Direito Tributário* traz essa noção ao separar, em níveis hierárquicos, a Linguagem da Lógica Jurídica, as Linguagens da Teoria Geral do Direito e da Ciência do Direito e a Linguagem do Direito Positivo.

À Linguagem da Lógica Jurídica atribui caráter unívoco. No que tange às Linguagens da Teoria Geral do Direito e da Ciência do Direito, apregoa serem linguagens de natureza eminentemente científica, colocando-as em mesmo patamar hierárquico. Por derradeiro, predica que a Linguagem do Direito Positivo (*linguagem prescritiva*) tem caráter técnico.

Embora o objetivo precípuo do doutrinador acima destacado tenha sido demonstrar a formalização e desformalização da linguagem, clarifica como se dá a sobreposição destas.

Entretanto, a ideia que temos acerca da sobreposição das ciências e, por consequência, das linguagens,[7] aplicando ao direito, se dá da seguinte forma:

FILOSOFIA (Ciência primeira; célula máter do saber)
META-INTERDISCIPLINARIDADE (Lógica, Semiótica, Teoria dos Valores, Teoria dos Sistemas, Teoria do Caos, Teoria da Comunicação...)
TEORIA GERAL DO DIREITO (Lógica Jurídica, Filosofia do Direito, Teoria das Normas Jurídicas...)
CIÊNCIA DO DIREITO (Ciência do Direito Tributário, Ciência do Direito Penal, Ciência do Direito Civil e doravante)
DIREITO POSITIVO (Textos legais)

5. Repisemos, por oportuno, que tomamos o signo linguagem na acepção básica de sua semântica: toda e qualquer forma de comunicação.

6. Paulo de Barros Carvalho, *Curso de Direito Tributário*, 22ª ed., Saraiva, p. 39.

7. Utilizamos, neste átimo, o vocábulo "linguagem" porque, como oportunamente dito, o mundo se manifesta através desta. Se assim, as ciências também se valem deste expediente.

Nessa perspectiva, nota-se que a sobreposição das linguagens vai da Filosofia, que ocupa o cume hierárquico no que se refere a níveis de linguagem, até chegar ao Direito Positivo,[8] efetivando sempre uma relação de metalinguagem de uma para com a outra.

Considerando o quadro expositivo acima destacado, nota-se, num olhar mais detido, uma imbricação entre ciências de mesmo grau, postas logo após a Filosofia, formando, pois, o que denominamos de ***meta-interdisciplinaridade***.

Este, pois, é o ponto que nos interessa de agora em diante.

2. A meta-interdisciplinaridade: uma concatenação de ciências maiores

Como salientado no tópico predecessor, às ciências de nível superior em relação ao seu objeto é designada a nomenclatura *metaciência*. De igual sorte dissemos que estas, na faixa que chamamos de *meta-interdisciplinaridade*, se interligam numa fração ideal. Expliquemos:

Toda ciência, por mais pragmática que seja há de se valer de um pórtico que lhe dê fundamento de validade. Utiliza-se de um feixe teórico que a norteie e justifique os resultados colhidos.

Desta sorte, a Matemática, a Física, a Biologia, a Teoria do Caos, a Teoria dos Sistemas, enfim, todas, têm uma teoria geral de si própria como elemento basilar que lhe confere um nascedouro legítimo e apto a atribuição segura e coerente de resultados empíricos.[9]

Pode-se falar, então, que todo ramo cientifico observa, num maior ou menor grau, uma parcela absolutamente teórica. Ciências exatas como a Matemática, por exemplo, abarca um campo onde reside uma acentuada carga teórica que justifica logicamente seus objetivos e os demonstra através de cálculos vários; a Física, que estuda os fenômenos naturais, de igual feita se porta. E nesse compasso anda todo campo de cognição.

Antes de trazer seus instrumentos de natureza prática, recorta seu objeto de análise, justifica as medidas tomadas, embasa seus trâmites por meios teóricos e, após isto, envereda para o campo empírico.

Essa faixa teórica que serve e arrimo para toda e qualquer ciência, que justamente por isso antecede as ações pragmáticas, é de certa forma, moldável e adaptável a ciências que originalmente não lhes pertence. É a fração ideal a qual nos referimos alhures.

Desta feita, a Teoria Geral da Matemática pode ser importante objeto de apoio para o desenvolvimento de um significativo estudo na seara das Ciências Contábeis, por exemplo; a Física, com sua teoria geral, pode ser de igual sorte, determinante para a demonstração de uma conclusão de um estudo efetuado no campo jurídico e assim por diante.

Isso só é possível, notemos, porque essa *Teoria Geral* que toda e qualquer ciência demonstra ter é de *sobrenível*. Aloja-se na faixa outrora denominada de *meta-interdisciplinaridade*.

Origina-se de uma linguagem maior e absoluta, qual seja a Filosofia Clássica e, daí em diante interliga-se e espraia seus efeitos a campos independentes[10] da ciência servindo-lhes de sustentáculo.

Todavia, por ser de sobrenível não há de se pretender que seja uma fração de meta-interdisciplinaridade direcionada exclu-

8. O Direito Positivo ocupa, aqui, a base do gráfico porquanto estejamos estudando ciências de natureza jurídica. Assim, mudando o foco científico, outra modalidade de linguagem poderá ocupar tal lugar.

9. Vale salientar que todas as ciências, imediata ou mediatamente, buscam fundamento de validade na Filosofia.

10. Consideramos que a independência das ciências, neste caso, se dá justamente por serem hierarquicamente inferior às linguagens que lhe dão sustento.

sivamente para um único ramo epistemológico. Inapelável é a assertiva de que há uma harmonia natural que atrai a metalinguagem e sua linguagem objeto; configura-se, porém, um lamentável engano asseverar que essa atração redunda numa exclusividade ou que uma linguagem que atua como premissa para um campo epistemológico não sirva, também, para outro. Daí a concatenação que vimos repisando.

A intersecção da meta-interdisciplinaridade opera-se da seguinte forma:

Quadro exemplificativo

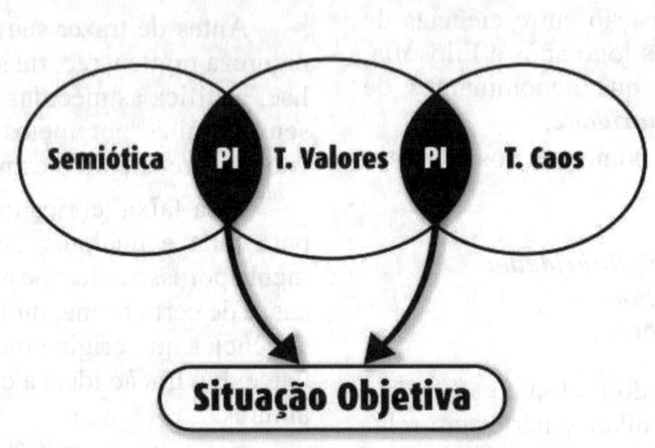

No momento em que se entrelaçam, notamos que há um terreno de concatenação formando um campo comum entres duas ou mais ciências que ali se encontraram. Atentando ao gráfico supra, vislumbra-se que a Semiótica se interliga com a Teoria dos Valores que, por derradeiro, se interliga com a Teoria do Caos.[11]

Ao se formar essa faixa comum, resultado de uma interligação, percebemos uma zona de confluência que, por opção metodológica, denominamos de ponto de intersecção.

Essa intersecção se dá não no total de postulados de cada ciência, mas, justamente, naquela fração ideal que oportunamente trouxemos à baila. Destarte, os elementos que dão base à Semiótica, por exemplo, não necessitarão serem utilizados na sua totalidade; valemo-nos apenas de uma parcela minimamente necessária, mas suficiente para não comprometer o rigor lógico do trabalho.

O mesmo se diga de todas as demais ciências. O que ocorre na meta-interdisciplinaridade é a interligação de elementos que servem de fundamento de validade para as ciências ali coligadas.

Desta forma, o sustentáculo não se dá em uma ciência superior, mas, sim, em uma gama delas as quais atribuíram à nomenclatura de ***meta-interdisciplinaridade***.

A guisa de exemplo atentemos ao "direito". Se como oportunamente dito, tudo se manifesta através da linguagem, com o direito assim também será.

Manifesta-se por intermédio da linguagem idiomática, escrita ou falada, possibilitando u'a comunicação. Gravados fisicamente no papel, os enunciados prescritivos, que já têm um mínimo axiológico trazido pelos contextos histórico e social, bem como pelo sistema jurídico pátrio, ficam à espera de uma valoração parcial

11. Reforcemos que as ciências destacadas perfazem um rol absolutamente ilustrativo. Podem se dar entre duas ou mais modalidades de ciências e, de igual feita, se dar entre outras modalidades científicas já que há de variar de acordo com o intérprete.

(*complementar, portanto*) que será efetuada pelo exegeta.

Atentando a esse processo, nota-se que o intérprete percorre um caminho psíquico, contudo, inconsciente. A meta-interdisciplinaridade demonstra e justifica esse trâmite, conferindo robustez ao resultado desse advindo. Vejamos:

2.1 Linguagem

No seu significado primeiro, linguagem é toda e qualquer forma de comunicação. Dicionários de nosso idioma indicam a ideia de *expressão do ensinamento pela palavra, pela escrita ou por meio de sinais; o que as coisas significam* dentre outras possibilidades.

Com isso, toda e qualquer manifestação fenomênica dar-se-á por intermédio de linguagem e, de igual feita resultará em linguagem.

No que se refere ao direito, as análises, as investigações científicas operar-se-ão sobre o texto de Direito Positivo que, também, se manifesta linguisticamente.

A ciência da linguagem, por excelência, é a Semiótica. Aparece, então, a primeira ciência que se mostrará, ao se ligar com outras da mesma lavra, como um conjunto de ciências de nível maior prontas a servir de sustento às investigações científicas; noutro dizer, a primeira a compor a meta-interdisciplinaridade.

2.2 Semiótica

Em singela definição, Semiótica, proveniente do grego *semeiotiké*, é a ciência dos signos; se ocupa das representações dos objetos do mundo que estão em nossa mente; se atém aos elementos ajuizados na mente do indivíduo.

Por isso se mostra importante instrumento para compreensão e interpretação de linguagens várias de maneira lógica e precisa.

A Semiótica, *in suma*, se vale de um instrumento nominado de "triângulo semiótico" para a efetivação do seu processo interpretativo. Utilizando as nomenclaturas de Edmund Husserl, tem-se, na Semiótica, um suporte físico que formará um juízo na mente do ser cognoscente.

A esse objeto, Husserl chamara de "significação". Sua proposição, ou seja, a verbalização desse juízo chamara de "significado". Temos, então, o triângulo semiótico na sua completude. Vejamo-lo graficamente:

Significação

Δ

Suporte físico — Significado

Para melhor compreender o referido triângulo, tomemos como exemplo o objeto vaso. Determinado sujeito depara-se com este objeto e sobre ele inclina suas atenções. Pronto, daí em diante este se torna um objeto de análise postando-se como um suporte físico.

Imediatamente a imagem deste objeto se reflete na mente do indivíduo. Temos neste instante a aparição da significação. Em seguida o sujeito propala: "*trata-se de um vaso!*".

Ao efetivar tal assertiva profere o significado encerrando, pois, o triângulo semiótico linhas acima mencionado.

Neste caso, a triangulação semiótica se dera da seguinte forma:

Significação
(imagem do vaso refletida na mente do intérprete)

Δ

Suporte físico (vaso) — Significado (afirmação de que se trata de um vaso)

O triângulo semiótico, por ser um instrumento da Semiótica que, como já dito, é a ciência da comunicação, é aplicado para qualquer forma de linguagem, inclusive à linguagem idiomática que, por sinal, é a utilizada no direito.

Nesse diapasão, ao se examinar qualquer texto jurídico, seja positivo ou científico, o caminho interpretativo processar-se-á da mesma forma.

Teríamos então:

Significação
(interpretação instalada na mente do intérprete)

Δ

Suporte físico (texto jurídico) — Significado (propalação das ideias obtidas)

Com efeito, o signo símbolo é, em verdade, a palavra, o vocábulo. Nesse contexto, havemos de trazer à colação a Semântica por ser o capítulo da linguística que trata especificamente da variação significativa da mesma. Vejamo-la:

2.2.1 *Semântica*

Em resumo, a Semântica, uma derivação de sema, concerne ao estudo do significado das palavras, buscando, com isso, exaurir todos os sentidos do termo.

De se notar, não raramente faz contraponto com a Sintaxe, que também é um dos componentes da Semiótica, posto que a Semântica ocupa do significado de um dado vocábulo, ao passo que, aqueloutra, se atém as estruturas ou padrões formais do modo como esse algo é expresso.

Por conta disso, ao falarmos de símbolo, defendemos a ideia de que havemos de falar de triângulo semântico e não triângulo semiótico. Assim, o suporte físico palavra (que é a representação gráfica de um objeto) induz à formação de uma imagem representativa na mente do intérprete e, por derradeiro, externa, este, sua impressão. Vejamos o exemplo:

Significação
(formação de uma imagem representativa)

Δ

Suporte físico (palavra) — Significado (verbalização do juízo formado)

Se nos concentrarmos sobre a palavra "***carteira***", por exemplo, o processo ocorreria da seguinte forma:

Significação
(formação de uma imagem representativa)

Δ

Suporte físico (carteira) — Significado (verbalização do juízo: objeto para guarda de documentos)

Com efeito, as palavras, como de geral conhecimento, são polissêmicas. Destarte, ao mesmo signo várias acepções significativas poderão ser atribuídas. Variará de acordo com o sujeito que efetuar a interpretação.

Nessa seara, o mesmo processo interpretativo, ao seu cabo, poderá colher como significado um banco de escola e não um objeto que porte documentos já que ambos podem receber o nome de "carteira". Pode, ainda, à mesma palavra atribuir o significado de rol de clientes já que a tal símbolo podemos de igual feita, nos valermos para se referir a uma dada "carteira de clientes". Fica inteiramente ao talante do ser cognoscente.

Dessa forma, podemos concluir que interpretar se afeiçoa ao ato de valorar. Ao objeto de análise (*suporte físico*) quando o interpretamos ou quando a ele atentamos percorrendo, pois, o triângulo semiótico ou semântico dependendo do tipo de signo em questão, nada mais fazemos que atribuir um valor. Notemos que neste momento temos a intersecção da Semiótica ou da Semântica com a Teoria dos Valores no exato momento em que terminamos o processo de interpretação semiótica (*triângulo semiótico*) ou processo de interpretação semântico (*triângulo semântico*). Vejamos por que:

2.3 Teoria dos Valores

A Teoria dos Valores se ocupa do ato de atribuir valores aos objetos. Em que pese às características do objeto, o indivíduo ao valorá-los considera, inexoravelmente, sua atmosfera semântica, sua carga empírica, os contextos histórico e social em que está inserido e, por fim, sua carga emotiva no momento da valoração.

2.3.1 *Atmosfera semântica*

Havemos de entender a atmosfera semântica como o nível e qualidade vocabular que o sujeito observa. Talvez seja destes elementos o que mais traga carga de erudição no processo valorativo.

Trazer consigo um maior ou menor cabedal de conhecimento vocabular mostra-se determinante para valorar de uma forma ou de outra os mais variados objetos da vida.

Devemos observar que ao falarmos de nível de vocabulário não implica dizer quantidade vocabular, até porque tal medição não se mostra possível. O que se considera são o volume aproximado e o tipo de linguagem, o tipo de conhecimento do ser cognoscente.

Um sujeito que estudou até o quarto ano primário tem uma forma de valorar diametralmente inversa àquele que possui grau de livre docência, por exemplo. Suas atmosferas semânticas são flagrantemente diversas.

É verdade, também, que dois livre docentes não terão a mesma forma de valorar algo por mais que se assemelhem, afinal, embora gozem de títulos acadêmicos de mesma estofa, um pode advir das ciências biológicas e outro das humanas. E mesmo que procedam do mesmo campo de conhecimento, as diferenças de impressões e conclusões perdurarão.

Seguindo nesse compasso, imaginemos dois indivíduos professando Teoria das Normas num curso de Teoria Geral do Direito. Consabidamente, norma é um substrato, subjetivo, portanto, colhido de um enunciado prescritivo[12] que, por ocupar, *in casu*, a função de um suporte físico, se mostra como um dado objetivo.

Possível e provável é o fato de haver discordância entre estes no que tange à natureza, critérios de validade, vigência, eficácia e doravante. Isso ocorre, certamente, por conta da diferença científica instalada no espírito de cada um deles que, neste particular, alocamos no critério ora em comento.

Por isso, então, denotamos que a atmosfera semântica é figura presente e indissociável do ato valorativo.

2.3.2 *Carga empírica*

A carga empírica, por seu turno, se refere às experiências vividas pelo indivíduo. Notadamente, a vida pregressa compõe fundamentalmente a forma de valorar.

Por conta de uma série de diferenças, homens têm tendências de valorar os objetos do mundo fenomênico de forma diversa das que, normalmente, as mulheres fazem.

Essas diferenças levadas a uma situação que exige tomada de decisões, de certo, influirá de forma decisiva. Numa demanda que verse sobre questões de Direito de Família onde as prerrogativas da cônjuge se mostrem sobressalentes, tende o fato de se verificar diferenças de convencimentos e, por consequência, de decisões advindas de um magistrado homem e de uma magistrada mulher.

E atentemos não se trata de corporativismo ou cooperação mútua, o que temos é que dada a diferença de sexo, as experiências vividas, noutro dizer, a carga empírica são proporcionalmente inversas, induzindo, pois, a uma necessária diferença de interpretação. Isso, então, justifica aparentes

12. Como oportunamente explicitado, a linguagem do direito prescritivo é prescritiva de condutas, o que faz com que traga tons de imperatividade. Portanto, enunciado prescritivo, neste particular, são artigos de lei que, concatenados, formam textos legais de onde se extrai os regramentos que balizam a sociedade.

disparidades de decisões sobre casos análogos.

Urge alvitrar que a carga empírica influente sobre o processo valorativo não se dá, apenas, nas diferenças acima apontadas, já que todos os exemplos aqui trazidos são exemplificativos. Diferença de classes sociais, econômicas, geográficas dentre tantas outras são efetivamente determinantes para o ato valorativo. Repisemos, contudo: trata-se de um rol exemplificativo. Portanto, as possibilidades de experiências que embasam o processo de valoração são inesgotáveis.

2.3.3 *Contextos histórico e social*

Se interpelados, redarguiríamos, sem rebuços, que o critério em tela remonta um dos mais, senão o mais, importantes componentes no processo valorativo de qualquer ser cognoscente.

Corre na linguagem ordinária o jargão de que somos fruto de nosso meio. O referido dito popular, de certa forma, traz uma considerável fração de coerência.

Os contextos histórico e social se alocam como irretorquíveis elementos no processo axiológico. Pintando em tintas fortes, o *a priori* cultural de uma tribo aborígine, por exemplo, que, aliás, marca profundamente seu ponto de partida para o processo de valoração, é deveras diferente que o *a priori* cultural de uma dada comunidade urbana.

Suportes físicos, de geral, são indubitavelmente entendidos e conceituados de forma absolutamente diversas nestes dois tipos de comunidade. Um aparelho eletrodoméstico que é absolutamente compreendido e de considerável utilidade para pessoas civilizadas, não será, provavelmente, absorvido como tal e tampouco terá utilidades para a referida tribo.

Isso ocorre porquanto o contexto social que cada qual está alojado forma uma teia interpretativa. Destarte, se lhe afeiçoa aos códigos inerentes a este será valorado de uma forma ou outra. Caso contrário, sequer será possível o processo cognitivo e, por conseguinte, sua valoração.

Nessa toada, obtemperemos que a comunicação se dá por códigos previamente convencionados. No nosso vernáculo, estabelecera-se, por exemplo, que o vocábulo "pasta" serve para designar *porção chata de massa; porção de ouro, prata ou outro metal, fundido e por trabalhar; obra de papelão, couro, dentre outros, semelhante à capa de um livro, que serve para guardar papéis; cargo de ministro de Estado – ministério*, sem prejuízo de outros significados aplicáveis ao símbolo em relevo.

Percebamos que a amplitude semântica que a palavra carrega é fruto de uma convenção linguística, assim confeccionada com o fito de estabelecer e propiciar uma comunicação efetiva entre seus utentes.

A mesma palavra levada à tribo de silvícolas não terá qualquer efeito pragmático, haja vista não pertencer ao seu rol linguístico. Impossibilita, então, seu uso no processo de comunicação.

Por outro lado, o vocábulo "*ajubá*", de origem indígena – que significa amarelo – não se enquadra em nosso idioma. Traz consigo código linguístico diverso, daí porque não encontra significado em nosso idioma e não assume foros de elemento comunicacional.

De toda sorte, palavras são símbolos que, como alhures destacado é uma das possibilidades sígnicas utilizadas na Semiótica. Se assim, então é passível de interpretação, logo, percorrendo, necessariamente, o perfalado processo valorativo.

O contexto histórico segue a mesma seara. Cada época demonstra sistemas de referência próprios. A guisa de exemplo, tomemos a Magna Carta do Rei João Sem Terra, datada de 1.215.

Como sabido e consabido, o referido pacto se dera entre o monarca e os nobres, influenciando os mais diversos sistemas jurídicos durante séculos.

Nota-se que havia a preocupação premente com o patrimônio; logo, todos os sistemas que beberam de sua fonte demonstrava forte traço patrimonialista.

O Código Civil brasileiro de 1916 é um exemplo. Trazia um acentuado tom patrimonialista. Com efeito, o cotidiano se incumbe de modificar as impressões, os conceitos, os valores de uma maneira geral.

As pessoas mudam, a sociedade muda; afeiçoa-se, quiçá, ao próprio giro autopoiético do sistema. Fato é que no correr do tempo, fora editado, em 2002, o novel Código Civil brasileiro que fora esculpido sob a égide de três primados basilares: o princípio da socialidade, princípio da operalidade e princípio da eticidade.

De se notar, o tempo fizera com que o cunho patrimonialista de outrora se perdesse. Por quê? Por conta do contexto histórico que se coloca como elementos inafastável no processo valorativo.

2.3.4 *Carga humanística*

Partindo da premissa de que "*humor*" pode indicar *disposição de ânimo, temperamento* e outros predicados de mesma lavra, há de se considerar que esse impulso íntimo ganha inegável relevo no ato de valorar.

Desta feita, a poderá inclinar sua valoração para um ponto ou outro, após a influência dos outros elementos, em decorrência de seu estado pessoal. Salientamos, por oportuno que a carga humanística, se comparada com os demais elementos, encontra caráter subsidiário.

2.4 A fusão entre a Semiótica/Semântica e a Teoria dos valores

Alhures dissemos que a Semiótica explica o ato comunicacional a partir de um suporte físico que instala um juízo na mente do intérprete para, após, emitir uma proposição que defina a impressão que este obteve acerca do objeto. Trata-se do perfalado triângulo semiótico.

Obtemperemos que ao emitir o significado (*impressões colhidas acerca do suporte físico*) este nada mais fez que valorar o objeto. Colhemos daí que o triângulo semiótico ou semântico (*conforme o signo*) se funde com o processo valorativo alcançando, ao cabo deste processo, o mesmo resultado. Vejamos o gráfico:

De toda sorte, ao exaurir este processo, notamos que, como também já dito, o resultado axiológico obtido é parcial (*resultado de uma valoração individual*) porquanto os contextos histórico e social tragam um valor base para cada objeto.

No que diz respeito ao direito, todavia, temos um elemento a mais que, se imbricando com os contextos suso salientados, trazem esse mínimo de valor: o sistema jurídico positivo.

Nessa seara, os institutos jurídicos, os preceitos normativos são eivados de carga axiológica advinda tanto dos contextos histórico e social quanto do sistema jurídico positivo vigente.

Emerge, então, a necessidade de se tratar da Teoria dos Sistemas, ainda que de forma não aprofundada, em virtude da modalidade do trabalho a qual nos submetemos neste átimo.

3. Teoria dos Sistemas[13]

De maneira rudimentar, podemos dizer que sistema é uma plêiade de elementos interligados entre si de tal feita que, por assim ser, reclama a presença de ao menos

13. A escola filosófica a ser utilizada para esta parte do trabalho é a de Niklas Luhmann.

dois destes, estabelecendo uma relação entre cada elemento e pelo menos um dos demais componentes do conjunto. Cada um dos elementos de um sistema é ligado a todos os outros, direta ou indiretamente.

No que pertine a sistema, não havemos de nos aprofundar demasiadamente, haja vista não ser este o arquétipo do trabalho. Todavia, elementos considerados importantes deverão ser trazidos à baila para demonstrar que, no sentido em que empregamos a presente teoria, o sistema jurídico positivo funciona como uma moldura que limita a interpretação do exegeta acerca dos institutos de direito positivo, inclusive no que se refere às interpretações do Poder Judiciário.

Nesse passo, o próprio princípio do livre convencimento que alberga a liberdade interpretativa do magistrado mostra-se jungido a esse limite. Estamos certos de que a formação do referido princípio é a juridicização de um ato valorativo (*interpretação colhida com a Semiótica/Semântica adicionada à Teoria dos Valores*) o que lhe assegura uma vasta variabilidade, já que o resultado de tal procedimento é ímpar e irrepetível.

Por conta disto podemos proferir a assertiva de que, com vistas à teoria adotada, para cada elemento jurídico em plena dinâmica há a previsibilidade de uma imprevisibilidade.

Isto porque dentro das possibilidades sistêmicas, pode haver uma grande variabilidade de decisões possíveis. As possibilidades são muitas, deveras, mas finitas porquanto o sistema jurídico positivo com os elementos que lhe formam se posta como limitador.

Assim, é o ato valorativo (*livre convencimento*) imprevisível, porém, limitado, o que implica dizer que desde que observado o limite sistêmico, ou seja, dentro dele, a interpretação é imprevisível.

Ocorre, contudo, que em determinadas ocasiões a interpretação perpassa, indevidamente, os limites estabelecidos pelo sistema jurídico positivo. Surgem, então, problemas de grande repercussão. O mundo se manifesta pela linguagem, como liminarmente dito. Isso fica evidente dentro do sistema jurídico positivo, observando-se, inclusive, que nesta perspectiva a linguagem manifesta-se na sua mais perfeita ordem, o que garante o bom funcionamento do sistema.

Em contraponto, quando a interpretação não respeita essa barreira sistêmica e é juridicizada, temos o denominado *caos* que, em verdade, nada mais é que a linguagem desordenada.

Os problemas são incontáveis porque quando juridicizados trazem repercussões e interferem em todo o sistema; e o problema se dá justamente na medida em que, ao contrário do que ocorre numa interpretação que respeita as províncias sistêmicas, o resultado é absolutamente imprevisível posto que nascera de uma linguagem caótica, ou noutro falar, absolutamente desordenada.

Daí a importância de se trazer à colação a Teoria do Caos.

4. Teoria do Caos

Em breve introdução, a Teoria do Caos, com nascedouro em Henri Poincaré e difundida por Edward Lorenz,[14] tem como fundamento a utilização de cálculos matemáticos lineares que por conseguinte eram associados a constantes.

Lorenz não avaliava como satisfatórios os resultados provenientes destes cálculos, até porque se utilizando destes, com auxílio de um computador, poderia prever resultados para dias, meses, anos.

Certa feita, Lorenz decidira introduzir no computador uma série apresentada antes

14. De se destacar, Edward Norton Lorenz foi um meteorologista, matemático e filósofo estadunidense que se ocupara de trabalhos com os fundamentos matemáticos do sistema de equações da meteorologia nos laboratórios do MIT na década de 1960. Seu labor investigativo formam os primeiros estudos do que na Teoria do Caos se denominara posteriormente por "atrator estranho".

pelos cálculos, voltando a introduzi-la como se fosse uma fórmula inicial. O resultado tivera repercussão surpreendente uma vez que apareceram novos números cuja ordem nunca aparecera anteriormente.

Ao repetir o processo por vários dias, notara que as mudanças eram cada vez mais significativas. Surge daí a Teoria do Caos; pode-se esperar consequências inesperadas a qualquer tempo.

Devidamente demonstrado pelos números inseridos por Lorenz, auferira este que os cálculos lineares se davam por resultados semelhantes que, por sua vez, não correspondiam ao comportamento da natureza.

A utilização de novas experiências mostrava que pode ser mais próximo da origem das condições atmosféricas.

Por outro dizer, pequenas alterações no globo podem ter consequências devastadoras em outras localidades. Assim, Lorenz escreveu um artigo denominado "*previsibilidade*" onde o bater de asas de uma borboleta no Brasil pode desencadear um tornado no Texas e desenvolver uma série outra de consequências.

Se atentarmos aos postulados da teoria em tela, notaremos que se amolda, *in totum*, com a realidade trazida pela interpretação jurídica havida fora do limite sistêmico.

Todo sistema traz um código consigo. Evitando os pormenores, o sistema jurídico também observa tal predicado o que permite a comparação entre os dois campos do saber.

De se perceber, Edward Lorenz notara os resultados caóticos (*linguagem desorganizada*) na medida em que, como já dito, inserira, de forma repetida, fórmula já apresentada, contudo, como se fosse uma fórmula inaugural. E a repetição do processo ensejara resultados díspares entre si.

Se admitirmos uma ideia de interpretação ilimitada acerca do Direito Positivo, estaremos de igual feita, legitimando uma interpretação exordial que, se repetida várias vezes, irá redundar em resultados diferentes já que, repisemos, a interpretação é resultado de um processo valorativo que é necessariamente ímpar.

A interpretação efetuada por um órgão ou agente legitimado, implicará na necessária introdução do resultado interpretativo no sistema jurídico e, como visto, adentrará neste de forma vestibular, o que resultará em resultados únicos. Nesse compasso, teremos tantos resultados quanto inserções de interpretações ilimitadas trazidas para o sistema jurídico.

Notemos, a interpretação terá sido construída sobre o pálio de uma linguagem desorganizada, caótica, nascida fora do sistema jurídico; e o resultado será imprevisível. Poderá trazer, em princípio, u'a variação ínfima, imperceptível; sua repetição, contudo, poderá ter um resultado tão devastador para o sistema jurídico quanto o aludido tufão (*provocado por um bater de asas de uma borboleta*) fora para o sistema meteorológico.

5. Conclusão

A meta-interdisciplinaridade é um processo natural e inevitável de concatenação de ciências de maior estofa que se afeiçoa ao próprio ato de raciocinar. Estas ciências de sobrenível iniciam sua imbricação desde o ponto inicial do raciocínio até ponto derradeiro do ato valorativo/interpretativo.

Desta sorte, quando se inicia qualquer procedimento investigativo, portanto, emerge necessariamente essa ligação científica que servirá de pórtico para as ciências epistemológicas.

Difere-se, notemos, da unidade filosófica aventada por Pontes de Miranda. A meta-interdisciplinaridade não propaga a assertiva de um átomo metacientífico; ao contrário, afirma que é único enquanto um instinto, natural, portanto, e necessariamente fracionado quando tomada sobre o prisma científico.

Por isso propalar a ideia de que é arrimo necessário para o desenvolvimento científico: ou nos valemos dela de forma instintiva, inconsciente e imperceptível (*haja vista que compõe um percurso de raciocínio*), ou sustenta investigações científicas de sobrenível de forma objetiva.

Quando isso ocorre, a meta-interdisciplinaridade é utilizada de forma absolutamente consciente.

Daí porque trouxemos a guisa de exemplo, a Semiótica, Teoria dos Valores, Teoria do Caos dentre outras. São as ciências de nível superior que melhor se afeiçoam à ideia que pretendemos desenvolver.

Assim, outras ciências poderiam ser utilizadas nos lugares destas. Não há limites nem determinações no que pertine a uma ciência ou outra; há, apenas, duas ou mais ciências de sobrenível dando sustentáculo a uma investigação que deverá ter um resultado pragmático.

Absolutamente diferente da ideia de pontiana, repisemos. Não atribuímos os supedâneos científicos à Filosofia, mas sim a ciências desta oriundas que, juntas, formam uma base para o desenvolvimento de um estudo mais robusto, coerente e lógico.

GRÁFICA PAYM
Tel. (011) 4392-3344
paym@terra.com.br

RDT 114

CADERNOS DE DIREITO TRIBUTÁRIO: ENTRE A FORMA E O CONTEÚDO NA DESCONSTITUIÇÃO DOS NEGÓCIOS JURÍDICOS SIMULADOS – PAULO DE BARROS CARVALHO • ENFOQUE SOBRE EL MUNDO JURÍDICO: CONSTITUCIÓN Y DERECHOS FUNDAMENTALES – RAÚL GUSTAVO FERREYRA • INCENTIVOS FISCAIS CONCEDIDOS POR LEI E REVOGADOS POR RESOLUÇÃO – ILEGALIDADE E INCONSTITUCIONALIDADE – INTELIGÊNCIA DA RESOLUÇÃO NORMATIVA DA ANEEL 234/2006, DA LEI 5.655/1971 E DA MP 2.199-14/2001 – INCENTIVOS PARA DESENVOLVIMENTO REGIONAL OU SETORIAL OBJETIVAM BENEFICIAR O INVESTIDOR DIRETAMENTE E SÓ INDIRETAMENTE O CONSUMIDOR PELA CRIAÇÃO DE SERVIÇO ANTES INEXISTENTE – PARECER – IVES GANDRA DA SILVA MARTINS • A INTERPRETAÇÃO "A LA DIABLE" – SACHA CALMON NAVARRO COÊLHO e DÉBORA COUTO CANÇADO SANTOS • A TRIBUTAÇÃO DOS SERVIÇOS NO BRASIL: PROBLEMAS RELATIVOS AO COMÉRCIO ELETRÔNICO – JÚLIO M. DE OLIVEIRA e CAROLINA ROMANINI MIGUEL • ***ESTUDOS E COMENTÁRIOS***: ANÁLISE CRÍTICA DO RECURSO ESPECIAL N. 1.120.295: INTERRUPÇÃO DO PRAZO DE PRESCRIÇÃO – CTN *vs*. CPC – CAMILA CAMPOS VERGUEIRO CATUNDA • NOTA FISCAL PAULISTA E TRIBUTAÇÃO DO IMPOSTO SOBRE A RENDA: PRESUNÇÃO "EMPRESTADA" NO DIREITO TRIBUTÁRIO BRASILEIRO E SUAS LIMITAÇÕES CONSTITUCIONAIS – FLORENCE HARET • REVOGAÇÃO DE ISENÇÃO, ANTERIORIDADE E DIREITO ADQUIRIDO – LUCAS GALVÃO DE BRITTO • O ALCANCE DA NORMA JURÍDICA CONSTITUCIONAL TRIBUTÁRIA QUE IMUNIZA O LIVRO – LUIZ GUSTAVO SANTANA DE CARVALHO • LIMITES CONSTITUCIONAIS PARA A ALTERAÇÃO DAS COMPETÊNCIAS TRIBUTÁRIAS – BRUNO MACIEL DOS SANTOS • POLÍTICAS PÚBLICAS, CONTROLE SOCIAL E ORÇAMENTO PARTICIPATIVO – EMERSON AFFONSO DA COSTA MOURA • PRINCÍPIO DA NÃO CUMULATIVIDADE DO PIS E DA COFINS E O CONCEITO SEMÂNTICO DE INSUMO – ANDRÉ FELIX RICOTTA DE OLIVEIRA • A LEI INTERPRETATIVA À LUZ DA TEORIA COMUNICACIONAL DO DIREITO: UMA ANÁLISE DO ART. 3º DA LC N. 118/2005 – RODRIGO LEAL GRIZ • CONFLITOS APARENTES ENTRE ENUNCIADOS NORMATIVOS TRIBUTÁRIOS DE DIFERENTE HIERARQUIA VERTICAL SOB A PERSPECTIVA DA ESTRUTURA CIRCULAR DO SISTEMA DE FONTES DO DIREITO – TIAGO JOSÉ AGOSTINI • A META-INTERDISCIPLINARIDADE – LUCIANO DE ALMEIDA PEREIRA

MALHEIROS EDITORES